Ines-Jacqueline Werkner · Ulrike Kronfeld-Goharani (Hrsg.)

Der ambivalente Frieden

Ines-Jacqueline Werkner
Ulrike Kronfeld-Goharani (Hrsg.)

Der ambivalente Frieden

Die Friedensforschung
vor neuen Herausforderungen

VS VERLAG

Bibliografische Information der Deutschen Nationalbibliothek
Die Deutsche Nationalbibliothek verzeichnet diese Publikation in der
Deutschen Nationalbibliografie; detaillierte bibliografische Daten sind im Internet über
<http://dnb.d-nb.de> abrufbar.

1. Auflage 2011

Alle Rechte vorbehalten
© VS Verlag für Sozialwissenschaften | Springer Fachmedien Wiesbaden GmbH 2011

Lektorat: Frank Schindler / Verena Metzger

VS Verlag für Sozialwissenschaften ist eine Marke von Springer Fachmedien.
Springer Fachmedien ist Teil der Fachverlagsgruppe Springer Science+Business Media.
www.vs-verlag.de

Umschlaggestaltung: KünkelLopka Medienentwicklung, Heidelberg
Satz: Anke Vogel
Gedruckt auf säurefreiem und chlorfrei gebleichtem Papier
Printed in Germany

ISBN 978-3-531-17692-5

Inhaltsverzeichnis

Vorwort

Der Begriff des Friedens ist konstitutiv für die Friedensforschung. Von daher liegt es nahe, sich in Abgrenzung zur Maxime „Si vis pacem para bellum!" (Wenn du den Frieden willst, bereite dich zum Krieg!) am Leitsatz „Si vis pacem para pacem!" (Wenn du den Frieden willst, bereite den Frieden vor!) zu orientieren. Vor diesem Hintergrund haben das Ende des Ost-West-Konflikts und des Kalten Krieges zunächst Hoffnungen auf eine Friedensdividende geweckt. Die Anschläge vom 11. September 2001, der transnationale Terrorismus oder auch die Situationen auf dem Balkan, im Irak oder in Afghanistan machten diese jedoch schnell zunichte. Stattdessen setzt Friedenspolitik seit den 1990er Jahren verstärkt auf militärische Interventionen – und damit auf militärische Gewalt – zur Durchsetzung internationalen Rechts.

Wie ambivalent ist ein solcher Friede? – Dieser Frage geht der vorliegende Band nach. Die Beiträge dieses Bandes gehen auf die im Sommersemester 2010 abgehaltene Ringvorlesung „20 Jahre nach dem Ende des Kalten Krieges – Zur Ambivalenz gegenwärtiger Friedenspolitik" des Arbeitsbereichs Friedens- und Konfliktforschung des Instituts für Sozialwissenschaften an der Christian-Albrechts-Universität zu Kiel zurück. An dieser Stelle sei dem Engagement der Heinrich-Böll-Stiftung Schleswig-Holstein, die für diese Veranstaltung als Kooperationspartner gewonnen werden konnte, und insbesondere Herrn Heino Schomaker für die gute Zusammenarbeit herzlich gedankt. Darüber hinaus gilt unser Dank dem Verein zur Förderung der Friedenswissenschaften, der mit seiner finanziellen Unterstützung die Ringvorlesung mit ermöglichte.

Herzlich danken möchten wir auch den Autorinnen und Autoren für ihre Bereitschaft, an der Ringvorlesung sowie dem vorliegenden Werk mitzuwirken. Außerdem sei all jenen gedankt, die uns bei der Ringvorlesung und der Manuskripterstellung tatkräftig unterstützt haben. Dieser Dank richtet sich insbesondere an die studentischen Hilfskräfte im Arbeitsbereich Friedens- und Konfliktforschung, Herrn Roman Charkoi und Herrn Claas Sanner. Schließlich gebührt dem VS Verlag für Sozialwissenschaften ein Dankeschön für die Drucklegung.

Ines-Jacqueline Werkner & Ulrike Kronfeld-Goharani
Kiel am 15. September 2010

Der ambivalente Frieden – Die Friedensforschung vor neuen Herausforderungen

Ines-Jacqueline Werkner & Ulrike Kronfeld-Goharani

Das Ende des Ost-West-Konflikts und des Kalten Krieges haben das internationale System verändert: Es kam zu einem Zusammenbruch der Sowjetunion und des sozialistischen Systems in Europa. In den sozialistischen Staaten begannen tiefgreifende politische und wirtschaftliche, zu einem Großteil auch staatliche Transformationsprozesse in Richtung Demokratie und Marktwirtschaft. Die seit dem Ende des Zweiten Weltkrieges bestehenden bipolaren Strukturen lösten sich auf und damit auch die unmittelbaren Bedrohungen der nationalen Territorien in Europa. Diese Situation weckte zunächst Hoffnungen auf eine Friedensdividende. In diesem Kontext sprach Francis Fukuyama (1992) gar vom „Ende der Geschichte".

Mittlerweile dominieren jedoch Begriffe wie „neue Kriege", „Terrorismus" und „militärische Intervention". Die Anschläge vom 11. September 2001, der transnationale Terrorismus oder auch die Situationen auf dem Balkan, im Irak oder in Afghanistan lassen Zweifel an einem friedlichen Europa und friedlicheren internationalen Beziehungen aufkommen. So besteht die Situation, dass mit dem Ende des Kalten Krieges Krieg in Europa wieder Realität geworden ist. Damit ist die internationale Gemeinschaft – aber auch die Europäische Union als die Zivilmacht Europa – zunehmend gefordert, auf die aktuellen Krisenherde und Konflikte eine Antwort zu finden.

Angesichts dieser Situation soll – 20 Jahre nach dem Ende des Kalten Krieges – die Ambivalenz gegenwärtiger Friedenspolitik mit ihren Problemen, Herausforderungen und Perspektiven näher in den Blick genommen und einer kritischen Analyse unterzogen werden.

1 Das Ende des Kalten Krieges – Paradigmenwechsel in der Friedenspolitik?

„Si vis pacem para pacem!" – wenn du den Frieden willst, bereite den Frieden vor. Zu Zeiten des Kalten Krieges bedeutete dies, Krieg und militärische Gewalt unter allen Umständen zu verhindern. Angesichts der existierenden atomaren Gefahr zwischen Ost und West galt: „Nicht der Krieg ist der Ernstfall, der Friede ist der Ernstfall, in dem wir uns alle zu bewähren haben, weil es hinter dem Frieden keine Existenz mehr gibt."[1] Besitzt der viel zitierte Satz aber auch heute noch Gültigkeit? Oder allgemeiner gefragt: Welche Auswirkungen zeitigt die neue sicherheitspolitische Konstellation auf die Friedenspolitik? Inwieweit geht mit dem Ende des Kalten Krieges ein Wandel in der Friedenspolitik einher? Sind Paradigmenwechsel erkennbar?

Auch wenn man nicht vom „Ende der Geschichte" sprechen kann, so lässt sich mit dem Ende des Ost-West-Konflikts und des Kalten Krieges ein Wandel des internationalen Systems, verbunden mit einer völlig veränderten sicherheitspolitischen Konstellation, feststellen. Seinen Ausdruck findet dies u. a. in der Diskussion um die so genannten „neuen Kriege". Vertreter wie Mary Kaldor (1999) oder Herfried Münkler (2002) konstatieren mit dem Ende der Bipolarität einen Übergang von klassischen, zwischenstaatlichen Kriegen im Sinne von Clausewitz zu neuen Kriegen, gekennzeichnet durch das Auftreten privater, nichtstaatlicher Gewaltakteure, eine Aufhebung der nationalen Trinität (Volk, Heer, Regierung), den Verlust des staatlichen Gewaltmonopols, eine in der Regel niedrige Intensität von Kriegen, verbunden mit einem Zustand, der weder als Krieg noch als Frieden bezeichnet werden kann, und eine zunehmend asymmetrische Kriegführung. So wird auch das Auftreten des transnationalen Terrorismus als Teil dieser neuen Kriege verstanden. Dabei ist der Begriff der „neuen Kriege" nicht unumstritten. Mittlerweile existiert eine breite Diskussion zu Kriegsbegriffen und Kriegstheorien (zusammengefasst in Geis 2006). Zu den Kritikern an der Begrifflichkeit der neuen Kriege gehört u. a. auch Christopher Daase (vgl. Beitrag in diesem Band). Danach sei die gegenwärtige Diskussion oberflächlich und verstelle den Blick auf das eigentlich und historisch Neue, das darin bestehe, militärische Gewalt zur Durchsetzung des internationalen Rechts einzusetzen.

Abgesehen von der Debatte um das Neue an den „neuen Kriegen" muss ein Wandel des internationalen Systems dahingehend konstatiert werden, dass mit dem Ende des Kalten Krieges Kriege wieder führbar geworden sind. Damit verbunden ist der Anspruch der internationalen Gemeinschaft, militärischen Konflikten auf globaler Ebene entgegenzuwirken einschließlich des Schutzes der Menschenrechte. Diese Konstellation hat zum Konstrukt internationaler militärischer Interventionen und damit zu einer Entwicklung geführt, die in der Friedensforschung durchaus als ambivalent betrachtet und diskutiert wird. Im Kern geht es um die Frage, inwieweit Gewalt im Dienste des Friedens erlaubt sein kann.

In diesem Kontext stehen insbesondere zwei neue theoretische Ansätze im Fokus der Betrachtung: das völkerrechtliche Konzept der *Responsibility to Protect* sowie die theologische bzw. kirchliche Konzeption des gerechten Friedens.

---

1   Gustav Heinemann in einer Rede von 1964. Unter: http://www.bundespraesident.de/dokumente/-,2.11989/Rede/dokument.htm (Stand: 07.09.2010).

Das Konzept der *Responsibility to Protect* konstatiert eine Schutzverantwortung und wird als Pflicht der Staatengemeinschaft zum Schutz des Menschen vor schweren Menschenrechtsverletzungen verstanden. Es bezieht sich auf alle Phasen eines Konflikts: auf die Pflicht zur Prävention, zur Reaktion und zum Wiederaufbau. Zugleich basiert es auf einem neuen Souveränitätsbegriff, wonach sich die Souveränität des Staates an der seiner Bürger messen lassen müsse. Offene Fragen bzw. Hindernisse dieses Konzeptes liegen vor allem in der Konkretisierung der Träger (Wer kann beanspruchen, für den oder die Menschen zu urteilen?) und der Kriterien der Schutzverantwortung, in Fragen nach der Schwelle des Eingreifens (Was bedeutet *ultima ratio?*), den Ressourcen (*standby-forces*) sowie der Überwachung und Umsetzung der Schutzverantwortung (vgl. Beitrag von Hans-Joachim Heintze in diesem Band).

In der christlichen Friedensethik hat sich die Konzeption des gerechten Friedens herausgebildet. Perspektivisch liegt dem gerechten Frieden eine „kooperativ verfasste Ordnung ohne Weltregierung" (EKD 2007: 86) mit einem System kollektiver Sicherheit zugrunde. Zu seiner Verwirklichung ist der gerechte Frieden auf das Recht angewiesen (EKD 2007: 85), das wiederum „auf Durchsetzbarkeit angelegt" ist (EKD 2007: 98). Damit stellt sich dann auch die Frage nach den ethischen Kriterien des Gewaltgebrauchs. Diesbezüglich steht der Terminus der „rechtserhaltenden Gewalt" im Fokus der Friedensdenkschrift, verbunden mit der Absage an die Lehre vom gerechten Krieg. Thomas Hoppe (vgl. Beitrag in diesem Band) spricht in diesem Kontext von einem Perspektivwechsel, fokussiert aber auch auf das eigentliche Dilemma – oder sogar die Aporie – militärischer Gewaltanwendung: den Zwiespalt zwischen den Erfahrungen mit der Entgrenzung der Gewalt auf der einen und der Kapitulation vor fremder, ungerechter Gewalt zulasten schutzloser Dritter auf der anderen Seite.

In der Friedensforschung gibt es aber auch Vertreter wie Dieter Senghaas, die dem ,fundamentalen' Wandel des internationalen Systems mit dem Ende des Kalten Krieges widersprechen. So habe zwar die Kooperation und Zusammenarbeit insbesondere zwischen West und Ost zugenommen, von einer vollständig neuen Konstellation könne aber nicht gesprochen werden. Nicht funktioniert habe beispielsweise der Wandel im Bereich der Rüstung. Hier bestehe das Problem insbesondere in der qualitativen Aufrüstung, so dass Schritte einer quantitativen Abrüstung oder auch Anstrengungen wie auf dem Nukleargipfel in Washington im Januar 2010 verhallen müssen. Auch im Hinblick auf die Dritte Welt sei kein Durchbruch erreicht worden; es existiere noch immer eine Westfokussierung und eine asymmetrische Interdependenz. Angesichts dessen bestünden die globalen Probleme weiterhin fort und zeigten sich in Form einer zerklüfteten Welt, einer kontroversen Weltordnungspolitik oder im Konflikt über ein Weltrecht (vgl. Beitrag von Dieter Senghaas in diesem Band).

2   20 Jahre nach dem Systemwandel – Die EU ein innereuropäisches Friedensprojekt?

Eine andere friedenspolitische Perspektive eröffnet die Europäische Union. Sie wird häufig als die Zivilmacht Europa bezeichnet. Damit verbunden ist die Vorstellung eines Europas, das seine Rolle in der Welt nicht über militärische Macht definiert, sondern durch *Soft Power* – durch kulturell-zivilisatorische Attraktivität, durch eigene Überzeugungs- und Anziehungskraft, ohne Zwangsmaßnahmen anzuwenden (u. a. Duchêne 1973; Schlotter 2003; Nye 2004).

Verfügt nun aber die Europäische Union über ausreichend Handlungsmöglichkeiten und Einflusschancen, sich als Friedensmacht zu behaupten? Kann sie sich das Zivilmachtkonzept zunutze machen und auf diese Weise zum Weltfrieden beitragen? Timm Beichelt untersucht diese Fragen am Beispiel des Systemwechsels in Mittel- und Osteuropa. Dabei sei eine ungleiche Verteilung der Demokratie- und Friedensdividenden in den Ländern Mittel- und Osteuropas feststellbar. Insbesondere in hybriden Systemen – wie man sie beispielsweise teilweise auf dem Balkan, in Moldawien, Georgien oder Armenien vorfinde – bestehe eine verstärkte Neigung zur gewalttätigen Austragung von Konflikten. Dagegen hätten sich die neuen EU-Mitgliedstaaten zu demokratischen, friedlichen und global agierenden Akteuren der Sicherheitspolitik entwickelt (vgl. Beitrag in diesem Band). Friedenspolitisch stellt sich eine Reihe von Fragen: Inwieweit können die Transformationsprozesse in Mittel- und Osteuropa als ein Beitrag zum Frieden in Europa gewertet werden? Inwieweit beeinflusste die Aufnahme mittel- und osteuropäischer Staaten in die Europäische Union ihren Wandel hin zu Marktwirtschaft und Demokratie? Wäre die zu verzeichnende Entwicklung auch ohne die Anziehungskraft der Europäischen Union in diese Richtung verlaufen? Eine wesentliche Herausforderung bestand und besteht in diesem Kontext aber auch darin, mit einem solchen elementaren Erweiterungsprozess nicht die Funktions- und Integrationsfähigkeit der EU zu überfordern (vgl. auch Beichelt 2004).

Daran schließt sich unmittelbar eine weitere friedenspolitisch relevante Thematik an: das Verhältnis der Europäischen Union zu ihrer Nachbarschaft. Die 2004 ins Leben gerufene Europäische Nachbarschaftspolitik umfasst die Beziehungen der Europäischen Union zu insgesamt sechzehn Staaten – zu zehn Staaten an ihrer südlichen Peripherie, die seit 1995 auch im Rahmen der Euro-Mediterranen Partnerschaft zusammenarbeiten, sowie zu sechs Staaten an ihrer östlichen Peripherie, die seit 2009 gleichfalls im Kontext der Östlichen Partnerschaft miteinander kooperieren. Obwohl Russland ebenfalls ein Nachbar der Europäischen Union ist, werden die EU-Russland-Beziehungen separat behandelt (vgl. u. a. Koopmann/Lequesne 2006; Kernic 2007; Varwick/Lang 2007). Mit dem Ende des Kalten Krieges spielen insbesondere die Außenbeziehungen der Europäischen Union zu ihren östlichen Nachbarn eine zentrale Rolle. Diese sind geprägt durch ein Wechselspiel zwischen Grenzauflösung und Grenzverschiebung, zwischen Inklusion und Exklusion (vgl. Beitrag von Regina Heller in diesem Band). In ihrer Sicherheitsstrategie formulierte die Europäische Union als wesentliches Ziel „Building Security in our Neighbourhood" (EU 2003). – Aber was bedeutet dies konkret für die Europäische Union und ihre Nachbarschaft? Erweisen sich die von der Europäischen Union verfolgten Strategien – beispielsweise der Europäischen Nachbarschaftspolitik und der Östlichen Partnerschaft – als geeignet, dieses Ziel zu erreichen? Im Hinblick auf die Erweiterungs- und Nachbarschaftspolitik der Europäischen Union steht vor allem eine Frage im Fokus der Debatte: Was macht die Europäische Union aus? Wo liegen ihre Grenzen? Wer kann dazu gehören und wer muss außen vor bleiben?

Im Hinblick auf die Frage, wie die Europäische Union ihre Außenbeziehungen gestaltet, erweist sich insbesondere auch ihre Rolle als Konfliktbearbeiter (vgl. u.a. Tocci 2007) als essentiell. Dies trifft in besonderer Weise für ihre östliche Peripherie zu. So hat sich zwischen der Europäischen Union und Russland eine Art „Zwischen-Europa" herausgebildet, das politisch heterogen und wirtschaftlich schwach sowie durch Konflikte und Instabilitäten charakterisiert ist. Geografisch spannt sich der Bogen von der Ostsee bis in den Raum zwischen dem Schwarzen und dem Kaspischen Meer und umfasst Staaten wie die Ukraine und Weißrussland sowie die Länder im Südkaukasus. Mit den weltpolitischen Veränderungen Anfang der 1990er Jahre ist dieser Raum zu einem machtpolitischen Vakuum geworden, in dem grundsätzliche hegemoniale Interessen Russlands und der USA mit unmittelbaren Implikationen für die Europäische Union aufeinander treffen (vgl. u. a. Werkner 2009: 95-99). Matthias Dembinski nimmt die Friedenspolitik der EU am Beispiel des Südkaukasus näher in den Blick. Auch diese Region ist durch Krisen und Konflikte geprägt. Dazu gehören u. a. der noch ungelöste Konflikt um die beiden abtrünnigen Provinzen Abchasien und Südossetien oder auch der Konflikt um Berg- Karabach. Im Fokus seiner Untersuchung stehen die Bedingungsfaktoren europäischer Friedensbemühungen. Dabei geht er der Frage nach, welche Instrumente, Strategien und Zielsetzungen die Europäische Union im Südkaukasus verfolgt, was das Spezifische ihrer Friedenspolitik ist und worin diese sich von anderen Politiken unterscheidet (vgl. Beitrag in diesem Band).

3   Aktuelle Krisenherde der Welt – Probleme und Perspektiven einer friedensverträglichen Sicherheitspolitik

Gleichfalls lässt ein Blick auf Konflikte außerhalb Europas Herausforderungen, Probleme und Ambivalenzen gegenwärtiger Friedenspolitik zutage treten. Die aktuellen Krisenherde der Welt wie Irak, Afghanistan, Iran und Pakistan haben eines gemeinsam: Sie stehen in enger Verbindung mit dem Bemühen der internationalen Gemeinschaft, Menschenrechte auf globaler Ebene durchsetzen zu wollen, Rechtsstaatlichkeit zu fördern und die Proliferation von Massenvernichtungswaffen, insbesondere nuklearer, zu verhindern. Mit welchen Mitteln versucht nun die internationale Gemeinschaft, diese Ziele zu erreichen? Und wie kann eine friedensverträgliche Sicherheitspolitik aussehen? Wie gestaltet sich beispielsweise die Zukunft des Irak? nach dem Ende der amerikanischen Offensive? Welche Chancen und Gefahren birgt der internationale Einsatz in Afghanistan? Wie reagiert die internationale Gemeinschaft auf das Atomprogramm des Iran? Und was geschieht mit dem Krisenherd Pakistan?

Nach den verheerenden Anschlägen vom 11. September 2001 wurde der Kampf gegen den Terrorismus zum bestimmenden Ziel. Einsätze der USA und ihrer Verbündeten im Irak sowie der NATO und der internationalen Gemeinschaft in Afghanistan waren wesentlich davon geprägt, Terroristen zu verfolgen und Terrorlager aufzuspüren sowie im Irak eine Regierung zu stürzen, die angeblich im Besitz von Massenvernichtungswaffen war.

Ende August 2010 zogen die letzten Kampftruppen – wie von Präsident Barack Obama im Wahlkampf 2008 versprochen – aus dem Irak ab. Etwa 50.000 Soldaten bleiben zur Unterstützung der zivilen Behörden und zur Terrorbekämpfung noch bis Ende 2011 im Land stationiert. Doch wie sieht die Strategie danach aus? Hat das Land mittlerweile an genügend Stabilität gewonnen? Oder wird der Irak nach Abzug der Truppen in einen Bürgerkrieg zurückfallen? Wie sind die gegenwärtigen Ziele und Strategien sowie das aktuelle Vorgehen Barack Obamas und der internationalen Gemeinschaft zu bewerten? (vgl. Beitrag von Heinz Gärtner in diesem Band)

Ähnlich gestaltet sich die Situation in Afghanistan. Auch acht Jahre nach Beginn der Intervention in Afghanistan sind die ursprünglich angestrebten Ziele – Terrorismusbekämpfung, Staatsaufbau und Einführung von Demokratie und Menschenrechten – nicht erreicht worden. Im Gegenteil, während die Internationale Gemeinschaft noch über Zielsetzung und die zu wählenden Instrumente berät, spitzt sich die Situation in Afghanistan weiter zu. Sinn, Zweck und Ziel des Einsatzes werden immer häufiger hinterfragt. Ist die militärische Intervention überhaupt der richtige Ansatz? Und wie kann es in Afghanistan unter der Perspektive einer zivilen Konfliktlösung weitergehen? Experten aus Politik, Wissenschaft, Kirche und Militär widmeten sich diesen Fragen. Im Rahmen einer öffentlichen Podiumsdiskussion zu „Wie weiter in Afghanistan?" wurden verschiedene Perspektiven in den Blick genommen und Lösungsansätze diskutiert (vgl. Podiumsdiskussion in diesem Band).

Einen weiteren Krisenherd stellt Iran dar. Bereits seit Jahren fordert die dortige Regierung mit ihrem ambitionierten Nuklearprogramm die internationale Staatengemeinschaft heraus, die das islamische Land verdächtigt, unter dem Deckmantel der Stromerzeugung nach Atomwaffen zu streben. Weder internationale Proteste noch die VN-Resolutionen konnten bisher verhindern, dass der Iran sein Atomprogramm unbeirrt weiterführt. Als problematisch erweist sich dabei nach wie vor die Zugehörigkeit Irans zum Nichtweiterverbreitungsvertrag (NVV), der den Staaten bei einem Verzicht auf Nuklearwaffen im Gegenzug das Recht auf die friedliche Nutzung der zivilen Kernenergie zuspricht. Irans Nuklearprogramm hat die Krise des Vertrages, dessen diskriminierender Charakter häufig kritisiert wird, weiter verschärft. Michael Brzoska geht dieser Thematik nach (vgl. Beitrag in diesem Band). Er untersucht, wie die Zukunft des iranischen Atomprogramms aussehen könnte, welche Bedeutung diesem für die Krisenregion Nahost zukommt und inwieweit die im Mai 2010 beschlossenen Sanktionen der internationalen Gemeinschaft Aussicht auf Erfolg haben werden.

Ein ganz anderes, nicht weniger beunruhigendes Bild zeigt sich in Pakistan. Pakistan gilt als einer der gefährlichsten Krisenherde der Welt. Unter allen Staaten, die derzeit über Kernwaffen verfügen, ist Pakistan zweifellos der instabilste. Nach Kriterien von Staatlichkeit weist Pakistan Züge eines *failing state* auf. Das amerikanische Friedensforschungsinstitut „The Fund for Peace" hat das Land unter die Top Ten seiner Indizes zerbrechender Staaten gesetzt. Die in Pakistan operierenden Islamisten haben ihren Aktionsradius in den letzten Jahren zusehends ausgeweitet. Auch die Terrororganisation Al-Qaida ist nach wie vor in Pakistan aktiv. Zudem ist das Verhältnis Pakistans zu Indien durch Krieg und Gewalt geprägt. Die beiderseitigen Ansprüche um die Kaschmirregion waren bereits Anlass mehrerer Kriege zwischen Indien und Pakistan, womit sich auch zwei Atommächte gegenüberstehen. Jakob Rösel (vgl. Beitrag in diesem Band) nimmt die aktuelle Situation Pakistans näher in den Blick. Dabei stellt sich insbesondere die Frage, wie die internationale Gemeinschaft auf eine derartige Konfliktkonstellation reagieren kann.

Abschließend wird ein Blick in die Zukunft gewagt und über die Herausforderungen des Klimawandels für die Friedenspolitik nachgedacht. Helmut Breitmeier (vgl. Beitrag in diesem Band) stellt zunächst infrage, ob der Klimawandel überhaupt als Sicherheitsproblem aufzufassen ist. Er zeichnet die Entwicklung des Konzepts der ökologischen Sicherheit nach. Dabei zeigten schon erste empirische Untersuchungen, dass Umweltzerstörung und Ressourcenknappheit nie die alleinige Ursache für das Entstehen gewaltförmiger Konflikte sind und dass umweltinduzierte Konflikte sich aufgrund der Degradation erneuerbarer Ressourcen vor allem in sozio-ökologischen Krisenregionen der Entwicklungsländer und Transformationsgesellschaften zu entwickeln scheinen (Bächler, u.a., 1996; Homer-Dixon, 1994). Auch neuere Untersuchungen (vgl. u. a. Carius et al. 2006) lassen keine dominierenden Typologien von Umweltkonflikten erkennen. So kommen auch Autoren wie Colin Kahl (2006) zu dem Ergebnis, dass Umweltveränderungen – auch infolge des Klimawandels – immer dann zu gewaltsamen Konflikten führen können, wenn die soziale Kluft zwischen den gesellschaftlichen Gruppen groß ist und politische Steuerungsmechanismen nicht ausreichen um gegenzusteuern. Auch Helmut Breitmeier geht von der These aus, dass gewisse sozio-ökonomische Bedingungen und Governance-Strukturen ausschlaggebend dafür sein werden, ob der Klimawandel zu friedlichen oder gewaltförmigen Konflikten führen wird. Bereits jetzt sollten geeignete Governance-Strukturen geschaffen werden, die eine friedliche Konfliktbearbeitung in Zukunft ermöglichen.

4   Fazit

Entgegen allen Hoffnungen und Erwartungen ist die Welt nach dem Ende des Ost-West-Konfliktes nicht friedlicher geworden. Auch wenn sich die aktuellen Krisen und Konflikte zumeist weiter zurückverfolgen lassen, sind Kriege – und das ist das eigentlich Neue mit dem Ende des Kalten Krieges – in Europa wieder führbar geworden. Dies umfasst Konflikte wie auf dem Balkan, die seit den 1990er Jahren militärisch ausgetragen werden, aber auch militärische Gewalt zur Durchsetzung internationalen Rechts. Damit steht die Friedensforschung dringender denn je vor der Herausforderung, auf militärische Gewalt eine Antwort zu finden. Gerade mit dem neuen Konstrukt der militärischen Intervention tut sich der Zwiespalt zwischen den Gefahren einer Entgrenzung der Gewalt und der Kapitulation vor ungerechter Gewalt neu auf. Damit ist die bis in die Antike zurückgehende Frage, ob man im Namen des Guten Krieg führen dürfe, wieder aktuell und hoch brisant. Die beiden in diesem Band in den Blick genommenen Konzepte – das völkerrechtliche Konzept der *Responsibility to Protect* sowie das kirchliche Konzept des Gerechten Friedens – sind Ausdruck und Teil dieser friedenspolitischen Ambivalenz.

Mit dem Ende des Ost-West-Konflikts und des Kalten Krieges eröffnen sich aber auch Chancen einer Friedenspolitik, die nicht vorrangig auf militärische Mittel, sondern auf Soft Power setzt. Die Transformationsprozesse in Mittel- und Osteuropa und die Erweiterungspolitik der Europäischen Union geben Hoffnung und setzen Zeichen. Dennoch ist auch die Europäische Union als Krisen- und Konfliktbearbeiter herausgefordert. Dabei stellt sich in gleicher Weise die Frage, inwieweit die EU mit ihrer Gemeinsamen Außen- und Sicherheitspolitik einschließlich der Europäischen Sicherheits- und Verteidigungsidentität noch als Zivilmacht gelten kann. Eines deutet sich mit der Europäischen Union aber bereits an: Eine erfolgreiche Friedenspolitik wird wesentlich von den Kapazitäten ziviler Konfliktbearbeitung – den Anstrengungen zur Stabilisierung durch Demokratisierung, Menschenrechte, wirtschaftlichen Aufbau, Entwicklung und Zusammenarbeit – sowie vom Zusammenspiel zwischen zivilem und militärischem Konfliktmanagement abhängen.

Literaturverzeichnis

Bächler, Günther/Böge, Volker/Klötzli, Stefan/Libiszewski, Stefan/Spillmann, Kurt R. (Hrsg.), 1996: Kriegsursache Umweltzerstörung – Ökologische Konflikte in der Dritten Welt und Wege ihrer friedlichen Bearbeitung, ENCOP Final Report, vol. 1 (Chur – Zürich: Rüegger), 292.

Beichelt, Timm, 2004: Die Europäische Union nach der Osterweiterung. Wiesbaden.

Carius, Alexander/Tänzler, Dennis/Winterstein, Judith, 2007: Weltkarte von Umweltkonflikten – Ansätze zur Typologisierung, Potsdam, Berlin, im Internet verfügbar unter: www.wbgu.de/wbgu_jg2007_ex02.pdf.

Homer-Dixon, Thomas F., 1994: Environmental Scarcities and Violent Conflict: Evidence From Cases, International Security 19: 1, 4-40.

Homer-Dixon, Thomas F., 1999: Environment, Scarcity and Violence. Princeton.

Duchêne, François, 1973: Die Rolle Europas im Weltsystem: Von der regionalen zur planetarischen Interdependenz, in: Kohnstamm, Max/Hager, Wolfgang (Hrsg.), Zivilmacht Europa – Supermacht oder Partner. Frankfurt a. M., 11-35.

European Union, 2003: A Secure Europe in a Better World. European Security Strategy. Brussels.

Evangelische Kirche in Deutschland, 2007: Aus Gottes Frieden leben – für gerechten Frieden sorgen. Eine Denkschrift des Rates der Evangelischen Kirche in Deutschland. Gütersloh.

Fukuyama, Francis, 1992: Das Ende der Geschichte. Wo stehen wir? Berlin.

Geis, Anna (Hrsg.), 2006: Den Krieg überdenken. Kriegsbegriffe und Kriegstheorien in der Kontroverse. Baden-Baden.

Kahl, Colin H., 2006: States, Scarcity, and Civil Strifes in the Developing World. Princeton.

Kaldor, Mary, 1999: New & Old Wars: Organized Violence in a Global Era. Stanford.

Kernic, Franz, 2007: Die Außenbeziehungen der Europäischen Union. Frankfurt a. M.

Koopmann, Martin/Lequesne, Christian (Hrsg.), 2006: Partner oder Beitrittskandidaten? Die Nachbarschaftspolitik der Europäischen Union auf dem Prüfstand. Baden-Baden.

Münkler, Herfried, 2002: Die neuen Kriege. Reinbek bei Hamburg.

Nye, Joseph S., 2004: Soft Power. The Means to Success in World Politics. Cambridge.

Schlotter, Peter (Hrsg.), 2003: Europa – Macht – Frieden? Zur Politik der „Zivilmacht Europa". Baden-Baden.

Tocci, Nathalie, 2007: The EU and Conflict Resolution: Promoting Peace in the Backyard. London.

Varwick, Johannes/Lang, Kai Olaf (Hrsg.), 2007: European Neighbourhood Policy: Challenges for the EU-Policy. Towards the New Neighbours. Opladen.

Werkner, Ines-Jacqueline, 2009: Die Rolle der EU zwischen westlichen und östlichen hegemonialen Interessen – Eine Analyse des russisch-georgischen Krieges, in: Österreichisches Studienzentrum für Frieden und Konfliktlösung (Hrsg.), Auf dem Weg zum neuen Kalten Krieg? Vom neuen Antagonismus zwischen West und Ost. Münster, 88-112.

I   Das Ende des Kalten Krieges –
Paradigmenwechsel in der Friedenspolitik?

Neue Kriege und neue Kriegführung als Herausforderungen für die Friedenspolitik

Christopher Daase

1 Einleitung

Das Neue hat eine kurze Halbwertszeit. Was gestern neu war, ist heute schon alt, was eben noch aktuell schien, ist wenig später schon überholt. Ein bisschen ist es auch so mit den „neuen Kriegen", über die in der letzten Zeit viel gesprochen und geschrieben worden ist. Nach über zehn Jahren Debatte und Forschung sind sie aber nur noch deshalb neu, weil immer neue Phänomene mit dem Begriff der „neuen Kriege" beschrieben werden.

Die britische Politikwissenschaftlerin Mary Kaldor führte den Begriff der „neuen Kriege" 1999 ein und beschrieb damit vor allem den ethnischen Konflikt im zerfallenden Jugoslawien. Neu seien diese Kriege, weil sie nicht mehr zwischen Staaten, sondern zwischen sozialen Gruppen geführt würden, deren Repräsentanten es vor allem um „Identitätspolitik" ginge (Kaldor 1999). Wenig später, 2002, folgte Herfried Münklers Studie über „Die Neuen Kriege", in der er sich auf die Ressourcenkonflikte und Bürgerkriegsökonomien in Afrika konzentrierte. Neu seien diese Kriege, weil sie nicht mehr politischen, sondern ökonomischen Beweggründen folgten (Münkler 2002). Wieder einige Jahre später, 2006, subsumierte Münkler auch den transnationalen Terrorismus unter den Begriff der „neuen Kriege". Neu sei dieser Krieg, weil er die Asymmetrie der Kriegführung perfektioniere und eine globale Gefährdung des internationalen Systems darstelle (Münkler 2006).

Interessant am Begriff der „neuen Kriege" ist, dass seine sukzessive Ausdehnung auf immer neue Phänomene zwar seine empirische Diskriminierungsfähigkeit gemindert und damit seine wissenschaftliche Nützlichkeit drastisch reduziert (Shaw 2000; Kalyvas 2002; Chojnacki 2004), seine politische Popularität aber gleichzeitig erhöht hat. Noch erstaunlicher ist aber, dass dabei ein anderer wichtiger Aspekt aus dem Blick geraten ist: die neue Kriegführung, mit der auf die „neuen Kriege" reagiert wird. Meine These ist, dass das Reden von „neuen Kriegen" Teil der „neuen Kriegführung" ist und dass der Fokus auf die Phänomenologie des Neuen, den Blick für die wirkliche Brisanz gegenwärtiger Kriege versperrt. Neu ist nämlich nicht, dass nicht-staatliche Gruppen Krieg führen; nicht, dass ökonomische Beweggründe eine Rolle bei der Kriegführung spielen; nicht, dass schwache Parteien zu asymmetrischen Strategien greifen. Neu ist vielmehr die normative Einbettung der „neuen Kriege" in einen Diskurs von

Recht und Gerechtigkeit, der sie zwar als „Kriege" einstuft und damit militärische Gegenmaßnahmen legitimiert, sie gleichzeitig aber als „neu" bezeichnet und damit die Dispensation von den Regeln des Kriegsvölkerrechts verlangt. Neu sind diese Kriege, insofern sie weltpolizeiliche Reaktionen und eine „neue Kriegführung" zu erfordern scheinen.

Die *wirklich* neuen Kriege sind die, die wir nicht „Kriege" nennen, oder nur zögernd, nach langen Debatten und gleichsam metaphorisch, um den Anspruch deutlich zu machen, dass militärische Gewalt hier nicht zum Zweck nationaler Interessen eingesetzt wird, sondern zur Durchsetzung internationalen Rechts und globaler Gerechtigkeit. Das Neue ist die moralische Einbettung der „neuen Kriege", der Versuch, schon begrifflich die normative Asymmetrie deutlich zu machen und die eigene Legitimität auf Kosten des Gegners zu maximieren.

Damit ist die internationale Gemeinschaft wieder da, wo sie am Anfang des letzten Jahrhunderts schon einmal war: beim Versuch, den Krieg institutionell abzuschaffen, indem er begrifflich überwunden, rechtlich verboten und in die Verfügungsgewalt internationaler Organisationen gestellt wird. Diese Vision eines Völkerbundes, grandios gescheitert im Zweiten Weltkrieg, danach wieder aufgelegt, aber aufgrund des Kalten Krieges zumindest zeitweise ausgesetzt, erhält heute ihre dritte Chance. Die wirklich „neuen Kriege" sind deshalb der Irak-Krieg (1990/91) und der Kosovo-Krieg (1999), die so genannten „humanitären Interventionen" in Somalia und in Ruanda, sowie die Militäreinsätze überall dort, wo tatsächlich oder vermeintlich im Namen der internationalen Gemeinschaft Recht und Gerechtigkeit durchgesetzt werden sollen.

Das historisch Neue am gegenwärtigen Kriegsgeschehen ist also das Alte: die Rückkehr einer Debatte, die in den zwanziger und dreißiger Jahren des letzten Jahrhunderts – und nicht zuletzt im Kontext eines Weltkrieges – geführt worden ist. Man kann die Brisanz der gegenwärtigen sicherheits- und friedenspolitischen Lage nicht begreifen, wenn man diese Debatte nicht kennt und versteht, wenn man nur auf das oberflächlich Neue schaut, ohne die Optionen und ihre Folgen zu bedenken, die das militärische und politische Handeln heute für die normative Ordnung der internationalen Politik in Zukunft hat.

Deshalb sollen im Folgenden vier Dinge dargestellt werden: Erstens soll die Theorie der neuen Kriege, wenn es sich denn um eine Theorie handelt, kritisiert und gezeigt werden, wie sie die wichtigsten Aspekte des Kriegsgeschehens verschleiert und implizit normative Vorentscheidungen trifft, die ein einseitiges Interventionsrecht westlicher Staaten und der von ihnen dominierten internationalen Organisationen vorbereitet. Zweitens soll veranschaulicht werden, was wirklich neu ist an den heutigen Kriegen und worin ihre politische und militärische Brisanz besteht. Zu diesem Zwecke soll – in aller Kürze – die rechtstheoretische Debatte der Zwanziger Jahre anhand dreier paradigmatischer Positionen rekonstruiert werden. Drittens sollen im Lichte dieser Debatten die neuen Kriege diskutiert werden. Welche Konsequenzen ergeben sich aus ihnen für die Kriegführung und die normative Ordnung des internationalen Systems?

2   Kritik der Neuen Kriege

Zu Beginn dieses Beitrages soll eine Kritik der „neuen Kriege" stehen. Die drei Punkte, die vermeintlich neu an den „neuen Kriegen" sind, sind bereits genannt worden: erstens neue nicht-staatliche Akteurskonstellationen, zweitens neue ökonomische Motivationsstrukturen und drittens neue asymmetrische Kriegsformen. Nachfolgend sollen sie kurz genauer betrachtet werden.

Die Vertreter der Theorie der „neuen Kriege" argumentieren erstens, dass das traditionelle Bild vom Kriege überholt sei, weil nicht mehr Staaten, sondern nicht-staatliche Akteure Kriege führen. Mary Kaldor behauptet, dass man sich vom alten Kriegsbild, das noch von Carl von Clausewitz geprägt sei, lösen müsse, um die gegenwärtige Kriegswirklichkeit zu erfassen (Kaldor 1999; kritisch Daase/Schindler 2009). Die Mehrzahl der heutigen Kriege seien nicht internationale, sondern interne Kriege, die zu einer progressiven Auflösung des staatlichen Gewaltmonopols beitrügen. Neben ethnischen Gruppen würden zunehmend *Warlords*, kriminelle Banden, Söldner und private Militär- und Sicherheitsfirmen das Kriegsgeschehen bestimmen. Es käme also zu einer Entstaatlichung des Krieges und in diesem Zuge auch zu einer Entmilitarisierung. Darunter versteht Münkler, dass aus regulären Truppen zunehmend Rebellen würden und aus Soldaten Krieger, die durch keinerlei Recht mehr gezügelt werden könnten (Münkler 2006: 135). Das führe zu einer Barbarisierung des Krieges und zu systematischen Übergriffen und Massakern an der Zivilbevölkerung wie in Bosnien, Sierra Leone und im Kongo (Heupel/Zangl 2004: 355).

Es ist sicher nicht zu bezweifeln, dass die Anzahl innerstaatlicher Kriege im Verhältnis zu internationalen Kriegen zugenommen hat. Das liegt aber vor allem an der eindeutigen Tendenz zu weniger zwischenstaatlichen Kriegen seit Ende des Zweiten Weltkrieges (Levy et al. 2001), denn die internen Kriege sind nach einem Anstieg zwischen 1991 und 1992 wieder leicht zurückgegangen (Chojnacki 2008). Zutreffend ist auch, dass eine größere Zahl nicht-staatlicher Akteure in heutigen Kriegen beteiligt ist. In Bosnien-Herzegowina operierten zeitweise 83 unterschiedliche Gewaltgruppen (Heupel/Zangl 2004: 350f). Ob es allerdings zu einer progressiven Entstaatlichung kommt, ob „neue Kriege" also „Staatszerfallskriege" sind (Münkler 2002) und in eine globale Anarchie (Kaplan 2000) und einen Weltbürgerkrieg (Enzensberger 1993) münden, ist zweifelhaft. Entsprechende Befürchtungen sind wohl eher einer eurozentrischen Idealisierung von Staatlichkeit geschuldet (Schlichte 2006: 114f). In vielen Fällen, so z.B. auch in Somalia, könnte man genauso gut von „Staatsbildungskriegen" sprechen, wenn man bereit ist, auch autochthone Ordnungsbildung als „Staatlichkeit" zu bezeichnen.

Festhalten lässt sich deshalb vor allem, dass mit dem Begriff der „neuen Kriege" der Fokus einseitig auf nicht-staatliche Gewaltakteure gerichtet wird, denen der Wille und die Fähigkeit zur Mäßigung abgesprochen werden. Gleichzeitig wird der zwischenstaatliche Krieg als „historisches Auslaufmodell" (Münkler 2002) verharmlost und Staaten generell eine pazifisierende Wirkung unterstellt.

Die zweite Behauptung der Vertreter der „Neuen Kriege" ist, dass die Motivation in „neuen Kriegen" nicht einer politischen, sondern einer ökonomischen Logik folge. Darum müssten „neue Kriege" vor allem aus einer polit-ökonomischen Perspektive betrachtet werden (Keen 1996). In ihren einflussreichen Forschungsarbeiten zu „greed and grievance" haben Paul Collier und Anke Hoeffler zu zeigen versucht, dass nicht politische Empörung über Missstände (also *grievance*), sondern individuelle Besitzgier (also *greed*) die Triebfeder in Bürgerkriegen sei (Collier/ Hoeffler 2004). Eher strukturell, aber in der Zielrichtung ähnlich, argumentieren die Theoretiker der Bürgerkriegsökonomien. Sie betrachten die „neuen Kriege" als eine Art Industrie, die für die Gewaltunternehmer Gewinne abwirft und die deshalb kein Interesse daran haben, zu einem friedlichen Zustand überzugehen (Münkler 2002). Bürgerkriegsökonomien reproduzieren sich einerseits durch kriminelle Tätigkeiten wie direkte Plünderung, Ausbeutung der Bevölkerung, Entführungen und das Stehlen von Hilfslieferungen. Andererseits nutzen viele Gewaltunternehmer die Möglichkeiten der so genannten Schattenglobalisierung, um legal oder illegal erwirtschaftete Waren über transnationale kriminelle Netzwerke auf dem Weltmarkt anzubieten. Es ist bekannt, dass sich die UNITA in Angola sowie die RUF in Sierra Leone vor allem über den illegalen Diamantenhandel finanzierten, und viele *Warlords* in Afghanistan am Drogenhandel beteiligt sind.

Zweifellos stellen insbesondere offene Bürgerkriegsökonomien, also solche, die eine Verbindung zur Weltwirtschaft haben, ein Hemmnis für die Befriedung lokaler Konflikte dar. Es ist deshalb wichtig, die Möglichkeiten der gewaltsamen Bereicherung zu minimieren und Anreize für alternatives Wirtschaften zu schaffen (Heupel 2005). Allerdings sind ökonomische Anreize für Kriegführung und Gewalt nicht auf Bürgerkriegssituationen beschränkt und auch die individuellen Präferenzen sind in „neuen Kriegen" wohl kaum stärker am Eigennutz orientiert als in „alten". Mit der einseitig ökonomischen Betrachtungsweise wird eine wenig fruchtbare Dichotomie zwischen politischen und ökonomischen Motivationen etabliert. Das führt dazu, dass nicht-staatlichen Oppositions- und Rebellenbewegungen von vornherein ein politisches Interesse abgesprochen und ihre Legitimität bestritten wird. So wie die Motivationsfrage in der Theorie der „neuen Kriege" diskutiert wird, führt sie zu einer automatischen Delegitimierung nicht-staatlicher Gewaltakteure und zur Diskreditierung politischer Dissidenz.

Die dritte Behauptung der Verfechter „neuer Kriege" ist, dass sich diese durch neue, asymmetrische Kriegsformen auszeichnen. Die „alten Kriege" seien zwischen Staaten geführt worden, die sich letztlich als legitim anerkannten und deshalb in der Lage waren, Regeln der Kriegführung zu vereinbaren und einzuhalten. Da die Gewalt in „neuen Kriegen" im Wesentlichen private Gewalt sei und sich die Akteure gegenseitig die Legitimität absprächen, gäbe es auch keine Regeln, die den Gewalteinsatz zügeln könnten. Entmilitarisierung und Entzivilisierung seien deshalb Wesensmerkmale „neuer Kriege" (Münkler 2002: 131-153). Asymmetrisch sei eine Kriegführung dann, wenn sie sich qualitative oder quantitative Unterschiede zunutze mache, um einen strategischen Vorteil zu erzielen (Münkler 2006: 162f). Der transnationale Terrorismus ist nach Münkler die ultimative Asymmetrisierung des Krieges und insofern ein Beispiel für den „neuen Krieg", da er sich mit Hilfe des Bruchs von Kriegsrecht direkt gegen die post-heroische Gesellschaft des Westens richtet (Münkler 2004).

Auch in diesem Fall ist die Theorie der „neuen Kriege" ausgesprochen einseitig. Denn das Brechen von Kriegsvölkerrecht ist durchaus kein Vorrecht nicht-staatlicher Akteure in „neuen Kriegen", sondern von jeher eine Begleiterscheinung auch „alter" Kriegführung. Die Vorstellung, dass der zwischenstaatliche Krieg stets „gehegt" gewesen sei, ist zweifellos eine Idealisierung. Gleichwohl muss eingeräumt werden, dass die Entwicklung des Terrorismus mit den Anschlägen von New York und Washington eine neue Qualität erreicht hat. Ob allerdings die Rubrizierung unter den Begriff „Krieg", wenn auch „neuen Krieg", der Komplexität dieses Phänomens und seiner politischen Einordnung gerecht wird, ist zweifelhaft (Daase/Spencer 2010).

Zusammengefasst: Es wird nicht bezweifelt, dass es die gerade genannten Trends und Tendenzen zur nicht-staatlichen Akteurskonstellationen, ökonomischen Motivstrukturen und asymmetrischen Kriegsformen tatsächlich gibt. In ihrer Verabsolutierung und Zuspitzung als „neue" Phänomene weisen sie jedoch meines Erachtens in die Irre. Was aber noch wichtiger ist, ist die Tatsache, dass dabei ganz unterschiedliche Formen politischer Gewalt angesprochen und unter einen problematischen Begriff subsumiert werden. Und hier liegt die eigentliche Problematik der Theorie der „neuen Kriege", ganz unabhängig davon, was man von der einen oder anderen Behauptung halten mag. Das Reden von „neuen Kriegen" unterminiert die traditionellen Differenzierungen, die sich über Jahrhunderte zur Hegung politischer Gewalt entwickelt haben. Historisch sind Krieg, Bürgerkrieg und Terrorismus mehr oder weniger klar getrennte Formen politischer Gewalt, für die separate Regeln der Führung und der Bekämpfung gelten. Indem diese im Begriff der neuen Kriege vermengt werden, gehen auch diese Differenzierungen und mit ihnen wichtige Möglichkeiten der Hegung, wie etwa die Bestände des humanitären Völkerrechts, verloren.

An ihre Stelle tritt eine implizite Moral, die den Akteuren der „neuen Kriege" den Status legitimer Akteure vorenthält, ihre politische Motivation bestreitet
und ihre asymmetrische Strategie verurteilt. So gesehen ist die Theorie der
„Neuen Kriege" Teil einer historischen Entdifferenzierung politischer Gewalt,
die im so genannten „Krieg gegen den Terrorismus" ihren politischen Ausdruck
gefunden hat.

3   Zurück zur Kriegsächtungsdebatte

Das Argument ist also bislang folgendes: Die Theorie der „neuen Kriege" be-
schreibt nicht nur, sondern sie *betreibt* auch den Wandel der Kriegsformen. Sie
delegitimiert die Akteure „neuer Kriege" – sofern sie „Krieg" führen – und weist
den Staaten (insbesondere des Westens) eine aktive Ordnungsfunktion zu, indem
sie intervenieren und „Friedenskonsolidierung" betreiben. Da es sich um „Kriege" handelt, ist der Einsatz militärischer Gewalt nicht nur möglich, sondern geboten; weil diese Kriege zugleich aber „neu" sind, müssen die überkommenen
Regeln der Kriegführung revidiert werden. Aber wer ist befugt, über die Revisi-
on der Regeln zu befinden? Wer entscheidet, was ein Krieg ist und wie mit ihm
verfahren werden soll?

Mit diesen Fragen ist man systematisch genau an dem Punkt angelangt, an
dem es unerlässlich ist, sich der rechtstheoretischen Wurzeln dieser Problematik
zu vergewissern. Mit der Kriegsfrage stehen wir nämlich genau dort, wo Anfang
des 20. Jahrhunderts die Diskussion über die Zukunft des internationalen Systems
und die Idee eines Völkerbundes begann. Der zentrale Punkt dieser Diskussion
war die Frage, wie am besten der Krieg ein für alle mal überwunden werden könne. Drei Positionen schälten sich dabei heraus, die auch heute in der Diskussion
(wenn auch auf etwas verquere Weise) noch wirkungsmächtig sind: erstens eine
pazifistische Position, zweitens eine realistische Position, und drittens eine liberale Position. Diese Positionen sollen anhand dreier Referenz-Theoretiker kurz
skizziert werden, nämlich mit Hans Wehberg, Carl Schmitt und Hans Kelsen.

Hans Wehberg war ein deutscher Völkerrechtler und Pazifist (vgl. ausführlich Denfeld 2008). Mit Walter Schücking gilt er als einer der Begründer der
pazifistischen Völkerrechtslehre. 1885 in Düsseldorf geboren, studierte er
Rechts- und Staatswissenschaften an den Universitäten Jena, Göttingen und
Bonn. Nach seiner Promotion arbeitete er zunächst im preußischen Justizministe-
rium und nach dem Kriegsdienst am Institut für Weltwirtschaft und Seeverkehr
in Kiel. 1928 folgte er einem Ruf als ordentlicher Professor an die Universität
Genf und wurde Generalsekretär des Instituts für internationales Recht. Gleichzeitig wirkte Wehberg bis zu seinem Tode 1962 als Herausgeber der Zeitschrift

„Die Friedenswarte", die das bedeutendste Publikationsorgan des deutschen bürgerlichen Pazifismus war – und die bis heute erscheint.

Hans Wehbergs Biographie ist eng mit dem Völkerbund verbunden. 1919 bis 1921 leitete er die Völkerrechtsabteilung der Deutschen Liga für den Völkerbund. Mit Schücking verfasste er einen zweibändigen, weit beachteten Kommentar zur Völkerbundsatzung. Dabei kritisierte Wehberg, dass in der Völkerbundsatzung der Krieg nicht geächtet wird, sondern als letztes politisches Mittel erlaubt bleibt. Auch die Tatsache, dass es keine zentrale Polizeimacht zur Erhaltung des internationalen Friedens gibt, kritisiert er. Parallel zu seiner Arbeit am Völkerbundskommentar und seiner Funktion als Herausgeber verfasst Wehberg eine Vorlesung über „Die Ächtung des Krieges", die er an der Haager Völkerrechtsakademie hält und die 1930 als Buch (zunächst auf Deutsch, später auch in Französisch und Englisch) erscheint (Wehberg 1930).

In dieser Vorlesung plädiert Wehberg leidenschaftlich für das rechtliche Verbot des Krieges. Nach einem historischen Abriss der europäischen Friedensbewegung der zwanziger Jahre, widmet er sich den prinzipiellen Fragen, wie die Ächtung des Krieges völkerrechtlich durchgesetzt werden könne. Zentral sei das uneingeschränkte Verbot der Kriegführung und jeder Androhung militärischer Gewalt oder feindlicher Besetzung eines Territoriums. Auch das Recht zum Verteidigungskrieg müsse so weit wie möglich eingeschränkt werden, was aber nur durch radikale Abrüstung und eine Zentralisierung der Gewalt möglich ist sowie die Aufstellung starker Polizeikräfte zur Durchsetzung des Rechts gegen Rechtsbrecher. Wehberg macht sich keine Illusionen: Das reine Verbot des Krieges werde allein noch nicht zum Verschwinden des Krieges führen. Notwendig seien alternative völkerrechtliche Streitschlichtungsverfahren und eine starke Zentralgewalt, die Sanktionen notfalls auch militärisch durchsetzen kann.

Mit dieser Position unterscheidet sich Wehberg freilich von radikalen Pazifisten, die auf jegliche Zwangsmittel glauben verzichten zu können. Die Chance zur Überwindung des Krieges sieht er in der rechtlich gestützten Monopolisierung von Gewalt bei einer internationalen Organisation. Vor dem Hintergrund dieser Vision kritisiert er den Völkerbund als zu schwach und, nach dem Zweiten Weltkrieg, auch die Vereinten Nationen als halbherzig, weil die Großmächte mit ihrem Vetorecht im Sicherheitsrat das System kollektiver Sicherheit faktisch außer Kraft setzen könnten. Gleichwohl hält Wehberg das allgemeine Kriegs- und Gewaltverbot für einen großen Erfolg und wichtigen Schritt auf dem Weg zu einer Überwindung der Institution des Krieges.

Carl Schmitt vertritt eine radikale Gegenposition. Auch er war Jurist, Staatsrechtler und Rechtsphilosoph. 1888 geboren studierte Schmitt in Berlin, München und Strassburg und wurde nach Kriegsdienst und verschiedenen Verwendungen in der bayrischen Zensurverwaltung Professor in Bonn und später in Berlin (vgl. ausführlich Mehring 2009). Schmitt ist berühmt-berüchtigt für seine Kritik am

Parlamentarismus der Weimarer Republik und seine Unterstützung des National-
sozialismus. Er rechtfertigte die Machtergreifung der Nazis, den deutschen An-
griffskrieg und die Rassegesetzgebung und blieb zeitlebens antisemitisch und
apologetisch. Weil er sich nie von seinen frühen Schriften und Funktionen im
Dritten Reich distanzierte, fand Schmitt nach 1945 keine politische Rehabilitie-
rung und erhielt kein akademisches Amt mehr. Dennoch wirkte er durch seine
Schriften und zahlreiche Schüler stark auf das Rechtsdenken in der Bundesrepublik. Denn bei aller politischen Umstrittenheit besteht kein Zweifel daran, dass
Schmitt einer der brillantesten und klügsten Kritiker des Liberalismus war und
seine Schriften bis heute an Aktualität und Brisanz nichts eingebüßt haben.

Das Völkerrecht ist nur ein kleiner Aspekt seiner wissenschaftlichen Arbeit,
aber auch hier zeigen sich der scharfe Verstand und die pointierte Kritik liberalen
Denkens. In seiner Schrift „Die Wendung zum diskriminierenden Kriegsbegriff",
die 1937 in Berlin erschien, wendet sich Schmitt gegen Tendenzen insbesondere
im französischen und angelsächsischen Völkerrechtsdenken, den Krieg zu verbieten und ihn damit nur noch für eine Seite, nämlich für die, die für sich in Anspruch nimmt, die internationale Gemeinschaft zu vertreten, für legitim zu erklären (Schmitt 2005). Völlig zu Recht sieht Schmitt die internationale Politik an
einem Scheidepunkt und vor die Frage gestellt, wie zukünftig mit dem klassischen „Recht zum Kriege", dem *ius ad bellum*, umgegangen werden soll. Der
Völkerbund, so kritisiert Schmitt, habe einen fatalen Weg eingeschlagen, indem
er das seit dem Westfälischen Frieden geltende „Recht zum Kriege", das jedem
souveränen Staate zukomme, eingeschränkt und statt dessen ein vages Sankti-
onsrecht eingeführt habe.

Damit würde nicht nur der Gegner kriminalisiert, sondern – weitreichender –
es werde das klassische Neutralitätsrecht abgeschafft. Denn innerhalb des Völkerbundes könne kein Staat mehr Neutralität beanspruchen, denn „gegenüber dem
Friedensbrecher gibt es keine Neutralität" (Schmitt 2005: 546). Zwar sei kein
Staat gezwungen, in einen Krieg einzutreten, doch seien alle Staaten verpflichtet,
die Rechtmäßigkeit des Gewalteinsatzes anzuerkennen und damit den Krieg als
„gerecht" zu befürworten. Damit sei die zentrale „Hegung des Krieges", die in der
gegenseitigen Anerkennung souveräner Staaten als „gerechte Gegner", *justi
hostes*, bestehe, zunichte gemacht (vgl. ausführlich Schmitt 1988 [1950]). Auf
diese Weise würde der Völkerbund für sich in Anspruch nehmen, auch im Namen
Dritter zu sprechen und einen universalen Herrschaftsanspruch erheben (Schmitt
2005 [1937/38]: 555). Die Folge wäre, dass der klassische Kriegsbegriff aufgehoben wäre, denn es gäbe nur noch gerechte, das heißt völkerrechtlich zulässige
Kriege und ungerechte, völkerrechtlich verbotene Kriege. Schmitt weist in diesem
Zusammenhang auf die Inkonsistenz des Kriegsbegriffs hin, der zugleich etwas
Verbotenes (als zwischenstaatlicher Krieg) wie etwas Erlaubtes (als internationa-
ler Sanktionskrieg) ist. Dazu schreibt Schmitt: „Ein anerkannt rechtmäßiger und

ein ebenso anerkannt rechtswidriger Vorgang kann, innerhalb derselben Rechtsordnung, nicht einen und den selben Rechtsbegriff bilden" (Schmitt 1937: 560). Durch den diskriminierenden Kriegsbegriff sei das gesamte Völkerrecht gefährdet, denn es werde *„jeder* Kriegsbegriff und damit ein vielleicht schwacher, aber doch echter, bisher wirkender Ordnungsgedanke des Völkerrecht vernichtet (…), ohne dass etwas anderes als eine staaten- und völkerzerstörende, universale Prätention an seine Stelle tritt" (Schmitt 1937: 562).

Der Völkerbund sei nämlich entgegen seiner völkerverbindenden inklusiven Rhetorik nichts anderes als ein Instrument des globalen Herrschafts- und Hegemonialanspruchs des Liberalismus, – ein neuer Imperialismus, der durch die Kriminalisierung des Krieges die alte, überwunden geglaubte Unterscheidung von gerechtem und ungerechtem Krieg wieder einführt. Dies ist einer der schärfsten und zugleich treffendsten Punkte in Schmitts Kritik am Programm der Kriegsächtung: Das Verbot des Krieges und die Monopolisierung militärischer Gewalt implizieren die Rückkehr der Unterscheidung „guter" und „schlechter" Kriege, „legitimer" und „illegitimer" Feinde, „gerechter" und „ungerechter" Kriegführung. Die Folge, so Schmitt, wird eine doppelte sein: Zum einen werden die Gegner in Sanktionskriegen zu Kriminellen, Gangstern und Piraten und verlieren tendenziell ihre Rechte als Kriegspartei und Kombattanten; zum anderen wird das klassische Neutralitätsrecht aufgehoben, weil es angesichts eines Friedensbrechers keine Unparteilichkeit geben kann (Schmitt 1937: 546f). Beides führt, so Schmitts Prognose, zu einer „Intensivierung von Krieg und Feindschaft" und zu einer „immer tieferen und schärferen, immer ‚totaleren' Unterscheidung von Freund und Feind" (Schmidt 2005 [1937/38]: 562). Die gute Intention der Abschaffung des Krieges hätte damit genau ihr Gegenteil erreicht.

Hans Kelsen ist der dritte Rechtstheoretiker, der hier angeführt werden soll, und er steht – wie Wehberg für den Pazifismus und Schmitt für den Realismus – paradigmatisch für den Liberalismus. 1881 in Prag geboren, studierte Kelsen in Wien Rechtswissenschaften und habilitierte 1911 in Staatsrecht und Rechtsphilosophie (vgl. ausführlich Brunkhorst 2008). Während des Ersten Weltkrieges war er Mitarbeiter im k.u.k.-Kriegsministerium und wurde 1919 mit der Ausarbeitung der österreichischen Verfassung beauftragt. Als Wissenschaftler wurde er zum Begründer des (kritischen) Rechtspositivismus, der eine Rechtswissenschaft ohne die Letztbegründung von Gerechtigkeitsprinzipien beabsichtigt. 1930 wurde Kelsen Professor in Köln, wo er 1933 von den Nationalsozialisten aufgrund seiner jüdischen Abstammung seines Postens behoben wurde. (Dabei spielte übrigens Carl Schmitt eine unrühmliche Rolle, weil er sich als einziger Kollege des rechtswissenschaftlichen Instituts nicht gegen Kelsens Entlassung aussprach, sondern sie im Gegenteil beförderte.) Kelsen ging dann nach Genf, Prag und schließlich nach Berkeley, wo er bis 1957 Politikwissenschaft lehrte und 1973 starb.

Als ein der Sozialdemokratie nahestehender Wissenschaftler war Kelsen zwar dem Völkerbund und der Idee eines normativen Kosmopolitismus zugeneigt. Aber wie Schmitt kritisierte er den Versuch, den Krieg mit Hilfe des Briand-Kellogg-Paktes zu verbieten. Er schreibt fast in den gleichen Worten wie Schmitt: „Das Kriegsverbot des Briand-Kellogg-Pakts hat versucht, die Funktion des Krieges als dezentraler Sanktionsmöglichkeit abzuschaffen, ohne aber diese durch effektive zentralisierte Sanktionsmöglichkeiten zu ersetzen" (Kelsen 1932: 586). Allerdings zieht er radikal andere Konsequenzen. Kelsen war ein vehementer Befürworter der Weiterentwicklung des modernen Völkerrechts. Für ihn ist das Völkerrecht „schwaches Recht", unfertig und erst im Werden. In seiner „Reinen Rechtslehre" von 1934 postuliert er, dass das Ziel der Rechtsentwicklung die organisatorische Einheit einer universalen Weltrechtsgemeinschaft sei, also letztlich die Entwicklung eines Weltstaates. Allerdings sei es blauäugig so zu tun, als gäbe es diesen Zustand schon, oder als könne er mit einem einfachen Vertrag, wie dem Briand-Kellogg-Vertrag von 1928/29, hergestellt werden. Solange dem Weltstaat das zentrale Gewaltmonopol fehle, müsse die Exekutivgewalt delegiert werden, also dezentral durch die Aktivitäten der Einzelstaaten ersetzt werden.

In seinem 1944 erschienenen Buch „Peace Through Law" entwickelt Kelsen diese These systematisch und kommt, wie in seinem Aufsatz von 1932 über „Unrecht und Unrechtsfolge im Völkerrecht" zu dem Ergebnis, dass der „Krieg gegen den Krieg" notwendig ist. Dabei scheut er die Rückkehr zur Theorie des „gerechten Krieges" nicht, die Schmitt so fürchtet, und schreibt: „Nur wenn man im Krieg, ganz ebenso wie in der Repressalie, die Reaktion des Rechts gegen das Unrecht sieht, kann man in ihm den Ansatzpunkt zu einer Entwicklung erkennen, die ihn allmählich aus einem Mittel der Selbsthilfe zu einem Zwangsakt zentraler Rechtsschutzorgane verwandeln wird" (Kelsen 1932: 594).

Es ist wichtig zu betonen, dass Kelsen mit dieser Position deutlich Partei ergreift in dem alten Streit, ob Völkerrecht überhaupt Recht im eigentlichen Sinne sei. Die Zweifel daran sind nicht unbegründet, denn internationales Recht lässt sich im Unterschied zum Recht auf nationaler Ebene nicht – notfalls gewaltsam – zentral durchsetzen. Und ist Recht, das nicht durchsetzbar ist, überhaupt Recht? Kelsen bejaht das, aber unter der Bedingung, dass das fiktive Welt-Gewaltmonopol zumindest dezentral durchgesetzt und ihm dadurch Rechtscharakter verliehen wird. Der „gerechte Krieg" ist so gesehen gleichsam im Vorgriff auf das zu etablierende Gewaltmonopol nicht nur legitim, sondern auch legal.

Mit Wehberg, Schmitt und Kelsen sind die paradigmatischen völkerrechtspolitischen Positionen der Zwischenkriegszeit – Pazifismus, Realismus und Liberalismus – gut beschrieben. Dabei kann man nicht sagen, dass sich eine Position durchgesetzt hätte oder ganz auf der Strecke geblieben wäre. Klar ist, dass im Zweiten Weltkrieg zunächst der Pazifismus gescheitert zu sein schien. Allerdings lebte er in den Vereinten Nationen zumindest formal wieder auf, indem in der

VN-Charta mit Art. 2(4) ein noch weitergehendes Kriegs- und Gewaltverbot als im Völkerbund oder im Briand-Kellogg-Pakt verankert wurde. Des ungeachtet setzte sich jedoch eine realistische Praxis internationaler Politik durch, nicht zuletzt gestützt auf die Kompromisse, die bei der Abfassung der Charta gemacht wurden und ein individuelles und kollektives Selbstverteidigungsrecht in Art. 51 der VN-Charta festschrieben. Nach dem Ende des Kalten Krieges erstand die Idee einer „Neuen Weltordnung" aufs Neue und der Krieg gegen den Irak 1990/91 war der Auftakt einer Entwicklung, die zunächst ein gestärktes Gewaltmonopol im Sinne des Rechtspazifismus zu verheißen schien. Es wurde aber recht bald deutlich, dass die Einmütigkeit im Sicherheitsrat nicht von langer Dauer sein würde, und so wurden die folgenden Kriege (etwa im Kosovo 1999 oder im Iraq 2003) *ohne* Mandat des Sicherheitsrats, aber immer unter Berufung auf „gerechte Gründe" – zu Recht oder Unrecht – geführt. Und da stehen wir heute, wieder am Ausgangspunkt, und die Frage nach dem Krieg stellt sich heute neu.

4   Neue Kriege im Lichte alter Debatten

Es ist verblüffend, wie sich die alten Debatten in der Diskussion um die neuen Kriege wiederfinden. Die pazifistische Position hat sich vielleicht am reinsten erhalten. Idealtypisch wird sie von der Evangelischen Kirche in Deutschland vertreten, die in ihrer Friedensdenkschrift von 2007 einen gerechten Frieden als die Verwirklichung eines „international vereinbarten Rechtszustandes" (EDK 2007: 57/85) sieht und dabei ganz auf die Vereinten Nationen als Garantin einer kollektiven Friedenssicherung setzt. Der Einsatz von Gewalt wird strikt als „rechtserhaltende Gewalt" (EKD 2007: 65/98) konzeptualisiert und den Entscheidungsmechanismen der Vereinten Nationen unterworfen. Dieser strenge Legalismus findet seine Entsprechung in der deutlichen Absage an außerrechtliche Rechtfertigungsgründe wie etwa die „Lehre vom gerechten Krieg". (Das ist für eine evangelische Denkschrift schon bemerkenswert, auch wenn der politische Impetus, der hinter der Ablehnung „gerechter Kriege" steht, verständlich ist. Aber die Denunzierung der Theorie des gerechten Krieges als Ideologie der Kriegsrechtfertigung wird der *bellum iustum*-Tradition sicher nicht gerecht.) So klar diese Position ist, so sehr fragt sich, was zu tun ist, wenn, wie so häufig, der Sicherheitsrat blockiert ist und eine Entscheidung nicht fallen und eine Mandat nicht erreicht werden kann. Ist dann jede Form von Gewalt illegal *und* illegitim, wie die Denkschrift nahelegt?

Das würde eine liberale Position, wie sie heute z.B. von der amerikanischen Völkerrechtlerin Ann-Marie Slaughter vertreten wird, verneinen. Für sie, wie auch für den Moralphilosophen Allen Buchanan, gibt es ein höheres Recht als das Völkerrecht, nämlich die Gerechtigkeit universaler Werte und Menschenrechte, die bei den Entscheidungen über Krieg und Frieden berücksichtigt werden müssen. Diese Werte erlauben es unter Rückgriff auf die Prinzipien des „gerechten Krieges" militärische Mittel dann anzuwenden, wenn durch das Brechen des Völkerrechts höherrangigen Gerechtigkeitsprinzipien zum Durchbruch verholfen wird (Buchanan 2003). Dabei wird genau wie bei Kelsen mit einem Argument *de lege ferranda* argumentiert, das den Rechtsbruch mit Vorgriff auf zukünftig zu schaffendes Recht heilt.

Auch die dritte, die realistische Position lässt sich im aktuellen Diskurs wiederfinden, allerdings häufig in nicht ganz reiner Form. Aber überall dort, wo den hehren Zielen der kriegführenden Parteien Skepsis entgegengebracht wird, wo hinter humanitären Interventionen nur Machtinteressen, hinter Hilfeleistungen ökonomischer Eigennutz vermutet und argumentiert wird, man solle die Souveränität der Staaten unangetastet lassen und in ihre inneren Angelegenheiten auch dann nicht intervenieren, wenn schwere Menschenrechtsverletzungen begangen werden, sind so genannte „realistische" Argumente am Werk. „Wer Menschheit sagt, will betrügen", hat Carl Schmitt gesagt und damit die radikale Skepsis gegenüber allen normativen Orientierungen zum Ausdruck gebracht, die über Staat und Volk hinausgehen (Schmitt 1963 [1932]: 55).

Zum Abschluss soll anhand von zwei Beispielen gezeigt werden, wie diese Positionen im Falle der von mir so bezeichneten „neuen Kriege" (oder: der wirklich neuen Kriege) sich auswirken: im Falle von humanitären Interventionen und der Terrorismusbekämpfung.

Um die humanitären Interventionen ist es zuletzt wieder still geworden, nachdem es nach dem Ende des Kalten Krieges eine heftige Debatte, mit dem Kosovo-Krieg einen kontroversen Fall, mit Ruanda einen internationalen Skandal und mit dem Konzept der Schutzverantwortung – der *Responsibility to Protect* – eine erste internationale Verständigung über mögliche normative Grundlagen gegeben hat. Das liegt daran, dass andere neue Kriege, wie der Afghanistan-Einsatz, in den Vordergrund getreten sind, aber auch daran, dass sich humanitäre Interventionen in der Praxis als weitaus schwieriger darstellen als in der Theorie.

Weitgehend unstrittig ist, da stimmen Pazifisten und Liberale überein und selbst Realisten entziehen sich der Argumentation nicht völlig, dass bei Völkermord und massiven Menschenrechtsverletzungen Staaten und die internationale Gemeinschaft eine Pflicht haben, die leidende Bevölkerung zu schützen. Doch während Pazifisten das militärische Eingreifen von einem eindeutigen Mandat des VN-Sicherheitsrates abhängig machen, würden Liberale auch die Möglichkeit in Erwägung ziehen, wenn der VN-Sicherheitsrat blockiert ist und der „gerechte Grund" unabweisbar ist, ein anderes multilaterales Gremium, zum Beispiel die NATO, ein entsprechendes Mandat erteilen zu lassen, oder, wenn es gar nicht anders geht, unilateral oder mit einer „Koalition der Willigen" zu intervenieren. Begründet wird dies mit den kosmopolitischen Werten und Idealen individueller Menschenrechte, die höher anzusiedeln seien als die Souveränitätsrechte von Staaten und die Regeln des Völkerrechtes. Im Vorgriff auf eine Weltrechtsordnung, in der die individuellen Rechte aller Menschen garantiert sind, so Allan Buchanan, ist die Verletzung des Völkerrechts zum Zweck humanitärer Interventionen zulässig (Buchanan 2003). Pazifisten und Realisten würden dem widersprechen. Pazifisten, weil sie auf einer tatsächlichen rechtlichen Validierung bestehen und befürchten, dass ohne sie die Pandorabox unautorisierter Interventionen geöffnet würde; Realisten, weil sie um die Stabilität des internationalen Systems fürchten, wenn Souveränitätsrechte beliebig definierbaren Individualrechten untergeordnet werden. Genau so verlief die Diskussionslinie im Kosovo-Krieg. Das „Neue" an diesem Krieg war demnach, dass ein Prinzip zur Diskussion stand, oder vielmehr zwei Prinzipien, zwischen denen es eine Entscheidung zu treffen galt. Das Interessante ist, dass dabei offenbar die alten Festlegungen von links und rechts, Militarismus und Pazifismus nicht wirklich funktionieren. Die Dinge liegen komplexer, als dass man sie nach alten ideologischen Mustern entscheiden könnte.

Das zweite Beispiel ist der Kampf gegen den Terrorismus, der in der Tat weltweit als asymmetrischer Konflikt geführt wird – nicht zuletzt auch in Afghanistan. Sofern dieser Kampf von einem Mandat des Sicherheitsrates gedeckt ist, dürften Pazifisten damit kein Problem haben, wobei sie freilich darauf bestehen müssten, dass es nicht um einen Krieg im herkömmlichen Sinne geht, sondern es sich quasi um eine Polizeiaktion der internationalen Gemeinschaft handelt, oder in der VN-Sprache: um Friedenserzwingung. Ohne VN-Mandat könnten Liberale auf der Grundlage ethischer Standards des „gerechten Krieges" für multilaterale oder unilaterale Kampfeinsätze argumentieren, allerdings wieder nicht im Sinne klassischer Kriegführung, sondern als Sanktionskrieg, der die Schwäche des zentralen Gewaltmonopols nur kompensiert. In diesem Fall hätten vermutlich auch Realisten kein Problem, militärische Einsätze zu rechtfertigen, solange glaubhaft gemacht werden kann, dass sie im nationalen Interesse liegen. Dabei hätten Realisten wohl keine Probleme von einem „Krieg" zu sprechen, denn für sie ist die Unterscheidung zwischen Krieg und militärischer Sanktion sowieso nicht haltbar.

Das mag manch einem als weit hergeholt, akademisch und überkomplex vorkommen, wo es doch um scheinbar einfache Dinge geht: um das Schützen und Töten von Menschen, um das Entsenden oder Abziehen von Militär, um Krieg oder Frieden. Aber die neuen Kriege, die wirklich neuen, sind so komplex, weil mit jeder Entscheidung ein Baustein der normativen Ordnung internationaler Politik gesetzt wird. Darin liegen eine Chance und eine Gefahr. Die Chance ist, dass nicht auf eine internationale Ordnung gewartet werden muss, auf das Verbot des Krieges, auf einen neuen, allumfassenden Vertrag oder eine neue Weltorganisation: Die wird es so schnell nicht geben. Sondern die normative Ordnung besteht bereits, sie entsteht in der Praxis vieler kleiner Entscheidungen, die über Krieg und Frieden getroffen werden. Darin liegt freilich auch die Gefahr: nämlich dass aufgrund von Unachtsamkeit, aus Bequemlichkeit oder aus kurzfristigen Erwägungen Entscheidungen getroffen und akzeptiert werden, die sich im Nachhinein nicht revidieren lassen und problematische Auswirkungen haben.

Das ist der Grund, warum Staaten, Entscheidungsträger und Bürger die Entscheidungen über Krieg und Frieden noch weit genauer bedenken und überlegter treffen sollten. Denn der Umgang mit den neuen Kriegen entscheidet über die normativen Grundlagen der internationalen Politik.

Literaturverzeichnis

Brunkhorst, Hauke, 2008: Rechts-Staat: Staat, internationale Gemeinschaft und Völkerrecht bei Hans Kelsen. Baden-Baden.

Buchanan, Allen, 2003: Reforming the International Law of Humanitarian Intervention, in: Holzgrefe, J.L./Keohane, Robert O. (Hrsg.): Humanitarian Intervention. Ethical, Legal, and Political Dilemmas. Cambridge, 130-173.

Chojnacki, Sven, 2008: Zum Formwandel bewaffneter Konflikte, in: Münkler, Herfried/ Amlowitz, Karsten (Hrsg.), Humanitäre Intervention. Ein Instrument außenpolitischer Konfliktbearbeitung. Wiesbaden, 177-202.

Daase, Christopher/Schindler, Sebastian, 2009: Clausewitz, Guerillakrieg und Terrorismus. Zur Aktualität einer missverstandenen Kriegstheorie, in: Politische Vierteljahresschrift 50: 4, 701-731.

Daase, Christopher/Spencer, Alexander, 2010: Terrorismus, in: Masala, Carlo/Sauer, Frank/ Wilhelm, Andreas (Hrsg.): Handbuch der Internationalen Politik. Wiesbaden, 403-425.

Denfeld, Claudia, 2008: Hans Wehberg (1885-1962): Die Organisation der Staatengemeinschaft. Baden-Baden.

Enzensberger, Hans Magnus, 1993: Aussichten auf den Bürgerkrieg. Frankfurt a. M.

Evangelische Kirche Deutschland, 2007: Aus Gottes Frieden leben – für gerechten Frieden sorgen. Eine Denkschrift des Rates der Evangelischen Kirche in Deutschland. Gütersloh.

Heupel, Monika, 2005: Friedenskonsolidierung im Zeitalter der „neuen Kriege", Wiesbaden.

Heupel, Monika/Zangl, Bernhard, 2004: Von „alten" und „neuen" Kriegen. Zum Gestaltwandel kriegerischer Gewalt, in: Politische Vierteljahresschrift 45: 3, 346-369.

Kaldor, Mary, 1999: New and Old Wars. Organized Violence in a Global Era. Cambridge.

Kalyvas, Stathis N., 2001: 'New' and 'Old' Civil Wars. A Valid Distinction?, in: World Politics 54: 1, 99-118.

Kaplan, Robert, 1994: The Coming Anarchy, in: Atlantic Monthly 273: 44-76.

Keen, David, 1996: The Economic Function of Violence in Civil Wars, in: Adelphi Papers 303.

Kelsen, Hans, 1932: Unrecht und Unrechtsfolge im Völkerrecht, in: Zeitschrift für Öffentliches Recht 12: 4, 481-608.

Levy, Jack S./Walker, Thomas C./Edwards, Martin S., 2001: Continuity and Change in the Evolution of Warfare, in: Maoz, Zeev/Gat, Azar (Hrsg.): War in a Changing World, Ann Arbor, MI, 15-48.

Martin Shaw, 2000: The contemporary mode of warfare? Mary Kaldor's theory of new wars, in: Review of International Political Economy 7:1, 171-80.

Mehring, Reinhard, 2009: Carl Schmitt. Aufstieg und Fall. München.

Münkler, Herfried, 2002: Die neuen Kriege. Berlin.

Münkler, Herfried, 2004: Terrorismus heute. Die Asymmetrisierung des Krieges, in: Internationale Politik 59: 2, 1-11.

Münkler, Herfried, 2006: Asymmetrie und Kriegsvölkerrecht. Die Lehren des Sommerkrieges 2006, in: Die Friedens-Warte 81: 2, 59-65.

Schlichte, Klaus, 2006: Staatsbildung oder Staatszerfall? Zum Formwandel kriegerischer Gewalt in der Weltgesellschaft, in: Politische Vierteljahresschrift 47: 4, 547-570.

Schmitt, Carl, 1963 [1932]: Der Begriff des Politischen. Text von 1932 mit einem Vorwort und drei Corollarien. Berlin.

Schmitt, Carl, 1988 [1950]: Der Nomos der Erde im Völkerrecht des Jus Publicum Europeaum. Berlin.

Schmitt, Carl, 2005: Die Wendung zum diskriminierenden Kriegsbegriff [1937/38], in: Maschke, Günter (Hrsg.): Frieden oder Pazifismus? Arbeiten zum Völkerrecht und zur internationalen Politik 1924-1978. Berlin, 518-597.

Wehberg, Hans, 1930: Die Ächtung des Krieges. Eine Vorlesung an der Haager Völkerrechtsakademie und am „Institut Universitaire de Hautes Etudes Internationales" (Genf). Berlin.

Gewalt im Dienste der Menschenrechte? – Von der humanitären Intervention im Kosovo zur Responsibility to Protect

Hans-Joachim Heintze

Seit dem Kosovo-Krieg von 1999 hält die intensive Debatte der Völkerrechtler über die humanitäre Intervention an, die durch sehr kontroverse Positionen gekennzeichnet ist (Nachweise bei Tomuschat 2002) und mit der „Responsibility to Protect" (R2P) eine neue Dimension bekam (Schorlemer, 2007). Im Mittelpunkt stand dabei das Problem, ob massenhafte und schwere Verletzungen der Menschenrechte in einem Staat andere Staaten oder internationale Organisationen zur Gewaltanwendung unter dem Label der humanitären Intervention in den menschenrechtsverletzenden Staat berechtigt. Die Frage erhält dadurch Brisanz, als eine solche Intervention im Widerspruch zu der bislang auch durch das moderne Völkerrecht geheiligten Souveränität der Staaten steht (Kicker 2000: 198). Das politische Konzept der R2P aus dem Jahr 2001 versucht einen Ausweg aus diesem Dilemma.

1 Unbestrittene Fortgeltung des Souveränitätsprinzips im modernen Völkerrecht

Zwei grundlegende Normen des modernen Völkerrechts schützen die Souveränität der Staaten. Zum ersten handelt es sich um das Verbot der Androhung und Anwendung von Gewalt in den zwischenstaatlichen Beziehungen, das in Art. 2 Abs. 4 der Charta der Vereinten Nationen (VN) festgeschrieben ist. (Ipsen 2004: 928). Die NATO-Staaten verstießen 1999 unstrittig gegen dieses Verbot, denn sie begannen am 24. 3. 1999 mit Bombenangriffen auf das Staatsgebiet der Bundesrepublik Jugoslawien. Dies warf zwangsläufig die vieldiskutierte Frage auf, ob es dafür eine völkerrechtliche Rechtfertigung gab.

Zu berücksichtigen ist zudem eine zweite Norm, die die Souveränität schützen soll: das Verbot der Einmischung von Staaten in die inneren Angelegenheiten anderer Staaten (Interventionsverbot). Diese Norm gehört ebenfalls zu den Grundregeln des Völkerrechts, obwohl sie nicht ausdrücklich in der VN-Charta niedergelegt ist (Nolte 2002: 154). Es handelt sich vielmehr um eine Norm des

Völkergewohnheitsrechts, die vielfach durch die VN-Generalversammlung bestätigt und sogar weiterentwickelt wurde. Richtungsweisend für die Auslegung
des Inhalts dieser Norm wurde die sogenannte Friendly-Relations-Deklaration
von 1970.[1]

Die Geltung des Gewalt- und Einmischungsverbots wurde durch den Inter-
nationalen Gerichtshof in eindrucksvoller Weise im Urteil vom 27. 6. 1986 im
Fall Nicaragua versus USA unterstrichen. Hierin wird ausgeführt, dass die Ge-
staltung des politischen, sozialen und wirtschaftlichen Systems ebenso wie die
Außenpolitik eines Staates dessen innere Angelegenheit ist. In diese dürfen sich
andere Staaten weder politisch noch militärisch direkt oder indirekt einmischen.[2]
Selbst schwere Menschenrechtsverletzungen rechtfertigen nicht automatisch die
Permeabilität des Gewalt- und Interventionsverbots. Das wird beispielhaft an den
Resolutionen des VN-Sicherheitsrates deutlich, die das Einmischungsverbot
vielfach ausdrücklich nennen. So bekannte sich der Rat beispielsweise noch kurz
vor dem Ende des Zweiten Golfkrieges mit der Resolution 688 (1991) ausdrücklich zur Souveränität und politischen Unabhängigkeit des Irak und unterstrich
damit, dass auch die dort begangenen Menschenrechtsverletzungen die Souveränität des Irak nicht aufheben (Endemann 1997: 182). Diesem Ansatz entspricht
auch, dass die mit Kuwait verbündeten Staaten keinen Versuch machten, den
irakischen Diktator Saddam Hussein zu stürzen. Ferner wurde nach dem Golfkrieg dieselbe undemokratische Regierung in Kuwait wiedereingesetzt, die vorher geherrscht hatte. Die Regierungsformen in Kuwait und im Irak wurden somit
als innere Angelegenheiten dieser Staaten angesehen. Auch nach der Okkupation
Iraks durch die USA und ihrer „Coalition of the Willing" unterstrich der Sicherheitsrat fortlaufend – beginnend mit der Resolution 1483 (2003) – die weiterbe-
stehende Souveränität des Irak (Reschke 2009: 114).

Die Tatsache, dass das jugoslawische Regime bis zum Frühjahr 1999
schwere Menschenrechtsverletzungen im Kosovo beging, die Bundesrepublik
Jugoslawien beileibe keine Demokratie war und von Präsident Milosevic diktato-
risch regiert wurde sowie die Ablehnung des Friedensvorschlags von Rambouillet (Mutz 2000: 167) berechtigte die NATO also nicht per se zu dem Angriff
vom 24. 3. 1999 (Loquai 2000: 68). Zu fragen ist daher, ob die Intensität der
Menschenrechtsverletzungen im Kosovo – anders als die des Irak gegenüber den
Kurden 1991 – unter Berücksichtigung des Verhältnismäßigkeitsgrundsatzes von
der NATO als Rechtfertigungsgrund angeführt werden kann. Die völkerrechtliche Debatte gab darauf verschiedene Antworten.

---

1   UN-Doc. A/2625 [XXV].
2   Case concerning Military a Paramilitary Activities in and against Nicaragua, ICJ Reports 1986,
     14.

2 Unbestrittener Aufstieg der Menschenrechte zur Völkerrechtsnorm

Die souveränitätsorientierte Ausformung des Völkerrechts, repräsentiert durch das Gewalt- und Einmischungsverbot, wurde zeitgleich von einer anderen völkerrechtlichen Entwicklung begleitet: dem enormen Bedeutungszuwachs der Menschenrechte. Im Lichte der umfassenden Kodifizierung dieses Rechtskörpers ist einzuschätzen, dass massenhafte und schwere Menschenrechtsverletzungen heute nicht mehr ausschließlich innere Angelegenheiten von Staaten sind (Tomuschat 2002: 7). Sie verstoßen vielmehr gegen das Völkerrecht und rufen völkerrechtliche Verantwortlichkeit des rechtsverletzenden Staates hervor. Diese Verantwortlichkeit ist die Rechtsgrundlage dafür, dass Staaten einseitige Sanktionen gegen den Rechtsverletzer ergreifen. Allerdings birgt die unilaterale Anwendung von Zwang stets die Gefahr des politischen Missbrauchs.

Notwendig ist daher eine Befassung der Vereinten Nationen mit Menschenrechtsverletzungen. Dass die VN die Kompetenz hierzu haben, ergibt sich aus der VN-Charta, einschlägigen völkerrechtlichen Verträgen und dem erga-omnes-Charakter der Menschenrechte, d. h. Verletzungen der Menschenrechte betreffen die ganze Staatengemeinschaft. Die Art und Weise der Befassung unterliegt dem Verhältnismäßigkeitsgrundsatz. Je schwerer die Menschenrechtsverletzung ist, desto durchgreifender muss die Reaktion der Staatengemeinschaft sein. Die menschenrechtliche Kompetenz der VN hat in den letzten Jahrzehnten zu einer enormen Relativierung der staatlichen Souveränität geführt, die bis zum Interventionsrecht reicht. Bei einer solchen humanitären Intervention handelt es *sich um das militärische Eingreifen in den Hoheitsbereich eines Staates, um dessen Staatsangehörige vor existentieller Bedrohung, insbesondere massiven Menschenrechtsverletzungen, zu schützen.* Dabei ist es unerheblich, ob die Bedrohung vom Staat selbst ausgeht oder durch das Abgleiten eines Staates in die Anarchie entsteht (Greenwood 1993: 93). Einige Autoren meinen, dass bewaffnete Maßnahmen zum Schutz fundamentaler Interessen der Staatengemeinschaft (also auch der Menschenrechte) heute bereits generell zulässig seien (Thürer 2000: 9).

2.1 Unbestrittenes Recht zur humanitären Intervention bei Menschenrechtsverletzungen

Dass der VN-Sicherheitsrat die Kompetenz zur Einleitung einer humanitären Intervention hat, ergibt sich aus seiner Hauptverantwortung für die Aufrechterhaltung des Weltfriedens. Daraus leitet sich ab, dass er sich mit *allen* Situationen befassen kann, die den Frieden gefährden. Dabei muss es sich *nicht* ausschließlich um internationale Konflikte handeln (Stein 1999: 111). Auch die Lage innerhalb eines Staates, beispielsweise durch massenhafte Menschenrechtsverletzungen hervorgerufen, kann als objektive Bedrohung des Weltfriedens angesehen werden und ein Tätigwerden des Rates begründen (Verdross/Simma 1988: 144). Die Praxis zeigt, dass der Begriff der Friedensbedrohung bei Einigkeit im Sicherheitsrat außerordentlich weit verstanden werden kann (Frowein/Krisch 2002: 721). Dies ist ein wesentlicher Fortschritt gegenüber dem klassischen Völkerrecht, auf dessen Grundlage sich die Staaten weigerten, die nationalsozialistische Judenverfolgung zur Kenntnis zu nehmen, da es sich um eine „innere Angelegenheit" des Deutschen Reiches handelte. Selbst die Schweiz schickte aus dieser Erwägung heraus geflohene deutsche Juden über die Grenze zurück.

Heute kann jede Situation – betreffe sie einen internationalen Konflikt oder die Lage in einem Staat – durch einen VN-Mitgliedsstaat, den VN-Generalsekretär oder durch den VN-Sicherheitsrat selbst auf die Tagesordnung des Rates gesetzt werden. Jedoch liegt die Entscheidung über die Art und Weise der Befassung mit einem friedensgefährdenden Konflikt allein in der Kompetenz der Mitglieder des Sicherheitsrates. Deren Einschätzung hängt freilich nicht ausschließlich von der Bewertung des tatsächlichen Geschehens ab (Delbrück 1995: 22). Vielmehr stellen insbesondere die Ständigen Mitglieder des Rates in aller Regel – chartawidrig – nationale Interessen über ihre Verantwortung für den Weltfrieden. Anders lässt sich beispielsweise nicht erklären, warum China im Frühjahr 1999 der Verlängerung des Mandats der präventiv in Mazedonien stationierten Blauhelme nicht zustimmte, obwohl diese den Ausbruch von Feindseligkeiten verhindert hatten. China verweigerte die Zustimmung lediglich deshalb, weil Mazedonien Taiwan anerkannt hatte (Eisele 2000: 136). Es ist damit mitverantwortlich für den Ausbruch des Konflikts in Mazedonien im Jahre 2001 (Dreist 2002: 5). Das Beispiel zeigt ebenso wie die hilflose Reaktion der Weltorganisation auf den langjährigen Nahostkonflikt, dass die VN noch weit von dem Ideal entfernt sind, ein Garant für einen weltweit geltenden Mindeststandard von Recht und Ordnung zu sein.

Bei aller notwendiger Kritik an den VN ist aber auch zu verzeichnen, dass es nach dem Ende des Ost-West-Gegensatzes unter dem Druck der öffentlichen Meinung wenigstens ansatzweise gelungen ist, dass sich die Weltorganisation für bedrohte Menschen mit aller Konsequenz – d.h. auch mit militärischen Mitteln – eingesetzt hat. Dies ist zweifellos ein historischer Durchbruch. Damit wurden Standards gesetzt, die verteidigt werden müssen (Gading 1996: 222). Es darf nicht zugelassen werden, dass der Sicherheitsrat wieder hinter dieses erreichte Niveau der internationalen Menschenrechtssicherung zurückfällt und damit aus dieser menschenrechtlichen Verantwortung entlassen wird. Dass die NATO bei ihrer Entscheidung zur Intervention in Jugoslawien den VN-Sicherheitsrat umging, muss als die eigentliche rechtspolitische Katastrophe dieses Krieges angesehen werden. Es war nämlich keineswegs leicht, den VN-Sicherheitsrat zu veranlassen, bei Menschenrechtsverletzungen einzuschreiten, die keine zwischenstaatliche Dimension hatten.

Dies zeigt ein Blick in die einschlägige Praxis. Eine Schlüsselrolle bei der Hinwendung der VN zu humanitären Interventionen nimmt die Resolution 688 (1991) zur Notlage der irakischen Zivilbevölkerung ein, die die Reaktion des VN-Sicherheitsrats auf die Menschenrechtsverletzungen im Irak am Ende des Zweiten Golfkrieges darstellte. Sie wurde vielfach geradezu euphorisch gefeiert und als entscheidender Wendepunkt angesehen.[3] Die Ursache für die überschwängliche Bewertung dieser Resolution ist allerdings weniger auf ihren Inhalt zurückzuführen als auf die Erleichterung darüber, dass der Rat nach langem Zögern endlich tätig wurde, um das sich vor den Augen der Weltöffentlichkeit abspielende Flüchtlingsdrama der Kurden und die Verfolgung der Schiiten zu beenden. Da die Resolution allerdings nicht unter Kapitel VII der Charta angenommen wurde, somit also keine Zwangsmassnahme gegen einen menschenrechtsverletzenden Staat darstellte, handelte es sich auch nicht um eine humanitäre Intervention im streng juristischen Sinne. Gleichwohl war damit der Weg eröffnet, der den VN-Sicherheitsrat zur Befassung mit massenhaften und schweren Menschenrechtsverletzungen veranlasste. Hinsichtlich Somalias, Bosniens, Haitis, Ruandas, Albaniens und Zaires wurde festgestellt, dass die dort begangenen Rechtsverletzungen eine friedensbedrohende Dimension hatten – obwohl es sich zumeist um Konflikte innerhalb der betroffenen Staaten ohne grenzüberschreitende Auswirkungen handelte – und humanitäre Interventionen der Staatengemeinschaft notwendig machten (Heintze 2001: 63). Die menschenrechtsschützende Praxis des VN-Sicherheitsrats ist zu würdigen, denn damit wurden dem völkerrechtlichen Menschenrechtsschutz „Zähne" gegeben. Die VN waren nicht länger nur ein „bellender Hund" und bedrohte Menschen auf der ganzen Welt konnten grundsätzlich auf wirksame Hilfe hoffen. Mit dieser positiven Bewertung soll keinesfalls einem „neuen Interventionismus" (Debiel/Nuschler 1996: 13) das Wort geredet werden. Vielmehr ist darauf zu verweisen, dass der VN-Sicherheitsrat das Recht und die Möglichkeit hat, auf schwere Menschenrechtsverletzungen mit Zwangsmaßnahmen, und zwar sowohl mit nicht-militärischen als auch mit militärischen, zu reagieren. Allein der Umstand, dass er auch den Willen dazu hatte, dürfte auf potenzielle Rechtsverletzer abschreckend wirken. Hier liegt eine deutliche Parallele zur generalpräventiven Wirkung des Strafrechts.

---

3 So erklärte am 17. April 1991 Außenminister Genscher vor dem Deutschen Bundestag: „Die Resolution 688 hat historische Bedeutung. Sie hat erstmals in der Geschichte der Vereinten Nationen in dieser Deutlichkeit zum Ausdruck gebracht, dass die Missachtung der Menschenrechte den internationalen Frieden und die Sicherheit bedroht. Sie kann nicht mehr nur als innere Angelegenheit eines Staates behandelt werden. Das ist eine wichtige Fortentwicklung des Völkerrechts. Künftig kann sich keine Regierung, die Völkerrecht und Menschenrechte mit Füßen tritt, die die Bürger ihres Landes unterdrückt und zur Flucht zwingt, darauf berufen, dass solche Vorgänge eine innere Angelegenheit sind, die der Mitsprache der Völkergemeinschaft und der Vereinten Nationen entzogen sind." Abgedruckt in: Europa-Archiv 1991, D 238.

2.2 Interventions-Zögerlichkeit des VN-Sicherheitsrats

Wenn ein Interventionsrecht des VN-Sicherheitsrates konstatiert wird, so stellt sich die Frage, ob es auch eine Pflicht der VN zur Intervention gibt. Dabei handelt es sich nicht um ein theoretisches Problem. Vielmehr haben sich die Staaten mit den VN in einem System kollektiver Sicherheit zusammengefunden und sich verpflichtet, gemeinsam gegen Rechtsbrecher aufzutreten (Opitz 2010: 33). Ein Rechtsgut, das dem Schutz dieses Systems unterliegt, sind die Menschenrechte. Folglich muss an sich, z.b. bei einem Völkermord, von einer Interventionspflicht der rechtstreuen Staaten ausgegangen werden (Schabas 2008: 189). Eine solche legalistische Betrachtungsweise scheitert aber an dem Umstand, dass es sich beim VN-Sicherheitsrat nicht um ein rechtliches, sondern um ein politisches Organ handelt. Da es keine objektiven Kriterien für das Vorliegen einer Friedensbedrohung – der Voraussetzung für die Anwendung von Zwangsmaßnahmen gegen einen Rechtsbrecher – gibt, bleibt es völlig dem Gutdünken des Rates vorbehalten, welche Situationen er als friedensbedrohend ansieht. Mehr noch, der Rat entscheidet letztlich selbst, mit welchen Situationen er sich wie beschäftigt. Folglich kann er auch in ähnlich gelagerten Fällen zu unterschiedlichen Ergebnissen kommen. Es liegt auf dieser Linie, dass der VN-Sicherheitsrat hinsichtlich jedes einzelnen Einschreitens bei Menschenrechtsverletzungen unterstrich, es handle sich nicht um einen Präzedenzfall.

Eine Untersuchung der menschenrechtsrelevanten Entscheidungen belegt diese Haltung. Im Falle der Menschenrechtsverletzungen an den Kurden und Schiiten im Irak im Jahre 1991 zog es der Rat vor, überhaupt nicht nach Kapitel VII der VN-Charta tätig zu werden. Folglich findet sich hier auch kein Beleg für eine Interventionspflicht. Letztlich stellte der Rat auch nur außerhalb des Kapitel VII fest, bei den grenzüberschreitenden Fluchtbewegungen aus dem Irak handle es sich um eine regionale Friedensbedrohung. Anstatt weitere Maßnahmen anzudrohen, wurde die irakische Regierung lediglich aufgefordert, die Menschenrechte zu achten (Heintze 1991: 43). Demgegenüber hat der Rat das Massensterben und die Verweigerung der humanitären Hilfe innerhalb Somalias unter Kapitel VII zur Friedensbedrohung erklärt und Zwangsmaßnahmen – einschließlich einer militärischen Intervention – ergriffen. Begründet wurde dies mit humanitären Erwägungen. Gleichwohl kann daraus nicht eine generelle Interventionspflicht bei humanitären Katastrophen abgeleitet werden, da der Rat sein Tätigwerden mit dem dringenden Antrag der Regierung Somalias („urgent calls from Somalia") begründete und die Resolution 794 (1992) als absolute Ausnahme bezeichnete (Herbst 2000: 242). Bewertet man diese Argumentation des VN-Sicherheitsrates völkerrechtlich, so lag hier an sich keine humanitäre Intervention vor, denn schließlich wurde auf Wunsch der somalischen Regierung gehandelt. Es ist bezeichnend für die Zögerlichkeit des Rates, dass er zu dieser Begründung für das militärische Tätigwerden in Somalia griff: Schließlich war allgemein bekannt, dass Somalia ein „failed state" war, in dem es keine effektive Regierung mehr gab.

Interessant im Hinblick auf die Entstehung einer möglichen Interventionspflicht war die Ruanda-Krise. Hier wurde nämlich gerade von afrikanischen Staaten – die zuvor zu den striktesten Interventionsgegnern gehörten – behauptet, die VN haben eine Verpflichtung, sich um die ruandische Bevölkerung zu sorgen.[4] Dennoch wurde diese Einschätzung nicht in praktische Politik des VN-Sicherheitsrates umgesetzt. Die Mitgliedstaaten waren nicht bereit, Truppen für eine humanitäre Intervention bereitzustellen. Als Frankreich schließlich Einheiten entsandte, dienten diese nicht vorrangig humanitären Zwecken. Entsprechend kritisch äußerte sich der VN-Generalsekretär:

> "The delay in reaction by the international community to the genocide in Rwanda has demonstrated graphically its extreme inadequacy to respond urgently with prompt and decisive action to humanitarian crises entwined with armed conflict. ... The international community appears paralysed in reacting almost months later even to the revised mandate established by the Security Council. We all must recognize that, in this respect, we have failed in our response to the agony of Rwanda, and thus have acquiesced in the continued loss of human lives. Our readiness and capacity for action has been demonstrated to be inadequate at best, and deplorable at worst, owing to the absence of the collective political will."[5]

Die Beispiele belegen, dass es eine Pflicht zur humanitären Intervention bislang nicht gibt. Gerade die USA wollten sich im Lichte der Erfahrungen in Somalia nicht auf eine abstrakte Interventionspflicht festlegen lassen und stimmten im Falle Ruandas nur militärischen Einsätzen mit klar definierten, begrenzten Zielen zu. Sie standen somit generellen Verpflichtungen ausdrücklich ablehnend gegenüber (International Panel 2001: 157) und damit ist eine wesentliche Voraussetzung der Entstehung von Völkergewohnheitsrecht – das Vorliegen einer opinio iuris – nicht erfüllt. Daher lässt sich lediglich die Existenz eines Interventionsrechts des Sicherheitsrates bei schweren Menschenrechtsverletzungen konstatieren, nicht aber eine Interventionspflicht. Die von Senghaas angenommene „Art Rechtspflicht" des Sicherheitsrates zur Intervention, die die Intervention nicht nur erlaubt, sondern sogar geboten erscheinen lässt (Senghaas 1999: 136) ist weder als herrschende Auffassung der Völkerrechtswissenschaft noch als Staatenpraxis nachweisbar.

---

4   So Nigeria in UN-Doc. S/PV.3368, 3.
5   UN-Doc. S/1994/640, para. 43.

3 „Selbstmandatierte" Intervention der NATO in Jugoslawien

Der Kosovo hat in drastischer Weise die Defizite bei der Durchsetzung des völkerrechtlichen Menschenrechtsschutzes deutlich gemacht. Es dürfte unstrittig sein, dass die serbische Staatsmacht dort schwerwiegende Menschenrechtsverletzungen gegenüber der albanischstämmigen Bevölkerung beging. Der genaue Umfang der Menschenrechtsverletzungen und ihre Begleitumstände sind weithin umstritten. So wird von Politikern als Rechtfertigung für die Intervention angeführt, dort habe ein Völkermordverbrechen stattgefunden (Deiseroth 2001:46). Dies ist ebenso zu hinterfragen wie die Rolle, die die UCK[6] gespielt hat. Ihre Aktionen haben zweifellos zu einem „Aufschaukeln" des Konflikts beigetragen, indem den serbischen Sicherheitskräften erhebliche Verluste beigebracht wurden, was diese wiederum zu Überreaktionen veranlasste. Problematisch war auch die Rolle, die die VN auf dem Balkan gespielt haben. Deren humanitäre Intervention in Bosnien-Herzegowina erreichte das Ziel nicht, Massaker zu verhindern und den potenziellen Opfern tatsächlich Schutz zu gewähren (Pape 1997: 245). Die Ursache dafür ist vor allem darin zu suchen, dass die Staaten nicht bereit waren, den Forderungen des Generalsekretärs entsprechend, eine hinreichende Zahl von Soldaten zur Verfügung zu stellen. Hinzu kam, dass das Mandat der Truppen nicht klar formuliert war und sich nicht auf die Hilfe für die Opfer des Konflikts beschränkte, sondern einen Beitrag zur Konfliktlösung erbringen sollte. Das Ergebnis war dementsprechend unbefriedigend. Die humanitäre Intervention blieb im Ansatz stecken, was insbesondere durch den Fall der Schutzzonen dokumentiert wurde. Die Mitverantwortung für den Tod von 7.500 Menschen wurde durch den Rücktritt der niederländischen Regierung am 15. Februar 2002 nach der Vorlage eines Untersuchungsberichts zur Rolle der Streitkräfte beim Fall von Srebrenica eingestanden.[7]

Als es im Frühjahr 1998 zu einer bedenklichen Zuspitzung der Lage der albanischstämmigen Zivilbevölkerung im Kosovo kam, beschloss der VN-Sicherheitsrat mit seiner Resolution 1160 (1998) – gestützt auf Kapitel VII der Charta – eine Aufforderung an Belgrad, eine politische Lösung des Problems anzustreben. In den folgenden Monaten kam es jedoch zu einer Verschärfung der Auseinandersetzungen, so dass die Forderung nach Militärschlägen gegen Jugoslawien laut wurde. Möglichkeiten der Konfliktprävention wurden vertan (Weller 2002: 238). Der VN-Sicherheitsrat erwies sich allerdings wegen der Haltung Russlands und Chinas als handlungsunfähig. Dies belegt offenkundig die praktischen – nicht die juristischen – Defizite bei der internationalen Durchsetzung von Menschenrechten.

---

6 Befreiungsarmee des Kosovo.
7 Die Welt vom 16. Februar 2002.

Daraufhin erklärte die NATO, „unter diesen außergewöhnlichen Umständen" sei „die Drohung mit und gegebenenfalls der Einsatz von Gewalt durch die NATO gerechtfertigt."[8]

Da nach der Struktur des gegenwärtigen Völkerrechts das „Gewaltmonopol" beim VN-Sicherheitsrat liegt, kann eine Interventionspflicht anderer Organisationen stets nur im Wege einer völkerrechtlich nicht vorgesehenen Selbstmandatierung erfolgen. Am weitesten schritt die NATO voran, deren Evolution zu einer „neuen NATO" bereits 1991 mit dem Strategischen Konzept von Rom begann (Bothe/Martenczuk 1999: 125). Die NATO wandte damit ein Denkkonzept an, das das Europäische Parlament schon 1994 proklamiert hatte und das es in einer Entschließung artikulierte: das Recht auf Intervention aus humanitären Gründen.[9] Diese Entschließung nahm seinerzeit bereits Vieles vorweg, was dann 2001 Eingang in die R2P gefunden hat.

Die NATO war der erstmalige „Nutzer" solcher politischer Denkkonzepte. Anwendung fand das Interventionsrecht bei der Durchsetzung der VN-Sanktionsmaßnahmen gegen die Bundesrepublik Jugoslawien und mit den massiven Luftschlägen gegen Stellungen der bosnischen Serben im Jahre 1995, die letztlich den Abschluss des Dayton-Abkommens ermöglichten. Freilich waren die Maßnahmen aufgrund der Sicherheitsratsresolution 816 (1993) gemäß Kapitel VII ergriffen worden. Sie hatten somit eine zumindest grundsätzliche juristische Grundlage – wenn auch teilweise in einer rechtlichen Grauzone verortet und damit bereits Elemente der Selbstmandatierung aufweisend (Eisermann 2000: 309).

Beim Kosovo-Krieg gab es nicht einmal eine schwache Ermächtigung zur Einleitung militärischer Maßnahmen gegen Belgrad durch den VN-Sicherheitsrat. Vielmehr begann die NATO am 24. März 1999 mit Luftangriffen auf das jugoslawische Territorium ohne jede Ermächtigung durch den VN-Sicherheitsrat. Damit ermangelte es eines völkerrechtlichen Rechtfertigungsgrundes. Auch auf das Recht zu kollektiver Selbstverteidigung konnte man sich nicht berufen, da dies nur von außen angegriffenen Staaten zusteht und der Kosovo unstrittig Teil Jugoslawiens war. Rechtfertigungsgründe aus dem Recht der Staatenverantwortlichkeit wie Nothilfe und Notstandshilfe (Ipsen 1999: 19) ließen sich auch nicht anführen, da sie nur von Staaten geltend gemacht werden können, denen Menschen anvertraut sind, die sie zu schützen haben. Das war bei den Kosovo-Albanern nicht der Fall, da diese nicht dem Schutz der NATO-Staaten unterstanden. Eine Schutzpflicht besteht jedoch nur im Bereich der eigenen Hoheitsgewalt (Kälin 2000: 166). Andere kritische Positionen führen den Umstand an, dass die NATO-Staaten nicht alle Möglichkeiten genutzt haben, um die VN umfassend mit dem Kosovo-Problem zu befassen. Insbesondere wurde nicht versucht, die Generalversammlung auf der

8   In: Internationale Politik, Nr. 5/1999, S. 91 f.
9   Amtsblatt der Europäischen Gemeinschaften, Dok. C128 vom 09. Mai 1994.

Grundlage der „Uniting for Peace"-Resolution aus dem Jahre 1950 einzubeziehen. Diese Resolution erlaubt bei der Blockade des Sicherheitsrates der Generalversammlung, sich mit dem Thema zu befassen. Es scheint jedoch offensichtlich, dass die NATO-Staaten diesen Weg nicht beschritten, weil die Staatenmehrheit höchst wahrscheinlich einer humanitären Intervention nicht zugestimmt hätte. In der Literatur wird weiterhin kritisch angemerkt, dass der Umfang der Menschenrechtsverletzungen im Kosovo im Frühjahr 1999 nicht das Niveau eines Völkermordes erreicht habe, so dass im Rahmen der Verhältnismäßigkeit keine humanitäre Intervention berechtigt gewesen sei. Das erkläre auch, weshalb die Res. 1244 des VN-Sicherheitsrates nicht nachträglich die Intervention für rechtens erklärt habe (Flauss 2002: 87).

4   Völkerrechtliche Konsequenzen des Kosovo-Einsatzes?

Selbst Autoren, die die NATO-Intervention letztlich befürworteten, anerkennen, dass der Einsatz ohne Mandatierung oder Autorisierung durch den VN-Sicherheitsrat rechtlich problematisch war. Gleichwohl schließen sie daraus nicht auf eine Rechtswidrigkeit der Vorgehensweise. Vielmehr wird aus dem „Nichthandeln" des Rates die Möglichkeit der Rechtfertigung eines bewaffneten Eingreifens aus notstandsähnlichen Erwägungen abgeleitet. Zugestanden wird aber, dass die Zahl der Verluste unter der Zivilbevölkerung im Kosovo hoch blieb, weshalb die Rechtfertigung dieses Krieges ohne Mandat des Sicherheitsrats als „äußerst prekär" angesehen werden müsse. (Frowein 2001: 898). Diese Argumentation bezieht sich freilich nicht vorrangig auf die Frage, ob die Umgehung des Gewaltmonopols des Rates rechtens war. Stattdessen wird auf die Zahl der Opfer abgestellt. Dies ist jedoch in erster Linie ein Problem der Art und Weise der Kriegführung und sagt nichts über die Legitimität dieses Krieges aus.

Auch andere Autoren kritisieren die Kriegführungsmethode. So wirft Stein dem Westen vor, er sei nur bereit gewesen, „ein minimales Risiko einzugehen" und konnte militärisch mit dem Luftkrieg nur sehr begrenzt etwas erreichen. Damit wird die moralische Legitimation für den Angriff – die NATO habe ja nur uneigennützig den Menschen helfen wollen – grundsätzlich infrage gestellt. Gleichwohl wird aus dem Kosovo-Krieg gefolgert, dass das Gewaltmonopol der Vereinten Nationen „nicht mehr unangefochten gilt" (Stein 2002: 21). Stattdessen werden in der Literatur Kriterien genannt, nach denen ein nicht-VN-autorisierter Gewalteinsatz in Zukunft möglich sein sollte. Im Zentrum steht dabei die Forderung: Das Verfahren nach der VN-Charta muss versucht worden sein, d.h. der Sicherheitsrat und die Generalversammlung müssen erfolglos angerufen und mit der Sache befasst worden sein. Es muss sich weiterhin um schwere und systematische Menschenrechtsverletzungen handeln und Maßnahmen der friedlichen Streitbeilegung müssen versucht worden sein. Die Operation ist ferner auf das humanitäre Anliegen zu beschränken und muss dem Verhältnismäßigkeitsgrundsatz folgen. Schließlich sei nur eine Gruppe von Staaten, nicht aber eine Hegemonialmacht allein, zur Intervention berechtigt (Stein 2002: 32). Diese Kriterien sind bislang allerdings nur in der Literatur erwogen worden. Eingang in eine völkerrechtliche Vereinbarung haben sie noch nicht gefunden.

4.1 Fortbestehende Ungereimtheiten bezüglich des Kosovo

Die Bestrebungen, Kriterien für völkerrechtsgemäße humanitäre Interventionen aufzustellen, entspringen vor allem dem moralischen Dilemma, dass rechtstreue Staaten auf schwerste Menschenrechtsverletzungen reagieren müssen und die betroffenen Menschen nicht ihrem Schicksal überlassen können. Gleichwohl stoßen diese Kriterien wiederum sehr schnell an politische und Machbarkeitsgrenzen. Das zeigte sich, als kurz nach der Kosovo-Intervention indonesische Milizen in Ost-Timor ein Blutbad anrichteten, um die Unabhängigkeit dieses Volkes zu verhindern. Hier ließ die humanitäre Intervention auf sich warten, weshalb sich wiederum erneut die Frage stellte, ob der Westen denn nicht auch bei den humanitären Interventionen Doppelstandards – je nach politischer Opportunität – anlegt (Sassoli 2000: 207). Andere massive Menschenrechtsverletzungen finden sich bislang nicht auf der Tagesordnung des VN-Sicherheitsrates, obwohl sie tausende Opfer forderten. Hat die NATO also durch ihre Intervention gegen Belgrad überreagiert, weil sich dies alles „vor der Haustür" abspielte und neue Flüchtlingsströme nach Westeuropa befürchtet wurden?

Was auch immer die konkreten Beweggründe in Brüssel gewesen sein mögen, es kann nicht übersehen werden, dass die NATO-Maßnahmen auf der Linie lagen, die der VN-Sicherheitsrat mit der Verurteilung Serbiens für seine Politik im Kosovo mit der Resolution 1199 vorgegeben hatte. Hier blieb der Rat allerdings auf halbem Wege stehen, indem er die Existenz einer Friedensbedrohung feststellte, aber nichts zu ihrer Überwindung tat. Auf die Dauer konnte eine verantwortungsbewusste Staatengemeinschaft nicht lediglich konstatieren, dass es eine Friedensbedrohung gab. Im konkreten Fall trugen Mitgliedstaaten des Sicherheitsrates eher noch zur Zuspitzung des Konflikts bei: Die (militärische) Unterstützung der UCK durch NATO-Staaten bzw. deren Duldung einer derartigen Tätigkeit der albanischen Diaspora führte sicher nicht dazu, die konstatierte Friedensbedrohung abzubauen. Gleichwohl stieg damit der Handlungsbedarf, denn die Kämpfe nahmen zu, so dass die Region in eine immer bedrohlichere Lage geriet. Daher verwunderte die sicher auch aus diesen praktischen Erwägungen entspringende breite regionale Unterstützung der NATO-Maßnahmen nicht, die in der Beteiligung von 19 Staaten an der NATO-Intervention zum Ausdruck kam. Letztlich folgte die Intervention in der Konsequenz dem Pfad, den der VN-Sicherheitsrat mit seiner Resolution 1199 bereits eingeschlagen hatte. Die NATO schritt im März 1999 zu militärischen Maßnahmen mit dem erklärten Ziel, die konstatierte Friedensbedrohung zu überwinden, freilich ohne durch das zuständige Staatengemeinschaftsorgan dazu ermächtigt zu sein.

Unter diesen Umständen wäre zu erwarten gewesen, dass nach dem Ende der Bombardierungen der VN-Sicherheitsrat Stellung zu den Maßnahmen der NATO genommen hätte. Dies erfolgte nicht. Zu vermuten ist, dass die Ursache dafür letztlich in dem Umstand liegt, dass die NATO keinen Sieg über Milosevic errungen hatte. Der Diktator gab letztlich auf, weil Russland ihm jede Unterstützung entzogen hatte. Russland war aber nicht interessiert an einer nachträglichen Rechtfertigung der NATO-Maßnahmen, sondern an einem maßgeblichen Anteil an der KFOR[10]. Folglich enthält die nach dem Waffengang der NATO verabschiedete Sicherheitsratsresolution 1244 (1999), die die Schaffung der VN-Verwaltung für den Kosovo zum Gegenstand hat, keine Aussage zur Rechtmäßigkeit der NATO-Bombardements.

Angesichts der offenen Fragen – auch die Klage Jugoslawiens gegen die NATO-Staaten konnte keine Antwort erbringen, da sie vom Internationalen Gerichtshof (IGH) in Den Haag verworfen wurde – kann der Kosovo-Krieg nicht als Präjudiz für die Rechtmäßigkeit humanitärer Interventionen außerhalb des VN-Systems herangezogen werden. Hinzu kommt, dass auch die westlichen Staaten kein allgemeines Recht auf humanitäre Interventionen behaupten und nicht müde werden, den absoluten Ausnahmecharakter des Kosovo-Einsatzes zu unterstreichen (Nolte 1999: 959). Gerade in Deutschland mögen dafür auch verfassungsrechtliche Bedenken Anlass sein (Epping 2000: 615).

4.2 Ein moralisches Dilemma besteht fort

Zweifellos hat die NATO-Intervention zahlreiche völkerrechtliche Probleme aufgeworfen und der Jurist wünscht sich natürlich die Klärung durch eine völkerrechtliche Kodifizierung (Henke 2009: 15). Aber diese ist angesichts der politischen Gemengelage nicht zu erwarten. Deshalb ist es zu begrüßen, dass zumindest im Bereich der Aktivitäten der VN Fakten geschaffen wurden. So fragte der VN-Generalsekretär auf dem Millenniums-Gipfel der Vereinten Nationen, wie auf Menschenrechtsverletzungen vom Schlage des Völkermords in Ruanda und des Massakers in Srebenica zu antworten sei, wenn humanitäre Interventionen aus Rücksicht auf die staatliche Souveränität nicht zulässig seien. Eine Antwort versuchte die „Internationale Kommission zur Intervention und Staatensouverä-

---

10   Kosovo Force.

nität" zu geben, deren umfangreicher Bericht 2001 vom kanadischen Außenministerium vorgelegt wurde (Williams 2002: 10). Die Kommission kommt zu dem Schluss, dass sich eine Theorie und Praxis der humanitären Interventionen herauszubilden beginne, deren rechtliche Grundlage letztlich eine Verpflichtung sei, bedrängten Menschen Schutz zu gewähren. Dieser Gedanke der Schutzgewährung liege dem individualschützenden Völkerrecht zugrunde. So verpflichtet das humanitäre Völkerrecht die am bewaffneten Konflikt beteiligten Parteien, Nichtkombattanten zu schützen. Das Flüchtlingsrecht ermächtigt den Hohen Flüchtlingskommissar der Vereinten Nationen (UNHCR) für den Schutz der Flüchtlinge einzutreten. Die Idee der Schutzverpflichtung ist somit nicht neu. Offen bleibt allerdings die Frage, wie der Schutz durchgesetzt werden kann und ob er gar zu erzwingen ist. Darauf gibt das Völkerrecht bislang keine Antwort. Es bleibt folglich lediglich der Weg über den VN-Sicherheitsrat und über die Feststellung einer Friedensbedrohung. Nur dann ist eine humanitäre Intervention gerechtfertigt. Auch der Kosovo-Krieg hat bislang nicht zur Entstehung neuer Völkerrechtsnormen geführt.

Zu bedenken ist weiterhin, dass die humanitäre Intervention nicht dazu in der Lage ist, den Konflikt tatsächlich langfristig zu lösen. Die humanitäre Intervention hat nämlich nur eine „trügerische Faszination" (Hilpold 1999: 157). Kosovo und Osttimor zeigen, dass der Wiederaufbau einer friedlichen Post-Konflikt-Gesellschaft außerordentlich aufwändig ist und eine Kraftanstrengung der gesamten Staatengemeinschaft erfordert (Bothe/Marauhn 2000: 156). Schlussendlich landen die Probleme krisengeschüttelter und von Konflikten betroffener Gesellschaften dann doch wieder bei den Vereinten Nationen. Deshalb muss diese Organisation auch bei der Entscheidung zu einer humanitären Intervention das Sagen haben. Aber die Geschichte lehrt auch, dass die humanitäre Intervention nur im Notfall zur Anwendung kommen kann. Das Schwergewicht muss bei der Prävention von Konflikten liegen.

5   Das Konzept der R2P

Die Empfehlungen der *International Commission on Intervention and State Sovereignty* (ICISS) wurden im Jahr 2001 veröffentlicht. Sie betrachten die staatliche Souveränität in einem anderen Licht, denn sie wird als Instrument zum Schutz der Bevölkerung verstanden. Staaten, die schwerste Menschenrechtsverletzungen dulden oder begehen, können sich nicht auf den Schutzschild Souveränität berufen. Solche Verbrechen werden in einen internationalen Zusammenhang gestellt. Dann nämlich, wenn ein Staat nicht willens oder in der Lage ist, seine Bevölkerung vor Genozid, Kriegsverbrechen, ethnischen Säuberungen und Verbrechen gegen die Menschlichkeit zu schützen, geht die Verpflichtung zum Schutz auf die anderen Mitglieder der internationalen Gemeinschaft über. Mit dem Übergang dieser Verantwortung zum Schutz an die anderen Mitglieder der internationalen Gemeinschaft – und damit zumindest einer teilweisen und temporären Einschränkung der Souveränität des betroffenen Staates – soll der Staat dazu gebracht werden, sich wieder völkerrechtskonform zu verhalten. Macht sich ein Staat schwerer Menschenrechtsverletzungen verantwortlich, so hat die internationale Gemeinschaft nicht nur das Recht, sondern die Pflicht, zu intervenieren.

Die R2P umgeht ausdrücklich nicht den kontroversen Begriff der humanitären Intervention, revolutioniert aber dennoch die Interpretation der völkerrechtlichen Pflichtenlage, denn sie gibt den Menschenrechten im Konflikt Vorrang vor dem Rechtsgut der staatlichen Souveränität. Doch diese Herangehensweise ist in erster Linie ein rechtstheoretisches Problem.

Von praktischer Bedeutung ist demgegenüber, dass sich die R2P nicht lediglich auf die (möglicherweise militärische) Reaktion auf Menschenrechtsverletzungen beschränkt. Vielmehr umfasst das Konzept auch die Bereiche der Prävention („Responsibility to Prevent"), der Reaktion („Responsibility to React") und des Wiederaufbaus („Responsibility to Rebuild"). Die Schutzverantwortung wird damit als Prozess verstanden, der die militärische Intervention dann vorsieht, wenn alle anderen Mittel ausgeschöpft wurden.

5.1 Eingang der R2P in VN-Dokumente

Das Konzept der Expertengruppe fand schließlich Eingang in die VN-Dokumente, erstmals 2004 in den Bericht des *Secretary General's High-level Panel on Threats, Challenges and Change* als auch in das Dokument „In Larger Freedom". Beide Berichte sind Schlüsseldokumente des VN-Reformprozesses und empfehlen den Regierungen, die R2P zu unterstützen. Schließlich fand die R2P im Jahre 2005 Aufnahme in den Abschlussbericht des VN-Weltgipfels im September 2005. Ausdrücklich wird darin festgestellt, dass zwar die Regierungen für den Schutz ihrer Bevölkerungen verantwortlich sind. Falls sie aber nicht willens oder nicht in der Lage sind, ihrer Verantwortung nachzukommen, geht diese Verantwortung auf die internationale Gemeinschaft über. Sie soll mit friedlichen Mitteln die Bevölkerung schützen. Die internationale Gemeinschaft soll durch den Sicherheitsrat handeln (Schaller 2008: 9). Damit machten sich die VN wesentliche Komponenten der R2P zu eigen, übernahmen das Konzept aber nicht völlig. Insbesondere fand die "Responsibility to Rebuild" keine Erwähnung. Auch die vorgeschlagenen Kriterien für eine militärische Intervention wurden nicht übernommen.

Auch in Sicherheitsratsresolutionen finden sich Bezüge auf das Konzept, so in der Resolution „Protection of civilians in armed conflict"[11] und den Resolutionen zur Entsendung von VN-Friedenstruppen nach Darfur.[12]

5.2 Darf oder muss Gewalt angewendet werden?

Die R2P zielt darauf ab, Menschenrechtsverletzungen zu vermeiden. Sollte dies nicht möglich sein, so sind durch die internationale Gemeinschaft nicht-militärische Zwangsmaßnahmen gegen den Verursacherstaat der Rechtsverletzungen zu ergreifen. Sind diese erfolglos, so ist als ultima ratio auch eine militärische Intervention zum Schutz der Bevölkerung vorgesehen. Als *erstes* Kriterium für die Anwendung von Waffengewalt nennt die R2P daher, dass die Gewalt das letzte Mittel (last resort) der Einwirkung auf den Rechtsverletzer ist. Als *zweites* Kriterium wird der gerechte Grund für die Intervention genannt (just cause). Voraussetzung ist demnach eine akute Bedrohung des Lebens einer großen Anzahl von Menschen oder eine ethnische Säuberung und die Unwilligkeit oder Unfähigkeit des Staates dagegen vorzugehen. Das *dritte* Kriterium ist die aufrichtige Absicht der intervenierenden Staaten (right intention). Das ausschließliche Ziel muss die Überwindung der Leiden der Menschen sein. Die Herbeiführung des Sturzes einer Regierung ist grundsätzlich kein legitimes Ziel der R2P. Um die aufrichtige Absicht der militärischen Intervention deutlich zu machen, ist ein multilaterales Vorgehen anzustreben.

Als *viertes* Kriterium ist die Verhältnismäßigkeit (proportional means) des Vorgehens anzuführen. Demnach darf der Umfang, die Dauer und Intensität des Eingriffs nicht über das Ziel des Schutzes der Zivilbevölkerung hinausgehen. Das *fünfte* Kriterium umfasst die Forderung nach vernünftigen Erfolgsaussichten (reasonable prospects) der militärischen Intervention. Demnach ist von solchen Maßnahmen abzusehen, wenn zu erwarten ist, dass sich die Lage der Bevölkerung nach der Intervention verschlechtert.

Die Kriterien klingen vernünftig und sind nachvollziehbar. Allerdings werfen sie die Frage auf, wer und wie die Nachweise für die infrage stehenden Verbrechen, die den Einsatz militärischer Gewalt legitimieren würden, erbracht werden können. Aber selbst wenn es eindeutige Beweise gäbe, so ist die Entscheidung über einen Einsatz immer noch abhängig vom politischen Willen. Das machte der Irak-Krieg der USA 2003 offenkundig. Hier gab es hinreichende Erkenntnisse darüber, dass der Irak 2003 nicht mehr über Massenvernichtungswaffen verfügte, was durch die satellitengestützte und Luftaufklärung wie durch die

---

11   UN-Doc. S/1674 (2006).
12   UN-Doc. S/1706 (2006) S/1755 (2007).

Vor-Ort-Kontrollen unter der Leitung von Blix bestätigt wurde. Dennoch setzten sich die USA und Großbritannien über die Beweise hinweg und arbeiteten mit Lügen (Ehrenberg 2010: 147). Letztlich ist somit die politische Instanz, die die Entscheidung über den Einsatz trifft, gefragt. Sie wird in der R2P adressiert, indem das Kriterium der „right authority" angesprochen wird. Entsprechend dem völkerrechtlichen Gewaltmonopol beim VN-Sicherheitsrat muss jeder Einsatz militärischer Gewalt durch den Sicherheitsrat legitimiert werden. Freilich zeigt sich in der Praxis, dass der Sicherheitsrat entgegen seinem Mandat oftmals politisch blockiert ist. Das hat in der Vergangenheit im Falle Koreas 1950 dazu geführt, dass sich auf der Grundlage der Resolution „Uniting for Peace" die VN-Generalversammlung mit dem Problem beschäftigte und Empfehlungen aussprach. Allerdings sind derartige Resolutionen nicht verbindlich und ermächtigen nicht zur Anwendung von Gewalt. Denkbar wäre auch ein Tätigwerden der Regionalorganisationen nach Kapitel VIII der VN-Charta, die allerdings nachträglich die Zustimmung des Sicherheitsrats anfordern müssten. So gingen der VN-mandatierten humanitären Intervention 1994 in Haiti zahlreiche Debatten und Beschlüsse der Organisation Amerikanischer Staaten (OAS) voraus.

Freilich gefährdet die durch die R2P angestrebte Legalisierung der Gewaltanwendung zugunsten des Menschenrechtsschutzes das strikte völkerrechtliche Gewaltverbot, so dass vielfach befürchtet wird, dieses Instrument könne für politische Zwecke missbraucht werden. Insbesondere Entwicklungsländer befürchten dies, während China und Russland am Souveränitätsdogma festhalten. Notwendig ist angesichts dieser divergierenden Auffassung eine weitere Diskussion dieses Konzepts um zu verhindern, dass die Völkerrechtsordnung immer weiter in unterschiedliche Rechtskreise zerfällt. Das Beispiel des Kosovo, wo auch zwei Jahre nach der einseitigen Unabhängigkeitserklärung immer noch kein Konsens über den Status herbeigeführt wurde, ist symbolisch für die Zerbröselung der Völkerrechtsordnung durch die Unfähigkeit der Großmächte zur Akzeptanz eines Kompromisses. Das Menschenrechtsthema, die Abwendung von völkerrechtlichen Verbrechen an unschuldigen Menschen, ist zu wichtig, als dass man es politischen Ränkespielen überlassen könnte. Daher ist es sehr zu begrüßen, dass die R2P immer deutlichere – auch völkerrechtliche – Gestalt annimmt, obwohl es sich nach wie vor um ein politisches Konzept handelt (Schaller SWP 2008, 2). Zu dieser Fortentwicklung kommt es vor allem durch den Umstand, dass der VN-Generalsekretär regelmäßige Berichte über die „Umsetzung der Schutzverantwortung" vorlegt. Damit ergeht es den Ergebnissen des Millenniumsgipfels anders als sonstigen Resolutionen der VN-Generalversammlung, die oftmals direkt ins Grab der ungelesenen Dokumente wandern. Der jüngste Bericht[13] ist aufschlussreich und zeigt, dass das Konzept weiterhin große internationale Aufmerksamkeit genießt.

---

13   UN-Doc. A/63/677.

Literaturverzeichnis

Bothe, Michael/Marauhn, Thilo, 2000: The United Nations in Kosovo and East Timor – Problems of a Trusteeship Administration, in: International Peacekeeping, 156-165.

Bothe, Michael/Martenczuk, Bernd, 1999: Die NATO und die Vereinten Nationen nach dem Kosovo-Konflikt, in: Vereinte Nationen 4/1999, 125-130.

Debiel, Tobias/ Nuscheler, Franz (Hg.), 1996: Humanitäre Einmischung zwischen Anspruch und Wirklichkeit. Bonn.

Deiseroth, Dieter, 2001: Die Völkermordkonvention und der Kosovo-Krieg – Genozid-Verhinderung als Legitimationsgrundlage?, in: Hartwig Hummel (Hrsg.), Völkermord – friedenswissenschaftliche Annäherung. Baden-Baden, 46-77.

Delbrück, Jost (ed.), 1995: Allocation of Law Enforcement Authority in the International System. Berlin.

Dreist, Peter, 2002: Die Task Force Harvest und die Task Force Fox – Beiträge zur Stabilisierung Makedoniens, in: Humanitäres Völkerrecht – Informationsschriften, 5-10.

Ehrenberg, John (Hrsg.), 2010: The Iraq Papers. Oxford.

Eisele, Manfred, 2000: Die Vereinten Nationen und das internationale Krisenmanagement, Frankfurt a. M.

Eisermann, Daniel, 2000: Der lange Weg nach Dayton. Baden-Baden.

Endemann, Harald, 1997: Kollektive Zwangsmaßnahmen zur Durchsetzung humanitärer Normen. Frankfurt a. M.

Epping, Volker, 2000: Nachbetrachtung: Der Kosovo-(Kampf-)Einsatz der Bundeswehr, in: Festschrift Ipsen. München, 615-622.

Flauss, Jean-Francois, 2002: La primarité des droits de la personne: licéité ou illéité de l'intervention humanitaire, in: Christian Tomuschat (ed.): Kosovo and the International Community – A Legal Assessment. The Hague, 150-170.

Frowein, Jochen A./Krisch, Nico, 2002: Zu Art. 39, in: Bruno Simma: The Charter of the United Nations. New York, 701-729.

Frowein, Jochen, 2001: Der Stellenwert des Völkerrechts in internationalen Konflikten, in: Sicherheitspolitik in neuen Dimensionen. Hamburg, 889-902..

Gading, Heike, 1996: Der Schutz grundlegender Menschenrechte durch militärische Maßnahmen des Sicherheitsrates – das Ende staatlicher Souveränität?. Berlin.

Greenwood, Christopher, 1993: Gibt es ein Recht auf humanitäre Intervention?, in: Europa-Archiv, 80-100.

Heintze, Hans-Joachim, 2001: Wann darf und muss die Staatengemeinschaft intervenieren?, in: Jörg Calließ (Hrsg.) Vom Gebrauch des „traurigen Notmittels" Krieg. Loccum, 63-80.

Heintze, Hans-Joachim, 1991: Die Resolution 688 (1991) des Sicherheitsrates der Vereinten Nationen und der internationale Menschenrechtsschutz, in: Humanitäres Völkerrecht – Informationsschriften, 43-48.

Henke, Christoph, 2009: Vorschlag für ein Übereinkommen über die Regelung der völkerrechtlichen Voraussetzungen einer humanitären Intervention, in: Humanitäres Völkerrecht – Informationsschriften, 15-22.

Herbst, Jochen, 2000: Rechtskontrolle des UN-Sicherheitsrates, Frankfurt a. M..

Hilpold, Peter, 1999: Auf der Suche nach Instrumenten zur Lösung des Kosovo-Konfliktes: Die trügerische Faszination von Sezession und humanitärer Intervention, in: Joseph Marko (Hrsg.), Gordischer Knoten Kosovo/a: Durchschlagen oder entwirren? Baden-Baden, 157-180.

Ipsen, Knut, 2004: Völkerrecht, 5. Aufl., München, 928-940.

Ipsen, Knut, 1999: Der Kosovo-Einsatz – Illegal, Gerechtfertigt? Entschuldbar?, in: Die Friedenswarte 74, 19-26.

Ipsen, Knut, 1992: Auf dem Wege zur Relativierung der inneren Souveränität bei Friedensbedrohung, in: Vereinte Nationen, 41-45.

International Panel of Eminent Personalities, 2001: Report on the 1994 Genocide in Rwanda and Surrounding Events, in: International Legal Materials 2001, 157-170.

Kälin, Walter, 2000: Humanitäre Intervention: Legitimation durch Verfahren? Zehn Thesen zur Kosovo-Krise, in: Schweizer Zeitschrift für Internationales und Europa-Recht 2/2000, 166-180.

Kicker, Renate, 2000: Humanitäre Intervention, Prinzip der Nichteinmischung, Gewaltmonopol der VN und Selbstmandatierung der NATO, in: Österreichisches Studienzentrum für Frieden und Konfliktlösung (Hrsg.), Europas Beitrag zum Frieden, Münster, 198-207.

Loquai, Heinz, 2000: Der Kosovo-Konflikt – Wege in einen vermeidbaren Krieg, Baden-Baden.

Mutz, Reinhard, 2000: Rambouillet oder die letzte Chance, in: Dieter. S. Lutz, Der Krieg im Kosovo und das Versagen der Politik. Baden-Baden, 167-187.

Nolte, Georg, 1999: Kosovo und die Konstitutionalisierung: Zur humanitären Intervention der NATO-Staaten, in: Zeitschrift für ausländisches öffentliches Recht und Völkerrecht, 959-990.

Nolte, Georg: 2002: Article 2(7), in: Bruno Simma (ed.), The Charter of the United Nations – A Commentary. New York, 148-171.

Opitz, P. J., 2010: Collective Security, in: Helmut Volger (ed.), A Concise Encyclopedia of the United Nations, 2rd. ed., Leiden, 33-34.

Pape, Mathias, 1997: Humanitäre Intervention. Baden-Baden.

Reschke, Brigitte, 2009: Die Operation Iraqi Freedom: Schwierige Ausgangslage für die Friedenskonsolidierung, in: Volker Epping/Hans-Joachim Heintze (Hrsg.), Schaffung geordneter Staatlichkeit nach bewaffneten Konflikten, Köln, 97-126.

Sassoli, Marco, 2000: The legal qualification of the conflicts in former Yugolavia: double standards or new horizons for international humanitarian law, in: S. Yee/W. Tieya/H. Li (Hrsg.) International Law and the Post-Cold War World: Essays in Memory of Li Haopei (Routledge Studies in International Law). New York, 207-230.

Schabas, William A., 2008: „Die verabscheuungswürdige Geißel": Völkermord, 60 Jahre danach, in: Gerd Hankel (Hg.), Die Macht und das Recht, Hamburg, 189-200.

Schaller, Christian, 2008: Gibt es eine „Responsibility to Protect"?, in: APuZ 46/2008, 9-19.

Schaller, Christian, 2008: Die völkerrechtliche Dimension der „Responsibility to Protect", in: SWP-Aktuell 46/2008. Berlin.

Schorlemer, Sabine von, 2007: Die Schutzverantwortung als Element des Friedens, in: Policy Paper 28, Stiftung Entwicklung und Frieden. Bonn.

Senghaas, Dieter, 1999: Der Grenzfall: Weltrechtsordnung vs. Rowdystaaten, Sicherheit und Frieden 3/1999, 136-140.

Stein, Andreas, 1999: Der Sicherheitsrat der Vereinten Nationen und die Rule of Law. Baden-Baden.

Stein, Torsten, 2002: Welche Lehren sind aus dem Eingriff der NATO im Kosovo zu ziehen?, in: Deutschen Sektion der Internationalen Juristen-Kommission (Hrsg.), Eingriff in die inneren Angelegenheiten fremder Staaten zum Zwecke des Menschenrechtsschutzes. Heidelberg, 21-35.

Thürer, Daniel, 2000: Der Kosovo-Konflikt im Lichte des Völkerrechts, in: Archiv des Völkerrechts 38/2, 9-25.

Tomuschat, Christian (ed.), 2002: Kosovo and the International Community – A Legal Assessment, The Hague.

Tomuschat, Christian, 2002: Menschenrechtsschutz und innere Angelegenheiten, in: Deutsche Sektion der Internationalen Juristen-Kommission (Hrsg.), Eingriff in die inneren Angelegenheiten fremder Staaten zum Zwecke des Menschenrechtsschutzes, Heidelberg, 7-17.

Verdross, Alfred/Simma, Bruno, 1988: Universelles Völkerrecht. Berlin.

Weller, Marc, 2002: Missed Opportunities of Conflict Prevention in Kosovo 1987-1999, in: Luc van de Goor/Martina Huber (eds.), Mainstreaming Conflict Prevention, Baden-Baden, 238-240.

Williams, Ian, 2002: Nur das letzte Mittel, in: Vereinte Nationen, 10-14.

Der Gerechte Friede – Ein Paradigmenwechsel in der christlichen Friedensethik?

Thomas Hoppe

Der Topos „Gerechter Friede" kennzeichnet seit mehr als zwanzig Jahren eine wachsende Gemeinsamkeit christlicher Kirchen auf dem Gebiet der Friedensethik. Sie hat mittlerweile eine erhebliche Dynamik in der Fortentwicklung traditioneller Positionsbestimmungen zu diesem Themenfeld freigesetzt. Von besonderer Bedeutung waren dabei jene Diskussionen über den konzeptionellen Ansatz friedensethischer Kernaussagen und ihre Bedeutung für die Gegenwart, die im Kontext der Ökumenischen Versammlungen in beiden deutschen Staaten Ende der achtziger Jahre des vergangenen Jahrhunderts stattfanden. Die Ökumenische Versammlung in der damaligen DDR stellte ihren umfangreichen Beschlusstexten zu einer Fülle von Einzelfragen politischer Ethik eine „Theologische Grundlegung" voran, in der es unter anderem hieß:

> „Mit der notwendigen Überwindung der Institution des Krieges kommt auch die Lehre vom gerechten Krieg, durch welche die Kirchen den Krieg zu humanisieren hofften, an ein Ende. Daher muss schon jetzt eine Lehre vom gerechten Frieden entwickelt werden, die zugleich theologisch begründet und dialogoffen auf allgemein menschliche Werte bezogen ist" (Gerechtigkeit – Frieden – Bewahrung der Schöpfung 1990: 30, Nr. 36).

Die Verpflichtung auf die Leitperspektive eines Gerechten Friedens unterstrichen die deutschen katholischen Bischöfe auch dadurch, dass sie ihr Friedenswort vom September 2000 unter dieses Motto stellten (Sekretariat der deutschen Bischofskonferenz 2000). In derselben Argumentationslinie liegen die Überlegungen, die die Evangelische Kirche in Deutschland mit ihrer jüngsten Friedensdenkschrift vom November 2007 der Öffentlichkeit vorlegte (Evangelische Kirche in Deutschland 2007). Die zentrale Aussage beider Dokumente lautet: In der Bestimmung geeigneter Methoden und Instrumente, die zur Gewaltprävention beitragen, und in der Arbeit daran, sie angesichts der gegebenen Strukturen zu größerer Wirkung zu bringen, liegt ein Auftrag, der die Politik ebenso wie die zivile Gesellschaft und die Kirchen gemeinsam verpflichtet.

Der Beitrag gibt zunächst eine kurze Übersicht über wesentliche Etappen, in denen sich der Konsens über das Konzept eines Gerechten Friedens allmählich herausbildete. Dies geschieht jedoch keineswegs primär in historischer Absicht. Vielmehr kommt es darauf an aufzuweisen, dass und in welcher Weise dieses Konzept eine Antwort auf eine ethische Aporie darstellt, auf welche die Frage nach einem verantwortlichen Umgang mit dem Problem organisierter Gewalt hinausläuft. In einem zweiten Schritt werden die in der gegenwärtigen Diskussion zentralen systematischen Inhalte des Konzepts skizziert, ohne sie freilich in diesem Rahmen in extenso darlegen zu können. Schließlich wird zu einer aktuellen Fragestellung aus der Perspektive des Gerechten Friedens Stellung genommen, nämlich zur Verbindung dieses Ansatzes mit der Konzeption einer internationalen Schutzverpflichtung, einer *Responsibility to Protect* (R2P).

1   Vom ‚gerechten Krieg' zum Gerechten Frieden

Die Frage nach der Stellung der Christen zum Problem der Gewalt trat in den ersten Jahrhunderten der Christentumsgeschichte keineswegs sofort, sondern eher allmählich als Herausforderung zutage. Denn zunächst stellten sie im römischen Reich eine verfolgte, marginalisierte Gruppe dar, und sie waren deswegen auch vom Militärdienst ausgeschlossen. Etwa bis zum dritten Jahrhundert entstammten Christen fast ausnahmslos den unteren Schichten der Gesellschaft, sie durchliefen nicht die höhere Beamtenlaufbahn und hatten somit auch noch keinen Anteil an staatlicher Verantwortung. Dies erklärt, warum aus dieser Zeit kaum staatstheoretische bzw. -kritische Schriften überliefert sind. Die frühen Christen lebten im Bewusstsein von der zeitlichen Begrenztheit und Vorläufigkeit irdischer Existenz, zumal im Kontext einer intensiven Naherwartung des Weltendes und der baldigen Wiederkunft Christi. Doch vermochte diese Vorstellung sie nur begrenzte Zeit der Notwendigkeit zu entheben, auch zu jenen ethischen Problemen Stellung zu nehmen, die durch die sozialen und politischen Begleitumstände ihrer irdischen Existenz unvermeidlich aufgeworfen wurden.

Mit den Toleranzedikten des römischen Kaisers Konstantin kam es ab 313 zu einer wesentlichen Veränderung der Problemstellung. Nunmehr traten Christen aus dem Status der – im Grenzfall blutig verfolgten – Minderheit heraus, ja sie übernahmen im wachsenden Maße Verantwortung im Staat, in der Beamtenschaft, auch als Offiziere im römischen Heer.

Dies ist der historische Kontext, in welchem sich die Kirchenväter Ambrosius und Augustinus schließlich an den viel älteren rechts- und staatsphilosophischen Überlegungen Ciceros und der Stoa über Krieg und Frieden orientierten. Sie holten wesentliche Elemente dieses Denkens in den christlichen Reflexionsraum hinein – es begann die Ausarbeitung dessen, was später als christliche Lehre vom „gerechten Krieg", vom *bellum iustum*, zu einem *tractatus classicus* geworden ist. Zwar brach deswegen jene Traditionslinie, die an der unbedingten Verbindlichkeit der Forderung nach Gewaltlosigkeit für Christen festhält, keineswegs ab; wohl aber erwies sie sich über die folgenden Jahrhunderte als entscheidend geschwächt. Dazu trug nicht unwesentlich bei, dass es der verfassten Kirche wiederholt möglich wurde, staatliche Macht – selbst militärische – für die Verfolgung eigener Anliegen, bis hin zur kriegerischen Bekämpfung der „Feinde Christi", in Dienst zu nehmen. Aber die Kritik an den konkret erfahrenen Formen kriegerischer Gewaltanwendung und an der oft allzu sorglosen Weise ihrer Legitimierung ist nie verstummt – sie findet sich in den Bußbüchern seit dem neunten Jahrhundert ebenso wie in manchen Strängen der theologischen Kreuzzugskritik. In der spanischen Spätscholastik, auf der Schwelle zur Neuzeit, wurde sie zum entscheidenden Motiv einer theologisch-ethischen Neubestimmung der Position zu Krieg und Gewalt. Die Entstehung des modernen Friedensvölkerrechts, aber auch des humanitären Völkerrechts, das im säkularen Bereich Forderungen aufnimmt, die ursprünglich im Kontext einer ethischen Reflexion über das Problem organisierter Gewalt und ihrer Begrenzung erhoben wurden, wäre ohne Rückgriff auf das ältere Lehrstück vom „Gerechten Krieg" nicht hinreichend zu erklären.

Die Theorie des *bellum iustum* wirkte freilich dort verhängnisvoll, wo ein nur selektiver Rückbezug auf diese Lehre dazu führte, dass sie nicht als Gewalteingrenzungskonzept perzipiert, sondern in ihrem Namen der Entgrenzung der Gewalt das Wort geredet wurde. Die Spätscholastik hatte alle Mühe damit, einzelne Aussagen der *bellum-iustum-Lehre* dagegen zu schützen, dass sie sich wie eine schlichte theologische Legitimation der spanischen Kolonialpolitik einschließlich ihrer menschenverachtenden Praxis in Lateinamerika lesen ließen, und stattdessen auf der kritisch-korrektivischen Funktion des *bellum-iustum-Konzepts* zu bestehen. Die Autoren dieser Epoche haben das besondere Verdienst, klar herausgearbeitet zu haben, dass die Anwendung von Gewalt allein aus religiösen Gründen, also ohne dass zugleich ein in säkularen Begriffen fassbarer schwerwiegender Unrechtstatbestand vorliegt, niemals gerechtfertigt sein kann. Jegliche Gewalt, die explizit im Namen der eigenen, für wahr erkannten Religion gegen Andersgläubige angewendet wird, ließ sich so prinzipiell und in umfassender Weise delegitimieren.

Gleichwohl machte das bewundernswerte Mühen der Spätscholastik darum, den politischen Missbrauch dieser Lehre zu verhindern, sie nicht gegen neuerliche Versuche immun, nun über eine sukzessive Entgrenzung des Begriffs der „gerechtfertigten Verteidigung" gewissermaßen die verloren gegangenen ethischen Spielräume zur Gewaltanwendung „zurückzuerobern". Für Francisco de Vitoria kommt unter den wenigen Gründen, die seiner Ansicht nach Gewalt unter bestimmten Bedingungen zu rechtfertigen vermögen, auch ein Nothilferecht für Menschen in Betracht, die davon bedroht sind, heidnischen Gottheiten geopfert zu werden – im Kern wird hier der Gedanke an ein Interventionsrecht aus humanitären Gründen bereits ausgearbeitet. Die Erfahrungen des 19. Jahrhunderts, womöglich auch der Gegenwart, belehren uns, wie verfänglich diese Argumentation wird, wenn sie dazu Verwendung findet, herkömmlichen machtpolitischen Rivalitäten den Anschein ethischer Dignität zu verleihen. Die Verfasser der Charta der Vereinten Nationen zögerten daher, den Mitgliedstaaten der Weltorganisation hier Zugeständnisse zu machen. Ihr Insistieren auf einem umfassenden Interventionsverbot ist nicht zuletzt eine Reaktion auf die Ernüchterung, die die missbräuchliche Inanspruchnahme humanitärer Begründungen für die interventionistische Interessenpolitik europäischer Nationalstaaten des 19. Jahrhunderts bewirkt hatte.

In die Krise gerät das Paradigma „Gerechter Krieg" schließlich angesichts der Tatsache, dass neue waffen- und transporttechnische Möglichkeiten die Einhaltung der ethisch zu ziehenden Grenzen für jede Anwendung von Gewalt zunehmend aushöhlen. Dies gilt bereits unter den Voraussetzungen der beiden Weltkriege – nur umso sichtbarer wird diese Entwicklung mit dem Beginn des Nuklearzeitalters. Das Zweite Vatikanische Konzil – für die katholische Kirche in vielfacher Hinsicht ein Meilenstein in der Fortentwicklung ihrer Lehrpositionen, nicht zuletzt auf dem Gebiet der Politischen Ethik – verurteilt unter Zuhilfenahme der Kriterien des *bellum iustum* jede Kriegführung, die sich der Kontrolle des Menschen immer mehr zu entziehen droht und auf unterschiedslose Vernichtung hinausläuft (Zweites Vatikanisches Konzil 1965: Nr. 80). Schon Carl von Clausewitz hatte in seinem bekannten militärtheoretischen Standardwerk „Vom Kriege" davor gewarnt, dass jedem Krieg die Tendenz innewohne, seine Intensität bis zum äußersten Maß an Gewaltförmigkeit zu steigern. Auch die deutschen Bischöfe mahnen in ihrem gemeinsamen Wort „Gerechter Friede" eindringlich:

> „Ein ethisches Kernproblem jedes bewaffneten Konflikts liegt … darin, dass er eine Eigendynamik freisetzen und deshalb nur allzu leicht in einem Übermaß an Gewalteinsatz enden kann. Auch dort, wo man zunächst annimmt, die Bedingungen für eine Kontrolle des Geschehens seien günstig, wird es auf Dauer immer schwieriger, die Regeln des Rechts im Kriege (*ius in bello*) zu beachten. Die Folgen ihrer Verletzung hat vor allem die Zivilbevölkerung zu erleiden" (Sekretariat der deutschen Bischofskonferenz 2000: Nr. 151).

Als intelligibles Konzept vermag so gerade in der Moderne die Theorie der in Grenzen rechtfertigbaren Gewaltanwendung weitaus eher zu überzeugen als dort, wo man sie auf ihre praktischen Realisierungsbedingungen hin reflektiert und mit konkreten Gewalterfahrungen in Beziehung setzt. James Turner Johnson, der seit Jahrzehnten in den USA über Theorien des Just War forscht und publiziert, schreibt in einer Veröffentlichung aus dem Jahr 1999, man könne durchaus mit Erasmus von Rotterdam der Auffassung sein, dass Brutalität und Grausamkeit zum Wesen des Kriegs selbst gehörten und es daher eine gerechtfertigte Anwendung organisierter Gewalt zwar in der Theorie, nicht jedoch in der empirischen Welt geben könne (Johnson 1999: 121).

Dies ist der moralische Kern der pazifistischen Kritik am Paradigma des „Gerechten Kriegs", einer Kritik, die über die Jahrhunderte nie verstummt ist, weil sie beständig auf die immer neue Bestätigung überkommener Erfahrungen mit der Entgrenzung der Gewalt verweisen konnte. Das Gegenargument lautet: Soll man vor fremder, ungerechter Gewalt kapitulieren, zumal wenn diese schutzlosen Dritten gilt, die man zu verteidigen imstande wäre? Auch dieses Argument hat einen moralischen Ernst und darf deswegen nicht vorschnell und ungeprüft als Verdeckung unlauterer Absichten denunziert werden. Beide Positionen – der Verzicht auf jegliche Gewaltanwendung ebenso wie die bedingte, an strenge Voraussetzungen gebundene Bejahung solcher Gewalt – vermögen über einen genau benennbaren Punkt hinaus nicht mehr zu überzeugen. Der jeweilige Einwand trifft die Gegenposition tatsächlich an ihrer schwächsten Stelle.

So führt das ethische Problem der Gewalt letztlich in eine Aporie. Der Philosoph Walter Brugger hat vor Jahren diesen Begriff der Aporie wie folgt näher erläutert: Er bezeichnet

> „die Schwierigkeit oder auch Unmöglichkeit, ein Problem zu lösen. Aporien treten auf, wenn sich bei einer Frage verschiedene Lösungen darbieten, die sich alle mehr oder weniger begründen lassen. Zur Aporie gehört, dass sie in der Sache selbst oder in den Begriffen, mit denen sie gefasst werden muss, gründet" (Brugger 1965: 733).

Eben diese Situation scheint hier, bei der ethischen Reflexion über die Gewalt, vorzuliegen. Bislang ist nicht zu erkennen, wie ein theoretisch befriedigender Ausweg aus dieser Schwierigkeit gefunden werden könnte. Wohl aber ist es unvermeidlich – und daher seinerseits Gegenstand ethischer Reflexion –, sich als Handelnder zu dieser Situation zu verhalten. Denn die Einsicht in den aporetischen Grundcharakter einer Entscheidungslage entbindet nicht davon, eine der praktisch verfügbaren Alternativen zu wählen; auch der Verzicht auf eine mögliche Aktivität wäre politisch und moralisch nicht „unschuldig", solange seine unter Umständen schwerwiegenden Folgen Dritte zu erleiden hätten.

Die Forderung der Ökumenischen Versammlungen, es gelte angesichts der heutigen Verhältnisse eine Lehre vom „Gerechten Frieden" auszuarbeiten, hat hier ihren systematischen Anknüpfungspunkt. Die Formulierung, die überkommene Lehre vom „Gerechten Krieg" gelange in der Gegenwart „an ein Ende", erweist sich dabei als bemerkenswert genau: Es empfiehlt sich, von der *bellum-iustum-Lehre* einen „nach-idealistischen" Gebrauch zu machen, der nüchtern die besonderen Schwierigkeiten normkonformen Handelns gerade auf diesem Feld in Rechnung stellt und daraus ethische Konsequenzen zu ziehen versucht. Innerhalb der vielfältigen religiösen Traditionen, die sich auf das Konzept des *bellum iustum* beziehen – in welcher Variation auch immer –, kommt es darauf an, sich dieser grundlegenden Eigenschaft der mit dem Problem der Gewalt verbundenen moralischen Wirklichkeit stärker bewusst zu werden. Erst so lässt sich auf dieses Lehrstück in zurückhaltenderer, nicht zuletzt der politischen Verzweckung gegenüber resistenterer Weise zurückgreifen. Die Lehre vom „Gerechten Krieg" gewönne so in allen Traditionen ein entscheidendes Stück ihres Potenzials zurück, als kritisches Korrektiv zu wirken, das zur einer wirksamen Minderung, wo nicht Verhinderung von Gewalt, beizutragen vermag.

Das Konzept des Gerechten Friedens rückt wegen der Aporien, in welche Gewaltanwendung nur allzu leicht hineinführt, die Arbeit an Prozessen nachhaltiger Gewaltprävention an die erste Stelle. In diesem Perspektivenwechsel bürstet sie die traditionelle Position gewissermaßen „gegen den Strich", um ihre ursprüngliche ethische Aussageabsicht – nicht primär eine Handlungsanweisung für die Anwendung von Gewalt zu sein, sondern einzuschärfen, dass es diese, wenn irgend möglich, zu verhindern gilt – wieder freizulegen. Erster Imperativ von Friedenspolitik muss es sein, durch gewaltpräventives Handeln zu vermeiden, überhaupt in Situationen zu geraten, in denen man nur noch die Wahl zwischen im Grunde unakzeptablen Alternativen hat. Alle eher instrumentell orientierten Überlegungen, etwa diejenige, wie Institutionen und Organisationen im Feld der Politik unter sich verändernden Rahmenbedingungen weiterzuentwickeln wären, müssen in diese friedensethische Zielperspektive eingeordnet werden.

Erst in ihr lassen sich auch herkömmliche Kontroversen zwischen Pazifisten und Nichtpazifisten zwar nicht gänzlich überwinden, aber doch auf den Raum jener Grenzsituation beschränkt halten, deren unterschiedliche Beurteilung die entscheidende Differenz beider Positionen bezeichnet. Die Position des Pazifismus wäre grob verzeichnet, würde sie auf eine lediglich individuelle Verpflichtung zur Praxis radikaler Gewaltlosigkeit reduziert. Ganz im Gegenteil finden sich in den Texten der Antikriegsbewegung des späten 19. und des beginnenden 20. Jahrhunderts viele Belege für den „politisch-institutionellen" Charakter des verfolgten Programms: Generell geht es darum, politisch-rechtliche Modelle auszuarbeiten, in denen eine Überwindung von Krieg und Gewalt realisierbar erscheint, also nach solchen Strukturen zu suchen, die geeignet sind, das internationale System friedensfähiger zu machen.

2   Im Zentrum des Konzepts Gerechter Friede: Die Aufgabe der Gewaltprävention

Welches sind die prinzipiellen Orientierungen, die sich im Rahmen eines ethischen Konzepts, das der Gewaltvorbeugung und -minimierung dienen will, gewinnen lassen? Eine zusammenfassende Antwort könnte lauten: Es gilt, die Ursachen zu bekämpfen, aus denen immer wieder Krieg und Gewalt erwachsen. Diese Antwort aber ist nun auszudifferenzieren.

Nicht zufällig ist die Rede von einem „gerechten Frieden". Denn es bedeutet einen Gradmesser für die ethische Qualität wie für die Stabilität jeder politischen Ordnung, wie weit diese auf die Herstellung und Erhaltung von Lebensbedingungen gerichtet ist, in denen Grundforderungen der Gerechtigkeit verwirklicht sind. Insofern kommt der Ruf nach Gerechtigkeit nicht zur Forderung nach einer Überwindung von Gewaltverhältnissen noch hinzu; vielmehr ist das Bemühen um Gerechtigkeit selbst ein wesentlicher Schritt auf dem Weg zu einer weniger gewaltdurchwirkten Welt. Frieden und Gerechtigkeit sind wechselseitig aufeinander bezogen: Wo die Gerechtigkeit verletzt wird, steht auch der Friede auf dem Spiel – wo umgekehrt der Friede verloren wird, herrschen rasch auch Verhältnisse tiefer Ungerechtigkeit.

Sicher lässt sich auf diese Weise die Notwendigkeit, ein Mehr an Gerechtigkeit zu verwirklichen, bereits durch einen Appell an das wohlverstandene Eigeninteresse aller Beteiligten plausibel machen – nach der Maxime: „Wenn du nicht willst, dass die Gewalt mit all ihrer zerstörerischen Wirkung dich erreicht, dann tu, was du kannst, damit der Sumpf dieser Gewalt auch anderswo ausgetrocknet werden kann". Aber damit deren Ursachen auf Dauer beseitigt und friedensfähige Strukturen an ihre Stelle gesetzt werden können, bedarf es doch einer Orientierung, die über solche Nutzenkalküle hinausreicht. In den Sachbereichen der Friedensgestaltung, des Aufbaus gerechterer ökonomischer und sozialer Verhältnisse und der Bewahrung der natürlichen Lebensgrundlagen haben wir es mit „kollektiven Gütern" zu tun, die durch das Handeln nationalstaatlicher Akteure geschützt, aber auch gefährdet werden können. Fatalerweise neigen nun die Nationalstaaten zu einer weltpolitischen Betrachtungsweise, die sich vor allem an ihren jeweiligen Eigeninteressen orientiert. Unterschiedliche Ausprägungen solcher Partikularinteressen drohen dann zu Lasten jenes Gesamtinteresses zu gehen, das sich als übernationales Gemeinwohl bezeichnen lässt.

Dabei bedarf die Rede vom „Gemeinwohl" einer näheren Klärung. Denn in einer modernen Gesellschaft können moralische Bedeutungsgehalte dieses Begriffs nicht mehr in derselben Weise als die Glieder dieser Gesellschaft verbindende Normvorstellung unterstellt werden, wie dies zuvor Jahrhunderte lang möglich erschien. Dies wirft die Frage auf, ob dadurch der Rückgriff auf die Kategorie des „*bonum commune*" zu einer Leerformel, mithin obsolet wird, oder ob er sich so präzisieren lässt, dass ihm auch weiterhin eine signifikante heuristische Funktion zugeschrieben werden kann.

Gerade von dieser Fragestellung her lässt sich aufzeigen, dass und warum im Konzept des „Gerechten Friedens" den Menschenrechten eine zentrale Bedeutung zukommt. Die Forderungen nach Menschenrechten erwuchsen und erwachsen bis heute auf dem Hintergrund konkreter Leid- und Unrechtserfahrungen. Sie bilden

eine zunächst ethische, später auch rechtliche Figur, persönliche Freiräume und
soziale Mindeststandards einzuklagen und zu wahren, die solchen Negativerfah-
rungen vorbeugen sollen. Man könnte auch formulieren: Menschenrechtsstandards
suchen eine institutionelle, auf moralische Kategorien und ein rechtliches Instru-
mentarium zurückgreifende Lösung für das menschheitsalte Problem zu bieten,
wie man die allgegenwärtige Gewalt von Menschen gegen Menschen mindern,
womöglich überwinden kann. Wo die Rechte der menschlichen Person verlässlich
geschützt sind und ihre Gewährleistung nicht vom politischen Gutdünken autoritärer Machthaber abhängig gemacht wird, dort fallen viele Anreize zur Gewaltanwendung fort. Denn Menschenrechte formulieren die Minimalbedingungen dafür,
dass menschliches Leben in Würde gelingen kann. Sie wollen sicherstellen, dass
Menschen nicht in Abhängigkeiten aller Art geraten oder in ihnen verbleiben, die
sie zu Wehrlosen machen, welche der Willkür anderer ausgeliefert sind. Es gibt
viele Formen solcher moderner Sklaverei, brutale und subtile. An Zwangsarbeit
und Schuldknechtschaft ist ebenso zu denken wie an die ausgefeilten Methoden
politischer Repression und sozialer Ächtung Andersdenkender. Wer solche Situationen erfährt, leidet schwer unter ihnen, egal, wo er in sie gerät; und doch werden
viele der Bedeutung menschenrechtlicher Sicherungen erst dann gewahr, wenn es
für ihre erfolgreiche Verteidigung bereits zu spät ist.

So betrachtet, ist das Eintreten für Menschenrechte schon in sich eine Methode der Gewaltprävention: Sie hindert die Gewalt, die derjenige erfährt, dessen
elementare Rechte verletzt werden. Und diese Einsicht gilt universal, sie macht vor
politischen, kulturellen oder geographischen Grenzen nicht Halt. Die Relativierung
der Menschenrechte unter Hinweis auf kulturelle Differenzen erweist sich schnell
als unhaltbar, wenn man die Opfer von Menschenrechtsverletzungen zu Wort
kommen lässt: Sie bezeugen, dass solche Handlungen gleichbedeutend sind mit
tiefer Demütigung, und dass die dadurch zugefügten seelischen Wunden schwerer
heilen als die meisten körperlichen Schädigungen.

Die Orientierung am Anliegen weltweiter Gerechtigkeit macht es erforderlich, eine gegebene politische Struktur unter der Fragestellung zu beurteilen, wie
weit in ihr für jede und jede(n) Betroffene(n) der Schutz und die tatsächliche
Nutzungsmöglichkeit jener elementaren Rechte gewährleistet sind, die als Menschenrechte bezeichnet werden. Wenn man den Begriff eines „übernationalen
Gemeinwohls" vom Anliegen der Menschenrechtsverwirklichung für alle her
erläutert, gewinnt er nicht nur inhaltliche Kontur, sondern entgeht zugleich der
Gefahr einer Engführung lediglich auf Verteilungsaspekte, so wichtig diese
zweifellos sind. Zugleich ist damit die systematisch entscheidende Kategorie
bezeichnet, über die das herkömmlich nationalstaatlich enggeführte Gemein-
wohlkonzept sich auf die Perspektive eines globalen Gemeinwohls hin öffnen
lässt. Über die Menschenrechte lässt sich ethisch-systematisch die Brücke zur
Entwicklungspolitik ebenso schlagen wie zu den komplexen Fragen der Frie-

denssicherung im internationalen System. Dabei ist darauf aufmerksam zu machen, dass für die Aufdeckung von Sachverhalten, die sozialethischer Kritik und sozialpolitischer Korrektur bedürfen, eine Argumentation *ex negativo* in den allermeisten Fällen genügt; es ist nicht nur kaum möglich, sondern auch gar nicht erforderlich, eine bis ins Detail ausgefaltete Vision eines Zustandes zu entwerfen, auf den dann erst die Bezeichnung „Weltgemeinwohl" sinnvoll angewandt werden könnte. Maßstab der Legitimität politischen Agierens sind also dessen konkrete Auswirkungen auf jene Minimalbedingungen menschenwürdiger Existenz, auf die alle Mitglieder der Menschheitsfamilie einen Anspruch haben.

Das Entscheidungsverhalten der Nationalstaaten in internationalen Strukturen, die der Gewaltprävention bzw. ihrer Eindämmung dienen sollen, darf sich daher nicht länger nur pragmatisch, sondern muss sich prinzipiell am Respekt vor diesen elementaren Rechten und Interessen aller Betroffenen ausrichten. Unter solchen Bedingungen ließe sich auch die Glaubwürdigkeit und damit das politische Gewicht legitimierter Institutionen der internationalen Staatengemeinschaft wesentlich erhöhen, wenn es gilt, mit nichtmilitärischen Mitteln auf ein konkretes Konfliktgeschehen einzuwirken. Es würde möglich, die Instrumente und Mechanismen nicht nur der Frühwarnung, sondern vor allem eines zeitgerechten Krisenmanagements aufzuwerten und mit wesentlich stärkerer Effizienz zur Geltung zu bringen. Viele Situationen, in denen Gewaltanwendung als *ultima ratio* erscheint, könnten so wahrscheinlich vermieden werden, wenn diese – als *prima ratio* – verfügbaren nichtmilitärischen Handlungsoptionen konsequent genutzt würden. Dies verlangt von den Entscheidungsträgern – auf supranationaler wie nationaler Ebene – zunächst und vor allem einen hinreichenden politischen Willen, sich in Fragen des Krisenmanagements und der Gewaltprävention rechtzeitig zu engagieren (vgl. Abramowitz/Pickering 2008). Für ein solches Engagement sprechen nicht nur ethische Gründe – wo man Menschen das mit organisierter Gewaltanwendung verbundene Leid ersparen kann, ist man verpflichtet, dies zu tun –, sondern auch die nutzentheoretische Überlegung, dass die Anforderungen und Kosten präventiver Politik meist deutlich hinter dem Umfang an Verpflichtungen zurückbleiben dürften, der infolge eines militärischen Eingreifens zu erwarten stünde.

Dazu gilt es vor allem die Strukturen des politischen Entscheidungsapparats daraufhin zu verändern, dass eine zeitgerechte Reaktion auf entsprechende Warnungen möglich wird. Eine gewaltpräventiv orientierte Friedenspolitik muss den Mut haben, auch „antizyklisch" zu agieren, also nicht auf den Druck bzw. die Zustimmung großer Öffentlichkeiten zu warten, bevor man in einer klar sichtbar werdenden Krisenlage zu handeln bereit ist. Darüber hinaus ist es von ausschlaggebender Bedeutung, auf die Kohärenz anderer Politikbereiche – vor allem der Wirtschaftspolitik – mit den für die Außenpolitik definierten Zielsetzungen zu achten. Unter diesem Gesichtspunkt verlangt etwa der Handel mit Rohstoffen aus Krisengebieten und mit Waffen, besonders den sogenannten Kleinwaffen, wirksame Beschränkungen und Kontrollen. Gerade die leichte Verfügbarkeit solcher Waffen trägt entscheidend dazu bei, dass sich in manchen Regionen der so genannten Dritten Welt regelrechte „Kriegssysteme" herausbilden – mit verheerenden politischen und sozialen Konsequenzen.

Eine konsequente menschenrechts- und friedenspolitische Neuorientierung des Staatenverhaltens dürfte zugleich die Voraussetzung dafür darstellen, im internationalen System das „Recht des Stärkeren" durch die „Stärke des Rechts" zu ersetzen. Dass das in der Charta der Vereinten Nationen verankerte Gewaltverbot so häufig missachtet wurde und wird, deutet darauf hin, dass die Fortentwicklung von Rechtsnormen allein wenig nützt, solange geeignete Mittel und Mechanismen ihrer Durchsetzung noch fehlen. Darüber, ob und in welchem Maße diese zur Verfügung stehen, entscheiden in vielen Fällen letztlich die eine gemeinsame Rechtsüberzeugung artikulierenden – oder eben nicht artikulierenden – einzelnen Staaten. Auch Recht kann nur so stark sein, wie es von denen gewollt wird, die es geschaffen haben – dies erklärt einen erschreckend großen Teil der Insuffizienzen und Regelungslücken des geltenden internationalen Rechts, gerade im Hinblick auf inner- und zwischenstaatliche Konflikte.

3   Internationale Schutzverantwortung als integrales Element eines Gerechten Friedens

Bei aller Betonung der vielfältigen nichtmilitärischen, gewaltpräventiv wirksamen Handlungsmöglichkeiten in Politik und Gesellschaft ist das Konzept des Gerechten Friedens keineswegs blind für Situationen, in denen Menschen aus tödlicher Gefahr nur unter Anwendung von Gewalt gerettet werden können. Angesichts schwerster Menschenrechtsverletzungen, mit denen die Staatengemeinschaft in den neunziger Jahren mehrfach konfrontiert war, sprachen die katholischen Bischöfe von der moralischen „Pflicht [...], Menschen vor fremder Willkür und Gewalt wirksam zu schützen" (Sekretariat der deutschen Bischofskonferenz 2000: Nr. 150). Die EKD-Denkschrift thematisiert diesen Problemzusammenhang in ihren Überlegungen zu einer „Ethik rechtserhaltender Gewalt", die auch für denjenigen unverzichtbar sei, der von einer „vorrangigen Option für Gewaltfreiheit" ausgehe (Evangelische Kirche in Deutschland 2007: 65ff.).

Bereits während des Zerfallsprozesses im ehemaligen Jugoslawien hatte sich die Frage gestellt, wie dem dortigen Blutvergießen ein Ende zu bereiten sei und ob es hierzu nicht eines internationalen Eingreifens bedürfe. Auch der Genozid in Ruanda, der 1994 binnen weniger Monate mehr als eine Million Menschenleben forderte, hatte der Welt vor Augen geführt, welche Konsequenzen die Staatengemeinschaft in Kauf nahm, wenn sie in solchen oder ähnlichen Fällen auf wirksames Handeln verzichtete. Nicht nur der spätere Generalsekretär der VN, Kofi Annan, auch der damals amtierende US-Präsident Bill Clinton und seine VN-Botschafterin Madeleine Albright sprachen seitdem wiederholt davon, dass sie ihre Mitverantwortung für das Geschehen-Lassen der damaligen Ereignisse als moralisches Versagen empfänden.

Auf internationaler Ebene bildete sich seit der Jahrtausendwende ein wachsender Konsens darüber heraus, dass die internationale Gemeinschaft ihre *Responsibility to Protect* (International Commission on Intervention and State Sovereignty [ICISS] 2001) annehmen müsse. Die Friedensverantwortung der Vereinten Nationen und ihrer Mitgliedstaaten könne und dürfe sich nicht darauf beschränken, klassische zwischenstaatliche Kriege zu verhindern. Sie habe vielmehr auch den potenziellen, erst recht den aktuellen Opfern von schwerwiegenden, massenhaft und systematisch verübten Gewalttaten wie Völkermord, Kriegsverbrechen, ethnischen Säuberungen und anderen Verbrechen gegen die Menschlichkeit Schutz zu gewähren, soweit sie diesen Schutz nicht von Seiten des Staates erhielten, in dem sie leben. Hier ist zu betonen, dass auch das Konzept einer solchen internationalen Schutzverpflichtung unter dem Stichwort *Responsibility to Prevent* auf die Bedeutung gewaltpräventiven Handelns den größten Wert legt; keineswegs ist es die militärische Intervention – als äußerste, möglichst zu vermeidende Handlungsform im Rahmen der *Responsibility to React* –, die im Zentrum solcher Überlegungen steht.[1]

Jedoch kommt in diesem Konzept das völkerrechtlich verankerte Souveränitätsprinzip an seine Geltungsgrenze, da nur so verhindert werden kann, dass Staaten unter dem Schutz dieses Prinzips schwerste Menschenrechtsverbrechen an Teilen ihrer Bevölkerung begehen bzw. geschehen lassen. Bereits der bekannt gewordene Bericht der von Kanada initiierten Internationalen Kommission zu Intervention und Staatensouveränität (ICISS) aus dem Jahr 2001 arbeitete diese Position heraus. In ihrer Resolution 60/1 vom September 2005 bekannte sich die VN-Generalversammlung zur politisch-moralischen Verbindlichkeit einer internationalen Schutzverpflichtung (Vereinte Nationen 2005: Ziff. 138f.)[2], und Papst

---

1   Dies hebt Evans (Evans 2008: 285, 290f.) zu Recht hervor. Vergleiche zu einzelnen Vorschlägen, wie sich die gewaltpräventive Dimension dieses Konzepts stärken ließe, finden sich bei Moix/Keck 2008.

2   Die Resolution der Generalversammlung fasst zugleich das Spektrum möglicher Krisen- bzw. Konfliktszenarien, die eine aktuelle Responsibility to Protect der Staatengemeinschaft entstehen lassen, enger, als es in der ICISS-Studie skizziert wurde. Dort war auch die Rede von Prozessen des Staatenzerfalls in Verbindung mit Hungersnöten oder Bürgerkriegen sowie von Naturkatastrophen, angesichts derer die zuständigen staatlichen Autoritäten entweder überfordert wären oder aus anderen Gründen untätig blieben (vgl. Schaller 2008: 12).

Benedikt XVI. hob in seiner Ansprache an die Vereinten Nationen am 18. April 2008 in New York ebenfalls dessen Bedeutung hervor[3].

Freilich hat diese Verpflichtung zu einem gegebenenfalls auch bewaffneten Eingreifen zugleich eine problematische Kehrseite: Sie kann – und zwar entgegen der Intention vieler ihrer Vertreter, die sie aus schwerwiegenden ethischen Gründen für unausweichlich halten – dazu führen, dass das militärische Instrument, statt randständig zu werden, de facto als Mittel der politischen Einflussnahme verstärkt ins Zentrum politischer Entscheidungszusammenhänge rückt. Dass die Anwendung von Gewalt, wenn überhaupt, dann allenfalls als *ultima ratio* zu rechtfertigen wäre, gerät auch auf diese Weise schnell in Vergessenheit. Zudem besteht die Gefahr, dass angesichts humanitärer Notlagen militärische Einsätze stattfinden, die bei einer näheren Prüfung unter friedensethischer Perspektive abzulehnen sind, weil sie rein politischen oder ökonomischen Partikularinteressen entspringen, die durch menschenrechtliche Erwägungen bestenfalls kaschiert werden. Verfolgt man das Menschenrechtsanliegen lediglich in Abhängigkeit von solchen anders gelagerten Interessen, so besteht nicht nur die Gefahr, dass bestimmte Menschen schutzlos bleiben, sondern auch diejenige, dass es zum interessenpolitischen Missbrauch von VN-Mandaten kommt (Dembinski/Förster 2007: 13f.). Bereits zu Beginn des Beitrages wurde erwähnt, dass von hier aus nachvollziehbar wird, warum die VN-Charta ein weitreichendes Interventionsverbot enthält.

Wo jedoch tatsächlich Interventionen aus humanitären Gründen unvermeidlich werden, muss ihre Durchführung von Anfang an unter dem Imperativ des Schutzes der Zivilbevölkerung stehen (Hoppe 2004). Klarheit und angemessener Umfang des Mandats von Interventionsstreitkräften, eine hinreichende personelle und materielle Ausstattung sowie adäquate Einsatzgrundsätze (*Rules of Engagement*) sind nicht nur entscheidend für den Erfolg einer Intervention, sie sind zugleich eine unerlässliche Voraussetzung dafür, hierbei das Ziel einer wirksamen Schadensbegrenzung gerade für die Zivilbevölkerung so weit wie möglich verwirklichen zu können. Insbesondere die Mitglieder des Sicherheitsrates der Vereinten Nationen müssen für eine ausreichende Finanzierung und realisierbare Mandate Sorge tragen.

Um kontraproduktive Auswirkungen eines bewaffneten Eingreifens möglichst zu vermeiden, bedarf es einer so sorgfältig wie möglich ausgearbeiteten

---

3   Hierbei führte der Papst u.a. aus: „Das Handeln der internationalen Gemeinschaft und ihrer Institutionen darf, soweit sie jene Prinzipien respektiert, die der internationalen Ordnung zugrunde liegen, nie als eine ungerechtfertigte Nötigung oder eine Begrenzung der Souveränität verstanden werden. Vielmehr sind es die Gleichgültigkeit oder das Nichteingreifen, die tatsächliche Schäden verursachen." (vgl. unter: http://www.vatican.va/holy_father/benedict_xvi/speeches/2008/april/ documents/hf_ben-xvi_spe_20080418_un-visit_ge.html). Zu diesem Text formulierte Mary Ann Glendon, die Botschafterin der USA beim Vatikan, einen Kommentar; (vgl. Glendon 2008).

politischen Gesamtkonzeption (*Sustainable Peace*).[4] Dies schließt die zeitgerechte Bereitstellung ziviler Komponenten in hinreichender Zahl und Qualität ein. Wer sich zu einer Intervention entschließt, übernimmt eine direkte Verantwortung für die politische wie persönliche Zukunftsperspektive der Menschen im Interventionsgebiet. Diese Verpflichtung muss den Bevölkerungen, die einen Einsatz mittragen sollen, von vornherein in entsprechender Klarheit vermittelt werden. Fatal wäre es, direkt oder indirekt zu signalisieren, dass internationale Bemühungen um Konsolidierung und Stabilisierung einer Krisenregion nur von kurzer Dauer sein werden, so dass sie von interessierter Seite „in Ruhe abgewartet" werden können, um hernach alsbald die alten Verhältnisse neu entstehen lassen zu können.

Sollen Interventionen dem Anliegen des globalen Menschenrechtsschutzes auf längere Sicht dienen, so ist zu vermeiden, dass in der Weise ihres Zustandekommens die Grundlagen des Völkerrechts ausgehöhlt werden. Auch in Fällen schwerwiegender Menschenrechtsverletzungen liegt die primäre Zuständigkeit für eine Interventionsentscheidung beim VN-Sicherheitsrat. Zugleich bedarf es einer Weiterentwicklung des internationalen Rechts mit dem Ziel, sicherzustellen, dass Entscheidungen zu bewaffnetem Eingreifen aufgrund konsentierter materieller Rechtsstandards und möglichst frei von anders gelagerten politischen Opportunitätskalkülen getroffen werden. Ein entschiedenes Handeln zugunsten der Menschenrechte darf nicht dort blockiert werden, wo seine Dringlichkeit offenkundig ist. Die entsprechenden Verfahrensregelungen in internationalen Gremien sind daraufhin zu reformieren, dass sie das Zustandekommen sachgerechter Beschlüsse fördern.

Die für den Einsatz im Rahmen von Interventionen vorgesehenen Personen müssen für die ethischen Konsequenzen vieler der ihnen unter Umständen abverlangten Einzelentscheidungen sensibilisiert werden, darunter ausdrücklich auch für die ethischen wie rechtlichen Grenzen von Befehl und Gehorsam. Gegen eine Durchbrechung dieser Grenzen präventiv wirksam werden kann nur eine systematisch durchgeführte Bewusstseinsbildung, zum Beispiel durch entsprechende Ausbildungsprogramme während der Einsatzvorbereitung. Dazu muss – angesichts der schockierenden Berichte aus Abu Ghraib und von anderen Orten – auch ein systematisches Anti-Folter-Training gehören. Die Herausbildung von Aufmerksamkeit dafür, wie leicht man in den Sog der Eigendynamiken der Gewalt geraten kann, und die Etablierung wirksamer Kontrollmechanismen in der Einsatzdurchführung können so weit wie möglich verhindern helfen, dass Ange-

---

4   Diese Forderung bleibt grundsätzlich gültig, auch wenn Situationen denkbar sind, in denen man wegen unmittelbarer Handlungsnotwendigkeit nicht warten kann, bis ein solches Konzept vorgelegt wird, vielmehr auch die Risiken und Kosten eines Nicht-Eingreifens zu bedenken hat (vgl. Mair 2007: 15).

hörige von Interventionstruppen selbst schwere Verletzungen der Menschenrechte und der Normen des humanitären Völkerrechts begehen.

In vielen Fällen wird die Hauptverantwortung von Interventionsmächten nach dem Ende militärischer Auseinandersetzungen auf die Wiederherstellung eines Zustands gerichtet sein müssen, der der Bevölkerung im betroffenen Gebiet elementare Überlebensbedingungen sichert. Dabei gilt es, den erreichten Waffenstillstand dagegen abzusichern, dass die Situation nach kurzer Zeit in neue Gewaltanwendung zurückfällt. Darüber hinaus steht die Staatengemeinschaft vor der Aufgabe, umfassende strukturelle Wandlungsprozesse im Land einzuleiten, die das Wiedererstehen von Verhältnissen, die seinerzeit zum Interventionsgrund wurden, möglichst unwahrscheinlich werden lassen.[5] Grundsätzlich sollten sich stark wirksame und spürbare Eingriffe von außen darauf beschränken, Bedingungen zu schaffen, unter denen ein menschenrechtsfreundlicher Transformationsprozess gelingen kann. Ohne eine sich zunehmend konsolidierende Zivilgesellschaft dürfte es überaus schwierig werden, in Richtung auf – möglichst kulturell angepasste – Modelle politischer Partizipation dauerhafte Fortschritte zu machen. Der Fächer an Aufgaben, die hier im Einzelnen wahrzunehmen sind, ist zu breit, um ihn an dieser Stelle näher zu entfalten. Festzuhalten ist aber, dass die mangelnde Bereitschaft, sich diesen Herausforderungen zu stellen und sie zu Ende zu führen, nicht nur die politische, sondern auch die ethische Legitimität humanitär begründeter Interventionen ins Zwielicht setzen, ja unglaubwürdig werden lassen kann.

Aus diesem – hier nur in groben Zügen skizzierten – anspruchsvollen friedensethischen Anforderungsprofil an militärische Interventionen mag zweierlei deutlich werden: Zum einen, warum es so schwer ist, Interventionen zu dem mit ihnen intendierten Ergebnis zu führen, so dass man damit rechnen muss, einem Teil der übernommenen Aufgaben auch bei ernsthaftem Engagement nicht gerecht zu werden. Zum anderen, dass eben deswegen der Handlungsmodus „Intervention" ein möglichst zu vermeidender ist und ausschließlich für extreme Situationen in Betracht gezogen werden darf, in denen er die einzige praktikable Alternative dazu darstellt, dass massenhafte Verbrechen gegen die Menschlichkeit einfach hingenommen werden. Davor, einen Interventionseinsatz von Streitkräften zunehmend als quasi normales Mittel der Einflussnahme anzusehen, ist also tatsächlich zu warnen. Doch muss damit nicht zugleich negiert werden, dass das Mittel der Intervention unter den beschriebenen, eng definierten Voraussetzungen zur Verfügung stehen sollte – freilich eingebunden in die Ausarbeitung einer Weltrechtsordnung, in der der Schutz der Menschenrechte höhere Bedeutung gewinnt als jedes Partiku-

---

5   In der ICISS-Studie wurde dieser Dimension der internationalen Schutzverantwortung im Kontext der Überlegungen zur *Responsibility to Rebuild* Rechnung getragen, die zu den Verantwortungsdimensionen *to prevent* und *to react* hinzukommen müsse.

larinteresse eines Nationalstaats. Sie könnte, im günstigen Fall, schließlich auch den Rückgriff auf militärische Interventionen aus humanitären Gründen obsolet werden lassen.

4   Fazit

Die Ausführungen sollten verdeutlichen, dass und warum in der Hinwendung der christlichen Kirchen zu einer Lehre vom Gerechten Frieden tatsächlich eine folgenreiche Veränderung der Perspektive vorliegt, in der über das Problem der organisierten Gewalt, über zwischen- und innerstaatliche Konflikte und ihre Austragungsformen reflektiert wird. Dennoch ist hier bevorzugt von einem Perspektiven-, nicht von einem Paradigmenwechsel zu sprechen. Denn die herkömmliche *bellum-iustum-Lehre* enthält, worauf zu Beginn hingewiesen wurde, bereits das entscheidende Potenzial dafür, sie in einem gewaltpräventiv orientierten Sinn zu reinterpretieren, sie also „gegen den Strich" ihres landläufigen Verständnisses „zu bürsten". Hierin liegt zugleich der Grund dafür, dass es überhaupt möglich ist, wesentlich ethisch-systematische Gehalte dieses traditionellen Lehrstücks in den umfasseneren Bezugsrahmen des Konzepts Gerechter Friede zu integrieren.

In den friedens- und sicherheitspolitischen Entwicklungen der vergangenen Jahre und den sie begleitenden öffentlichen Debatten wurde zudem erfahrbar, dass einer Friedensethik, die sich in dieser Weise versteht, die Chance eröffnet ist, ihre Überlegungen in unterscheidend-kritischer Weise gegenüber der politischen Praxis zu Gehör zu bringen und gerade dadurch für solche Praxis relevant zu werden. Zwar kann sie politisches Handeln nicht unmittelbar und aus sich selbst heraus verändern. Doch vermag sie deutlich zu machen, dass die alltäglichen Denkvoraussetzungen, auf denen dieses Handeln aufruht, keineswegs selbstverständlich sind, sondern einer ethischen Reflexion in Bezug auf die leitenden Intentionen wie die tatsächlichen Folgen getroffener Entscheidungen bedürfen. Wenn friedenspolitisches Lernen überhaupt gelingen kann, so nur in einem fortdauernden Prozess, der nicht zuletzt durch die Auseinandersetzung mit Anfragen solch grundsätzlicher Art geprägt ist.

Literaturverzeichnis

Abramowitz, Morton/Pickering, Thomas, 2008: Making Intervention Work. Improving the UN's Ability to Act, in: Foreign Affairs 87:5, 100-108.

Benedikt XVI., 2008: Ansprache vor den Vereinten Nationen am 18. April 2008, http://www.vatican.va/holy_father/benedict_xvi/speeches/2008/april/documents/hf_ben-xvi_spe_20080418_un-visit_ge.html.

Brugger, Walter, 1965: Artikel „Aporie", in: Lexikon für Theologie und Kirche, Freiburg/Br. 2. Aufl., 733.

Dembinski, Matthias/Förster, Christian, 2007: Die EU als Partnerin der Vereinten Nationen bei der Friedenssicherung. Zwischen universalen Normen und partikularen Interessen. Frankfurt/M.: Hessische Stiftung Friedens- und Konfliktforschung.

Evangelische Kirche in Deutschland, 2007: Aus Gottes Frieden leben – für gerechten Frieden sorgen. Eine Denkschrift des Rates der EKD. Gütersloh.

Evans, Gareth, 2008: The Responsibility to Protect: An Idea Whose Time Has Come ... and Gone?, in: International Relations 22:3, 283-298.

Gerechtigkeit – Frieden – Bewahrung der Schöpfung, 1990: Die Ergebnisse der Ökumenischen Versammlungen von Dresden-Magdeburg und Basel, Leipzig.

Glendon, Mary Ann, 2008: Justice and Human Rights: Reflections on the Address of Pope Benedict to the UN, in: European Journal of International Law 19:5, 925-930.

Hoppe, Thomas (Hrsg.), 2004: Schutz der Menschenrechte. Zivile Einmischung und militärische Intervention. Berlin.

International Commission on Intervention and State Sovereignty (ICISS), 2001: The Responsibility to Protect. Ottawa: International Development Research Center for ICISS.

Johnson, James T., 1999: Morality and Contemporary Warfare. New Haven.

Mair, Stefan, 2007: Kriterien für die Beteiligung an Militäreinsätzen, in: ders. (Hrsg.), Auslandseinsätze der Bundeswehr. Berlin: Stiftung Wissenschaft und Politik, 11-19.

Mair, Stefan (Hrsg.), 2007: Auslandseinsätze der Bundeswehr. Berlin: Stiftung Wissenschaft und Politik.

Moix, Bridget/Keck, Trevor, 2008: The Responsibility to Prevent. A Report to Congress from the Friends Committee on National Legislation (Quakers). Washington, D.C.

Schaller, Christian, 2008: Gibt es eine "Responsibility to Protect"? In: Aus Politik und Zeitgeschichte B 46/10. 11. 2008, 9-14.

Sekretariat der deutschen Bischofskonferenz, 2000: Gerechter Friede. Bonn.

Vereinte Nationen, 2005: Resolution 60/1 der Generalversammlung „Ergebnis des Weltgipfels 2005". New York: Vereinte Nationen.

Zweites Vatikanisches Konzil, 1965: Pastoralkonstitution Gaudium et Spes.

Weltordnungspolitik in einer zerklüfteten Welt – 20 Jahre nach dem Ende des Ost-West-Konfliktes dem zivilisatorischen Frieden ein Stück näher?

Dieter Senghaas

In einer „kurzen Geschichte des 21. Jahrhunderts" vertritt der Mitarbeiter der New York Times und Bestsellerautor Thomas L. Friedman die These: „Die Welt ist flach" – so auch der Titel des 2005 erschienenen, inzwischen in viele Sprachen übersetzten Erfolgsbuches (Friedman 2006). Nun bestätigen einige Erscheinungen in der sich globalisierenden Welt in gewisser Hinsicht diese Perspektive wie die Rolle und Funktion des Internets, globale Wertschöpfungsketten via *outsourcing, offshoring, insourcing*, auch die digitale Organisation von Arbeitsabläufen sowie andere sich weltweit organisierende Prozesse. Dennoch ist diese Perspektive, vor allem wenn sie wie in diesem Fall übertrieben formuliert wird, zu weltflächig, als dass sie die real existierende Welt zureichend zu beschreiben oder gar analytisch aufzuschlüsseln vermag. Denn diese heute existierende Welt wird durch dramatische Zerklüftungen und weltweit abgeschichtete Problemlagen gekennzeichnet.

1   Zerklüftete Welt

Die Makrostruktur der Welt wird durch eine extreme Hierarchisierung und Abschichtung gekennzeichnet (Senghaas 2011). Es besteht eine Kluft zwischen einem Gravitationszentrum, das sich durch eine dichte symmetrische Vernetzung auszeichnet, und dem „Rest der Welt". Dieses Gravitationszentrum, die OECD[1]-Welt mit einem 15%igen Anteil an der Weltbevölkerung und einem 75%igen Anteil am Weltbruttosozialprodukt, ist heute in jedweder Hinsicht tonangebend. Von asymmetrischer Interdependenz mit der Folge struktureller Abhängigkeit wird dagegen die Ausrichtung der übrigen Welt und somit des größten Teils der Weltbevölkerung auf eben dieses Gravitationszentrum gekennzeichnet. Diesem in sich hoch koordinierten Gravitationszentrum steht bisher kein vergleichbar koordiniertes kollektives oder auch nur regionales Machtzentrum entgegen. Zwar wird die Her-

---

[1]   Organisation for Economic Co-operation and Development (OECD).

ausbildung der so genannten BRIC-Gruppe (Brasilien, Russland, Indien, China) vielfach diskutiert, also eine unterstellt emergente Mächtekonstellation als potenzielles Gegengewicht zur Prädominanz der USA und der OECD-Welt insgesamt sowie der von dieser Gruppierung maßgeblich gesteuerten internationalen Organisationen. Gemessen an den derzeit immer noch obwaltenden weltpolitischen Realitäten ist hier jedoch eher der Wunsch der Vater des Gedankens als eine nüchterne Analyse.

In dieser Makrostruktur der Welt zeigen sich auf Makroebene wie auch in den einzelnen Gesellschaften sowohl Prozesse der Aufwärtsmobilität (z.b. Ostasien) als auch der Abwärtsmobilität (z.b. Schwarz-Afrika). Dramatische Ausmaße sind dort zu beobachten, wo bei gleichzeitiger Aufwärts- und Abwärtsmobilität die absolute Zerklüftung wächst (wie beispielsweise zwischen der OECD-Welt bzw. dem aufwärtsmobilen Ostasien einerseits und dem abwärtsmobilen Schwarzafrika andererseits). Aber auch im Falle von einzelnen aufwärtsmobilen Gesellschaften (z.b. China) zeigen sich jeweils intern Zerklüftungen eines relativen oder absoluten Ausmaßes, meist raumgeographisch bzw. schichtspezifisch differenziert. Selbst die OECD-Welt ist, wenngleich immer noch in mäßigem Ausmaß, inneren Zerklüftungstrends ausgesetzt – dies insbesondere in der Folge eines erfolgreichen Verdrängungswettbewerbs seitens aufwärtsmobiler Drittweltstaaten in Produktbereichen unterhalb der Spitzenbranchen. So kommt es auch in diesen Gesellschaften, wie immer schon ausgeprägt in so genannten Drittweltländern, zur Herausbildung eines „marginalen Pols" von Menschen, die auf dem Arbeitsmarkt weder als Produzenten noch als Konsumenten zählen. Was in der lateinamerikanischen *dependencia-Diskussion* einst in den 1960er und 1970er Jahren für Lateinamerika diagnostiziert wurde, nämlich eine zunehmende innere Zerklüftung in der Folge von Integration in eine asymmetrisch strukturierte Weltwirtschaft (damals strukturelle Heterogenität genannt), ist inzwischen zu einem, wenngleich abgeschichteten weltweiten Phänomen geworden.

2   Kontroverse Weltordnungspolitik

Welche Implikationen hat diese Makrostruktur für Weltordnungspolitik und Weltordnungsprogrammatiken?

2.1 Imperium/Hegemonie

Eine hierarchisierte und abgeschichtete Struktur, gekennzeichnet durch ein Agglomerationscluster an der Spitze und eine weitläufige Fragmentierung der Akteure darunter, provoziert ganz natürlicherweise imperiale bzw. hegemoniale

Weltordnungsprogrammatiken. Anders als in ferner Vergangenheit gleichen diese jedoch heute immer mehr abwegigen Machtphantasien als operativ-realistischen Konzepten. Dies hindert jedoch nicht daran, dass eine Politik dieser Orientierung (wie z.b. im Falle der USA unter dem Vorzeichen von „Unipolarität") in politische Praxis zu übersetzen versucht wurde. Ihr Scheitern ist jedoch unabweisbar. Der wesentliche Grund besteht darin, dass heute im Unterschied zu früheren Jahrhunderten die soziale Mobilisierung einzelner Gesellschaften und ihre daraus resultierende Politisierung weltweit (und gerade auch in der Zone der Fragmentierung) so weit fortgeschritten sind, dass einer früher denkbaren und auf Zeit verlässlichen imperialen oder hegemonialen Politik dieser Art in der Tendenz allenthalben der Boden entzogen wird. Zwar gibt es immer noch die für eine imperiale und hegemoniale Politik unerlässlichen Brückenköpfe vor Ort (z.b. vom Typ des Mubarak-Regimes in Ägypten für die Politik der USA bzw. des Westens). Aber solche Brückenköpfe, die sich besonders exponieren, werden vor Ort immer mehr zum Ziel politischen Widerstands. Sie können sich dann oft nur über die Inszenierung einer fremdfinanzierten klientelistischen Politik in Kombination mit verstärkter Repression auf Zeit am Leben erhalten, was die jeweilige politische Krisenproblematik verschärft.

2.2 Multipolares Mächtekonzert

Eine weitere, sich realpolitisch verstehende Vorstellung über Weltordnung sieht in einer Mächtekonstellation, aufbauend auf jeweils regionalen Vormächten, eine tentative Lösung des Weltordnungsproblems. In solchen Konzepten werden die USA, EU-Europa und die so genannten BRIC-Staaten als in der Weltpolitik privilegierte Ordnungshüter gehandelt. Aber diese regionalen Vormächte sehen sich der gleichen Problematik gegenüber wie potenzielle Aspiranten weltimperialer Politik: nämlich einer nicht mehr von außen kostengünstig inszenierbaren Beherrschbarkeit von Staaten und Völkern, die sich in aller Regel in politischen, gesellschaftlichen und oft auch in kulturellen Umbruchsituationen befinden. Hinzu kommt, dass zumindest in der bisherigen neuzeitlichen Geschichte die Herausbildung neuer Mächtekonstellationen eine sogenannte *power transition-Problematik* provoziert hat, das heißt, eine Konfliktkonstellation zwischen einer ehedem führenden, nunmehr potenziell absteigenden Macht und einer aufsteigenden, an Machtpotenzial gewinnenden neuen Macht – eine Konstellation, die heute insbesondere zwischen den USA und China im Entstehen ist und in beiden Ländern (seit vielen Jahren insbesondere in den USA) intensiv diskutiert wird. Ob eine solche Hegemoniekrisenproblematik sich tatsächlich in eine weltpolitisch virulente Konfliktkonstellation übersetzt, oder aber das weltpolitisch relevante Ergebnis einer solchen Machtverlagerung in einer diesen Prozess abfedernden Konzertierung beider oder mehrerer Mächte besteht, letztendlich also in ein Mächtekonzert mündet, ist eine *ex ante* schwer zu beantwortende Frage.

2.3 Die Ordnung der Vereinten Nationen

Eine dritte Weltordnungsprogrammatik konzentriert sich auf das System der Vereinten Nationen. Korrekterweise müsste diese Programmatik an erster Stelle genannt werden, denn die Vereinten Nationen sind heute unbestreitbar der völkerrechtlich verbindliche Ordnungsrahmen für die heutige Welt. Dieses System ist weit eher auf der Höhe der Zeit als es die vorgenannten Programmatiken je noch sein könnten, denn es ist universal ausgerichtet, gleichzeitig in vielfältige regionale (ECLA[2] und andere) und funktionale Subsysteme (UNCTAD[3] und andere) untergliedert. Als weltweiter Ordnungsrahmen bauen die Vereinten Nationen auf alten, auf neuen und auf sich neu herausbildenden Ordnungsprinzipien auf: also auf Souveränität und Nichteinmischung in innere Angelegenheiten (alt) und auf einem prinzipiellen Gewaltverbot samt den sich daraus ableitenden Modalitäten kollektiver Sicherheit (neu gegenüber dem klassischen Völkerrecht). In Auseinandersetzung mit 1945 noch nicht antizipierten Problemlagen kam und kommt es auch zu einer erweiterten Interpretation ursprünglich eng gefasster Begriffe und operativer Konzepte, so insbesondere im Hinblick auf das, was diesseits kriegerischer Aggression als „Bedrohung des Friedens" (Art. 39 der Charta) verstanden wird bzw. verstanden werden soll. Letztere sich neu herausbildenden Reinterpretationen schränken gegebenenfalls (wenn auch nicht verlässlich) die Souveränitätsansprüche der Mitglieder der Vereinten Nationen ein.

Wäre das Handeln der Vereinten Nationen und entsprechende Entscheidungen in dieser Hinsicht anhaltend konsistent und folglich Erwartungsverlässlichkeit gewährleistet, wäre der Übergang von einem Völkerrecht herkömmlichen Typs zu einem auf dieser Ebene operativ werdenden Weltrecht mit Vorrangcharakter erwartbar. Einem solchen denkbaren, ja wünschbaren Übergang steht jedoch ein Sachverhalt eklatant entgegen: die problematische Rolle des Sicherheitsrates – eines Gremiums, in dem sich eine althergebrachte Mächtekonstellation wieder findet, deren Mitglieder de facto und gemäß der Konstruktion des Sicherheitsrates auch letztendlich de jure, also auf legaler Basis, nationale Interessenpolitik betreiben können, sofern sie dies nur wollen. Da die Entscheidungen dieses Gremiums – meist à la carte gefällt – nach Art. 25 der Charta rechtsverbindlichen Charakter haben (was immer dies im einzelnen bedeuten mag), ohne legislativen Vorlauf zustande kommen und eine rechtliche Kontrolle der

---

2   Economic Commission for Latin America.
3   United Nations Conference on Trade and Development.

Beschlüsse des Sicherheitsrates nicht vorgesehen ist (und überdies Institutionen wie der Internationale Gerichtshof eine solche rechtliche Überprüfung nicht zu seinen Obliegenheiten zählt), handelt es sich beim Sicherheitsrat um ein Organ der Vereinten Nationen von neoabsolutistischem Zuschnitt.

Einer Kritik dieses Sachverhalts wird oft entgegengehalten, dass dieses Profil des zentralen Organs der Vereinten Nationen – gewissermaßen seines Zentralkomitees – in der Charta bewusst so konzipiert worden sei. So wäre es ohne eine solche Konzeptualisierung gar nicht zur Gründung der Vereinten Nationen gekommen. Auch wären die Vereinten Nationen ohne eine solche Machtvollkommenheit, insbesondere der Vetomächte des Sicherheitsrates, aber auch des Gremiums insgesamt, noch weniger handlungsfähig als dies heute der Fall ist. Ob diese Einschätzung korrekt ist oder ob nicht umgekehrt ein Sicherheitsrat, der in eine rechtsstaatsanaloge institutionelle Konfiguration eingebunden wäre, diesem Organ selbst und darüber hinaus den Vereinten Nationen insgesamt Anerkennung und Legitimität verschaffen würde, einschließlich einer höheren Bereitschaft, erforderliche Ressourcen bereitzustellen, sollte ernsthaft diskutiert werden. Auf jeden Fall ist die dargelegte Problematik – die Abwesenheit von *due process-* und *rule of law-Prinzipien* – weit gewichtiger als die Auseinandersetzungen über eine potenzielle Erweiterung des Sicherheitsrates um weitere ständige und nichtständige Mitglieder (mit oder ohne Veto-Befugnisse). Denn der neoabsolutistische Charakter dieses obersten Gremiums würde durch eine Erweiterung kaum abgefedert und vor allem nicht prinzipiell verändert.

2.4 Globale Regelwerke

Eine vierte Weltordnungsprogrammatik verbindet sich heute mit dem Begriff *global governance*, insbesondere in politikwissenschaftlichen Auseinandersetzungen über Internationale Beziehungen. Dieses Konzept ist inhaltlich relativ breit ausgelegt. Es bezieht sich auf eine Weltordnungspolitik, die ihren Niederschlag in der institutionellen Ausgestaltung globaler und politikfeldspezifischer Problembereiche und somit in einem breiten Spektrum internationaler Regelwerke oder Regime findet. Diese haben ganz unterschiedliche Ausprägungen: einerseits handelt es sich um normativ, institutionell und prozedural relativ dichte Profile bei leidlich hoher Effektivität, aber durchaus immer noch fragwürdiger Legitimität; andererseits (am anderen Ende des Spektrums) sind es erst anzustrebende *global governance-Vorhaben*, also entsprechende Strukturen, die im strikten Sinne des Konzepts noch nicht existieren, sondern in Deklarationen und Programmatiken über eine wünschenswerte politikfeldspezifische Weltordnungsstruktur avisiert werden. Ersteres Profil dokumentiert sich beispielsweise

in der Welthandelsorganisation (WTO[4]), letzteres in den derzeitigen ersten Bemühungen auf diplomatischer Ebene, angesichts der Vielzahl von internationalen, einzelstaatlichen und privaten Akteuren Entwicklungskooperation vermittels
eines internationalen Regelwerkes zu koordinieren, wenn nicht gar zu konzertie-
ren (Breitmeier/Roth/Senghaas 2009).

2.5 Regelwerke: dicht und dünn

In aller Regel global ausgerichtet können sich politikfeldspezifische Regelwerke
bzw. *global governance-arrangements* den durch die Makrostruktur der Welt
bedingten Zerklüftungen nicht entziehen, obgleich manche dieser institutionellen
bzw. quasi-institutionellen Arrangements natürlich zum Ziel haben, eben diesen
Zerklüftungen entgegenzuwirken. Einige Beispiele seien erwähnt:

Am deutlichsten dokumentiert sich die derzeitige krude Machtverteilung in
der Welt im Nonproliferationsregime. Angelegt, die Proliferation von Nuklearwaffen zu verhindern, und ausgerichtet auf die nukleare Abrüstung der Nuklearmächte, führt dieses Regime angesichts einer erodierenden Legitimität in der
Folge der Nichtabrüstung der Nuklearmächte eher zu Proliferation als zu einer
Welt ohne Nuklearwaffen.

Ganz anders stellt sich das Welthandelsregime dar, das sich seit dem Ende
des Zweiten Weltkrieges durch eine sukzessiv zunehmende Dichte auszeichnet.
Dies gilt sowohl im Hinblick auf die Zielsetzungen – die Erschließung immer
weiterer Bereiche für Freihandel – als auch hinsichtlich der institutionellen Verfasstheit des Regelwerkes. Ebenso umfasst es die Welthandelsorganisation
(WTO) samt dem darin institutionalisierten Mechanismus der Streitbeilegung:
eines Konfliktregelungsmechanismus, der anders als in der Vorgängerorganisati-
on (GATT[5]) nicht mehr auf politisch motivierten und diplomatisch ausgehandel-
ten *bargaining-Prozessen* aufbaut, sondern auf eine Streitbeilegung vermittels
quasi-rechtsförmiger Prozesse ausgerichtet ist. Aber auch dieses Regelwerk, das
einer soliden sektoralen Teilordnung auf Weltebene am nächsten kommt, ist
nicht ohne Probleme: Denn in diesem internationalen Regime wird – wie zu
GATT-Zeiten immer schon – unterstellt, dass Freihandel per se wohlfahrtsför-
dernd, insbesondere auch entwicklungsfördernd ist, und dass Freihandel folglich
dazu beitragen wird, die sozioökonomischen Disparitäten innerhalb von Gesellschaften abzubauen und insbesondere diejenigen zwischen entwickelten und
unterentwickelten Gesellschaften zu überwinden. Eine nichtkonditionierte und
folglich dogmatische Fixierung auf Freihandel um des Freihandels willen ver-

---

4   World Trade Organisation.
5   General Agreement on Tariffs and Trade.

stellt jedoch den Blick auf jene Bedingungen, die auf internationaler und lokaler Ebene vorhanden sein müssen, damit Freihandel potenziell jene Wirkungen zeitigt, die ihm in diesem Regelwerk abstrakt als immer schon gegeben bzw. erreichbar unterstellt werden. In diesem Zusammenhang sind die entwicklungsgeschichtlichen Erfahrungen Europas und neuerdings der Schwellenländer Ostasiens besonders relevant. Die Entwicklungserfolge dieser Wirtschaftsräume – wie auch derjenigen Nordamerikas und Ozeaniens – waren nicht auf Freihandel pur und simpel ausgerichtet, sondern auf ein Entwicklungsszenario à la Friedrich List: auf selektive Integration in die Weltwirtschaft, auf selektive Dissoziation, um den eigenen Binnenmarkt breitenwirksam zu entwickeln sowie langfristig auf eine freihändlerische Orientierung.

Um eine ausgeglichene Weltwirtschaftsstruktur zu erreichen, wäre es nützlich, die weit ausdifferenzierten Konventionen über Arbeits- und Sozialstandards, wie sie insbesondere in ILO[6]-Übereinkommen niedergelegt sind, in eine direkte Verbindung zum WTO-Regelwerk zu bringen. Damit würde die heute unfruchtbare Zweigleisigkeit zwischen beiden Regelwerken überwunden. In ihr dokumentiert sich die derzeit unbestritten vorherrschende neoliberale Ausrichtung des Welthandelsregimes und die relative politische Machtlosigkeit weltarbeitsrechtlicher Vorhaben vermittels von ILO-Aktivitäten.

Überdies wäre erforderlich – wie die jüngste internationale Finanzkrise zeigt –, dass die bisher unterregulierten und einer Kontrolle weithin entzogenen internationalen Finanztransaktionen einer umsichtigen Regulierung durch öffentliche Instanzen zu unterwerfen sind; dass Abkommen (wie Basel I und II), die einige Modalitäten der Selbstregulierung von Banken vorsehen (wie die Festsetzung von Eigenkapitalquoten bei der Vergabe von Krediten), von diesen nicht „legalerweise" unterlaufen werden etc. Eine verstärkte Regulierung in diesem Sektor könnte und müsste dazu beitragen, vermittels eines oder mehrerer Regelwerke die Transparenz und die Rechenschaftspflichtigkeit der die internationale Finanzwelt bestimmenden Akteure und Institutionen herzustellen und somit welt- und nationalwirtschaftlichen Verwerfungen in der Folge defizitärer Regulierung entgegenzuwirken. Dass Regulierungen in dieser Hinsicht bisher kaum zustande kamen, dokumentiert die realexistierenden Machtverhältnisse in der Welt samt der daraus resultierenden Prädominanz neoliberaler Programmatik. Es ist dennoch erstaunlich, dass sich der derzeitige durch die WTO sowie durch regionale und bilaterale Arrangements vielfältig regulierte internationale Handel mit Waren und Dienstleistungen pro Jahr auf etwa 12.000 Mrd. Dollar beläuft (2006), während zwischen den Finanzzentren der Welt pro Börsentag Transaktionen in der Größenordnung von ca. 3.000 Mrd. Dollar ohne auch nur annähernd vergleichbare

---

6   International Labour Organisation.

Regulierung getätigt werden. – Das sind bei ca. 250 Börsentagen Transaktionen von etwa 750.000 Mrd. Dollar pro Jahr, was etwas mehr als dem 60-fachen des jährlichen Welthandels mit Gütern und Dienstleistungen entspricht.

Die politisch bisher gewollt unterregulierte internationale Finanzwelt kontrastiert deutlich mit einer Vielzahl von globalen, regionalen, subregionalen und auch bilateralen Regelwerken bzw. Verträgen im Umweltbereich. Diese befinden sich im Spektrum zwischen der Rio-Klimarahmenkonvention von 1992 einerseits und diversen Übereinkommen zur Verhütung der Verschmutzung von Flüssen bzw. der Meere andererseits. Beim Zustandekommen und der Implementation vieler dieser auf den Schutz der Umwelt gerichteten Übereinkommen spielen Nichtregierungsorganisationen eine wichtige Rolle. Offensichtlich ist eine Pluralität von Netzwerkbildungen samt einer Pluralität der darin involvierten Akteure einschließlich finanzstarker Stiftungen das besondere Kennzeichen der *global health governance*, und dies trotz der Existenz der Weltgesundheitsorganisation (WHO[7]), wobei sich die Diskrepanz zwischen WHO und privaten Akteuren in der Verfügung über materielle Ressourcen nachdrücklich zugunsten von Netzwerkaktivitäten auswirkt.

Konzeptionell betrachtet verweist dieses Beispiel auf den Übergang zu Formen der „regulierten Selbstregulierung", also auf *global governance* als ein Zusammenwirken von Staat (im Hintergrund) und privater Selbstorganisation wie es am Beispiel des *internet governance* im Rahmen der *Internet Corporation for the Assigned Numbers and Name*s (ICANN) zu beobachten ist. Schließlich setzen im Bereich des so genannten privaten Weltrechts (Lex Mercatoria, Lex Sportiva, Lex Informatica) Unternehmen, Vereinigungen und Organisationen autonom bzw. selbstverwaltend international verbindliche Verhaltensnormen fest und sorgen für ihre Implementation.

Alle diese Arrangements – im weiten Spektrum zwischen dem Typ von Nonproliferationsabkommen bis hin zu privaten weltrechtlichen Vertragsordnungen – kommen zustande, weil in den einzelnen Politik- bzw. Problemfeldern ein Koordinations- bzw. Problemlösungsbedarf besteht, der über die Fähigkeiten und Kompetenzen von Einzelstaaten und Einzelakteuren hinausgeht und von diesen nicht bewältigt werden kann.

2.6 Regelwerke als Ergebnis weltweiter Diskurse

Welche Bedeutung in diesem Zusammenhang öffentliche Diskurse – also Erörterungen von Politikern, Interessenvertretern und Wissenschaftlern (letztere im Kontext so genannter *epistemic communities*) – haben, war in den vergangenen

---

7   World Health Organisation.

Jahren und wird im kommenden Jahrzehnt am Beispiel der weltordnungspolitischen Neuausrichtung auf eine *Responsibility to Protect* – das heißt auf eine Schutzverantwortung der internationalen Gemeinschaft in Fällen extremer Missachtung international weitgehend akzeptierter Verhaltensstandards und daraus resultierender Notlagen von Bevölkerungen – zu beobachten sein. Dies ist ein vor wenigen Jahren politisch-programmatisch inszenierter Vorgang mit weltweit beachtlicher Resonanz, der sich allerdings noch nicht in eine institutionell abgesicherte Regimebildung übersetzt hat und auch noch weit von entsprechender, an verbindlichen Regeln orientierter Implementation in konkreten Fällen entfernt ist. Ein solches wünschenswertes Regelwerk würde allerdings eine allseits akzeptierte Kasuistik legitimer Interventionen, derzufolge mit gleichen Fällen im Rahmen eines rechtsstaatsanalogen Prozedere gleich verfahren würde, voraussetzen, das heißt in der Konsequenz einen grundlegend reformierten Sicherheitsrat. Von der Existenz eines solchen Regimes ist die Weltgemeinschaft noch weit entfernt; möglicherweise wird sie es nie erreichen, aber allein schon der öffentliche Diskurs macht einen Unterschied, wenngleich sicherlich nicht ums Ganze (Wolter 2007).

3 Konflikt über Weltrecht

Anhand der politischen und wissenschaftlichen Kontroversen über die Schutzverantwortung der internationalen Gemeinschaft lässt sich somit zeitnah beobachten, wie internationale Regime bzw. *global governance-arrangements* unterschiedlichen Typs üblicherweise zustande kommen. In aller Regel sind sie das Ergebnis einer langwierigen Konfliktgeschichte, in der die Verfechter weitsichtiger neuer Programmatiken auf den Widerstand von Status quo-Anhängern stoßen. Während sich früher die Vertreter beider Positionen eher aus staatlichen Institutionen rekrutierten, spielt in heutigen Kontroversen die zivilgesellschaftliche Komponente national und international organisierter Nichtregierungsorganisationen und Wirtschaftsverbände eine erhebliche Rolle. Dieser Sachverhalt zeigt sich an den Auseinandersetzungen um den Inhalt und die Reichweite von Menschenrechten. Dabei geht es um die grundsätzliche Frage, welchen rechtverbindlichen Stellenwert Menschenrechte in der überkommenen internationalen Rechtsordnung überhaupt haben und welcher Stellenwert ihnen in der zweiten, dritten und n-ten Generation zukommen soll: Ist die bisher üblicherweise dogmatisch unterstellte Mediatisierung des Individuums durch den über Souveränität definierten Staat tendenziell überwunden? Ist das Einzelindividuum, ganz anders als in der Vergangenheit, heute wirklich schon oder wenigstens in der Tendenz zu einem Rechtssubjekt im Völkerrecht geworden – einem Völkerrecht, das ja dann in dieser Hinsicht eher als Weltrecht zu bezeichnen wäre? Ist also das Völ-

kerrecht herkömmlicher Provenienz auf dem Wege, weltrechtlichen Prinzipien –
wie den eben genannten – Raum zu geben (Emmerich-Fritsche 2007)?

Fragen dieser Art lassen sich nicht eindeutig mit ja oder nein beantworten.
Die Kontroversen über die politisch wünschbaren und juristisch für angemessen
gehaltenen Antworten werden auf Jahre, wenn nicht Jahrzehnte anhalten, denn die
diesbezüglichen Rechtsverhältnisse in der real existierenden Welt zeichnen sich
durch eine interpretationsbedürftige Komplexität und viele Grauzonen aus. Dass
es in einem solchen Kontext zur Institution des Internationalen Strafgerichtshofs
gekommen ist, somit zur individuellen strafrechtlichen Verantwortlichkeit Einzelner im Völkerrecht, war und ist ein bemerkenswerter, wenngleich nicht durchweg
repräsentativer Vorgang. In diesem Zusammenhang erweist sich die verfahrens-
mäßige Ausrichtung am Prinzip der Subsidiarität als durchaus fragwürdig, ebenso
wie die Nichtakzeptanz des Strafgerichtshofes durch maßgebliche Staaten wie den
USA. Immerhin räumen die dem Rom-Statut beitretenden Vertragsstaaten dem
Gerichtshof eine automatische Gerichtsbarkeit hinsichtlich so genannter Kern-
verbrechen (*core crimes*) ein wie Völkermord, Verbrechen gegen die Menschlichkeit, Kriegsverbrechen oder völkerrechtlich relevante Aggressionsakten. In
diesem Falle ist – bei aller Berücksichtigung der zitierten Einschränkungen – ein
Paradigmenwechsel vom Völkerrecht zum Weltrecht zu beobachten.

Vorgängig und weit reichender war und ist die Herausbildung von zwin-
gendem Recht (*ius cogens*) sowie der Verpflichtungen *erga omnes*, das heißt von
Prinzipien, die zwar Staaten zum Adressaten haben (Souveränität, Gewaltverbot,
Selbstbestimmungsrecht), aber vor allem auch auf den Schutz von Individuen
ausgerichtet sind (Verbot von Genozid, Sklaverei, Rassendiskriminierung, Fol-
ter, Verbrechen gegen die Menschlichkeit etc.).

Entwicklungen dieser Art – gleichgültig, ob man sie terminologisch als Prozesse der Herausbildung von Weltinnenrecht, Weltrecht oder Menschheitsrecht
bezeichnet – und ungeachtet der Tatsachte, ob sie auf höchstmöglicher Ebene
(z.B. *ius cogens*) oder in sektoralem Zusammenhang eine rechtsoperative Bedeutung gewinnen, sind durch entgegenkommende oder auch widerstrebende Tendenzen gekennzeichnet. Dies macht eine Lagebeurteilung schwierig. Erschwert
wird sie durch die eingangs geschilderte Makrostruktur der Welt. Denn auch
weltrechtliche bzw. quasi-weltrechtliche Entwicklungen setzen, nicht anders als
herkömmliches Völkerrecht – sei es in der Variante des Koordinationsrechtes
oder auch des Kooperationsrechtes – eine solide, letztendlich demokratisch verfasste Staatlichkeit, die den Grundprinzipien eines *rule of law* genügt, voraus.
Genau diese anspruchsvolle Voraussetzung fehlt vielerorts, nicht nur in den
failing states. Überdies stimmt nachdenklich, dass auch demokratische Verfas-
sungsstaaten wie beispielsweise die USA sich nicht immer – und oft genug überhaupt nicht – als kongenialer Resonanzboden für die Akzeptanz und Implementierung von Weltrecht begreifen.

Diese Sachverhalte sind Grund dafür, dass weit ausgreifende – die Zerklüftungen in der Welt meist ignorierende – Weltordnungskonzeptionen wie die Programmatik einer kosmopolitischen Demokratie, einer *Weltcivitas* oder einer Republik der Republiken auf Weltebene in den kommenden Jahrzehnten nur von abstrakter Relevanz bleiben werden. Dies begründet keinen prinzipiellen Einwand gegen einen diesbezüglichen, meist durchaus inspirierenden philosophischen Diskurs, mahnt aber angesichts der auf absehbare Zeit real existierenden Weltlage eine nüchterne Skepsis an.

4   Kumulation des globalen Problemdrucks

Die genannten Diskurse – nicht anders als all jene, die über den derzeitigen Status quo weniger weit reichend hinausdenken – werden jedoch in dem Maße sowohl an programmatischer als auch an praktisch-operativer Relevanz gewinnen, je unabweisbarer die Handlungszwänge werden, die aus den bekannten, gegebenenfalls sich in den kommenden Jahrzehnten akzentuierenden, weltweiten Problemlagen resultieren (Ferdowsi 2007, 2009). Dazu gehören die globale Umweltproblematik (Klimawandel, Zerstörung der Ozonschicht, Verlust der biologischen Vielfalt, Verlust fruchtbarer Böden, Zerstörung tropischer Regenwälder, globale Wasserkrise, insbesondere das Zusammenwirken reichtums- und armutsbedingter ökologischer Verwerfungen), die Rohstoff- und Energieverknappung mit entsprechenden Preisentwicklungen, die Proliferation von Massenvernichtungsmitteln, das Fehlen oder der Mangel an globalen Regelungen. Durch diese Abwesenheit globaler Regelwerke entstehen weltweit dramatische Folgewirkungen: globale Epidemien mit unvergleichlich schneller Ausbreitungsgeschwindigkeit, chronische Entwicklungskrisen einschließlich der Gefahr von Staatszerfall und der Entstehung von potenziell terroristischen fundamentalistischen Bewegungen lokaler, regionaler oder gar weltweiter Reichweite und Migrationsschübe als Folge des demographischen Wandels sowie sozioökonomischer und politischer Verwerfungen in den Armutsregionen der Welt mit hohen Bevölkerungszuwachsraten. Jede einzelne dieser Problemlagen und schon gar ihre Summe führen auf den unterschiedlichen Ebenen der Welt potenziell zu einer Überlastung der Erkenntnis-, Willensbildungs- und Entscheidungssysteme und zu Abwehrmechanismen (wie Verdrängung, Verneinung) und folglich zu einem die Problemlagen verschlimmernden pathologischen Lernen.

Desto wichtiger ist es, dass die Wissenschaft durch Beiträge zu innovativem Lernen einem solchen Trend entgegenwirkt. Dies kann durch nüchterne Lagebeurteilungen wie beispielsweise seitens des Internationalen Klimarates oder aber auch durch konstruktive Denk- und Handlungsperspektiven mittel- und langfristiger Reichweite wie beispielsweise in den wissenschaftlichen und politischen

Diskursen über Weltordnungsmodelle, Weltordnungspolitik, Weltinnenrecht bzw. Weltrecht erfolgen. Solchen Impulsen wird bei der Herausbildung von „Weltöffentlichkeit" eine wichtige katalytische Rolle zukommen, wodurch angesichts der real existierenden Problemlagen auf der Welt die Chance besteht, die Neigung zu einer Selbstreferentialität der einzeldisziplinären, schon gar der zu Autismusanfälligkeit neigenden tagespolitischen Diskurse zu überwinden. Darin liegt auch eine Chance, den Zerklüftungen in der Welt zunächst zumindest intellektuell-analytisch und hoffentlich auch praktisch-politisch entgegenzuwirken – eine Jahrhundertaufgabe!

Literaturverzeichnis

Breitmeier, Helmut/Roth, Michèle/Senghaas, Dieter (Hrsg.), 2009: Sektorale Weltordnungspolitik. Effektiv, gerecht und demokratisch? Baden-Baden.
Emmerich-Fritsche, Angelika, 2007: Vom Völkerrecht zum Weltrecht. Berlin.
Ferdowsi, Mir A. (Hrsg.), 2007: Weltprobleme. München (Bayerische Landeszentrale für politische Bildungsarbeit).
Ferdowsi, Mir A. (Hrsg.), 2009: Internationale Politik als Überlebensstrategie. München (Bayerische Landeszentrale für politische Bildungsarbeit).
Friedman, Thomas L., 2006: Die Welt ist flach. Frankfurt a.M.
Senghaas, Dieter, 2011: Weltordnung in einer zerklüfteten Welt. Hat Frieden Zukunft? Berlin.
Wolter, Detlev, 2007: A United Nations for the 21st Century. From Reaction to Prevention. Baden-Baden.

II 20 Jahre nach dem Systemwechsel –
Die EU ein innereuropäisches Friedensprojekt?

Transformation, Demokratie und Konflikt in Mittel- und Osteuropa

Timm Beichelt

1 Einleitung

Das Ende des Kalten Krieges hatte die Erwartung geweckt, nach dem Verschwinden des Ost-West-Konflikts warte auf die Völker Europas eine Friedensdividende in Form einer verbesserten Sicherheitslage. Das Ende des Wettrüstens, so hieß es zudem, könne in der westlichen Welt Ressourcen freisetzen, die bis dato in sicherheits- und verteidigungspolitische Bereiche geleitet wurden. Gleiches wurde für den postsozialistischen Raum vorausgesetzt, falls die dort anhängigen Konflikte um den Zusammenbruch der Sowjetunion gelöst werden könnten (vgl. u.a. Keohane/Nye/Hoffmann 1993).

Diese Befunde der Internationalen Politikforschung hatten ihr Pendant in der Transformationsforschung. In den ersten Jahren nach 1989 und 1991 – in denen zuerst die mitteleuropäischen Staaten und dann die Sowjetunion den Staatssozialismus hinter sich ließen – ging der Mainstream der Akteure und Interpreten davon aus, der Übergang zur Demokratie sei bei einer entsprechend klugen Steuerung machbar. Das galt nicht nur für Mitteleuropa, wo besonders Polen zum Objekt des gezielten und geplanten Umbaus der wirtschaftlichen und politischen Sphäre avancierte (Sachs 1989). Auch der post-sowjetische Raum wurde einigermaßen optimistisch als transformationsfähig angesehen, auch noch zu einem Zeitpunkt, als die empirischen Entwicklungen einen Übergang zu Demokratie und Marktwirtschaft bereits in weite Ferne rücken ließen (Aslund 2001; Beyer 2001).

Wie wir heute wissen, erwies sich die Prognose einer umfassenden Demokratisierung des europäischen Ostens wenigstens als voreilig. Für die Friedensforschung erfüllten sich damit manche Erwartungen nicht, die in der Frühphase der Transformation geäußert wurden, wurde doch häufig die Frage der Demokratisierung auch aus der Perspektive des Theorems des Kantianischen Friedens betrachtet (zuletzt Merkel 2010: 472-486). Wenn, so die Konsequenz dieser Interpretation, sich alle Staaten Europas zu Demokratien entwickeln würden, sei eine Kriegführung zwischen diesen Staaten nicht mehr zu erwarten. Selbst angesichts der ethnischen Spannungen innerhalb einzelner Staaten des postsozialistischen Europa würden die innenpolitischen Kosten von Kriegsvorbereitung und Kriegführung so hoch, dass die gewählten Regierungen von vornherein von einer solchen Strategie zurückschrecken würden.

Auf der empirischen Ebene war jedoch von Anfang an klar, dass zunächst kein Ewiger Frieden in Europa herrschen würde. Zwar waren die Regimewechsel selbst, mit der wichtigen Ausnahme Rumäniens, überwiegend friedlich verlaufen. An verschiedenen Orten entwickelten sich jedoch gewaltsame Auseinandersetzungen. Im nördlichen und südlichen Kaukasus brachen noch vor dem Ende der Sowjetunion vereinzelte gewaltsame Konflikte aus. Der Zerfall Jugoslawiens führte zu mehreren kriegerischen Auseinandersetzungen, die z.T. bürgerkriegsartigen, z.T. zwischenstaatlichen Charakter trugen.

Somit stellt sich die Frage, ob zwischen den beiden bisher skizzierten Prozessen – den Regimewechseln auf der einen und der Gewalttätigkeit von Konflikten auf der anderen Seite – systematische Zusammenhänge bestehen. Die so formulierte Frage lässt sich in zwei Richtungen weiter zuspitzen. Erstens: hat die Existenz gewalttätiger Konflikte einen negativen Einfluss auf die Transformation zur Demokratie gehabt? Und, zweitens: Neigen bestimmte Regimeformen in besonderer Weise zur Entwicklung gewalttätiger Konflikte? Beiden Fragen soll im Folgenden nachgegangen werden. Dabei werden keine allgemein gültigen Antworten angestrebt; vielmehr beschränkt sich die Analyse ausdrücklich auf den postsozialistischen Raum. Dahinter steckt die – an anderer Stelle ausgeführte (Linz 1975; Jowitt 1992; Linz 2003) – Annahme, die Herrschaftsform des Sozialismus ziehe in der nachautoritären Phase bestimmte Regimeeigenschaften nach sich, die in anderen Regimeformen so nicht auftreten. Dazu gehören Konflikte um ökonomische Ressourcen, die während des real existierenden Kommunismus planwirtschaftlich verwaltet wurden. Dadurch sind postsozialistische Regimes in aller Regel von alten Eliten geprägt, die wenigstens in einer gewissen Übergangszeit über ökonomische Ressourcen verfügen, die zum Gegenstand gesellschaftlicher Konflikte werden können.

Um den Zusammenhang von Regimeentwicklung und gewalttätigen Konflikten beleuchten zu können, sind auf zwei Gebieten Vorarbeiten nötig. Zunächst soll in einem Überblick festgestellt werden, welche Konflikte es in Osteuropa seit dem Ende des Sozialismus gegeben hat und wie sie einzuordnen sind (Abschnitt 2). Anschließend wird eruiert, welche Regimeentwicklungen im postsozialistischen Raum stattgefunden haben (Abschnitt 3). Diese beiden Informationen werden im abschließenden Abschnitt 4 aufeinander bezogen. Zum einen wird ein Überblick über die Korrelation von Regimetyp und Konflikthäufigkeit angestrebt. Zum anderen werden mögliche Erklärungen diskutiert, die Demokratie und Konflikt in einen kausalen Zusammenhang stellen.

2   Bestandsaufnahme I: Gewalttätige Konflikte im post-sozialistischen Europa

Konflikte, deren Intensität über die friedliche innergesellschaftliche Auseinandersetzung hinausgeht, wurden im postsozialistischen Europa vor allem in drei Dimensionen identifiziert. Zunächst standen, erstens, die Ereignisse während der Regimeablösung im Mittelpunkt. Wie bereits angedeutet, gelten die etwa zehn Tage andauernden Unruhen in Rumänien um Weihnachten 1989 als der einzige Fall eines gewalttätigen Regimewechsels (Sislin 1991). Erörtert wurden dabei nicht nur die Umstände der einzigen osteuropäischen „Revolution", die diesen Titel auch wirklich verdiente. Auch wurde ausgeführt, dass ein gewaltsamer Regimewechsel generell zu verminderten Demokratisierungs- und Konsolidierungsaussichten führen könnte, da die beteiligten Akteure und Gruppierungen einander auf lange Sicht unversöhnlich gegenüberstehen (Tismaneanu 1993; Roper 1994).

In diesem Zusammenhang ist durchaus nicht nebensächlich, dass es auch an anderen Orten als nur in Timişoara und Bukarest gewalttätige Akte um die Ablösung von kommunistischen Regimes gegeben hat. So gab es beispielsweise in Tiflis (April 1989) und Vilnius (Januar 1991) viele Tote bei Demonstrationen gegen die sowjetische Herrschaft. In diesen Fällen verliefen die Konfliktlinien keineswegs allein entlang nationaler bzw. ethnischer Linien. Demzufolge bestanden nicht nur in Rumänien problematische Voraussetzungen für eine Transformation mit niedrigem Konfliktniveau (vgl. hierzu Christophe 2002).

Die zweite Dimension, in der gewalttätige Konflikthaftigkeit diskutiert wurde, betraf die vielschichtige Umgestaltung der Wirtschaftsform von einer Planwirtschaft in unterschiedliche Modelle mit kapital- und privatwirtschaftlichen Elementen. In der Phase der Privatisierung wurden – trotz der relativen Rückständigkeit der sozialistischen Wirtschaft – große Ressourcen frei, vor allem in rohstoffnahen Sektoren sowie in für das Funktionieren der Marktwirtschaft systemrelevanten Bereichen (Banken, Steuerwesen, Zoll, etc.). Häufig konnten hier Personen mit Verbindung in das alte Regime noch während des Systemumbruchs einen Startvorteil nutzen. Wegen der hohen Verteilungsmasse und der gleichzeitigen Schwäche der staatlichen Gewalt gerade im postsowjetischen Raum entstand ein beinahe sprichwörtlicher Wildwest-Kapitalismus, der von Korruption, gewalttätigen Auseinandersetzungen und politisch-ökonomischen Seilschaften geprägt war (vgl. Gustafson 1999; Ekiert/Hanson 2003). Zwar wäre es übertrieben, von kriegsähnlichen Zuständen zu sprechen. Dennoch stellten die scharfen Auseinandersetzungen um strategische Rohstoffe sowie die Besetzung von verteilungsrelevanten Knotenpunkten eine Herausforderung für die Wahrung des Gewaltmonopols vieler Staaten der Region dar.

Die dritte Dimension gewaltsamer Konflikte betraf, und betrifft noch immer, Auseinandersetzungen entlang ethnischer Bruchlinien. Schnell wurde deutlich, dass die 'Nationalitätenfrage' nach dem Ende der Vielvölkerstaaten Sowjet-union und Jugoslawien an Bedeutung gewinnen würde. In der Endphase des *ancien régime* war den meisten Nationalbewegungen eine befreiende Funktion zugeschrieben worden; sie bildeten die wichtigsten Kristallisationspunkte, an denen Forderungen nach Demokratisierung und Regimeöffnung postuliert wur-den (besonders prononciert bei Butenschön 1992; Vardys/Sedaitis 1997).

Schnell wurde jedoch die Ambivalenz des Erstarkens der Nationalbewegun-gen für die postsozialistische Phase konstatiert (z.b. Diamond/Plattner 1994). Nach dem Ende der Vielvölkerstaaten gerieten Bürger der vormaligen Zentralmächte, d.h. Russlands und Serbiens, vielfach in den Status von Minderheiten. Zu diesem offensichtlichen Konfliktpotenzial trat der Mechanismus, dass während des natio-nalen 'Freiheitskampfes' national-radikale Kräfte in Machtpositionen gelangt wa-ren und auch in innergesellschaftlichen Themen jenseits der ethnischen Frage kon-fliktträchtige Positionen bezogen; zu denken ist an die teils islamistische Unterwanderung nationaler Eliten im Nordkaukasus (Wassilijewa 1995) oder an die fatale Amtsführung durch den georgischen Präsidenten Swiad Gamsachurdia nach dem Jahr 1991 (vgl. Götz/Halbach 1996: 146-151). Als Folge entwickelten sich im Kaukasus einigermaßen fragile politische Ordnungen, in denen politische und ethnische Konflikte immer wieder aufflammen (Zürcher 2007).

Noch gewalttätiger, da in großflächigere zwischenstaatliche Kriege mün-dend, entwickelten sich die Konflikte auf dem Gebiet des ehemaligen Jugosla-wien. Zwischen den Jahren 1990 und 1999 entbrannten – jeweils unter Beteili-gung der Bundesrepublik Serbien – gewalttätige Auseinandersetzungen in Slowenien (1991), Kroatien (1991-1995), Bosnien-Herzegowina (1992-1995) sowie dem Kosovo (1998-1999). Hinzu kamen bürgerkriegsähnliche Auseinan-dersetzungen zwischen Albanern und Mazedoniern in Mazedonien (2001).

Wie lassen sich all diese Konflikte klassifizieren? Etwa zeitgleich mit dem Ende des Kalten Krieges als wichtigstem Referenzkonflikt erstellte Frank R. Pfetsch in einem Heidelberger Projekt eine Datenbank, die eine typische Abfolge von Konflikten unterstellte: Von einem latenten Konflikt zur Krise, von der an-schließenden ernsten Krise zum Krieg (Pfetsch 1991: 262). Die Besonderheit des post-sozialistischen Raums bestand in der Tatsache, dass die sozialistischen Vielvölkerstaaten ethnisch-nationale Interessengegensätze auf eine im Grunde beeindruckende Weise auf Latenzniveau gedrückt hatten, selbst wenn „der Nati-onalismus (…) Osteuropa nie verlassen hatte" (Beyme 1994: 124). Erst das Ende des alten Regimes sowie das Ende der sowjetischen Dominanz, mithin also die Transformation selbst, eröffnete Spielräume für die Intensivierung der Konflikte. In einer kurzfristigen Perspektive kann daher auf einen negativen Zusammen-hang zwischen Konfliktniveau und Regimeform geschlossen werden. Das Ende des post-sozialistischen Autoritarismus sowie die damit einhergehende Regime-öffnung öffneten den Weg zur „Balkanisierung Osteuropas" (ebd.: 174).

Für eine umfassende Klassifizierung der gewaltsamen Konflikte reicht es also nicht aus, allein auf die Konfliktverläufe zu achten. Im Gegenteil erscheint gerade charakteristisch, dass unabhängig von vielfältigen Konfliktursachen eine schnelle Intensivierung bis hin zum Krieg charakteristisch für die erste Phase nach dem Regimewechsel war.

Tabelle 1:   Gewaltsame Konflikte mit kriegerischen Auseinandersetzungen im post-sozialistischen Raum, 1990-2010[1]

	Antiregime-Kriege	**Autonomie- und Sezessionskriege**	**Zwischenstaatliche Kriege**
Kriege mit unmittelbarer Fremdbeteiligung		Republik Moldau (91) Bosnien und Herzegowina (92-95)	
Kriege ohne unmittelbare Fremdbeteiligung	Rumänien (89) Georgien (91-93) Kirgisien / Usbekistan (IMU, 99-01)	Slowenien (91) Kroatien (91-95) Kosovo (98-99) Mazedonien (01) Russland (Nordossetien, 92) Russland (Tschetschenien, 94-96) Russland (Tschetschenien, seit 99) Azerbaidschan – Armenien (Berg-Karabach, 90-94) Georgien (Südossetien, 90-92) Georgien (Abchasien, 92-94, 08)	Kosovo (98-99) Russland – Georgien (08)

Dieser skizzierte Zusammenhang zeigt sich deutlich in Tabelle 1. In der Datenbank des Hamburger Arbeitskreises für Kriegsursachenforschung findet sich die Information, dass die überwiegende Zahl der Regimekonflikte sowie die mit Autonomie- und Sezessionsbestrebungen verbundenen Auseinandersetzungen in

---

1   Quelle: Arbeitskreis Kriegsursachenforschung an der Universität Hamburg, http://www.sozial wiss.uni-hamburg.de/publish/Ipw/Akuf/kriege_archiv.htm (Zugriff am 30.8.2010).

großer zeitlicher Nähe zu den jeweiligen Regimewechseln stattgefunden haben.[2] Es gibt nur wenige Ausnahmen. Die Herausforderung des usbekischen und kirgisischen Staates durch islamistische Kräfte wurde erst konfliktintensiv, als sich der südliche Nachbarstaat Afghanistan am Ende der 1990er-Jahre zunehmend destabilisierte. Die Auseinandersetzung zwischen Russland und Tschetschenien, die auch vor 1994 auf einer niederschwelligen Ebene recht konfliktiv verlaufen war, verschärfte sich nach dem Abrutschen Tschetscheniens in einen Drogen- und Mafiastaat während der frühen Jelzin-Jahre. Und schließlich gingen die vergleichsweise späten Kriege um das Kosovo (1998-99) und der Georgische Fünftage-Krieg (2008) ebenfalls aus ethnisch-nationalen Konflikten hervor, die in der Regimewechselphase ihren Ursprung hatten und auch vorher häufiger an der Schwelle zur Gewalttätigkeit gestanden hatten.

3   Bestandaufnahme II: Post-sozialistische Demokratisierung seit 1989/1991

Unterscheiden sich die post-sozialistischen Staaten, in denen seit 1989/1991 gewalttätige Konflikte stattgefunden haben, in ihrer Regimeentwicklung von solchen mit friedlichem Profil? Ein entsprechender Vergleich ist nicht ohne Fallstricke, denn die Voraussetzungen für erfolgreiche Demokratisierung und Konsolidierung waren und sind recht ungleich verteilt. In Mitteleuropa wirkten verschiedene begünstigende Faktoren: der vergleichsweise hohe sozio-ökonomische Entwicklungsstand, die (teilweise) existierende Tradition einer gemeinwohlorientierten Staatsverwaltung, die Nähe zum Magnetfeld der Europäischen Union (Beichelt 2001).

Erklärungen zur zügigen Verfestigung der Demokratie in Mittel- und teilweise Südosteuropa litten daher leicht an einer Überdeterminierung. Es gibt mehr als einen Grund, mit dem sich die erfolgreiche Transformation hinreichend erklären lässt (vgl. Kitschelt 2003). Spiegelbildlich existieren viele Faktoren, mit denen sich Nicht-Konsolidierung oder sogar der autokratische Regress in weiter östlich gelegenen Teilen des post-sozialistischen Raums begründen lassen.

Deswegen fällt es auch nicht leicht, ohne vertieftes Eingehen auf die Lagerung der einzelnen Fälle – das allerdings hier aus Platzgründen nicht möglich ist – empirisch begründete Aussagen über den Einfluss des Faktors „Konflikthaftigkeit" auf den Regimecharakter zu machen. Es lässt sich lediglich über auffällige

---

2   Zu bedenken sind dabei die zeitversetzten Regimewechsel, die in Mittel- und Südosteuropa in den Jahren 1989-1990 stattgefunden haben, während sich die Ablösung vom sowjetischen Regime in den Sowjetrepubliken ab etwa 1988 vollzog und erst Ende 1991 mit der Auflösung der UdSSR zu Ende ging.

Korrelationen sprechen, die anschließend theoretisch fundierte Vermutung zulassen. Eine jener Korrelationen betrifft die Entwicklung der politischen Regimes in Richtung „Demokratie", sobald nach dem Ende eines Konflikts die Konditionalität der Europäischen Union in Richtung eines möglichen Beitritts zu greifen beginnt. Graphik 1 zeigt einige einschlägige Fälle.[3]

Graphik 1:   Regimeentwicklung in südost-europäischen Staaten mit Konfliktprofil

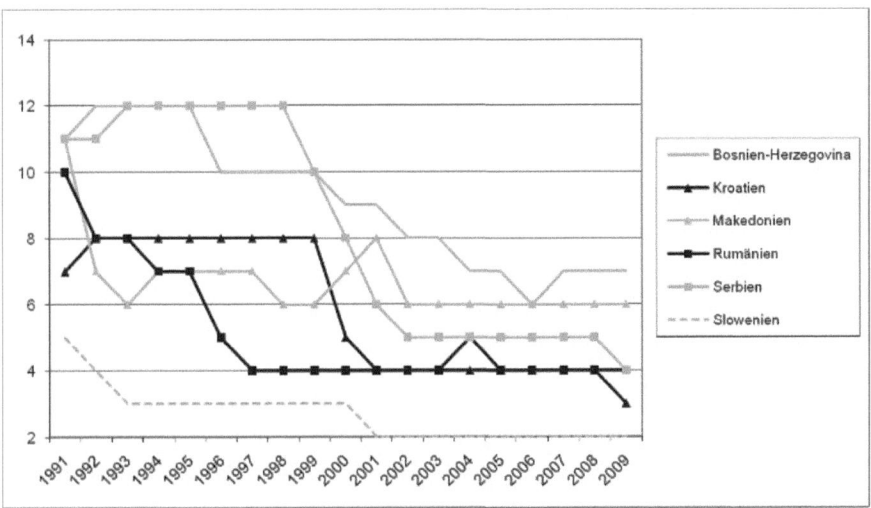

In den 1990er-Jahren, als auf dem westlichen Balkan mehrere kriegerische Auseinandersetzungen stattfanden oder wenigstens (erneut) auszubrechen drohten, verharrten Länder wie Kroatien oder Serbien im Status hybrider oder autoritärer Regimes. Hierin unterschieden sie sich von Fällen wie Rumänien oder Slowe-

---

3   Freedomhouse geht bei seinen Einordnungen folgendermaßen vor. Auf einer Skala von jeweils 1-7 werden in einem intersubjektiv nachprüfbaren Verfahren Einstufungen für die Verwirklichung von a) politischen Freiheiten und b) Bürgerrechten vergeben, wobei der Wert 1 für die höchstmögliche Verwirklichung, der Wert 7 für eine vollkommene Abwesenheit von politischen und Bürgerrechten steht. In den Graphiken 1 und 2 werden beide Werte addiert, sodass der niedrigste zu erreichende Wert für ein Land bei 2 liegt. Freedomhouse zieht folgende Grenzlinien: Die Werte 2-5 (bzw. bis 2.5 bei einer Mittlung der beiden Dimensionen) ziehen eine Einordung als „frei", die Werte 6-10 (bzw. 3.0-5.0) als „teilweise frei", Werte oberhalb 11 (bzw. 5.5) als „nicht frei" nach sich. Die Übersetzung des Adjektivs „frei" in „demokratisch" geschieht auf der Basis der liberalen Demokratietheorie (vgl. Dahl 1989), wobei diese Übersetzung i.d.R. nicht von Freedomhouse selbst, sondern von der begleitenden Forschung geleistet wird.

nien, in denen die gewalttätigen Auseinandersetzungen kurz waren und anschließend nicht latent fortdauerten. In Mazedonien, wo Auseinandersetzungen zwischen der Mehrheitsbevölkerung und der albanischen Minderheit im Jahre 2001 kulminierten, erodierte im entsprechenden Zeitraum die Demokratie. Ein Zusammenhang zwischen gewalttätigen Konflikten und Regimegestalt scheint damit gegeben zu sein. Theoretisch begründbar ist dies zum einen durch die Erwartung der besonderen Begründungspflicht von Kriegen in Demokratien (beginnend mit Kant 1984), zum anderen durch Theorien des Ausnahmezustands (besonders prominent Buzan/Waever/de Wilde 1998). Die genannten Länder wären dann abweichende Fälle von dem generell aufgestellten Theorem, dass Länder mit einer glaubhaften Aussicht auf EU-Mitgliedschaft zügig ihre demokratischen Regimeeigenschaften erhöhen (vgl. Schimmelfennig/Engert/Knobel 2006).

Der zuletzt genannte Punkt erscheint relevant, weil sich das internationale Umfeld im Sinne einer „good neighborhood" demokratischer Staaten als robuster Erklärungsfaktor für eine günstige Demokratieentwicklung herauskristallisiert hat (Schmitter 2001). Die Variable stellt freilich ebenfalls nur einen unter mehreren möglichen Erklärungsfaktoren dar. Bei den meisten Staaten im post-sowjetischen Raum ist nicht nur von Belang, dass jenseits der eigenen Grenzen hybride oder autokratische Staaten bestehen, die an der Förderung der Demokratie wenig Interesse haben. Post-sowjetische Länder verfügen darüber hinaus über einen in der Regel geringeren Modernisierungsgrad, ersichtlich an Bildungsindikatoren und Ausbildung der Zivilgesellschaft, sowie häufig über eine geringer ausgebildete Staatlichkeit und damit über eine für die Demokratie zunächst ungünstige Tradition im Justiz- und Verwaltungsbereich (Offe 1998).

All diese Faktoren sind als Erklärung für die eher „hybride" als „demokratische" Entwicklung östlich von Memel und Bug herangezogen worden (vgl. Bendel/Croissant/Rüb 2002). Gewaltsame Konflikte sind noch hinzuzuzählen und tragen damit zur Überdeterminierung eines bereits etablierten Erklärungsmusters bei. Dennoch sind Zusammenhänge kaum von der Hand zu weisen (Graphik 2). Sowohl in Armenien als auch in Aserbaidschan trägt der Konflikt um die armenisch besiedelte Enklave Nagorny-Karabach nachhaltig zu einer Stärkung der Militärapparate bei, deren erstes Ziel sicher nicht die Festigung junger demokratischer Institutionen ist (vgl. Wassilijewa 1995). Ähnliches gilt für Georgien, wo der Konflikt um die abgetrennten Regionen Abchasien und Süd-Ossetien immer wieder nationalistische Ausbrüche gefördert hat, für deren Absicherung extrakonstitutionelle Mittel nötig waren (vgl. Luchterhandt 2008). Moldau als nächster Fall wird durch die Existenz der völkerrechtlich illegitim abgespaltenen Republik Transnistrien in seiner inneren Entwicklung gestört, zumal insbesondere die Russische Staatsduma mehrmals Versuche unternommen hat, das Gebiet der Russischen Föderation zuzuschlagen (vgl. Kulminski/Sieg 2009). Russland selbst schließlich nimmt im Zusammenhang mit den Sezessionstendenzen an seiner Südgrenze – im nördlichen Kaukasus – die Verletzung zahlreicher Bürger-rechte und politischer Freiheiten hin (vgl. Mommsen/Nußberger 2007).

Graphik 2: Regimeentwicklung in post-sowjetischen Staaten mit Konfliktprofil

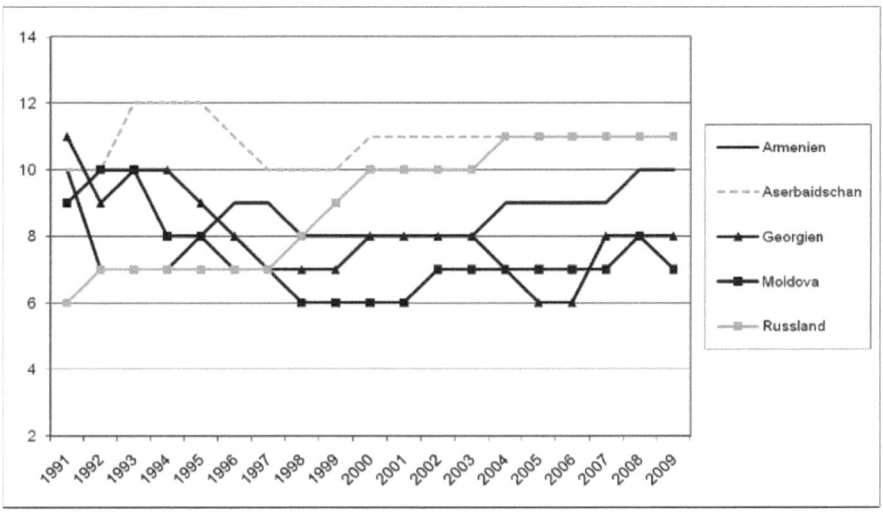

4 Zusammenführung: Regimeform und gewalttätige Konflikte im post-sozialistischen Europa

In einem dritten Schritt lassen sich nun die empirischen Einsichten der bisheri-gen Abschnitte zusammenbringen. Diese bestehen zunächst in Einteilungen mit Typisierungscharakter. Eine erste Klassifizierung wurde bereits in Abschnitt 2 vorgestellt, indem Konflikte nach zugrunde liegenden Ursachen unterschieden wurden (Regime-, Autonomie-/Sezessions- und zwischenstaatliche Konflikte). Eine zweite besteht in der Einordnung von Regimes. Diese beschränkt sich in vielen Schriften auf das Einfügen einer dritten Kategorie von „hybriden" Re-gimes zwischen Demokratien auf der einen und Nicht-Demokratien auf der ande-ren Seite. Ihr soll an dieser Stelle aus Gründen der Einfachheit gefolgt werden, indem in den Graphiken 1 und 2 die Regimes mit einem *Rating* von 2-5 als De-mokratien, von 6-10 als hybride sowie von 11-14 als autokratische Regimes betrachtet werden (siehe Fußnote 2).

In beiden Dimensionen handelt es sich dabei um Kategorisierungen, die vorrangig mit dem Ziel der besseren Vergleichbarkeit erstellt wurden. Dabei wird nicht negiert, dass die genannten Klassifikationen einen vereinfachenden Charakter tragen. Beispielsweise wird hinsichtlich des Charakters von Antiregime-Kriegen nicht zwischen politisch und religiös motivierten Regimekonflikten unterschieden,[4] und die Trennlinien zwischen hybriden Regimes und Demokratien auf der einen sowie Autokratien auf der anderen Seite unterliegen einer ausführlichen theoretischen Diskussion (vgl. Beichelt 2011).

Trotz der unterkomplexen Kategorienbildung lassen sich einige relevante Tendenzen ausmachen. Zunächst lässt sich zeigen, dass im post-sozialistischen Raum nur halb oder ganz autokratische Regimes in gewalttätige Konflikte verwickelt waren – wenn man davon absieht, dass einige mitteleuropäische Staaten seit wenigen Tagen Mitglieder der NATO waren, als im Jahr 1999 die Bombardements auf Belgrad begannen. Hinsichtlich der Regimeform wird zudem deutlich, dass zwischen autokratischen und hybriden Regimes kein grundsätzlicher Unterschied hinsichtlich der Konflikthäufigkeit besteht. Dies läuft der lange – z.B. in der Totalitarismustheorie (Friedrich/Brzezinski 1965) – gehegten Vermutung entgegen, in geschlossenen Regimes bestehe ein besonders hohes Gewaltpotenzial. Heute gelten eher die hybriden Regimes als gewaltanfällig, besonders wenn Hybridität mit schwacher Staatlichkeit einhergeht (Merkel 2009: 493) und damit die inhärente Instabilität besonders hoch ist.

Die nächsten Schlussfolgerungen betreffen die Konflikttypen. Hier fällt auf, dass Regimekonflikte – der erste Typ der Einteilung von Tabelle 1 – im post-sozialistischen Raum lediglich in Konstellationen einer geringen Regimeöffnung auftreten. Georgien und Kirgisien werden während eines Teils ihrer Konfliktaustragung von Freedomhouse zwar als „halb freie" Regimes geführt. Allerdings liegen sie tendenziell in Richtung einer geschlossenen Autokratie, mit Ausnahme Georgiens seit etwa 2004. Auch Rumänien wies innerhalb des sozialistischen Blocks ein besonders geschlossenes Profil auf.

Post-sozialistische Regimekonflikte, die sich also um den Charakter des *ancien régime* selbst drehen, sind in aller Regel schnell beendet worden. Sehen wir von der Herausforderung zentralasiatischer Staaten durch islamistische Gruppen ab, erscheint die Frage der Regimeänderung auf gewaltsamem Wege obsolet. Zwar existieren fast überall jenseits Mitteleuropas noch immer dynamische Entwicklungen hinsichtlich der Regimequalität; sie werden allerdings nicht von gewaltsamen Auseinandersetzungen begleitet.

Autonomie- und Sezessionskriege stellen im post-sozialistischen Europa den am weitesten verbreiteten Konflikttyp dar. Auffällig ist, dass diese Konflikt-

---

4   Vgl. erneut die Datenbank des Arbeitskreises Kriegsursachenforschung an der Universität Hamburg, http://www.sozialwiss.uni-hamburg.de/publish/lpw/Akuf/kriege_archiv.htm (angesehen am 30.8.2010). Im Folgenden wird das Archiv auch für die Beschreibung und Einordnung von Konflikten jenseits der knappen Informationen in Tabelle 1 verwendet.

art in der Region fast immer nur zwei von drei möglichen Verläufen nimmt. Entweder ein Konflikt wurde durch Sezession beendet, oder aber der Konflikt schwelt weiter. Die dritte, in Westeuropa häufig verwirklichte Lösung bestünde in einer Gewährung weitgehender Autonomie- und sonstiger institutioneller Absicherungsrechte, die dann von der ethnischen oder sonstigen Minderheit im Großen und Ganzen akzeptiert würden. Diesem Pfad sind im postsozialistischen Raum nur wenige Konflikte gefolgt. Es lassen sich zwar einige Beispiele für konzentriert siedelnde Minderheiten mit beträchtlichen Autonomierechten nennen: die Gagausen in Moldau, die Ungarn in Rumänien und der Slowakei, Tataren und andere in der Russischen Föderation, Polen in Litauen. Charakteristisch für diese Konstellationen ist allerdings, dass der jeweilige Konflikt zu keiner Zeit in die Nähe handfester Gewalt kam.[5]

Beispiele für die Verlaufsformen eins und zwei lassen sich dagegen in großer Zahl finden. Slowenien, Kroatien, Transnistrien, Bosnien-Herzegowina und das Kosovo trennten sich von den sie vormals beherbergenden Staaten ab. Die internationale Konstellation führte in allen genannten Fällen zu einer gewissen Stabilisierung der Sezession. Als dauerhaft gelöst gelten können indes nur die Fälle Slowenien und Kroatien, da hier sowohl der ehemalige Mutterstaat (Jugoslawien bzw. Serbien) als auch der wichtigste internationale Verbündete (die Sowjetunion bzw. Russland) die Sezession völkerrechtlich anerkannt haben. Das gleiche gilt zwar auch für Bosnien-Herzegowina; dort schwelt jedoch der vormals in ganz Jugoslawien verankerte Nationalitätenkonflikt zwischen Serben auf der einen und jugoslawischen Restnationalitäten auf der anderen Seite weiter (Gromes 2009).

Kosovo und Transnistrien dagegen werden international nur teilweise anerkannt oder durch eine Schutzmacht protegiert (z.B. Russland, Transnistrien, NATO, Kosovo). Gleichzeitig findet eine Anerkennung durch den ehemals beherbergenden Staat nicht statt. Beide Konflikte sind daher zwar einerseits in dem Sinne als stabilisiert zu betrachten, dass es für ein neuerliches Ausbrechen von Gewalt nur wenige Anzeichen gibt. Eine dauerhafte Lösung ist jedoch ebenfalls nicht in Sicht.

Von den bisher genannten Fällen zu unterscheiden sind jene Sezessionskonflikte, die in einem mehr oder weniger latenten Zustand fortdauern und dementsprechend immer wieder durch gewaltsame Auseinandersetzungen auf sich aufmerksam machen: Russland und die militante Sezessionsbewegung in verschiedenen Republiken des nördlichen Kaukasus (vor allem Nordossetien, Tschetschenien, Dagestan), Georgien und die immer wieder umkämpfte faktische

---

5 Eine wichtige Ausnahme besteht im Konflikt zwischen der albanischen Minderheit und der Mehrheitsbevölkerung in Mazedonien, der im Jahre 2001 zum Ausbruch kam (vgl. http://www.sozialwiss.uni-hamburg.de/publish/Ipw/Akuf/kriege/275_mazedonien.htm, Abruf am 30.8.2010).

Abtrennung der Regionen Südossetien und Abchasien, die armenische Enklave Berg-Karabach in Aserbaidschan.

Die Gründe für das Fortdauern der Konflikte sind unterschiedlich. Im Nordkaukasus und Nagorny-Karabach handelt es sich um gewissermaßen reine Sezessionskonflikte, bei denen die internationale Dimension letztlich im Hintergrund bleibt (vgl. jedoch Jahn 2008). Die Konflikte mit Georgien als Konfliktpartner sind dagegen stark durch den Umstand geprägt, dass Russland als Schutzmacht der Regionalregierungen in Abchasien und Südossetien auftritt. Es handelt sich um eine im Grunde ähnliche Konstellation wie im Falle Transnistriens, wobei auch eine Reihe wichtiger Unterschiede existiert. Erstens bestehen georgisch-nationalistische Motive zur Wiedergewinnung des vermeintlich historischen Einzugsraums in weit höherem Ausmaß (vgl. die Übersicht bei Götz/Halbach 1996: 151-157). Zweitens ist der militärische Apparat in Georgien stärker ausgebaut, was drittens mit der starken Unterstützung des Saakaschwili-Regimes durch die USA verbunden ist (Mitchell 2008).

Lassen sich Verbindungen ziehen zwischen dem Verlauf von Autonomie- und Sezessionskonflikten auf der einen und dem jeweiligen Regimetyp auf der anderen Seite? Auf den ersten Blick scheint der Charakter des politischen Regimes nur eine nachgeordnete Rolle zu spielen, denn die Konflikte finden sich sowohl in hybriden Regimes (Georgien, Russland in den 1990er-Jahren) als auch in autokratischen Fällen (Aserbaidschan, Serbien in den 1990er-Jahren). Eine etwas nähere Analyse zeigt jedoch, dass sich nur solche Staaten später zu Demokratien entwickelt haben, in denen der Sezessionskonflikt gelöst wurde, und zwar – da einvernehmliche Autonomieregelungen in der Region die Ausnahme darstellen – in der Regel durch eine extern umfassend abgesicherte Sezession. Ein hohes Ausmaß an Gewalttätigkeit stellt dabei keinen Hinderungsgrund dar; vielmehr standen vor der demokratischen Konsolidierung Sloweniens und Kroatiens voll entwickelte kriegerische Auseinandersetzungen. Echte Kriege stellen allerdings auf der anderen Seite keine Garantie für spätere Zurückhaltung und politische Kompromissbereitschaft dar. Auch in Nagorny-Karabach und Tschetschenien verliefen die Konflikte überaus blutig, doch hier bestehen die Gegensatzlinien bis heute fort.[6]

Ein zweiter Zusammenhang besteht zwischen gewalttätigen Konfliktausbrüchen und einem Absinken der demokratischen Regimequalität. Das Phänomen lässt sich beobachten in Russland rund um die beiden Tschetschenienkriege, in Mazedonien um das Jahr 2001 und in Georgien im Jahr 2008 und danach. Der Zusammenhang begründet sich über den Charakter all der genannten Konflikte als Sezessions- oder Autonomiekonflikte. Gewalttätigkeit bei der Austragung

---

6   Siehe hierzu erneut die Darstellungen der Hamburger Konfliktdatenbank unter http://www. sozialwiss.uni-hamburg.de/publish/Ipw/Akuf/kriege_archiv.htm (Zugriff am 30.8.2010.)

letztlich binnennationaler Konflikte geht fast automatisch einher mit der Drangsalierung solcher Konfliktteilnehmer, die gleichzeitig Staatsangehörige des Mutterstaates sind. Willkürliche Verhaftungen, das Absprechen wichtiger bürgerlicher Rechte im Zusammenhang mit Schadenersatzleistungen durch den Mutterstaat (z.B. nach Zerstörungen durch die Armee) und Beschränkungen in der öffentlichen Kommunikation sind regelmäßige Begleiterscheinungen in bürgerkriegsähnlichen Konstellationen (Pfetsch 1994: 234).

Ein Vergleich zwischen Mazedonien und Russland verweist im Übrigen auf die hohe Relevanz des internationalen Umfelds für die Stabilisierung und wenigstens vorläufige Lösung eines Autonomiekonflikts. Die russische Zentralregierung und tschetschenische – oder besser generell: nordkaukasische – Separatisten stehen sich seit mittlerweile zwei Jahrzehnten in einer Pattsituation gegenüber. Ähnlich stand es in Mazedonien während der 1990er Jahre, als Auseinandersetzungen im albanischen Landesteil immer wieder eskalierten (East/Pontin 1997: 289-291). Im Jahre 2001 nahmen sich jedoch mehrere Staaten und insbesondere die EU des Konflikts an, nicht zuletzt durch Instrumente der Konditionalität im Zusammenhang mit einem späteren Beitrittsprozess Mazedoniens (vgl. auch Stewart 2009). Für den georgischen Fall lässt sich so ableiten, dass ein stärkeres Engagement der EU möglicherweise helfen könnte, die Konfliktherde Abchasien und Südossetien aus dem Fokus der innenpolitischen Entwicklung in Georgien zu holen.

Der letzte zu diskutierende Konflikttyp besteht in den zwischenstaatlichen Kriegen, die im post-sozialistischen Europa rund um das zerfallende Jugoslawien bzw. Serbien (Kroatien, Kosovo) sowie den konkurrierenden Einflussbereich Georgiens und Russlands auszumachen sind. Die Suche nach Gründen für die hohe Gewaltsamkeit gerade dieser beiden Konflikte kann an dieser Stelle nicht vertieft werden. Jedenfalls lassen sich jedoch in beiden Fällen starke nationalistische Bestrebungen in den Mutterstaaten *sowie* darauf reagierende externe Mächte ausmachen (Bieber/Daskalovski 2003; Asmus 2010).

Damit lässt sich auch eine Verbindung zwischen einer internationalen Konfliktbeteiligung sowie der demokratischen Entwicklung ziehen, denn – wie oben bereits skizziert – gehen gewaltsame Auseinandersetzungen in Sezessionskontexten in der Regel zulasten der demokratischen Qualität. Das wiederum weist darauf hin, dass die Klassifizierung der genannten Konflikte als zwischenstaatliche Kriege zwar einerseits gerechtfertigt ist, da im Unterschied zu anderen Konflikten keine Drittstaaten oder Internationalen Organisationen an gewalttätigen Vorfällen beteiligt waren. Für die Logik des Konfliktverlaufs erscheint allerdings eher der sezessionistische Charakter entscheidend, sodass die Fälle trotz ihres hohen Gewaltniveaus letztlich als Untertypen des zweiten Konflikttyps geführt werden könnten (siehe nochmals Tabelle 1).

5   Zusammenfassung und Ausblick

Die Ausführungen haben gezeigt, dass die zum Ende des Kalten Krieges unterstellte Friedensdividende keineswegs überall im post-sozialistischen Europa
verwirklicht werden konnte. Im Gegenteil führten Autonomie- und Sezessionsbestrebungen insbesondere auf dem Gebiet der ehemaligen Sowjetunion sowie
der Bundesrepublik Jugoslawien zu gewalttätigsten Konflikten in Europa seit
1945. Die Regimeöffnung – ein notwendiger Schritt auf dem idealtypischen
Wege von einem autokratischen zu einem demokratischen Regime (Merkel
2010: 95) – stellte sich als Einfallstor für den Ausbruch latenter Konflikte dar,
die unter autoritären Bedingungen im Zaume hatten gehalten werden können.

Gewalttätige Ausbrüche haben dann, gewissermaßen in der nächsten Phase,
zu einer Behinderung der demokratischen Entwicklung geführt. Deutlich zu
sehen ist dies an der Diskrepanz zwischen der raschen Demokratieentwicklung in
Staaten mit allseits akzeptierter Autonomiegewährung (z.B. Polen und Litauen,
später auch die übrigen baltischen Staaten sowie die Slowakei)[7] und der unvoll-
ständigen Konsolidierung z.B. in Serbien (bis etwa 2000) oder Georgien (bis
heute). Die aus nicht vollendeter Konsolidierung erwachsene Hybridität des
politischen Regimes birgt dann wiederum in sich eine gewisse Neigung zur gewaltsamen Austragung von Konflikten, weil die politische Instabilität eine Herausforderung der Eliten aussichtsreicher erscheinen lässt als dies in vollends
autokratischen Regimes (wie z.B. Aserbaidschan) der Fall ist. Ethnische Konflikte haben sich mithin im post-sozialistischen Europa in vielerlei Hinsicht als
Triebkraft gewaltsamer Auseinandersetzungen auf der einen Seite sowie stecken
gebliebener Demokratisierungsprozesse erwiesen.

Als einer der wenigen verfügbaren Wege zur Entschärfung des Gewaltpo-
tenzials in sezessionistischen bzw. autonomistischen Konflikten hat sich die
Integrationspolitik der Europäischen Union erwiesen. Durch das Instrument der
Beitrittskonditionalität – wenngleich es im Einzelnen häufig kritisiert wird (vgl.
Koopmann/Lequesne 2006; Bendiek 2008) – ist die EU in der Lage gewesen,
den politischen Wettbewerb in ethnisch sensiblen Ländern zu beeinflussen. In
den baltischen Staaten wurde auf die sanfte (Thiele 1999), z.B. in Mazedonien
und Kroatien auf eher rabiate Art und Weise deutlich gemacht, dass nur ein aus-
gewogener Umgang mit Minderheiten den Zugang zum Europäischen Wirtschaftsraum und zum Schengen-Raum ermöglichen kann (Calic 2008). Als Refe-
renz für die demokratische Entwicklung in ganz Südosteuropa deuten die beiden
Fälle auf das Demokratisierungspotenzial hin, das sich entfalten kann, sobald
Autonomie- und Sezessionskonflikte eine externe Dämpfung erfahren haben. Im

---

7   Nachweise bei Karatnycky (2000; 2004).

post-sowjetischen Raum wird die Möglichkeit eines EU-Beitritts wohl kaum bestehen (Böttger 2010). Nicht zuletzt deshalb stehen hier die Prognosen für das Fortdauern gewalttätiger Konflikte sowie für die Konsolidierung der Demokratie weit ungünstiger.

Literaturverzeichnis

Aslund, Anders, 2001: The Advantage of Radical Reform, in: Journal of Democracy, vol. 12, no. 4, 42-48.

Asmus, Ronald, 2010: A Little War that Shook the World: Georgia, Russia, and the Future of the West, Houndsmills.

Beichelt, Timm, 2001: Demokratische Konsolidierung im postsozialistischen Europa. Die Rolle der politischen Institutionen.

Beichelt, Timm, 2011: Forms of Rule in the Post-Soviet Space: Hybrid Regimes, in: Klein; Margarete/Andrea Schmitz/Hans-Henning Schröder u.a. (Hrsg.): President, Oligarchs and Bureaucrats: Forms of Rule in the Post-Soviet Space, London, im Erscheinen.

Bendel, Petra/Croissant, Aure /Rüb, Friedbert (Hrsg.), 2002: Hybride Regime. Zur Konzeption und Empirie demokratischer Grauzonen. Opladen.

Bendiek, Annegret, 2008: Wie effektiv ist die Europäische Nachbarschaftspolitik? Sechzehn Länder im Vergleich: Stiftung Wissenschaft und Politik (SWP-Studie S 24). Berlin.

Beyer, Jürgen, 2001: Jenseits von Gradualismus und Schocktherapie – Die Sequenzierung der Reformen als Erfolgsfaktor. In: Helmut Wiesenthal (Hrsg.): Gelegenheit und Entscheidung: Politics und policies erfolgreicher Transformationssteuerung. Opladen, 169-190.

Beyme, Klaus von, 1994: Systemwechsel in Osteuropa. Frankfurt.

Bieber, Florian/Daskalovski, Zidas (Hrsg.), 2003: Understanding the War in Kosovo. London.

Böttger, Katrin, 2010: Die Entstehung und Entwicklung der Europäischen Nachbarschaftspolitik. Baden-Baden.

Butenschön, Marianna, 1992: Estland, Lettland, Litauen. Das Baltikum auf dem langen Weg in die Freiheit. München.

Buzan, Barry/Waever, Ole/de Wilde, Jaap (Hrsg.), 1998: Security Analysis. A New Framework for Analysis. London.

Calic, Marie-Janine, 2008: Das ewige Laboratorium. Die Politik der EU auf dem Balkan: eine Evaluierung, in: Internationale Politik, vol. 63, no. 6, 26-31.

Carrère d'Encausse, Hélène, 1978: L'empire eclaté. La révolte des nations en URSS. Paris.

Christophe, Barbara, 2002: Nation als Ressource im Transformationsprozess? Litauen und Georgien im Vergleich, in: Osteuropa, vol. 52, no. 9/10, 1217-1235.

Dahl, Robert A., 1989: Democracy and its Critics. New Haven.

Diamond, Larry/Plattner, Marc F. (Hrsg.), 1994: Nationalism, Ethnic Conflict, and Democracy. Baltimore.

East, Roger/Pontin, Jolyon, 1997: Revolution and Change in Central and Eastern Europe. London.

Ekiert, Grzegorz/Hanson, Stephen E. (Hrsg.), 2003: Capitalism and Democracy in Central and Eastern Europe. Cambridge.

Friedrich, Carl Joachim/Brzezinski, Zbigniew, 1965: Totalitarian Dictatorship and Autocracy. Cambridge.

Götz, Roland/Halbach, Uwe, 1996: Politisches Lexikon GUS. Dritte Auflage. München.

Gromes, Thorsten, 2009: Von der Krise in den Krieg? Vierzehn Jahre nach dem Krieg wächst in Bosnien und Herzegowina die Gewaltbereitschaft. Darmstadt: HSFK Standpunkte, Nr. 3/2009, unter: (http://www.hsfk.de/Publikationen.9.0.html?&no_cache=1&detail=4072&cHash=6087f7f984).

Gustafson, Thane, 1999: Capitalism Russian-Style. Cambridge.

Jahn, Egbert, 1992a: Der Umbruch in Osteuropa – Eine Herausforderung an Politik, Wirtschaft und Wissenschaft in Deutschland. Frankfurt: Untersuchungen des FKKS 1/1992.

Jahn, Egbert, 1992b: Nationalismus und Demokratie – Einheit oder Widerspruch?, in: Untersuchungen des FKKS, no. 4/1992, 5-26.

Jahn, Egbert, 2008: Neue Fronten nach dem Krieg. Russland, der Westen und der Südkaukasus, in: Osteuropa, vol. 58, no. 11, 5-18.

Jowitt, Ken (Hrsg.), 1992: New World Disorder: The Leninist Distinction. Berkeley.

Kant, Immanuel, 1984: Zum Ewigen Frieden. Mit Texten zur Rezeption 1796-1800. Leipzig.

Karatnycky, Adrian, 2000: The 1999 Freedom House Survey, in: Journal of Democracy, vol. 11, no. 1, 187-200.

Karatnycky, Adrian, 2004: National Income and Liberty. The 2003 Freedom House Survey, in: Journal of Democracy, vol. 15, no. 1, 82-93.

Keohane, Robert O./Nye, Joseph S./Hoffmann, Stanley (Hrsg.), 1993: After the Cold War: International Institutions and State Strategies in Europe, 1989-1991. Cambridge/ Massachusetts/London.

Kitschelt, Herbert, 2003: Accounting for Postcommunist Regime Diversity: What Counts as a Good Cause? In: Grzegorz Ekiert / Stephen E. Hanson (Hrsg.): Capitalism and Democracy in Central and Eastern Europe. Cambridge, 49-86.

Koopmann, Martin/Lequesne, Christian (Hrsg.), 2006: Partner oder Beitrittskandidaten? Die Nachbarschaftspolitik der Europäischen Union auf dem Prüfstand. Baden-Baden.

Kulminski, Vlad/Sieg, Hans Martin, 2009: Die Europäisierung Moldovas: Strategie zur Lösung des Transnistrienkonflikts, in: Osteuropa, vol. 59, no. 5, 17-28.

Linz, Juan, 1975: Totalitarian and Authoritarian Regimes, in: Fred Greenstein/Nelson Polsby (Hrsg.): Handbook of Political Science, 175-412.

Linz, Juan, 2003: Totalitäre und autoritäre Regime. Berlin.

Luchterhandt, Otto, 2008: Gescheiterte Gemeinschaft. Zur Geschichte Georgiens und Südossetiens. In: Osteuropa, vol. 58, no. 11, 97-110.

Merkel, Wolfgang, 2009: Democracy Through War?, in: Wolfgang Merkel / Sonja Grimm (Hrsg.): War and Democratization. Legality, Legitimacy and Effectiveness. London/ New York, 31-52.

Merkel, Wolfgang, 2010: Systemtransformation. Eine Einführung in die Theorie und Empirie der Transformationsforschung. Wiesbaden.

Mitchell, Lincoln A., 2008: Uncertain Democracy: U.S. Foreign Policy and Georgia's Rose Revolution. Philadelphia.

Mommsen, Margareta/Nußberger, Angelika, 2007: Das System Putin. München.

Offe, Claus, 1998: Die politisch-kulturelle „Innenseite" der Konsolidierung. Eine Anmerkung über Besonderheiten der postkommunistischen Transformation, in: Hans-Jürgen Wagener/Heiko Fritz (Hrsg.): Im Osten was Neues. Aspekte der EU-Osterweiterung. Bonn, 110-114.

Pfetsch, Frank R., 1991: Internationale und nationale Konflikte nach dem Zweiten Weltkrieg, in: Politische Vierteljahresschrift, vol. 32, no. 2, 258-285.

Pfetsch, Frank R., 1994: Internationale Politik. Stuttgart.

Roper, Steven D., 1994: The Romanian Revolution from a Theoretical Perspective, in: Communist and Post-Communist Studies, vol. 27, no. 4, 401-410.

Sachs, Jeffrey, 1989: My Plan for Poland, in: The International Economy, no. 12/1989, 24-29.

Schimmelfennig, Frank/Engert, Stefan/Knobel, Heiko, 2006: International Socialization in Europe. European Organizations, Political Conditionality, and Democratic Change. Basingstoke.

Schmitter, Philippe C., 2001: The Influence of the International context upon the Choice of National Institutions and Policies in Neo-Democracies, in: Laurence Whitehead (Hrsg.): The International Dimension of Democratization: Europe and the Americas. Oxford, 26-54.

Sislin, John, 1991: Revolution Betrayed? Romania and the National Salvation Front, in: Studies in Comparative Communism, vol. 24, no. 4, 395-411.

Stewart, Susan, 2009: Zivilgesellschaftliche Demokratieförderung der Europäischen Union: Estland, Makedonien und die Ukraine im Vergleich, in: Gero Erdmann/Marianne Kneuer (Hrsg.): Externe Faktoren der Demokratisierung. Baden-Baden, 261-282.

Thiele, Carmen, 1999: Selbstbestimmung und Minderheitenschutz in Estland. Heidelberg.

Tismaneanu, Vladimir, 1993: The Quasi-Revolution and its Discontents. Emerging Political Pluralism in Post Ceausescu Romania, in: East European Politics and Society, vol. 7, no. 2, 309-348.

Vardys, V. Stanley/Sedaitis, Judith B., 1997: Lithuania. The Rebel Nation. Boulder.

Wassilijewa, Olga, 1995: Konflikte im Nordkaukasus. Ursachen, Verlauf und Perspektiven. Mannheim: Untersuchungen des FKKS 7/1995.

Zürcher, Christoph, 2007: Post-Soviet Wars: Rebellion, Ethnic Conflict, and Nationhood in the Caucasus. New York.

Die EU und ihre Nachbarschaft – Zwischen Grenzauflösung und Grenzverschiebung

Regina Heller

1 Einleitung

Das Verhältnis der Europäischen Union (EU) zu ihrer Nachbarschaft ist geprägt von einem Wechselspiel zwischen Grenzauflösung und Grenzverschiebung (Expansion), Inklusion und Exklusion. Inklusion bedeutet dabei die Einbeziehung bzw. Verdichtung der Beziehungen zur Nachbarschaft oder auch Peripherie (also Grenzöffnung), Exklusion hingegen meint eine von der EU ausgehende einseitige, meist abschottende Maßnahme gegenüber dem peripheren Raum (Grenzschließung). Dieses Wechselspiel ist vor allem dem Wesen der EU als dynamischem Einigungs- und Integrationsraum geschuldet. Die Integrationsdynamik wirkt sich nicht nur nach innen aus, also nicht nur in den Integrationsraum hinein, sondern verändert auch das Verhältnis der EU als Ganzes zur angrenzenden Nachbarschaft. In der politikwissenschaftlichen Literatur ist die EU in diesem Sinne vielfach als postmodernes Gebilde „jenseits der Staatlichkeit" beschrieben worden, das dazu tendiert, Grenzen im klassischen Sinne aufzulösen und diese Grenzen neu, insbesondere nach funktionalen Kriterien, zu ziehen bzw. Räume neu zu definieren und zu gestalten (vgl.: Zielonka 2002b).

Im Folgenden soll dieses Wechselspiel zwischen Grenzauflösung und Grenzverschiebung, Inklusion und Exklusion, das dem europäischen Einigungs- und Integrationsprozess innewohnt, sowie dessen Auswirkungen auf die Beziehungen zur europäischen Nachbarschaft näher dargestellt werden. Im *zweiten* Kapitel wird auf die traditionelle Diffusität und Unbestimmtheit von Grenzen und Räumen in Europa eingegangen. Hierzu ist es zunächst notwendig, aus politikwissenschaftlicher Sicht den Charakter der EU als Gebilde „jenseits der Staatlichkeit" zu skizzieren, der dazu tendiert, Grenzen im klassischen Sinne aufzulösen. Im Anschluss daran wird auf die Auflösung und funktionale Ausdifferenzierung von Grenzen in der EU eingegangen sowie auf das Phänomen der Grenzverschiebung (Expansion) als inneres Funktionsprinzip der europäischen Integration. Darauf aufbauend wird es im *dritten* Kapitel darum gehen, die praktischen Auswirkungen dieses Wechselspiels zwischen Grenzauflösung und Grenzverschiebung, Inklusion und Exklusion, auf die europäische Nachbarschaft sowohl im Kontext der Erweiterungspolitik als auch in Bezug auf die weitere europäische, die sogenannte „neue" Nachbarschaft nach der Osterweiterung nachzuzeichnen.

2   Grenzen und Räume in der EU: Bedeutungs- und Funktionswandel

*2.1   Zur Unbestimmtheit der Grenzen Europas: geografische, kulturelle und
politische Deutungen*

Eine gewisse Unbestimmtheit von Grenzen und Raumdefinitionen hat in Europa
regelrecht Tradition. Worin bestehen die Gemeinsamkeiten, besteht der Refe-
renzrahmen für „Europa"? Was ist die „Regelhaftigkeit" (Lemberg 2000: 21),
die hinter dem Begriff „Europa" steckt? Beim Versuch, die Grenzen Europas
bzw. Europa als Raum zu bestimmen, entstehen schnell Probleme, sind doch die
Grenzen Europas zumindest in einigen Teilen sehr diffus und daher auch die
Antworten auf die Frage, wo Europa letztlich „endet", fallen häufig sehr unterschiedlich aus. Was ist der „europäische Raum" und wodurch zeichnet er sich
aus? Hier lassen sich folgende Deutungen finden:

Europa als geografischer Raum: Man kann Europa zunächst über seine
geografische Lage bestimmen. Geografisch betrachtet, stellt Europa einen Sub-
kontinent des Doppelkontinents Eurasien[1] dar, genauer: Europa ist der westliche
Teil (das westliche Fünftel) der eurasischen Landplatte. Während die Grenzen
Europas im Norden, Westen und Süden durch Wasser (Atlantik, Nordsee und
Mittelmeer) definiert werden, ist bis heute strittig, wo die östliche Grenze zwischen Europa und Asien geografisch genau verläuft (vgl. auch Schulz 2006). In
der Regel werden zwei Gebirgsketten, der Ural im Osten sowie das Kaukasusge-
birge im Südosten, als Grenzlinie identifiziert. Eine eindeutige geologische
Grenze existiert hingegen nicht, sodass Europa insbesondere im Osten geografisch nicht klar abgrenzbar ist, seine Ostgrenze also „unbestimmt" bleibt.

Europa als historisch-kultureller Raum: Kulturell-historisch wird Europa traditionell als eigenständiger Kontinent gefasst, der sich von Asien deutlich unterscheidet und abgrenzt. Insofern wird Europa neben seiner geografischen Definition
vor allem auch als eigenständiger Kultur- und Identitätsraum betrachtet, dessen
Grenzen historisch-kulturell gewachsen sind und sich über die Jahrhunderte hinweg verändert und verschoben haben. Letzteres bedeutet aber auch, dass diese
historisch-kulturellen Grenzen unterschiedlichen gesellschaftlichen Deutungen
unterliegen, d.h. gesellschaftlich konstruiert werden (vgl.: Eder 2007) und somit
auch wandelbar sind. Sie sind insofern stets „imaginär" (Zielonka 2002a: 8) und
historischen und gesellschaftlichen Bedingungen sowie der Veränderung dieser
Bedingungen unterworfen: Sei es der „Limes", der im Altertum die Grenze zwischen dem „zivilisierten" römischen Reich einerseits und dem unzivilisierten
„Barbarentum" darstellte, sei es die bis heute verankerte Trennung zwischen dem

---

1   Der Begriff Eurasien wurde Ende des 19. Jahrhunderts von dem deutschen Geografen Alfred
     Hettner geprägt.

durch die Kultur des Römischen Reichs geprägten westlichen Europa und dem vom Byzantinismus beeinflussten Osteuropa (Theisen 2006: 26, 29), sei es die Blockbildung auf dem europäischen Kontinent während des Kalten Krieges, durch die Europa eine zeitweise sehr stabile, politisch bedingte Grenzziehung erhielt (Wallace 2002: 78) – stets geht es um die Abgrenzung durch eine gesellschaftliche und kulturelle, mitunter auch politische „Idee",[2] die wiederum bestimmt, ob jemand zu dieser Identitätsgemeinschaft „dazugehört" oder außen vor bleibt.[3]

Es gilt also sowohl in Bezug auf den geografischen als auch den historisch-kulturellen Raum Europa, dass seine Grenzen nicht eindeutig bestimmbar sind (vgl. auch Wallace 2002). Und auch in einer Deutung *Europas als politischem Raum*, insbesondere bezogen auf die Entwicklungen auf dem Kontinent seit 1945, wird diese Unbestimmtheit der Grenzen erneut sichtbar: Der 1950 angestoßene europäische Einigungs- und Integrationsprozess, aus dem die heutige Europäische Union hervorgegangen ist, hat die weitaus stärkste Dynamik in Bezug auf Raumbildung in Europa hervorgerufen. Das politische Projekt Europa, in dem sich mittlerweile 27 Staaten zusammengeschlossen haben, hat sich seit seinen Anfängen sehr stark verändert – sowohl nach innen als auch nach außen. Und dieser Veränderungsprozess scheint auch heute bei Weitem noch nicht abgeschlossen zu sein. Zu beobachten ist, dass sich in der Folge dieses Prozesses die Grenzen dieses politischen Europa in vielfältiger Weise verändern. Und nicht nur dies: Vor allem hat sich durch das Voranschreiten des Einigungsprozesses die Bedeutung des Begriffs Grenze als territoriale Demarkationslinie zwischen zwei politischen Subjekten, wie es für das moderne Staatensystem der Neuzeit – dem sogenannten „Westfälischen System" – typisch war,[4] und damit einhergehend auch ihre Funktion deutlich verändert.

2.2 Jenseits der Territorialität: Die EU als Gebilde „postnationaler Ordnung"

Wie lässt sich diese Beobachtung erklären? Hier bedarf es zunächst einer eingehenden Betrachtung des europäischen Einigungsprojekts. Was ist die EU? Wie

---

2   Dem französischen Kulturphilosophen Bernard-Henri Lévy wird gemeinhin das Zitat zugesprochen: „Europa ist kein Ort, sondern eine Idee."

3   Meier behauptet gar, die Vorstellung von Grenze im Sinne eines zivilisatorischen Endes oder einer Be- oder Abgrenzung von etwas anderem sei Europa zutiefst fremd, vielmehr seien Grenzen in Europa willkürliche Demarkationsziehungen und Linien, „where settlements of one people are replaced by a settlement of another people" (Maier 2002: 18). Zum Grenzbegriff und seinen verschiedenen Interpretationen siehe u.a. auch: Böckler 2007 und Franke 2007.

4   Als Westfälisches System bezeichnet man diejenige politische Ordnung, die sich in Europa nach dem Westfälischen Frieden 1648 herausgebildet hat. Wesentliches Merkmal dabei war die Entstehung souveräner National- bzw. Territorialstaaten. Grenzen und Räume waren in diesem Sinne stets territorial definiert.

lässt sie sich politikwissenschaftlich fassen? Zunächst einmal ist die EU ein politisches Modell, das sich durch eine besondere Verflechtung und Vertiefung der Beziehungen zwischen den beteiligten Staaten auszeichnet. Doch geht diese Verflechtung weit über eine rein zwischenstaatliche Zusammenarbeit, wie sie für die internationalen Beziehungen bislang typisch war, hinaus. Das heißt: In unterschiedlichen Wirtschafts- und Politikbereichen bilden sich gemeinsame Institutionen heraus, werden gemeinsame Standards und Regeln definiert und wird die Annäherung und Angleichung an diese gemeinsamen Standards angestrebt. Dies ist, wie gesagt, weit mehr als das, was man gemeinhin unter Kooperation, verstanden als interessenbasierte Zusammenarbeit zweier autonomer Systeme, fassen würde. Die Zusammenarbeit innerhalb der EU zielt auf die schrittweise *Integration* dieses Raums als Gemeinschaft. Die EU ist also ein dynamischer Einigungs- und Integrationsraum.

Die Art von Gemeinschaft, die dabei angestrebt wird, bzw. die Kernfunktionen des Einigungs- und Integrationsprozesses charakterisiert Johannes Varwick (2002: 25) folgendermaßen:

- *erstens*, das Erreichen von Wachstums- und Effizienzgewinnen durch einen gemeinsamen Markt, also die Herstellung einer Wohlfahrts- und Prosperitätsgemeinschaft,
- *zweitens*, die Garantie der (zwischenstaatlichen) Sicherheit der beteiligten Akteure/ Staaten, also die Etablierung einer Friedensgemeinschaft,
- *drittens*, die geregelte und rechtsförmige Bearbeitung der vielschichtigen sozioökonomischen Interdependenzen, also die Errichtung einer Zivilisations- und Wertegemeinschaft, sowie
- *viertens*, die Etablierung einer auf Gegenseitigkeit, Kontrolle und Entschärfung der ungleichen Machtpotenziale beruhenden Rückversicherungsgemeinschaft in supranationalen und multilateralen Politikrahmen.

Alle vier Kernfunktionen zielen auf die Herstellung eines auf Wohlstand und Demokratie beruhenden stabilen Raums. Zusammengefasst lässt sich die These aufstellen: Kernziel des europäischen Einigungs- und Integrationsprozesses ist die Herausbildung einer Wohlstands- und Stabilitätszone in Europa.

Zwei charakteristische Merkmale sind eng an den europäischen Einigungs- und Integrationsprozess gekoppelt: *Erstens*: Innerhalb des europäischen Integrationsraums verlieren territoriale und nationalstaatliche Grenzen zunehmend an Bedeutung (Kahl 2004; Maier 2002: 29f.). Grenzen werden aufgehoben, sodass diese durchlässig für den Austausch von Waren, Personen, Dienstleistungen und Kapital werden. Wie wenig Grenzen in der EU noch an Territorien gekoppelt sind, wird deutlich, wenn man diese territorialen Grenzen zwischen zwei EU-

Mitgliedstaaten betrachtet: diese ist „kaum noch zu bemerken" und wird „lediglich mit der Aufforderung zur Geschwindigkeitsdrosselung begleitet".[5] *Zweitens* geben die EU-Mitgliedstaaten mit der Errichtung gemeinsamer Institutionen (Regeln, Verfahren, Standards) zumindest teilweise nationale Souveränitätsansprüche auf und legen in einigen Politikbereichen (Handelspolitik, Außenhandelspolitik, Migrationspolitik, Landwirtschaftspolitik u.v.a.) die volle Entscheidungs- und Regelungsgewalt in die Hände der supranationalen EU-Institutionen. *Drittens:* Auch in Bezug auf die Politikgestaltung hat eine komplexe Veränderung weg von ausschließlich nationalstaatlich und hierarchisch organisiertem „Regieren" hin zu neuen Formen des Regierens und der Organisation von Politik stattgefunden, die sich ebenfalls von territorialen und nationalstaatlichen Bindungen sowie traditionellen sektorspezifischen Modi der Entscheidungsfindung lösen (Héritier 1993; Kohler-Koch 1996). In der Politikwissenschaft spricht man daher nicht mehr von „Regieren", sondern von *governance* – also von Regieren jenseits klassischer hierarchischer Strukturen, die bislang für den Staat konstituierend waren.[6]

Das heißt zusammengenommen: Anders als die herkömmlichen Formen politischer Ordnung, die sich im modernen Staatensystem der Neuzeit in Nationalstaatlichkeit und Territorialität ausdrücken, stellt die EU ein System politischer Organisation dar, das sich dem herkömmlichen Bild nationalstaatlicher und territorialer Ordnung entzieht und das dazu tendiert, Staatlichkeit aufzulösen (vgl.: Albert, et al. 2001). Vielmehr ist hier ein System *sui generis* entstanden, das in der politikwissenschaftlichen Literatur, in Abgrenzung zum klassischen Nationalstaat, als „postmodernes" Gebilde bezeichnet wird, weil es sich in seiner Struktur jenseits der Staatlichkeit bewegt. Die EU ist, so auch Ruggie, „the first truly post-modern international political form" (Ruggie 1993: 140).

2.3 Auflösung und Ausdifferenzierung von Räumen und Grenzen

Der postmoderne Charakter des europäischen Integrationsprojekts, der Prozess der teilweisen „Entstaatlichung", wirkt sich wie bereits angedeutet auch auf seine Grenzen aus. In der herkömmlichen, „Westfälischen" Vorstellung stellen Grenzen die Demarkationslinien zwischen zwei souveränen politisch-administrativen Einheiten, in der Regel Staaten, dar. Grenzen stecken also Territorien – Staatsgebiete – ab. Die Territorialität oder staatliche Gebietshoheit war im Westfälischen

---

5   Kamilla Kanafa: Grenznavigator. Impulsbeitrag der Fakultät Raumplanung an der Universität Dortmund: http://www.ruhr-2030.de/pdf/grenznavigator.pdf.

6   Weiterführend zur EU als Mehrebenen- oder Governance-System: Héritier 2001, Jachtenfuchs 2001, Jachtenfuchs/Kohler-Koch 1996, Kohler-Koch/Eising 1999.

Staatensystem *das* bestimmende Merkmal und Funktionsprinzip. In „entstaat-lichten" Räumen können Grenzen hingegen nicht mehr (oder eben nur noch teilweise) an Staatlichkeit und staatlich definierte Territorien rückgebunden wer-den. Es müssen andere Kriterien gefunden werden, die eine Grenzziehung recht-fertigen. In der EU, so Martin Kahl, haben sich „neue Formen der Wechselwir-kung zwischen Wirtschaft, Staat und Politik herausgebildet, die insgesamt stärker durch funktionale Erfordernisse als territorial bestimmte Identitäts- und Differenzvorstellungen geprägt sind" (Kahl 2004: 136). Diese Veränderung – weg von der territorialen hin zur funktionalen Grenze – führt dazu, dass sich die Grenzen angesichts einer Vielzahl von denkbaren Funktionen, die zuvor unter einer einzelnen, nationalstaatlichen (also territorialen) Grenze zusammengefasst waren, nun auf unterschiedliche funktionale Räume verteilen.[7] Diese „*werden in zunehmendem Maße getrennt begrenzt.*" (Kahl 2004: 136). Kahl identifiziert vier solcher funktionalen Räume:

Der politisch-institutionelle Raum der EU wird gebildet durch die EU als komplexem System von Institutionen, Verfahrensweisen und Normen – dem soge-nannten *acquis communautaire* (dem gemeinsamen Besitzstand) und dem *acquis politique* (der gemeinsamen politischen Interessenformulierung, auf der die politi-sche Union, etwa in ihrem Außenhandeln, fußt) – auf der Grundlage der gemein-samen Verträge. Abgegrenzt wird dieser Raum durch die Mitgliedschaft in der EU, die sich dadurch auszeichnet, dass die Mitgliedstaaten an den Entscheidungen in Bezug auf den europäischen Integrationsprozess beteiligt sind. Insofern, als die Mitgliedschaft nicht oder nur auf der Grundlage von durch die Mitgliedstaaten vorgegebenen Bedingungen zu erlangen ist, handelt es sich hier um einen „exklu-siven" Raum und eine weitgehend undurchlässige funktionale Grenze (Kahl 2004: 137). Allerdings ist heute zu beobachten, dass sich der politisch-institutionelle Raum vor allem nach innen mehr und mehr ausdifferenziert, es sich insofern um kein einheitlich geschlossenes System mehr handelt. Beispiele für diese sogenann-te „Binnendifferenzierung" sind die *Opt-out*-Positionen Großbritanniens und Ir-lands bei der Einwanderungspolitik, *opt-outs* anderer EU-Staaten bei der Sozial- und der Außenpolitik sowie das freiwillige *opt-out* einzelner EU-Staaten bei der Währungsunion.[8]

Den *rechtliche Raum* der EU bilden die EU-Gesetzgebung (*secondary legis-lation*) und ihre Interpretationen durch den Europäischen Gerichtshof. Zur Be-sonderheit des EU-Rechtsraums zählt es, dass die EU-Gesetzgebung in Einzeltei-len oder vollständig (etwa wenn es um die Übernahme oder Anpassung regulativer Verfahren und Standards an die der EU geht) auch außerhalb des

---

7   Siehe weiterführend auch: Banse/Stobbe 2004.
8   Die Möglichkeit eines Europas der „zwei Geschwindigkeiten" und der „flexiblen" Integration"
     wurde im Vertrag von Amsterdam auch vertraglich festgehalten.

Integrationsraums von Drittstaaten übernommen, d.h. „imitiert" wird (Kahl 2004: 137). Das heißt, der Rechtsraum ist weit weniger „exklusiv" und damit sehr viel „durchlässiger" als der institutionelle Raum der EU – „Inklusion" ist vielfach durchaus erwünscht –. Für viele Länder, mit denen die EU ihre Wirtschafts- und Handelsbeziehungen vertieft, hat die Übernahme EU-spezifischer Regeln, Normen und Standards durchaus praktische Vorteile, da dies die Interaktion erleichtert und die EU-Regularien zumeist auch internationalen Standards (etwa denen der WTO) entsprechen. Der Europäische Wirtschaftsraum (EWR), an dem neben den Ländern der EU auch Norwegen, Liechtenstein und Island teilnehmen, stellt zum Beispiel so eine auf Freiwilligkeit beruhende Erweiterung des EU-Rechtsraums dar. Die drei Nicht-EU-Staaten nehmen am gemeinsamen Binnenmarkt der EU teil, ohne dabei Mitglieder der EU zu sein, und haben dafür die Regeln des europäischen Binnenmarktes übernommen und ihre Märkte an dessen Standards angepasst.[9]

Durch das gemeinsame Bekenntnis der EU-Mitgliedstaaten zu den drei Prinzipien Demokratie, Rechtsstaatlichkeit und Wahrung der Menschenrechte als „gemeinsames kulturelles Erbe [Europas]" (Frijs/Murphy 1999) definiert sich der *kulturelle Raum* der EU bzw. der gemeinsame Identitätsraum. Alle Mitgliedstaaten der EU sind auch Mitglieder des Europarats, der ältesten politischen Institution auf dem Europäischen Kontinent, gegründet am 5. Mai 1949. Aufgabe des Europarats ist es, in ganz Europa gemeinsame und demokratische Prinzipien zu entwickeln, das gemeinsame politisch-kulturelle Erbe Europas zu bewahren sowie den wirtschaftlichen und sozialen Fortschritt zu fördern.[10] Die Tatsache, dass der Europarat weit mehr Staaten in sich vereint (insgesamt 47) als die EU Mitglieder hat, deutet schon auf ein wesentliches Problem des kulturellen Raums der EU hin: Dieser Identitätsraum ist keinesfalls exklusiv, sondern wird auch von Nicht-EU-Ländern beansprucht, darunter etwa Russland und die Türkei, die sehr unterschiedliche Vorstellungen haben, wie diese Prinzipien konkret auszugestalten sind. Insofern ist der kulturelle Raum der EU nicht nur durchlässig, seine Grenzen sind auch ausgesprochen diffus und porös (vgl. Kahl 2004: 138).

Schließlich bilden Regulierungen der EU bezüglich des Zugangs zu ihrem Markt für Güter, Dienstleistungen, Kapital und Personen den *ökonomischen oder transaktionalen Raum* der EU. „Eine hohe Durchlässigkeit dieser Grenze ist angesichts einer globalisierten Wirtschaft unabdingbar, um die ökonomische Leistungsfähigkeit der EU sicherzustellen." (Kahl 2004: 138) und wird daher bewusst vorangetrieben. Wie bereits weiter oben aufgeführt, wird dieses hohe

---

9   Tatsächlich verwischen hier die Unterschiede zwischen dem rechtlichen und institutionellen Raum, da die drei Nicht-EU-Mitglieder im EWR auch im Rahmen bestimmter Arrangements an *politischen* Entscheidungen, die den Binnenmarkt betreffen, beteiligt sind.

10   Grundlage hierfür ist die Europäische Konvention für Menschenrechte sowie andere Referenztexte zum Schutz des Einzelnen.

Maß an Durchlässigkeit im EU-Binnenraum, wo die transaktionalen Grenzen fast vollständig aufgehoben sind, am deutlichsten sichtbar. Aber auch gegenüber Drittstaaten ist die EU bemüht, die ökonomischen Grenzen für freien Waren- und Kapitalverkehr durchlässig zu halten bzw. den transaktionalen *Raum* zu erweitern. Ausgenommen davon sind Bereiche, in denen die EU keine Vorteile aus einer Durchlässigkeit schöpft. Hier wird der EU-Binnenmarkt und damit der ökonomische Raum mit Hilfe von protektionistischen Maßnahmen gegenüber Waren aus Drittländern geschützt und „abgeriegelt" (*gated community*). Solche Maßnahmen sind aber im Zuge einer fortschreitenden Globalisierung und einer Intensivierung des wirtschaftlichen Austauschs zunehmend schwierig aufrecht- zuerhalten (Kahl 2004: 138). Der transaktionale Raum schwankt also zwischen Durchlässigkeit und Abgrenzung.

Insgesamt befindet sich auf diese Weise in der EU das „hergebrachte Kon- zept von Grenze in einem Prozess der funktionalen Ausdifferenzierung [...]. Politische, rechtliche, ökonomische, soziale und identitätsbezogene Räume wer- den in zunehmendem Maße getrennt begrenzt" (Kahl 2004: 136).

2.4 Expansion: Inklusion und Grenzverschiebung als inneres Funktionsprinzip

Unter der Bedingung der „Entstaatlichung", wie wir sie im europäischen Integrati- onsprozess beobachten, kommt es aber nicht nur zu einer funktionalen Ausdiffe- renzierung von Räumen sondern auch zu einer massiven räumlichen Ausdehnung und damit Grenzverschiebung. Konkreter gesagt: Die funktionalen (institutionel- len, rechtlichen, kulturellen und transaktionalen) Grenzen können über den Integra- tionsraum hinaus auch auf andere geografische Räume ausgedehnt werden. Waren es 1951 ganze sechs Staaten, die dem europäischen Einigungsprojekt angehörten, so haben wir es heute mit einer Europäischen Union zu tun, die 27 Mitgliedstaaten vereint und derzeit etwa 500 Millionen Einwohner umfasst. Dies zeugt von einer starken Expansionsdynamik, die dem europäischen Projekt innezuwohnen scheint. Diese scheinbar inhärente Expansionsdynamik, also die Tendenz, sich geografisch auszuweiten und an den Rändern auszudehnen, wird häufig – ähnlich wie die Aus- differenzierung der verschiedenen Raum- und Grenzdimensionen – funktional gedeutet: Nämlich als eine innere Dynamik, die insbesondere die Funktion hat, die Stabilität des Integrationsraums zu gewährleisten (Vobruba 2007: 16). Die dynamische Wechselwirkung zwischen Integration und Erweiterung kennzeichnet diese „innere" Funktionslogik, die Georg Vobruba (2007: 16) auch als „interne Stabilisierungsdynamik" bezeichnet hat.

Wie wird diese „interne Stabilisierungsdynamik" konkret abgeleitet? Auch Vobruba versteht die EU als Wohlstands- und Stabilitätsgemeinschaft, die nach dem Muster konzentrischer Kreise strukturiert ist (Vobruba 2007: 17f). Im Zentrum des europäischen Integrationsraums befindet sich ein politisch stabiler Bereich materiellen Wohlstands, der sogenannte „Wohlstandskern", während zu den Rändern (Peripherie) hin der Wohlstand schrittweise abnimmt. Dieses „Wohlstandsgefälle" birgt für die wohlhabende Seite einige Risiken für deren Sicherheit und Stabilität, sodass sie nun versucht, die Ränder wirtschaftlich (und politisch) zu stabilisieren, indem sie ihre eigene Stabilität und die Prinzipien, auf denen diese beruht, dorthin „exportiert". Als Tausch dafür übernimmt die Peripherie Sicherheitsaufgaben für den Wohlstandskern, wodurch gewährleistet wird, dass dieser durch von außen hereindringende Gefahren nicht destabilisiert wird. Eine „Expansions- und Erweiterungsdynamik" oder auch „kalkulierte Inklusion" ist die Folge (vgl. auch Smith 1996: 5).

Kalkulierte Inklusion folgt also einer Logik der „eigennützigen Hilfe" (Vobruba 2007: 21). Die räumliche Expansion läuft auf die Absicherung des wohlhabenden Kerns der EU durch kalkulierte Inklusion, also Einbeziehung und Verdichtung der Beziehungen zu ihrer Peripherie und den tendenziellen Abbau des Wohlstandsgefälles an den Rändern der EU hinaus: „Eigennützige Hilfe im transnationalen Rahmen ist durch das Interesse eines helfenden Landes motiviert, Probleme, die sich grenzüberschreitend ausbreiten, an ihrem ausländischen Entstehungsort zu lösen. Dies kann die Subventionierung der Umweltpolitik eines ärmeren Nachbarlandes, etwa durch Modernisierung von Schrottreaktoren, bedeuten. Eigennützige Hilfe kann auch in ökonomischer Aufbauhilfe und politischer Stabilisierung zum Ausdruck kommen. Dadurch wird der Anreiz zur Migration gesenkt. Insgesamt läuft die von der Logik eigennütziger Hilfe bestimmte Politik der kalkulierten Inklusion darauf hinaus, die ärmere Peripherie in einem bestimmten Maße am Wohlstand des EU-Kerns zu beteiligen." (Vobruba 2007: 3)

Insofern wirkt also die Peripherie als eine Art „buffer zone" (Fridrich 2004), als eine prosperierende und sichere Pufferzone zwischen dem Wohlstandskern und der angrenzenden, unsicheren und instabilen Nachbarschaft, die die Destabilisierungsgefahren, die von dieser ferneren Nachbarschaft ausgehen, vom Wohlstandskern abhält. Vielfach wird auch von einem „erweiterten Politikraum" gesprochen, der auf diese Weise entsteht (Smith 1996: 13). Der Transfer von politischen, sozialen und wirtschaftlichen Normen, die für die EU konstituierend sind, führt zu einer „grundlegenden Transformation der politischen Landkarte (Tomaševski 1989: 325), die insgesamt auf friedlichen Wandel und die Prävention sicherheitsgefährdender Konflikte und Risiken als Voraussetzung für dauerhaften Wohlstand in der EU selbst ausgerichtet ist (Ehrhart 2003). Dieser Politikansatz spiegelt erneut das spezifische postmoderne Akteursverständnis der EU, die durch institutionelle Annäherung und Adaption versucht, sicherheitspolitische Problemlagen zu kontrollieren, wieder (Smith 1996: 5).

Doch ergeben sich aus diesem Entwicklungsmuster, das auf Expansion und Inklusion aufgebaut ist, nach Vobruba mindestens zwei Probleme: Das erste besteht darin, dass die Peripherie als sicherer und funktionierender Vorhof des Wohlstandskerns umso wichtiger wird, je mehr der Integrationsprozess der EU im Inneren voranschreitet. Denn je tiefer die Integration ist, umso anfälliger wird der Wohlstandskern für Gefahren, die von außen kommen. Die Peripherie muss infolgedessen also immer mehr Sicherheitsaufgaben für den Wohlstandskern übernehmen. Diese Aufgabe kann sie aber nur erfolgreich bewältigen, wenn hier die gleichen Regeln und Funktionsprinzipien – also Institutionen, Verfahrensweisen und Normen – wie im Stabilitätskern selbst gelten. Zweitens besteht das Problem, dass sich mit jedem Expansionsschritt das Wohlstandsgefälle weiter nach außen verschiebt. Das Problem, das die Expansionsdynamik antreibt, wird mit jeder Grenzverschiebung lediglich weiter nach außen verlagert, es wird jedoch nicht abschließend gelöst. Und je weiter sich die „konzentrischen Kreise" ausdehnen, umso näher rückt man an Regionen heran, zu denen das Wohlstandsgefälle immer größer wird (Vobruba 2007: 3f.).

In der Konsequenz bedeutet dies, dass das auf Expansion und „kalkulierte Inklusion" ausgerichtete Entwicklungsmuster der EU an einem Punkt, an dem die Diskrepanz zwischen innerer Stabilität und äußerem Wohlstandsgefälle zu groß wird, an seine Grenzen kommen muss. Spätestens dann werden die äußeren Grenzen wichtiger, und damit wird auch die Gestaltung der Beziehungen zu den Nachbarn an diesen äußeren Grenzen eine größere Rolle spielen (Vobruba 2007: 17).

3 Auswirkungen auf die europäische Nachbarschaft: Zwischen Inklusion und Exklusion

3.1 Expansion und Inklusion: Die Folgen der europäischen Erweiterungsdynamik

Die Tendenz des politischen Projekts Europa, sich an seinen räumlichen Grenzen auszuweiten, verwundert zunächst nicht, wenn man sich die Entstehungsgeschichte der europäischen Integration betrachtet. Hierzu schreibt Eckhart Stratenschulte (2007: 8):

> „Als Robert Schumann, […], am 9. Mai 1950 mit seinem Vorschlag einer Vergemeinschaftung der Kohle- und Stahlproduktion an die Öffentlichkeit ging – was gemeinhin als Geburtsstunde der Europäischen Union gilt –, zielte sein Vorschlag auf die Etablierung eines gemeinsamen Mechanismus zur Kontrolle von Energie und Schwerindustrie in Deutschland und Frankreich ab, um so einen erneuten Krieg zwischen den ehemaligen Kriegsgegnern und ‚Erbfeinden' zu verhindern. Aber Schumann fügte auch hinzu, dass die zu schaffende Organisation „den anderen europäischen Ländern zum Beitritt offen stehe."[11]

---

11 Robert Schumann, Erklärung vom 9. Mai 1950, http: europa.eu/abc/symbols/9-may/decl_de.htm. Dieses von Schuman formulierte Prinzip der Offenheit des politischen Europa gegenüber einer

Allerdings, und wie Martin Kahl unter Bezugnahme auf William Wallace (1992: 34) feststellt, zu Zeiten des Ost-West-Konflikts und der politischen Teilung des europäischen Kontinents in zwei antagonistische Systeme, „ohne sich Gedanken darüber machen zu müssen, wo die äußeren Grenzen der Europäischen Integration am Ende liegen würden." Der Ost-West-Antagonismus „setzte [also] klare Grenzen für die Mitgliedschaft in der Europäischen Union" (Kahl 2004: 133), und mündete zwangsläufig in folgende Überzeugung: „Wenn alle Staaten Westeuropas der EU beigetreten sein würden (sofern sie dies wollten), wäre der Erweiterungs- und Integrationsprozess zu einem *quasi* natürlichen Ende gekommen". (Kahl 2004: 133). So blieb die „Erweiterungs- und Expansionsdynamik" angesichts der politischen Bedingungen während der zweiten Hälfte des 20. Jahrhunderts zunächst lediglich auf Westeuropa beschränkt; blieb die Europäische Gemeinschaft in erster Linie eine *westliche* Wohlstands-, Sicherheits- und Wertegemeinschaft, deren räumliche Grenzen von außen – im Westen, Süden und Norden geografisch, im Osten politisch – vorgegeben waren.

Bereits zu Zeiten des Ost-West-Konflikts entfaltete diese Wohlstands-, Sicherheits- und Wertegemeinschaft in Westeuropa eine ausgesprochen starke Anziehungskraft. Bis 1990 gab es in Westeuropa mehrere kleinere Erweiterungsrunden, in deren Zuge ehemalige Diktaturen wie Griechenland, Spanien und Portugal oder ehemals neutrale Staaten wie Österreich und Schweden und schließlich auch arme Länder wie Irland in die Europäische Gemeinschaft aufgenommen wurden. Die Übernahme des *acquis* durch diese Länder und die Ausweitung der verschiedenen „Integrationsräume" auf diese Länder verlief relativ unproblematisch, die Übernahme der politisch-kulturellen Normen der EU – Demokratie, Rechtsstaatlichkeit und Menschenrechtsschutz – ebenso, konnten diese Länder (wenn auch im Falle Spaniens, Portugals und Griechenlands mit Unterbrechungen) doch bereits auf Erfahrungen mit demokratischer Ordnung zurückblicken (Stratenschulte 2007: 10).

Dass in der ursprünglichen Idee des „Projekts" Europa die Frage nach den Grenzen der geografischen Expansion gar nicht explizit gestellt oder definiert wurde, erwies sich also als unproblematisch, solange der Ost-West-Konflikt bestand; führte allerdings nach dessen Ende zu einer gänzlich neuen Dynamik: Denn die ungeklärte räumliche *finalité* öffnete zu Beginn der 1990er Jahre die Türen für diejenigen Staaten in Osteuropa, die sich aus dem Einfluss der Sowjetherrschaft befreit, „ihre politische und zum Teil auch formale Unabhängigkeit zurückerlangt" hatten, und die den „unbedingten Willen" besaßen, wie es der damalige tschechische Präsident Vaclav Havel ausdrückte, in dieses „Europa zurückzukehren" (Stratenschulte 2007: 11). Nicht zuletzt drängten auf einen

---

Aufnahme und eines Beitritts von Staaten, die sich diesem vergemeinschafteten bzw. diesem Integrationsraum anschließen möchten, wurde auch im EU-Vertrag in Artikel 49 festgeschrieben.

Schlag zwölf beitrittswillige Länder in die EU. Dies führte nach langem Vorlauf schließlich im Jahr 2004 zur EU-Osterweiterung und damit zu einer massiven Verschiebung der räumlichen Grenzen der Union – und damit des politisch-institutionellen Modells – nach Osten. Mit der EU-Erweiterung von 2004 wurden zunächst zehn neue Staaten im Osten Europas in die Europäische Union aufgenommen; 2007 folgten Rumänien und Bulgarien.

Mit der Osterweiterung hat die EU eine der anspruchvollsten Aufgaben ihrer Geschichte hinter sich gebracht und den Geltungsbereich des europäischen Integrationsraums und ihres politisch-institutionellen Modells räumlich nach Osten ausgeweitet. Die Osterweiterung folgte dem Prinzip der „kalkulierten Inklusion" – also der eigennützigen Hilfe durch Integration und Stabilisierung. Dabei bediente sich die EU vor allem ihrer ausgeprägten Verhandlungsmacht gegenüber den beitrittswilligen Staaten Mittelosteuropas in Form der sogenannten „Beitrittskonditionalität" (Schimmelfennig 2005). Die Beitrittskonditionalität impliziert ein komplexes und konditionalitätsgestütztes Belohnungssystem, das auf direkten und indirekten materiellen, das heißt wirtschaftlichen und finanziellen, sozialen sowie ideellen Belohnungen für Anpassungserfolge beruht. Hier wurden die Beitrittskandidaten aufgefordert, das rechtliche Regelwerk der EU, den *acquis*, zu übernehmen und politische, wirtschaftliche sowie gesellschaftliche Reformen im Sinne der in der EU geltenden Regeln und Normen durchzuführen (Knill/Lehmkuhl 2002: 258; Radaelli 2003: 41). Als Gegenleistung erhielten diese Staaten das Versprechen, bei erfolgreicher Übernahme des *acquis* in die EU aufgenommen zu werden. Dabei ging es nicht nur um den Transfer EU-typischer *policies*, sondern um den „Export" (Petiteville 2003) ganzer Ordnungsmodelle und Wertesysteme, die für die EU konstituierend und identitätsstiftend sind. Zu den Bedingungen, die von der EU für eine Vollmitgliedschaft ausgesprochen wurden, gehörte auch die Einhaltung der sogenannten „Kopenhagener Kriterien" – bestehend aus den Dimensionen Demokratie, Rechtsstaatlichkeit, Achtung der Menschenrechte auf der Grundlage der Prinzipien und Normen des Europarats sowie der Einführung und Etablierung der Marktwirtschaft – und damit faktisch auch um die Ausdehnung des kulturellen Raums der EU.

Doch die räumliche Ausdehnung der EU nach Osten und die darin implizierte Ausdehnung einer sicheren Stabilitätszone erwiesen sich im Rahmen des Erweiterungsprozesses als nicht ganz unproblematisch. Anders als die bisherigen Beitrittskandidaten des westlichen Europa hatten die aufnahmewilligen Staaten Mittelosteuropas mit umfassenden Transformationsproblemen zu kämpfen. Daher gestalteten sich die Anpassung an das Normen- und Regelwerk der EU als ausgesprochen schwierig – sowohl im Hinblick auf die administrativen Fähigkeiten als auch die Erfahrungen mit der Demokratie, die in beiden Fällen häufig fehlten oder wenig ausgeprägt waren. Wie gravierend diese Mängel bewertet wurden, zeigt sich etwa in der Tatsache, dass den neuen Mitgliedern das uneingeschränkte „Zutrittsrecht" zum und die Teilhabe am gemeinsamen EU-Binnenmarkt für einen längeren Übergangszeitraum verweigert wurde; die vier Freiheiten des gemeinsamen Marktes gelten für sie insbesondere aus arbeitsmarktpolitischen Erwägungen heraus derzeit nur eingeschränkt. Die neuen osteuropäischen Mitgliedstaaten konnten also nur langsam und mit erheblicher zeitlicher Verzögerung – und dann auch nicht vollständig – die „Pufferfunktion" übernehmen, die ihr aus der Logik der „inneren Stabilisierungsdynamik" der EU zugedacht war. Vielmehr scheint sich die Inklusionsdynamik auszudifferenzieren und die EU sich in Teilen durch exklusive Maßnahmen vor den neuen Mitgliedstaaten zu schützen. Sie zieht dort klare Grenzen, wo sie die Funktionsfähigkeit der neuen Mitglieder als sichere und stabile Pufferzone in Frage stellt.

Die EU selbst ist nach der Osterweiterung in eine gewisse „Erweiterungsmüdigkeit" verfallen (Stratenschulte 2007: 11ff.). Obwohl auch heute noch weitere aufnahmewillige Staaten, insbesondere im Osten Europas, in die EU drängen, geht die Union heute politisch sehr viel zurückhaltender mit der Frage einer Mitgliedschaft um. Die EU hat in weiteren Beitrittsprozessen nunmehr klare Verzögerungselemente eingebaut und führt die Verhandlungen prinzipiell „ergebnisoffen". Die Verhandlungen mit der Türkei, die 2005 begannen, etwa „unterscheiden sich von allen bisherigen Beitrittsgesprächen dadurch, dass zum ersten Mal ausgelotet werden soll, *ob* ein Land Mitglied wird, während die bisherigen Verhandlungen mit anderen Partnern ausschließlich um das *wie* kreisten" (Stratenschulte 2007: 16). In ähnlicher Weise verfährt die EU gegenüber dem Westbalkan: „Gegenüber Makedonien, Serbien, Montenegro, Bosnien und Albanien (– und seit 2008 auch Kosovo –) offeriert die EU ebenfalls eine ‚europäische Perspektive', diese bleibt aber undatiert und an strikte Bedingungen geknüpft" (Stratenschulte 2007: 17).

3.2 Grenzen der räumlichen Expansion: Die Europäische Nachbarschaftspolitik (ENP)

Die Erfahrungen der Osterweiterung haben die Grenzen der Expansions- und Inklusionsdynamik deutlich gemacht. Waren Expansion und Inklusion bis dahin das „historisch dominante Entwicklungsmuster" der EU, so steht das europäische Projekt nach der Osterweiterung diesbezüglich vor einem „Bruch" (Vobruba 2007: 87). Am deutlichsten wird dieser Bruch in der Strategie der EU gegenüber den Staaten der „neuen" Nachbarschaft. Die Beziehungen zur Nachbarschaft werden seit dem Jahr 2004 vor allem im Rahmen der Europäischen Nachbarschaftspolitik (ENP) geregelt (Kommission der Europäischen Gemeinschaften 2004). Diese richtet sich an die Länder der südlichen und östlichen Nachbarschaft – in ihrer südlichen Dimension an die Mittelmeeranrainer Marokko, Algerien, Tunesien, Ägypten, Israel, Libanon, Syrien, Jordanien und die Palästinensischen Autonomiegebiete; in ihrer östlichen Dimension an die unmittelbaren Nachbarn der EU, Belarus, Ukraine und Moldau sowie an die drei Staaten des Südkaukasus Georgien, Armenien und Aserbaidschan. Für diese Länder wird eine Beitrittsperspektive auf absehbare Zeit ausgeschlossen.

Mit der ENP versucht die EU, das Verhältnis zu den neuen Nachbarn in einer Weise zu regeln, die es – ähnlich wie im Rahmen der Erweiterungspolitik – erlaubt, die eigene Problemlösungsfähigkeit über die eigenen Grenzen hinaus auszudehnen, dabei aber die räumliche Expansion nicht weiter voranzutreiben. Es geht der EU also darum, „ihre Politik zur Stabilisierung der Peripherie von der Perspektive auf Vollmitgliedschaft für diese Länder abzukoppeln [und] um die Etablierung eines neuen Politikmusters, um Expansion ohne Erweiterung" (Vobruba 2007: 75). Von der Struktur her ähnelt die ENP tatsächlich sehr stark der Erweiterungspolitik: Zunächst macht die EU den Ländern der Nachbarschaft zahlreiche Angebote, in deren Zuge die Beziehungen zu diesen Ländern deutlich intensiviert und verdichtet werden sollen. Wichtiger Bestandteil der ENP ist das Angebot von Kooperationsanreizen durch die EU für die Erbringung von Stabilitätsleistungen in der Nachbarschaft: Das Angebot besteht darin, die Beziehungen in der Zukunft zu vertiefen und zu verdichten, im Austausch für das Versprechen, dass sich die Länder demokratisieren, marktwirtschaftliche Strukturen aufbauen und Sicherheitsaufgaben an den eigenen Außengrenzen für die EU übernehmen. Wie in der Beitrittspolitik stellt die EU also eine „konditionierte" Vertiefung der Beziehungen in Aussicht (vgl.: Smith 2005, Sasse 2008, Tulmets 2007). Diese „privilegierten Beziehungen" sehen langfristig auch eine Beteiligung der Nachbarstaaten am EU-Binnenmarkt vor. Entscheidend ist jedoch, dass eine Vollmitgliedschaft nicht in Aussicht gestellt wird.

Der wesentliche Unterschied zur Erweiterungspolitik besteht also in der ENP darin, dass es sich hier um eine „abgestufte Integration" handelt (Vobruba 2007: 75) – und damit um eine Flexibilisierung und Ausdifferenzierung der Politikmuster, die im Rahmen der ENP zur Anwendung kommen. Dies wirkt sich zwangsläufig auch auf Raumdefinitionen und Grenzziehungen in den Beziehungen zur Nachbarschaft aus: Funktionale Räume der EU können sich auf diese Weise über die eigene Grenze hinaus ausdehnen, Grenzen – insbesondere die Außengrenzen, werden umgekehrt diffuser. Hieraus ergibt sich eine selektive „Inklusions-" bzw. „Exklusionspolitik", die wahlweise mit Grenzöffnung oder Grenzschließung einhergeht:

Die *Inklusionsdynamik*, die die Erweiterungspolitik angetrieben hat, wird, wie oben bereits verdeutlicht, in der ENP nicht vollständig aufgegeben, wohl aber in Bezug auf die Beitrittsperspektive – also die Inklusion in den politisch-institutionellen Raum der EU – modifiziert und hinsichtlich anderer funktionaler Räume flexibilisiert. Denn auch und gerade gegenüber den „neuen Nachbarn" hat die EU ein Interesse, „neue Trennlinien zu vermeiden" (Kommission der Europäischen Gemeinschaften 2004: 3) und funktionale Räume, dort wo es sinnvoll ist, auszudehnen bzw. Grenzen zu öffnen und die Interaktion im Sinne von Stabilität und Sicherheit auf dem Europäischen Kontinent zu vertiefen. Wie auch Stratenschulte (2007: 22) feststellt: „Die EU hat ein Interesse daran, dass auch die Staaten des Kontinents, die ihr nicht zugehören, stabil, friedlich und demokratisch sind, sich dem Umweltschutz verpflichtet fühlen und wirtschaftlich prosperieren." *Langfristig* geht es also darum, die Länder der Nachbarschaft dabei zu unterstützen, die Lebensverhältnisse dort an die politischen, wirtschaftlichen und sozialen Standards der EU anzunähern, die dortigen Märkte zu erschließen, stabile Demokratien zu fördern und dadurch insgesamt ein prosperierendes Umfeld für die EU zu schaffen. Der EU geht es also langfristig um einen „Stabilitätsexport" durch den Aufbau demokratischer und marktwirtschaftlicher Strukturen, sprich: um die Übertragung moderner EU-Standards und demokratischer Normen auf die Nachbarschaft. Materielle Unterstützung, wenn auch in weit geringerem Ausmaß als gegenüber den ehemaligen Beitrittskandidaten, sollen die strukturelle Anpassung und Stabilisierung zusätzlich beschleunigen. All dies würde perspektivisch eine Verschiebung der rechtlichen, kulturellen sowie transaktionalen Grenzen über die neue Nachbarschaft hinaus zur Folge haben, ohne dass die politisch-institutionelle Grenze verschoben wird.

Doch die strukturelle Anpassung der neuen Nachbarschaft an die Standards des EU-Binnenraums wird nicht von heute auf morgen abgeschlossen sein. Vielmehr ist anzunehmen, dass diese Anpassungen weit länger dauern werden, als dies in Bezug auf die Osterweiterung der Fall war, da die politischen, wirtschaftlichen und gesellschaftlichen Asymmetrien zu diesen Ländern weitaus größer sind. Hieraus ergibt sich ein Dilemma: Denn das bedeutet auch, dass die strukturelle Instabilität der neuen Nachbarschaft vielfältige unmittelbare Sicherheitsrisiken für die EU mit sich bringt. Vergleichsweise arme und unvollständig demokratisierte, zum Teil sogar autoritäre Staaten bilden den Kreis, der die EU im Osten und im Süden umgibt. Nun besteht die Befürchtung, dass sich die politischen, wirtschaftlichen und gesellschaftlichen Asymmetrien negativ auf den Integrationsraum auswirken könnten, insbesondere, da mit diesen Asymmetrien komplexe grenzüberschreitende Sicherheitsprobleme verbunden sind: Organisierte Kriminalität, Drogen-, Waffen- und Menschenhandel, illegale Einwanderung, Flüchtlingsströme durch ungelöste Konflikte, international operierender Terrorismus, Umweltgefahren – all dies sind Gefahrenpotenziale, die vor den Grenzen der EU nicht halt machen. Die Länder der europäischen Nachbarschaft gelten diesbezüglich vielfach sowohl als „Ursprungsländer" von Sicherheitsrisiken als auch als „Transitländer". Das heißt: Viele der hier aufgezeigten transnationalen Sicherheitsrisiken entstehen hier oder passieren diese Region auf dem Weg in die EU, wo sie sich schließlich ungehindert ausbreiten können. Daher hat die EU in die ENP eine ganze Reihe *exkludierender* Elemente eingebaut, um unerwünschte Sicherheitsgefahren und -risiken, die von der Nachbarschaft als „unsicherem Vorfeld" ausgehen, nicht in den „Wohlstandskern" der EU eindringen zu lassen und diese von der EU fernzuhalten. Eine wichtige Aufgabe ist hier insbesondere, die Sicherheit der äußeren Grenzen durch ein effektives Grenzregime zu gewährleisten und die Durchlässigkeit der Außengrenzen für diese Sicherheitsgefährdungen durch „*policing*" (also Kontrolle) zu verringern. Das heißt: Die Filterfunktion der Außengrenzen für bestimmte Sicherheitsbedrohungen (oder das, was als Sicherheitsbedrohung wahrgenommen wird) wird erhöht. Dabei sollen nach Auffassung der EU die Risiken und Gefahren möglichst bereits *vor* Erreichen der Außengrenze von den umgebenen Drittstaaten abgefangen und bearbeitet werden (vgl. z.B. Lavenex 2004). Sicherheitsaufgaben (etwa Grenzkontrollen) werden also von der EU „externalisiert" (ausgelagert). Auch hier werden den Nachbarstaaten EU-typische Standards vorgegeben, nach denen die Bearbeitung der unterschiedlichen Sicherheitsprobleme zu lösen ist.[12] Auf diese Weise wird die neue Außengrenze der EU in Bezug auf die Abwehr und Bearbeitung von *kurzfristigen*, d.h. unmittelbaren Sicherheitsbedrohungen eher zu einer imperialen Trenn- und Verteidigungslinie (vgl. Franke 2007: 148), wie es auch das vielzitierte Bild von der „Festung Europa" suggeriert.

Hinter der ENP steht also die Vorstellung einer ausdifferenzierten, vor allem an den Kontexten, die sich aus der dem Umgang mit der neuen Außengrenze ergeben, ausgerichteten Gestaltung der Interaktionsbeziehungen mit den neuen Nachbarn. Es zeigt sich, dass jenseits der Erweiterungsdynamik nun auch diejenigen Funktionsprinzipien nach außen Gestalt annehmen, die wir bereits als typisch und konstituierend für den EU-Binnenraum identifiziert haben: nämlich die Ausdifferenzierung von Räumen und Grenzziehungen nach funktionalen Erfordernissen. Die „Zugehörigkeit" zu einzelnen Räumen der EU wird nicht mehr notwendigerweise an die Mitgliedschaft und damit an den politisch-institutionellen Raum der EU rückgebunden. Auch ohne die Verschiebung der institutionellen Grenze des Integrationsraums wird die neue Nachbarschaft mehr und mehr zu einem „erweiterten Politikraum" der EU. Und auch jenseits der eigenen Grenzen greift die EU durch Inklusion und Exklusion auf die für sie typischen „neuen" Formen des Regierens – auf (externe) *governance* – zurück, also auf eine neue Art der Politikgestaltung und Problemlösung, die sich durch ein vielfältiges „Hineinregieren" in die Nachbarschaft auszeichnet (vgl.: Heller/Kahl 2010). Auf diese Weise wird auch in den Beziehungen zur Nachbarschaft der genuin postmoderne Charakter der EU zunehmend deutlich.

---

12 Grenzschutz betrifft insbesondere Fragen einer abgestimmten Asyl-, Flüchtlings-, Einwanderungs- und Visumspolitik und den Aufbau adäquater Überwachungstechniken sowie das Anlegen und den Austausch von Datenbeständen im Bereich der grenzüberschreitenden Strafverfolgung.

4   Zusammenfassung

Die EU folgt *nicht* dem klassischen Modell staatlicher – territorial definierter und begrenzter – Ordnung; stattdessen tendiert sie dazu, Staatlichkeit aufzulösen, damit lösen sich auch die herkömmlichen Funktionen von Grenzen (nämlich als Mittel der territorialen und nationalstaatlichen Abgrenzung) auf: Räume werden neu definiert; die Grenzen in der EU differenzieren sich aus, verschieben sich und unterliegen einer Bedeutungsveränderung. Grenzziehungen (*Exklusion*) und Grenzöffnungen (*Inklusion*) folgen funktionalen, nicht mehr territorialen oder nationalstaatlichen Erfordernissen. Dieser Bedeutungs- und Funktionswandel erfasst nicht nur die Grenzen innerhalb der EU, sondern auch ihre Außengrenzen. Die politische Steuerung von Problemlagen durch die EU in Form von funktionaler „Inklusion" und „Exklusion" reicht in vielfältiger Weise über den aktuellen Integrationsraum hinaus. War im Zuge der Erweiterungspolitik die uneingeschränkte, institutionelle „Inklusion" neuer Mitgliedstaaten vorherrschend, ist die expansive Dynamik Europas heute deutlich differenzierter. Die Dynamik Europas in der neuen Nachbarschaft ist gekennzeichnet durch ein differenziertes Wechselspiel zwischen Inklusion und Exklusion, zwischen Raumerweiterung und Raumbegrenzung, Abschottung und Durchlässigkeit der Grenzen zur Nachbarschaft. Bei der Gestaltung der Grenzen gegenüber der neuen Nachbarschaft zeigt sich: Auch ohne die Verschiebung der institutionellen Grenze des Integrationsraums wird die neue Nachbarschaft mehr und mehr zu einem „erweiterten Politikraum" der EU. Durch die Art der Politikgestaltung und Problemlösung der EU jenseits der eigenen Grenzen – durch das vielfältige „Hineinregieren" in die Nachbarschaft – werden auch dort, wo die Erweiterungsdynamik heute vorerst oder auch dauerhaft zu einem Ende gekommen ist, klassische Raumdefinitionen und Grenzziehungen zunehmend in Frage gestellt und modifiziert. Ein weiteres Mal bleibt die Frage nach den Grenzen Europas unbeantwortet.

Literaturverzeichnis

Albert, Matthias, et al. (Hrsg.), 2001: Identity, Borders, Orders. Rethinking International Relations Theory. Minneapolis London.

Banse, Christian/Stobbe, Holk, 2004: Nationale Grenzen in Europa: Wandel der Funktion und Wahrnehmung nationaler Grenzen im Zuge der EU-Erweiterung. Frankfurt a.M.

Böckler, Stefan, 2007: Grenze und 'frontier': Zur Begriffs- und Sozialgeschichte zweier Schließungsparadigmen, in: Deger, Petra/Hettlage, Robert (Hrsg.), Der europäische Raum. Die Konstruktion europäischer Grenzen. Wiesbaden, 25-48.

Eder, Klaus, 2007: Die Grenzen Europas. Zur narrativen Konstruktion europäischer Identität, in: Deger, Petra/Hettlage, Robert (Hrsg.), Der europäische Raum. Die Konstruktion europäischer Grenzen. Wiesbaden, 187-208.

Ehrhart, Hans-Georg, 2003: Leitbild Friedensmacht? Die Europäische Sicherheits- und Verteidigungspolitik und die Herausforderung der Konfliktbearbeitung, in: Ehrhart, Hans-Georg (Hrsg.), Die Europäische Sicherheits- und Verteidigungspolitik. Baden-Baden, 243-257.

Franke, Steffi, 2007: Die Grenze, die keine sein möchte. Exklusion und Inklusion an der EU Ostgrenze, in: Osteuropa, 57: 2-3, 145-158.

Fridrich, Christian, 2004: „Buffer zone" Tschechische Republik. Ukrainische Arbeitsmigranten an den Grenzen der EU, in: Banse, Christian/Stobbe, Holk (Hrsg.), Nationale Grenzen in Europa: Wandel der Funktion und Wahrnehmung nationaler Grenzen im Zuge der EU-Erweiterung. Frankfurt a.M., 159-188.

Frijs, Lykke/Murphy, Anna, 1999: The European Union and Central and Eastern Europe: Governance and Boundaries, in: Journal of Common Market Studies, 37: 2, 211-232.

Heller, Regina/Kahl, Martin, 2010: Externe Security Governance der EU: Neue Formen des sicherheitspolitischen Regierens in der europäischen Nachbarschaft, in: Hans-Georg, Ehrhart./Kahl, Martin (Hrsg.), Security Governance in und für Europa. Baden-Baden, 130-150.

Héritier, Adrienne, 1993: Policy-Netzwerkanalyse als Untersuchungsinstrument im europäischen Kontext: Folgerungen aus einer empirischen Studie regulativer Politik, in: Héritier, Adrienne (Hrsg.), Policy-Analyse. Opladen, 432-447.

Héritier, Adrienne, 2001: New Modes of Governance in Europe: Policy-Making without Legislating? Max Planck Project Group Common Goods: Law, Politics and Economics, Bonn 2001, http://www.coll.mpg.de/pdf_dat /2001_14.pdf.

Jachtenfuchs, Markus, 2001: The Governance Approach to European Integration, in: Journal of Common Market Studies, 39: 2, 245-264.

Jachtenfuchs, Markus/Kohler-Koch, Beate, 1996: Regieren im dynamischen Mehrebenensystem, in: Jachtenfuchs, Markus/Kohler-Koch, Beate (Hrsg.), Europäische Integration. Opladen, 15-44.

Kahl, Martin, 2004: Welche Grenzen für Europa?, in: Varwick, Johannes/Knelangen, Wilhelm (Hrsg.), Neues Europa – alte EU? Fragen an den europäischen Integrationsprozess. Opladen, 133-148.

Knill, Christoph/Lehmkuhl, Dirk, 2002: The National Impact of European Union Regulatory Policy: Three Europeanization Mechanisms, in: European Journal of Political Research, 41: 2, 255-280.

Kohler-Koch, Beate, 1996: Catching Up with Change: The Transformation of Governance in the European Union, in: Journal of European Public Policy, 3: 3, 359-380.

Kohler-Koch, Beate/Eising, Rainer, 1999: Governance in the European Union. A Comparative Assessment, in: Kohler-Koch, Beate/Eising, Rainer (Hrsg.), The Transformation of Governance in the European Union. London, 266-284.

Kommission der Europäischen Gemeinschaften, 2004: Europäische Nachbarschaftspolitik – Strategiepapier. Mitteilung der Kommission, KOM(2004) 373 endg., Brüssel, 12.05.2004.

Lavenex, Sandra, 2004: EU External Governance in 'Wider Europe', in: Journal of European Public Policy, 11: 4, 680-700.

Lemberg, Hans (Hrsg.), 2000: Grenzen in Ostmitteleuropa im 19. und 20. Jahrhundert: aktuelle Forschungsprobleme. Marburg.

Maier, Charles S., 2002: Does Europe need a frontier? From territorial to redistributive community, in: Zielonka, Jan (Hrsg.), Europe Unbound? Enlarging and reshaping the boundaries of the European Union. New York, 17-37.

Petiteville, Franck, 2003: Exporting „Values"? EU External Cooperation as „Soft Diplomacy", in: Knodt, Michéle/Princen, Sebastiaan (Hrsg.), Understanding the European Union's External Relations. London New York, 127-141.

Radaelli, Claudio M., 2003: The Europeanization of Public Policy, in: Featherstone, Kevin/Radealli, Claudio M. (Hrsg.), The Politics of Europeanization. Oxford, 25-56.

Ruggie, John Gerald, 1993: Territoriality and Beyond: Problematizing Modernity in International Relations, in: International Organization, 47: 1, 139-174.

Sasse, Gwendolyn, 2008: The European Neighbourhood Policy: conditionality revisited for the EU's eastern neighbours, in: Europe-Asia Studies, 60: 2, 295-316.

Schimmelfennig, Frank, 2005: European Neighborhood Policy: Political Conditionality and its Impact on Democracy in Non-Candidate Neighboring Countries. Paper prepared for the 2005 Convention of the International Studies Association Honolulu, 1-5 March 2005.

Schulz, Hans-Dietrich, 2006: Abgrenzung von Räumen ist zweckgebunden. Drei Fragen an Hans-Dietrich Schultz, Bundeszentrale für Politische Bildung, Bonn, 29. Juni 2006: http://www.bpb.de/themen/OGT8VT,0,0,Abgrenzung_von_R%E4umen_ist_zweckge bunden.html.

Smith, Karen E., 2005: The outsiders: the European neighbourhood policy, in: International Affairs (Oxford), 81: 4, 757-773.

Smith, Michael, 1996: The European Union and A Changing Europe: Establishing the Boundaries of Order, in: Journal of Common Market Studies, 34: 1, 5-28.

Stratenschulte, Eckhart D., 2007: Europas Politik nach Osten. Grundlagen – Erwartungen – Strategien. Hamburg.

Theisen, Heinz, 2006: Die Grenzen Europas: Die Europäische Union zwischen Erweiterung und Überdehnung. Opladen.

Tomaševski, Katarina, 1989: Development Aid and Human Rights: A Study for the Danish Center of Human Rights. London.

Tulmets, Elsa, 2007: Alter Wein in neuen Programmen. Von der Osterweiterung zur ENP, in: Osteuropa, 57: 2-3, 105-116.

Varwick, Johannes, 2002: EU-Erweiterung: Stabilitätsexport oder Instabilitätsimport, in: Aus Politik und Zeitgeschichte, B 1-2, 23-30.

Vobruba, Georg, 2007: Expansion ohne Erweiterung. Die EU-Nachbarschaftspolitik in der Dynamik Europas, in: Eurozine: http://www.eurozine.com/articles/2007-02-28-vobruba-de.html.

Vobruba, Georg, 2007: Die Dynamik Europas. Wiesbaden.

Wallace, William, 1992: From Twelve to Twenty-Four? The Challenges to the EC Posed by the Revolutions in Eastern Europe, in: Crouch, Colin/Marquand, David (Hrsg.), Towards Greater Europe? A Continent without an Iron Curtain. Oxford, 34-51.

Wallace, William, 2002: Where does Europe end? Dilemmas of Inclusion and Exclusion, in: Zielonka, Jan (Hrsg.), Europe Unbound – Enlarging and Reshaping the Boundaries of the European Union. London/New York, 78-94.

Zielonka, Jan, 2002a: Boundary making by the European Union, in: *Zielonka, Jan* (Hrsg.), Europe Unbound? Enlarging and reshaping the boundaries of the European Union. New York, 1-16.

Zielonka, Jan (Hrsg.), 2002b: Europe Unbound? New York.

Die Friedenspolitik der EU im Südkaukasus – Bürokratische Außenpolitik statt geostrategischen Anspruchs

Matthias Dembinski

1 Einleitung: Der Südkaukasus als Testfall europäischer Friedenspolitik

Seit der im Vertrag von Maastricht (1991) geschaffenen Gemeinsamen Außen- und Sicherheitspolitik (GASP) und verstärkt seit Gründung der Europäischen Sicherheits- und Verteidigungspolitik (ESVP) (1999) erhebt die EU den Anspruch, zur Konfliktprävention, Konfliktlösung und Friedensschaffung in ihrem näheren und weiteren Umfeld beizutragen. Mit der Verabschiedung der Europäischen Sicherheitsstrategie 2003 avancierte die Konfliktbewältigung und Friedenssicherung in multilateraler Ausprägung endgültig zu ihrem Markenzeichen. In ihrer Sicherheitsstrategie betont die EU selbstbewusst, dass sie im Unterschied zu anderen Organisationen die gesamte Palette der Instrumente zur Konfliktprävention und Friedensschaffung aus einer Hand anbiete (Europäische Sicherheitsstrategie 2003: 7). Tatsächlich engagierte sie sich seitdem in einer Vielzahl von Konflikten in unterschiedlichsten Regionen vom Balkan über Afrika bis nach Indonesien. Dennoch wissen wir trotz einer Reihe von Evaluierungen noch relativ wenig darüber, wie die EU Friedenssicherung betreibt, ob und worin sich ihr Ansatz von dem anderer Akteure unterscheidet und wie erfolgreich sie ist. Das europäische Engagement zur Beruhigung der Konflikte im Südkaukasus eignet sich in besonderer Weise als Testfall, um zumindest ein Schlaglicht auf diese Fragen zu werfen.

Zum einen verfolgt die EU gegenüber dem Südkaukasus weitreichende Zielsetzungen und handfeste Interessen. Spätestens seit der Erweiterung um zehn ost- und mittelosteuropäische Staaten (2004) rückte der südliche Kaukasus ins Blickfeld der EU. In einer Reihe von Dokumenten betonte sie die politische Bedeutung der georgischen Rosenrevolution und die strategische Bedeutung der Region als Energiekorridor, identifizierte die Sezessionskonflikte in Georgien sowie zwischen Armenien und Aserbaidschan als Risiko für regionale Stabilität und Entwicklung und verpflichtete sich, zur Konfliktberuhigung und Friedenssicherung in der Region beizutragen.

Zum anderen setzt die EU eine ganze Reihe von Instrumenten zur Friedenssicherung und Konfliktbewältigung ein. Der Südkaukasus liegt im Einzugsbereich dreier großer EU-Programme: Der Europäischen Nachbarschaftspolitik

(ENP), der Östlichen Partnerschaft (ÖP) sowie der Schwarzmeersynergie. Daneben setzte die EU zusätzliche Instrumente wie Sonderbeauftragte und ESVP-Missionen ein und war direkt oder indirekt am Engagement weiterer Akteure wie den VN und der OSZE in der Region beteiligt.

Dennoch erscheint die Erfolgsbilanz auf den ersten Blick bestenfalls gemischt. Zwar konnte die französische Präsidentschaft während des August-Krieges 2008 publikumswirksam einen Waffenstillstand aushandeln, so dass die friedensschaffende Rolle der EU in der Region seitdem sichtbarer ist, nicht zuletzt auch durch die Entsendung der EU Beobachtermission EUMM[1]. Die neue Qualität des europäischen Engagements gab bereits zu Spekulationen Anlass, die EU schicke sich an, in diesem Zwischeneuropa strategische Interessen zu verfolgen und mit Russland um Einfluss zu ringen. Negativ schlägt zu Buche, dass der Krieg 2008 zur Verfestigung der Abspaltung Süd-Ossetiens und Abchasiens von Georgien und zu weiteren Vertreibungen führte und die Lage nach wie vor ungeklärt und gefährlich ist. Russische Quellen monierten, die Spannungen hätten zwischenzeitlich ein ähnlich hohes Niveau wie vor dem Ausbruch des August-Krieges erreicht. Der Berg-Karabach-Konflikt erscheint so ungelöst wie seit der gewaltsamen Abspaltung der Region von Aserbaidschan in den frühen 1990er Jahren. Alle Seiten bereiten weiterhin eine militärische Lösung der Konflikte vor. So hat etwa Aserbaidschan die Möglichkeit einer gewaltsamen Re-Integration Berg-Karabachs im Juni 2010 in seiner Militärdoktrin verankert (FAZ: 16.6.2010: 5) und im Sommer 2010 erreichte die Intensität der Scharmützel einen seit Jahren nicht erlebten Höhepunkt.

Im Folgenden gehe ich den Bedingungsfaktoren europäischer Friedensbemühungen nach. Dabei geht es mir nicht an erster Stelle um die Frage nach Erfolg oder Misserfolg. Gegen diese Ausrichtung sprechen zwei Gründe. Zum einen ist Erfolg eine schwer greif- und messbare Größe. Weil die Veränderung des Konflikts oder Spannungsniveaus in der Regel bestenfalls begrenzte Rückschlüsse auf die Qualität der Interventionspolitik zulässt, beschränken sich viele Versuche zur Bewertung des Erfolgs internationaler Organisationen auf die Erhebung der Effektivität, also der Fähigkeit internationaler Organisationen, das Handeln ihrer Mitglieder auf gemeinsame Ziele auszurichten. Aber auch Messungen der Effektivität sind mit methodischen Problemen belastet, für die keine einfachen Lösungen zur Verfügung stehen (Young/Levy 1999). Zum anderen scheint mir Erfolg oder besser Effektivität als analytische Kategorie unergiebig zu sein. Die Erhebung der Effektivität ist zentral, wenn es darum geht, die Handlungsfähigkeit einer internationalen Organisation wie der EU zu erschließen. Aber die steht m.E. nicht mehr in Frage. Die meisten politikwissenschaftlichen und völkerrechtlichen Untersuchungen gehen mittlerweile davon aus, dass die

---

1   European Union Monitoring Mission.

EU auch im Bereich der intergouvernemental organisierten Außen- und Sicherheitspolitik über Akteursqualitäten verfügt und als Akteur handelt (Bretherton/Vogler 2006; Jopp/Schlotter 2008).

Stattdessen rückte die Frage ins Zentrum, mit welchen Instrumenten, Strategien und Zielsetzungen die EU außenpolitisch aktiv wird, was das Spezifische ihrer Außenpolitik ist und worin sie sich etwa von der Außenpolitik eines Staates unterscheidet. Dass sich europäische Außen- und Sicherheitspolitik in auffälliger Weise von staatlicher Außenpolitik abhebt, haben viele Beobachter erkannt (vgl. etwa Bendiek/Kramer 2009). Charakterisierungen wie Zivilmacht (Duchene 1973; Smith 2000; Börzel/Risse 2009), normative Macht (Manners 2002; 2006) oder postmoderne Macht (Cooper 2000; Schubert 2000) versuchen diese Besonderheit auf den Punkt zu bringen. Diese Eigenheit fiel auch Beobachtern der europäischen Politik im Südkaukasus auf. So verglich Barbara Lippert (2008: 47f) das amerikanische Vorgehen in der Region mit der eines Spielers am *Grand Chessboard* (Brzezinski 1997), das russische mit der einer Großmacht, die im Stil des 19. Jahrhunderts ihre Einflusssphäre sichert und das der EU mit der eines Schrebergärtners, der sehr kleinteilig und auf langfristige Transformation hoffend seine Beete bestellt.

So plausibel diese Charakterisierungen der EU als zivile, normative oder postmoderne Macht zunächst erscheinen, so fraglich sind die darunter liegenden theoretischen Erklärungen. So gibt etwa die Charakterisierung der EU als normative Macht keinen Aufschluss darüber, warum die EU idealistisch handeln und die Interessen ihrer Mitglieder vernachlässigen sollte. Abgesehen von empirisch begründeten Einwänden (Zimmermann 2007) überzeugt auch die oft zitierte Innen-Außen-Analogie nicht (Wagner/Peters 2005). Sie will das auswärtige Verhalten der EU mit der Externalisierung der in ihrem Inneren geltenden Normen erklären, stößt aber gleich auf mehrere Einwände. Zum einen versuchen auch Staaten, ihre Normen in ihrer Umwelt zu verankern. Zum anderen müsste sie erklären, warum der normative Haushalt in Demokratien und im demokratischen Staatenverbund EU durchaus ähnlich, ihr außenpolitisches Verhalten aber grundverschieden ist.

Mir erscheint es vielversprechender, die institutionelle Verfasstheit der EU als Ursache ihres spezifischen außenpolitischen Verhaltens in Anschlag zu bringen. Am angemessensten scheint mir die EU als bürokratischer Akteur charakterisiert. Bürokratische Außen- und Sicherheitspolitik weist spezifische Stärken und Schwächen auf. Sie ist durch langsame Reaktionen, Pfadabhängigkeiten und Regelorientierung sowie durch Defizite an entschlossenem Auftreten und Durchsetzungsfähigkeit geprägt. Andererseits zeichnet sie sich durch Beständigkeit, Verlässlichkeit und multilaterale Orientierung aus. Diese Einschätzung der Bedingungen und Möglichkeiten europäischer Außen- und Sicherheitspolitik kann dazu beitragen, begründeter über Erfolgsmöglichkeiten zu spekulieren.

Im Folgenden soll die These der EU als bürokratischer Akteur am Beispiel ihrer Friedenspolitik im Südkaukasus illustriert werden. Im Mittelpunkt des Interesses steht dabei die EU-Politik gegenüber Georgien, während das europäische Engagement im Konflikt zwischen Armenien und Aserbaidschan nur am Rande betrachtet wird. Für diese Fokussierung spricht vor allem der Befund, dass sich die EU in Georgien stärker und nachhaltiger engagiert. Zunächst wird die These der EU als bürokratischer Akteur vorgestellt. Daran anschließend wird nach einer überblickartigen Rekonstruktion der Konflikte im Südkaukasus diese These anhand der Entwicklung und Anwendung der EU-Instrumente zur Konfliktprävention und Friedensschaffung erläutert.

2   Die EU als bürokratischer Akteur

Bis heute wird die Reflexion über die EU und ihre Außenbeziehungen von zwei theoretischen Perspektiven dominiert. Die eine blickt auf die EU aus Sicht der Staaten und fragt, warum und unter welchen Bedingungen die Mitgliedstaaten Kompetenzen auf die EU übertragen. Die andere schaut aus Sicht der EU auf die Staaten und fragt, wie die EU, sei es als Struktur oder Akteur, staatliche Handlungsspielräume einschränkt, staatliches Verhalten beeinflusst und so Staatlichkeit verändert. Beide Perspektiven interessieren sich für Wandlungs- und Anpassungsprozesse im Verhältnis zwischen den Mitgliedstaaten und der EU.

Hier wird davon ausgegangen, dass die bestehenden institutionellen Strukturen der EU im Kern stabil und fortschreitende Prozesse der Anpassung der Staaten an die EU nicht zu erwarten sind.[2] Stattdessen wird der Blick von der EU nach außen gerichtet und untersucht, welche Art von Außenbeziehungen der Akteur EU betreibt. In der Tradition liberaler Außenpolitikmodelle wird argumentiert, dass ihr außenpolitisches Verhalten von ihren institutionellen Strukturen und Verfahren geprägt wird.

Jüngere theoretisch orientierte Zugänge charakterisieren die EU im Bereich der Außenpolitik als eine intergouvernementale Organisation besonderer Ausprägung (Pollack 2001). Sie gleicht herkömmlichen internationalen Organisationen durch die dominierende Rolle der Staaten, die ihren institutionellen Niederschlag im Vetoprinzip findet. Sie unterscheidet sich von anderen internationalen Organisationen durch deutlich höhere Exitkosten. Die EU ist auf Dauer angelegt, ihr Tätigkeitsfeld umfasst viele und zentrale Politikbereiche und die mit der Außen-

---

2   Der Lissabon-Vertrag steht in Einklang mit dieser Erwartung. Im Bereich der Außen- und Sicherheitspolitik bestätigt er das intergouvernementale Prinzip. Die Hoffnung, der Vertrag werde zu einer effizienteren Außenpolitik beitragen, stützt sich im Wesentlichen auf die Zusammenführung bestehender Bürokratien im Europäischen Auswärtigen Dienst (Dembinski 2010).

politik verwobenen Felder der Außenbeziehungen sind wie die Außenhandelspolitik teilweise hochgradig integriert. Dadurch fällt es den Mitgliedstaaten schwerer, ihre Ziele unilateral oder mit Hilfe anderer Organisationen zu erreichen. Um in diesem System die Gefahr von Handlungsblockaden zu verringern, stützen sich die Mitgliedstaaten auf zwei Verfahren. Zum einen delegieren die im EU-Rat vertretenen Staaten Kompetenzen. Dieses System der Delegation ist im Bereich der Außenbeziehungen seit Maastricht komplex und unübersichtlich geworden. Unter dem institutionellen Regelwerk des zweiten Pfeilers übertragen die Staaten die Aufgabe der Agenda-Setzung und Außenvertretung an die Präsidentschaft. Daneben bauten sie mit der Abteilung DG-E eine sicherheitspolitische Bürokratie im Ratssekretariat auf, die mit Einführung der ESVP deutlich erweitert wurde, und delegierten Kompetenzen an das im Amsterdam-Vertrag (1997) geschaffene Organ des Hohen Repräsentanten. Dennoch blieb der zweite Pfeiler finanziell und personell vergleichsweise schwach ausgestattet.

Neben dem Sekretariat des Rates etablierte sich die Kommission als zweite große außenpolitische Bürokratie. Neben den ihr bereits mit den Römischen Verträgen übertragenen Kompetenzen im Bereich der Außenhandels-, Entwicklungs- und Assoziationspolitik übertrugen die Staaten ihr weitere Kompetenzen, die über den Bereich der klassischen Außenbeziehungen hinaus und weit in den Bereich der Außen- und Sicherheitspolitik hineinreichen. Neben der humanitären und Katastrophenhilfe ist die Kommission für die Erweiterungs-, Heranführungs- und Partnerschaftspolitik mit zuständig. Sie führt Programme zur Förderung von Demokratie, Menschenrechten und *good governance* durch, organisiert die europäische Energieaußenpolitik und engagiert sich im Bereich der Krisenbewältigung (Commission 2001) und Friedensschaffung u.a. mit Maßnahmen zur Reform des Sicherheitssektors in Partnerländern sowie zur Abrüstung und Demobilisierung. Die Kommission zeichnet für die Umsetzung und – abgestuft nach Politikfeldern – für deren Vorbereitung (decision-shaping) verantwortlich. Im Gegensatz zu den bescheiden ausgestatteten Bürokratien des zweiten Pfeilers verwaltet die Kommission mit größeren Personalressourcen finanzschwere Programme und verfügt mit ihren Delegationen über eine dauerhafte Präsenz vor Ort.

Zusammenfassend zeichnete sich die EU-Außen-und Sicherheitspolitik vor Lissabon also durch eine Dopplung der für die Durchführung der Politik zuständigen Bürokratien und eine relative Ferne zwischen dem politischen Entscheidungszentrum im Rat sowie der über die entscheidenden Finanz- und Personalressourcen verfügenden Kommission aus. Ein Problem dieses Systems der Delegation wird in der Literatur unter dem Stichwort der mangelnden Kohärenz breit diskutiert (Nuttall 2005). Und in der Tat beklagten Vertreter beider Pfeiler eine mangelnde Abstimmung und trugen Kommission und Rat ihren Streit um Zuständigkeiten selbst vor dem Europäischen Gerichtshof aus (Van Vooren 2009).

Die entscheidende Reform des Lissabon-Vertrages im Bereich der Außen-
und Sicherheitspolitik besteht in der Möglichkeit zur Überwindung dieser
Doppelstruktur durch die Einführung des zentralen Organs des Hohen Vertreters,
der zugleich als Vizepräsident der Kommission fungiert und hier der
Generaldirektion „Auswärtige Beziehungen" vorsteht. Unter seiner Leitung
entsteht zugleich mit dem Europäischen Auswärtigen Dienst eine neue
Großbürokratie, unter der die bisherigen außenpolitischen Abteilungen des Rates
sowie zentraler Abteilungen der Kommission untergebracht werden.

Die aus Kompetenzstreitigkeiten entstehenden Abstimmungsdefizite sollten
aber nicht überbewertet werden. Das je nach Perspektive entscheidende Problem
oder Merkmal besteht vielmehr in der strukturell mangelnden politischen Steuer-
barkeit. Die Kommission ist ebenso wie die entsprechenden Abteilungen im
Ratssekretariat oder der künftige Auswärtige Dienst eine Großbürokratie – und
Bürokratien zeichnen sich vor allem durch eines aus: sie agieren nach Regeln,
nach *standard operating procedures*, ja sie bestehen geradezu aus Regelwerken.
Als Bürokratie könnte die Kommission auch gar nicht politisch entscheiden. Ihr
Auftrag und ihr eigenes Selbstverständnis beschränkt sie darauf, Programme
nach bestimmten Vorgaben zu verwalten, Hilfe zu verteilen und finanzielle und
technische Beratung zu leisten. Entsprechend ist zu erwarten, dass die Kommission ihre Gestaltungsspielräume beim Entwurf von politischen Strategien und im
Sinne ihrer Handlungsmöglichkeiten nutzt und regelorientierte Ansätze vor-
schlägt. Gleiches dürfte für den künftigen Europäischen Auswärtigen Dienst
gelten. Auch er taugt als Bürokratie zum Verwaltungshandeln, aber nicht zur
dezisionistischen, über die Regelanwendung hinausgehenden Entscheidung.

Dies ist nicht überraschend und insofern unterscheidet sich das Verhalten der
europäischen Bürokratien nicht von dem entsprechender staatlicher Bürokratien.
Der entscheidende Unterschied liegt in der Art der politischen Führung. Im Nationalstaat wirkt die Figur des politischen Entscheidungsträgers als Korrektiv des
bürokratischen Prinzips. Der politische Entscheidungsträger ist fähig zur dezisionistischen Entscheidung. Sie wird geradezu von ihm verlangt. In der EU wäre für
derartige politische Entscheidungen der Rat zuständig. Der Rat ist aber ein Kollektivorgan, in dem alle Mitglieder über effektive Vetomöglichkeiten verfügen, sich
also einigen müssen. Hier kommt nun der zweite Satz von Verfahren zur Vermeidung von Blockaden ins Spiel. Hierzu zählen eine Kultur des Kompromisses,
Kopplungsgeschäfte sowie Strategien der rhetorischen Selbstverpflichtung und
Bindung, bei denen die Mitgliedstaaten über Kodexe, Zielvereinbarungen und
normative Festlegungen relative Sicherheit über das künftige Verhalten der anderen zu erlangen versuchen. Diese Verfahren verhindern aber, dass der Rat als Korrektiv des bürokratischen Prinzips wirkt. Im Gegenteil verstärken diese Verfahren
das bürokratische Prinzip der Regelorientierung. In der Konsequenz ist europäische Außenpolitik durch besondere Merkmale wie Pfadabhängigkeit, Regelorien-

tierung, multilaterale Ausrichtung, Verlässlichkeit, aber auch durch begrenzte Reaktionsfähigkeit und Inflexibilität gekennzeichnet (Dembinski 2009).

Im Folgenden möchte ich den spezifischen Stil europäischer Außenpolitik am Beispiel des europäischen Vorgehens im südlichen Kaukasus illustrieren. Zuvor sollen aber die Konflikte im Südkaukasus zumindest kursorisch umrissen werden.

3 Konflikte im Südkaukasus

Die Region des Südkaukasus umfasst die drei Staaten Georgien, Armenien und Aserbaidschan. Anlass der zentralen Konflikte im Südkaukasus waren die klassischen Widersprüche zwischen den zentralen Prinzipien der territorialen Integrität und des nationalen Selbstbestimmungsrechts. Konkret entwickelten sich die Sezessionskonflikte in Georgien sowie die Auseinandersetzungen zwischen Armenien und Aserbaidschan um die Region Berg-Karabach aus der Hinterlassenschaft der sowjetischen Nationalitäten- und Territorialpolitik (vgl. hierzu und zum folgenden Halbach 2010). Die UdSSR war als ethno-territoriale Föderation mit 15 Gliedstaaten (Unionsrepubliken) und nachgeordneten nationalen Gebietskörperschaften (20 autonome Republiken, 16 autonome Gebiete und Kreise) organisiert. Die oftmals willkürlichen Grenzziehungen fielen in dieser Phase kaum ins Gewicht, weil es sich bei diesen Gebilden nur um administrative Einheiten mit begrenzten Zuständigkeiten handelte. Nach dem Zusammenbruch der UdSSR wurden diese Grenzen plötzlich relevant. Die Staatengemeinschaft erkannte nur die Unionsrepubliken an. Die alte Ordnung suggerierte aber auch den Titularnationen der nachgeordneten Gebietskörperschaften, sie besäßen eine ethnisch bestimmte Territorialhoheit. Die Folge bestand in der Territorialisierung ethnischer Konflikte innerhalb und zwischen den ohnehin teilweise höchst fragilen postsowjetischen Staatsgebilden.

In Georgien erwies sich diese Konstruktion als besonders problematisch, weil die sowjetische Territorialpolitik auf dem Gebiet des neuen Vielvölkerstaats gleich drei Subentitäten hinterlassen hatte: die autonomen Republiken Abchasien und Adscharien sowie das südossetische autonome Gebiet.

In Süd-Ossetien eskalierten die Spannungen zwischen den auf Zentralisierung und Homogenisierung drängenden Kräften des neuen georgischen Staates und den auf Selbstständigkeit und ossetische Identität beharrenden Kräften 1991 zu kriegerischer Gewalt. In Abchasien brach der Krieg ein Jahr später aus. Auch dank der Unterstützung von Freiwilligenverbänden aus dem Nordkaukasus konnten sich die Entitäten durchsetzen und der Kontrolle durch die georgische Regierung weitgehend entziehen. Auf dem Gebiet Süd-Ossetiens bestanden auch nach dem Krieg georgische Siedlungen weiter, ebenso wie viele Osseten in Kerngeorgien wohnten.

In Abchasien stellte die namengebende Volksgruppe vor dem Bürgerkrieg 1992 nur ca. 18% der Einwohner, während Georgier 45% der Bevölkerung ausmachten. Im Krieg kam es zu massiven Vertreibungen von bis zu 250.000 Georgiern (Halbach 2010: 15) und zu einer deutlichen Verschiebung der Bevölkerungsstruktur. Seitdem kehrten ca. 50. 000 Georgier zurück, vornehmlich in die Provinz Gali, wo sie im August 2008 wiederum mehrheitlich vertrieben wurden.

Russland vermittelte in beiden Konflikten Waffenstillstandsabkommen (im Juni 1992 in Ossetien, im Mai 1994 in Abchasien). In Süd-Ossetien sah das Waffenstillstandsabkommen die Einsetzung einer gemeinsamen Kontrollkommission (Joint Control Commission; JCC) vor, bestehend aus Vertretern Georgiens, Russlands, Nord- und Südossetiens. U.a. war die JCC für die Koordinierung der Aktivitäten einer 1.500 Mann umfassenden gemeinsamen Friedenstruppe, bestehend aus russischen, georgischen und nord-ossetischen Einheiten, zuständig (International Crisis Group 2007: 1). Die OSZE beobachtete die Tätigkeit dieser Truppe mit einem kleinen Team. Auch in Abchasien wurde am 14. Mai 1994 eine russische Friedenstruppe mit einer zulässigen Höchststärke von 3.000 Mann unter einem Mandat der GUS eingesetzt. Deren Tätigkeit wurde von der VN-Mission in Georgien (UNOMIG)[3] überwacht.

Bereits im Laufe der 1990er Jahre erodierte das Vertrauensverhältnis zwischen Georgien und Russland. Während Tiflis zunehmend die russische Neutralität in Frage stellte und Moskau vorwarf, eine Status-quo Politik mit dem Ziel der Zementierung der Abspaltung zu betreiben, kritisierte Russland, die georgische Führung setze statt auf Verhandlungen auf eine militärische Lösung der Konflikte. Für beide Sichtweisen lassen sich gute Gründe nennen. Moskau unternahm wenig, um Wege zur Überwindung des Status quo zu weisen und schlüpfte mit der Politik der *passportisatsija* seit der Novellierung des russischen Staatsbürgerschaftsgesetzes 2002 offener in die Rolle einer Schutzmacht der Entitäten. Umgekehrt hatte die georgische Führung bereits vor der Rosenrevolution mehrmals von Moskau grünes Licht für eine schnelle und gewaltsame Reintegration der abtrünnigen Entitäten gefordert (Coppieters 2007: 10f).

Mit dem Amtsantritt Präsident Saakaschwilis nahmen die Spannungen zu. Wie sein Vorgänger war er überzeugt, dass insbesondere die ethnischen Säuberungen während des Krieges in Abchasien einen gerechten Grund für die notfalls militärische Wiederherstellung der georgischen territorialen Integrität darstellten (Coppieters 2007). Er machte die Wiedergewinnung der staatlichen georgischen Kontrolle über die Entitäten zu einem seiner drei zentralen Anliegen, stellte ihnen weitgehende, aber nicht klar ausformulierte Autonomieregelungen in Aussicht (International Crisis Group 2007: 11), drängte aber auf eine schnelle Lösung und spielte, sollten Verhandlungen nicht zum Ziel führen, mit der

---

3   Unitet Nations Observer Mission in Georgia.

militärischen Option. Im Mai 2004 gelang es auch Dank indirekter russischer Kooperation, mit Adscharien das dritte autonome Gebiet, wieder der georgischen Verwaltung zu unterstellen. Allerdings unterschied sich die Situation hier durch die Abwesenheit ethnischer Differenzierungen, Gewalterfahrungen und einer formalen Sezession (Halbach 2010: 12).

Im Sommer 2004 führte Georgien in Süd-Ossetien militärische Operationen mit dem Ziel durch, den Schmuggel einzudämmen. Tatsächlich wurde der Handel unterbrochen. Allerdings schürte das Vorgehen auch den Verdacht, die Operationen bildeten den Auftakt einer schnellen Re-Integrationsstrategie. Auf die seit 2004 sporadisch aufflackernden Kämpfe reagierte Russland mit der Ankündigung, seine Bürger (d.h. die Inhaber der von Russland ausgegebenen Pässe) schützen zu wollen. Georgien forcierte seine Bemühungen mit der Einsetzung einer provisorischen Verwaltung für Südossetien unter Dmitri Sanakojew.

Im Sommer 2006 stießen georgische Verbände auch in das zu Abchasien gehörende obere Kodori-Tal vor und errichteten in diesem Zusammenhang eine Exilverwaltung für Abchasien. Öl in diese Schwelbrände schüttete die Unabhängigkeitserklärung Kosovos im Februar 2008 sowie der Beschluss des NATO-Gipfels von Bukarest vom April 2008, das Land in das *Membership Action Programme* aufzunehmen. In der Folge verhärtete sich die russische Position und Moskau stieg im März 2008 aus einem 1996 im Rahmen der GUS vereinbarten Wirtschaftsembargo Abchasiens aus. Zudem entsandte es zusätzliche Pioniereinheiten, um eine Eisenbahnverbindung zwischen Russland und Abchasien wieder funktionstüchtig zu machen. Präsident Putin wies zudem russische Regierungsstellen an, offizielle Beziehungen zu den Regierungen Süd-Ossetiens und Abchasiens aufzunehmen (International Crisis Group 2008: 2). In den folgenden Monaten eskalierten die Spannungen so weit, dass viele Beobachter mit dem Ausbruch eines Krieges zwischen Abchasien und Georgien rechneten. Der brach im August 2008 aus, allerdings zwischen Georgien und Süd-Ossetien.

4   Auftritt der EU

In diesem Wespennest wollte die EU, neben OSZE, VN, Russland und den USA, ebenfalls ihrer Stimme Gehör verschaffen und für Stabilität sorgen. Ein Ziel ihrer Bemühungen war die Konfliktbearbeitung und Friedenssicherung. Wie erwähnt, ist die Konfliktprävention seit den 1990er Jahren ein wesentliches Aktionsfeld der von der Kommission betriebenen EU-Außenbeziehungen. Spätestens mit der ESVP rückte die Konfliktprävention und Friedensschaffung auch in der zweiten Säule in den Fokus. Bereits 2001 verabschiedete der Europäische Rat unter schwedischer Präsidentschaft ein Aktionsprogramm zur Konfliktprävention (Council 2001). Die Europäische Sicherheitsstrategie von 2003 erklärte die „Stärkung der Sicherheit in unserer Nachbarschaft" zu einem der drei strategischen Anliegen der EU. „Wir müssen darauf hinarbeiten, dass östlich der Europäischen Union und an den Mittelmeergrenzen ein Ring verantwortungsvoll regierter Staaten entsteht (...). Die anstehende Osterweiterung im Blick forderte die Sicherheitsstrategie, die EU müsse „nun ein stärkeres und aktiveres Interesse für die Probleme des südlichen Kaukasus aufbringen, der einmal ebenfalls eine Nachbarregion sein wird" (Europäische Sicherheitsstrategie 2003: 8).

Seitdem wurde der Konfliktbewältigung auch in den auf Georgien bezogenen Papieren der EU ein höherer Stellenwert eingeräumt. Das Länderstrategiepapier für Georgien von 2001 identifizierte die Konflikte als Hindernisse für Entwicklung, kündigte aber nur vorsichtig ein EU-Engagement für Konfliktprävention an (Whitman/Wolff 2009: 90). Auch das Partnerschafts- und Kooperationsabkommen erwähnte zumindest die Konflikte. Im Aktionsplan von 2007 wurde der Konfliktbewältigung dagegen bereits der Status einer Priorität eingeräumt. Und auch der Report zur Umsetzung der ESS von 2008 geht explizit auf die Sezessionskonflikte in Georgien ein und verpflichtet die EU wiederum zu einem verstärkten Engagement (Council 2008: 7).

Die EU entwickelte eine Reihe von Instrumenten, um ihrem Ziel eines Rings gut regierter Staaten näherzukommen und auf Konflikte in der Nachbarschaft beruhigend einzuwirken. Auf Georgien legte die EU nach der Rosenrevolution sogar einen Schwerpunkt. Zu den wichtigsten Instrumenten zählt die Europäische Nachbarschaftspolitik und ihre 2008 ins Leben gerufene Ergänzung: die Östliche Partnerschaft. Daneben organisierte die EU im Rahmen der ESVP eine kleine Rechtshilfemission (EU-Themis). 2003 entsandte sie zudem mit Heikki Talvitie einen ersten Sonderbeauftragten, der 2006 durch den mit einem stärkeren Mandat ausgestatteten Schweden Peter Semneby ausgewechselt wurde. Nach dem August-Krieg erhöhte sie ihr Profil und ihre Sichtbarkeit. Präsident Nicolas Sarkozy vermittelte bereits am 12. August zwischen Russland und Georgien ein Waffenstillstandsabkommen und die EU beauftragte die EUMM mit der Beobachtung des Waffenstillstandes. Zudem fungiert die EU seitdem als Co-Vorsitzende (zusammen mit den VN und der OSZE) der Genfer Verhandlungen u.a. über humanitäre Fragen und eine Rückkehr der Flüchtlinge. Mit Pierre Morel entsandte sie zudem einen zweiten Sonderbeauftragten mit Zuständigkeit für die Aspekte der Krisenbewältigung.

Im Folgenden wird aufgezeigt, dass die Entwicklung dieser Instrumente sowie ihre Anwendung mit dem oben diskutierten Modell der EU als bürokratischer Akteur in Einklang stehen.

4.1 Die Instrumente der Friedenspolitik

4.1.1 Die Europäische Nachbarschaftspolitik

Die Europäische Nachbarschaftspolitik (ENP) entstand ebenso wie die spätere Östliche Partnerschaft (ÖP) im Zusammenspiel von Rat und Kommission. Während die Initiativen vom Rat ausgingen, war die Kommission mit der Ausarbeitung beauftragt. Bereits die Konzeption der ENP lässt sich eher mit den internen Konfliktregelungsmechanismen der EU und den bürokratischen Lösungsstrategien der Kommission als mit den Problemen und Besonderheiten der Partnerländer erklären. Die ENP geht zurück auf die britische „Wider Europe Initiative" von 2002 (Smith 2005: 759), die auf Weißrussland, Ukraine, Moldau und Russland zielte und die von ähnlich gelagerten Initiativen Schwedens, Polens und Deutschlands begleitet wurde (Tulmets 2007: 106). Während es Schweden, Großbritannien und den zukünftigen osteuropäischen Mitgliedsländern darum ging, die zwischen der EU und Russland liegenden Länder mit attraktiven Angeboten in den europäischen Orbit zu ziehen und ihnen hierbei als Anreiz auch eine Option auf Mitgliedschaft zu eröffnen, sah Deutschland die ENP eher als Alternative zu einer abermaligen Erweiterung und als Ergänzung vertiefter Beziehungen zu Russland. Der Europäische Rat von Kopenhagen (Dezember 2002) begrüßte die britische Initiative, erweiterte sie aber auf Drängen einer Koalition südlicher Länder, indem er sie mit dem bereits bestehenden Barcelona-Prozess zusammen führte und so den Kreis der Zielländer aufblähte. Im Juni 2004 kamen nach der Rosenrevolution und intensivem Lobbying die drei Kaukasus-Republiken hinzu. Russland lehnte das Angebot einer Mitgliedschaft in der ENP ab und optierte stattdessen für eine Kooperation mit der EU auf gleicher Augenhöhe im Rahmen der vier gemeinsamen Räume.

Mit der ENP wiederholte sich also ein Koppelgeschäft zwischen den eher nach Süden und den eher nach Osten orientierten Ländern der EU, das schon der Osterweiterung zugrunde lag. Sie war damals durch den Barcelona-Prozess ausbalanciert worden, der die Länder des südlichen Mittelmeeres enger mit der EU verknüpfen sollte. Nach einem ähnlichen Muster gelang 2008 auch die Einigung über die östliche Partnerschaft. Sie wurde in der EU in dem Moment als Kompensation konsensfähig, in dem Frankreich während seiner Präsidentschaft eine Initiative für eine Mittelmeerunion durchsetzen wollte (Ochmann 2009:3). Diese Koppelgeschäfte regeln in mehrjährigen Festlegungen die Verteilung der zur Verfügung stehenden Mittel auf die Regionen und die einzelnen Länder. So wurden etwa bei der ENP ein Drittel der Mittel für Projekte mit den östlichen Nachbarn reserviert (Bendiek 2008). Im Fall der ENP erwies sich diese Kopplung auch als Barriere gegen die Forderung nach einer Fortsetzung der Erweiterung. Bildete die Zusammenführung der Ost- und der Südpolitik der EU im Rahmen der ENP aus der affirmativen Sicht der Kommission (2006:2) einen „einheitlichen politischen Rahmen" für alle 16 Nachbarstaaten der EU, wurde die Ostpolitik dadurch aus Sicht der Kritiker in ein „Instrument geopolitischer Beliebigkeit" (Kempe 2006: 268) verkehrt.

Wurde die strategische Dimension der neuen europäischen Ostpolitik bereits durch die Erweiterung der ENP um die Mittelmeerländer verwässert, führte die folgende Ausarbeitung des neuen Instruments durch die Kommission zu dessen weiterer Entpolitisierung. Im Mai 2004 präsentierte die Kommission die neue Politik als ein sehr ambitioniertes Vorhaben (Commission 2004). Die ENP, so der damalige Kommissionspräsident Prodi, biete „all but institutions". „We offer more than partnership and less than membership, without precluding the later". (Smith 2005: 763).

Ein genauerer Blick zeigte, dass sich die Kommission bei der Ausarbeitung der ENP an der Vorlage der Erweiterungspolitik orientierte und deren Ziele und Instrumente weitgehend übernahm, obwohl der ENP mit der Beitrittsperspektive der entscheidende Anreiz fehlte. Die Pfadabhängigkeit der neuen Politik wurde schon bei den personellen Kontinuitäten deutlich. Mitarbeiter der DG-Erweiterung, die schon bei der Ausarbeitung der Erweiterungspolitik beteiligt gewesen waren, übernahmen ab Juli 2003 in der Task-Force der Kommission „Größeres Europa" federführend die Ausarbeitung der ENP (Kelley 2006 :32; Tulmets 2007: 106).

Die ENP stand ebenso wie die Erweiterungspolitik auf einer normativen Grundlage und formulierte die Annäherung der Partnerländer an europäische Werte und Standards als Ziel. Neben den ökonomischen Kriterien einer funktionsfähigen Marktwirtschaft und der Fähigkeit, dem Wettbewerbsdruck des Binnenmarktes standzuhalten und den *acquis communautaire* zu übernehmen, standen wiederum politische Kriterien wie die institutionelle Stabilität als Garantie für demokratische und rechtsstaatliche Ordnung, Menschenrechte und Minderheitenschutz im Zentrum.

Die ENP zeichnet sich durch vier Prinzipien aus:

- Differenzierung: Im Rahmen der ENP sollten Aktionsprogramme entwickelt werden, die auf die einzelnen Staaten und ihre Probleme zugeschnitten sind. 2005/06 vereinbarte die EU Aktionspläne mit den Kaukasus-Republiken sowie Ukraine und Moldau.
- Ownership: Die Partnerländer sollten an der Entwicklung der Aktionsprogramme beteiligt werden. Wichtigstes Instrument hierzu sind die Partnerschaftsräte, die sich aus Vertretern des Rates, der Kommission und der Partnerländer zusammensetzen.
- Konditionierung: Dieses Kernprinzip der ENP baute auf der Überlegung auf, dass es Anreize geben müsse, damit sich die Partnerländer in Richtung auf die EU und ihre Werte und Standards transformieren.

- Regelmäßige Überprüfung der Fortschritte: Die Kommission sollte zwar Berichte erstellen, Fortschritte sollten aber von den Partnerschafsräten festgestellt werden.

Die Aktionspläne, die Überprüfung durch die Kommission, die Partnerschaftsräte und das Prinzip der Konditionierung stammten aus dem Instrumentenkasten der Erweiterungspolitik. Das Prinzip der Beteiligung der Zielländer hatte die Kommission aus ihren entwicklungspolitischen Programmen übernommen.

Analog zum Erweiterungsinstrument der Heranführungshilfe entwickelte die EU für die ENP ab 2007 ein neues Finanzinstrument, das bestehende Finanzlinien zusammenführte. Nach Vorschlägen der Kommission sollten für dieses *Neigbourhood and Partnership Instrument* (ENPI) in der Laufzeit 2007 - 2013 ca. 15 Mrd. (15% der Gesamtmittel für auswärtiges Handeln) zur Verfügung stehen. Allerdings bewilligte der Rat nur 12 Mrd. € (Tulmets 2007: 113).

Beobachter bemängelten früh, die ENP schreibe den Ansatz der Erweiterungspolitik fort, obwohl mit einer klaren Erweiterungsperspektive deren zentraler Anreiz fehle und die Anreize, die die ENP biete, zu vage und zu wenig attraktiv seien. Die sukzessiv sich vertiefende Teilhabe am Binnenmarkt stelle aus Sicht der Partnerländer ein zweischneidiges Schwert dar, weil die damit verbundene Übernahme des *acquis communautaire* kostspielig und zudem unsicher sei, wann und unter welchen Bedingungen die EU einer Liberalisierung der sensitiven Marktsegmente wie dem Agrarbereich oder der Stahlerzeugung, in denen einige Partnerländer über komparative Vorteile verfügten, zustimmen würde (O'Donnell/Whitman 2007: 98). Das galt zumal für die Arbeitsmobilität. Hier sah die ENP lediglich Visaerleichterungen, aber keine freien Reisemöglichkeiten und erst recht keine Freiheit der Arbeitsplatzsuche vor. Damit habe die EU die Konditionalität umgedreht. „Sie lockt nicht mit Zuckerbrot, sondern verlangt Reformen als Vorleistung" (O'Donnell/Whitman 2007: 99). Hinzu komme, dass diese Anreize bestenfalls für die politischen Eliten in den Zielländern attraktiv erscheinen, die sich bereits für marktwirtschaftliche, rechtsstaatliche und demokratische Reformen entschieden haben und auf diesem Weg fortgeschritten sind. Auf politische Eliten, die Reformen als Bedrohung ihrer ökonomischen oder politischen Interessen empfinden oder deren Länder ökonomisch nicht konkurrenzfähig sind, sind die Anreize der ENP wirkungslos (Kelley 2006: 50).

Diese Kritik trifft einen Punkt, nimmt aber einen gewichtigeren Einwand gar nicht in den Blick. Die ENP verfügt trotz Fehlens der Beitrittsperspektive über nicht unerhebliche Anreize, die der EU grundsätzlich geopolitische Einflussnahme erlaubt hätte. Voraussetzung hierfür wäre eine politische Konditionierung der Anreize gewesen. Die britische *Wider Europe Initiative* hatte noch eine rigidere Konditionalität vorgesehen, und auch die Stellungnahmen des Rates wiesen zunächst auf die Notwendigkeit der Konditionalität hin. Die Vorlagen der

Kommission für die ENP schoben dagegen dieses Prinzip nach hinten. Tatsächlich wäre eine Konditionierung im Rahmen der ENP schwieriger gewesen als bei der Erweiterung. Bei der Erweiterung waren die Zielmarken durch den *acquis* und die Kopenhagener Kriterien festgelegt. Ohne Erweiterungsperspektive hätten für jedes einzelne Land Zielmarken definiert werden müssen. Zudem hätten die Fortschritte des Partnerlandes bewertet und auf dieser Grundlage die Freigabe oder Verweigerung von EU-Mitteln entschieden werden müssen. Der Rat als Kollektivorgan wäre hier schnell überfordert gewesen, der Kommission fehlte hierzu die politische Autorität. Deshalb verfiel die Kommission auf das *joint ownership* Prinzip, das es ihr erlaubte, Zielmarken im Konsens mit den Partnerländern zu definieren. Mit der Einführung dieses Prinzips war aber der Möglichkeit einer harten Konditionierung der Boden entzogen. Folglich plädierte die Kommission für eine weiche Konditionalität (Kelley 36).

Und selbst eine Konditionierung der ENP analog zur Erweiterungspolitik wäre lediglich darauf hinausgelaufen, Fortschritte im Bezug auf langfristig festgelegte und für die ganze Gruppe der Partnerländer ähnliche Zielmarken zu sanktionieren. Die Vorstellung, dass die EU im Interesse geo-politischer Einflussnahme ad hoc Schritte der Annäherung belohnt und Partnerländer ungleich behandelt, wäre aufgrund der institutionellen Strukturen der EU kaum vorstellbar.

De facto kam das Prinzip der Konditionalität nicht zum Tragen. Die Aktionspläne entpuppten sich als umfangreiche Sammlungen mehr oder weniger konkreter und mehr oder weniger substantieller Ziele ohne klare Fokussierung und daher auch ohne Zielvorgaben. Der Aktionsplan für Georgien listet etwa acht *Priority Areas* mit unzähligen Vorschlägen auf (Commission 2007). Eine Beurteilung der Fortschritte fand kaum statt. Stattdessen wies die EU in den längerfristig angelegten Finanzplänen den einzelnen Partnerländern Mittel zu, die die Kommission unabhängig von politischen Entwicklungen in Programmen verausgabte. Immerhin legte die EU nach der Rosenrevolution einen Schwerpunkt auf Georgien und klammerte Weißrussland von ENP-Programmen aus.

4.1.2 Von der ENP zur östlichen Partnerschaft

Aufgrund dieser Kritik und der geringen Wirkung der ENP begann bereits früh die Suche nach neuen Instrumenten. Im Mai 2006 sprach sich die Kommission für eine erweiterte ENP aus, die attraktivere Anreize wie eine vertiefte ökonomische Integration, vertiefte politische Dialoge und größere Spielräume bei der Mobilität bieten sollte (Commission 2006). Deutschland legte während seiner Präsidentschaft den Vorschlag für eine ENP-plus vor (Peters/Rood/Gromadzki 2009: 6). Polen drängte seit längerem auf eine Aufwertung der Beziehungen mit den östlichen Partnern und eine Entkopplung zu den südlichen Partnern. Dennoch konnte sich Polen erst im Sommer 2008 und vor dem Hintergrund Sarkozys Mittelmeer-Initiative mit dem Vorschlag der östlichen Partnerschaft durchsetzen. Einen schwedisch-polnischen Vorschlag nahm der Europäische Rat im Juni grundsätzlich positiv auf und erteilte der Kommission den Auftrag, bis zum Frühjahr 2009 eine Vorlage auszuarbeiten. Unter dem Eindruck des August-Kriegs wies der Europäische Rat auf seiner außerordentlichen Sitzung am 1. September 2008 die Kommission an, den Vorschlag bereits im September vorzulegen. Am 7. Mai 2009 verabschiedete die EU in Prag die östliche Partnerschaft (ÖP) offiziell.

Die Beschleunigung der ÖP durch den Kaukasus-Konflikt schien zu signalisieren, dass die EU ihrer Ostpolitik eine qualitativ neue Dimension geben und mit Russland in einen Wettbewerb um geopolitischen Einfluss eintreten würde. Gestützt wurde dieser Eindruck durch zwei weitere Entwicklungen. Zum einen entschloss sich die EU unter dem Eindruck des Krieges, der Ukraine ein Assoziationsabkommen statt des bis dahin geplanten „Neuen Weitergehenden Abkommens" anzubieten und signalisierte damit die strategische Qualität der Beziehungen, die möglicherweise sogar eine Mitgliedschaftsperspektive eröffnen könnte. Zum anderen betrieb sie eine Annäherung an Weißrussland, lud dessen Außenminister zu einem Ratstreffen ein und setzte das Einreiseverbot gegen die weißrussische Führung aus (Dembinski et.al 2008: 24). Darüber hinaus drängten die Regierungen einiger neuer EU-Mitglieder darauf, dass die EU die Östliche Partnerschaft genau im Sinne einer anti-russischen Einflusspolitik einsetzen sollte.

Ein genauerer Blick zeigt aber, dass die ÖP den Ansatz der ENP im Wesentlichen fortschrieb. Zunächst kam auch die ÖP nur als Kompromiss und im Ausgleich für die Freigabe der Verhandlungen mit Russland über ein neues Partnerschafts- und Kooperationsabkommen (PKA) zustande. Das alte war im November 2007 ausgelaufen. Gegen eine Aufnahme der Verhandlungen mit Moskau hatte zunächst Polen und dann Litauen ein Veto eingelegt und dies u.a. mit der russischen Unterstützung Abchasiens und Süd-Ossetiens begründet.

In dieser Situation hatte der deutsche Außenminister Steinmeier Sarkozys Mittelmeer-Initiative mit einer Rede beantwortet, in der er ein neues Abkommen mit Russland forderte. Daraufhin handelte der polnische Außenminister Sikorski Berichten zufolge im April 2008 einen Kompromiss mit Steinmeier aus, der den polnischen Vorschlag für die östliche Partnerschaft mit der Aufnahme der Verhandlungen mit Russland verkoppelte (Ochmann 2009: 4). Unter französischer Ratspräsidentschaft wurden die Verhandlungen über das PKA dann im Dezember 2008 aufgenommen.

Darüber hinaus hielt die ÖP an den Prinzipien und Mechanismen der ENP wie Differenzierung, joint ownership und Konditionalität fest. Auch sie eröffnet keine verlässliche Perspektive auf einen Beitritt zur EU. Der eigentliche Neuwert besteht in der Erhöhung des Finanzrahmens um 600 Mio. €. Davon sind 250 Mio. € umgewidmete ENP-Mittel und 350 Mio. neues Geld (Peters/Rood/Gromadzki

2009: 12). Weiterhin bietet die ÖP mit der Aussicht auf eine tiefe und umfassende Freihandelszone bessere Marktzugangsmöglichkeiten (die Voraussetzung ist eine WTO-Mitgliedschaft), ein großzügigeres Mobilitätsregime bei gleichzeitigem Grenzschutz durch sogenannte Mobilitäts- und Sicherheitspakte und eine Intensivierung der politischen Kooperation. Im Entwurf eines Abkommens mit der Ukraine ist in diesem Zusammenhang von political association die Rede.

5 Die Anwendung der Instrumente

Bisher wurde gezeigt, dass die beiden wichtigsten EU-Instrumente zur Konfliktprävention und Stabilisierung im Sinne einer langfristig angelegten, auf Transformation hoffenden Politik ausgelegt waren und nicht im Sinne einer flexibel anwendbaren Strategie geopolitischer Einflussnahme. Im Folgenden soll geprüft werden, wie die EU diese Instrumente vor Ort einsetzte. Dabei gilt es zunächst festzuhalten, dass die EU durchaus über Anreize verfügte. Neben den ENP-Mitteln stellte sie zusätzliche Gelder aus weiteren Finanzbereichen bereit. Auch wenn ihr Engagement vom amerikanischen in den Schatten gestellt wurde (ICG 2006: 5), entwickelte sie sich zum wichtigsten Geber für humanitäre Hilfe und Wiederaufbau in Georgien. Zudem entsandte sie ESVP-Missionen und sie konnte darauf bauen, dass ihre Beurteilung der Situation aufgrund der georgischen Politik der Westintegration in Tiflis auf Gehör stoßen würde.

5.1 Die Kommission

Vertreten durch die Kommission spielte die EU im Süd-Kaukasus seit den frühen 1990er Jahren eine große Rolle und zwar als Geber von Hilfe, nicht als politischer Akteur. 1998 eröffnete die Kommission in Tiflis das erste Büro in der Region, beschränkte sich aber weiterhin auf die Durchführung eine Reihe von Programmen im Bereich des Wiederaufbaus, der humanitären Hilfe, der Integration der Binnenflüchtlinge sowie der technischen Beratung. Diese Programme führte die Kommission sowohl in Kerngeorgien wie in den beiden Entitäten durch. Die EU investierte von 1997-2006 25 Mio. € in Abchasien und 8 Mio. € in Süd-Ossetien. Zwischen 1993 und 2006 flossen ca. 100 Mio. € aus Mitteln des humanitären Programms ECHO[4] nach Georgien.

Mit der Aufnahme Georgiens in die ENP rückten die ungelösten Territorialkonflikte stärker auf die Agenda der EU. Die Kommission versuchte durchaus, ihre Programme auch in den Dienst der Friedensschaffung zu stellen, indem sie

---

4   European Commission – Humanitarian Aid & Civil Protection (ECHO).

grenzüberschreitende Projekte auflegte und so versuchte, zu Kommunikation und Vertrauensbildung zwischen den Bevölkerungsgruppen beizutragen. Beispielsweise brachte der Wiederaufbau des Enguri-Wasserkraftwerkes georgische und abchasische Akteure zusammen (International Crisis Group 2006: 17). Die Kommission konditionierte aber auch vor Ort ihre Programme nicht, um damit politischen Einfluss auf die Konfliktparteien zu nehmen. Im Gegenteil entwickelte sie ihre Programme in Absprache mit der georgischen Regierung, gegebenenfalls den politischen Vertretern der Entitäten sowie der EU-Mitgliedstaaten. Beobachter der Tätigkeit der Kommission in Georgien stellen übereinstimmend fest, dass ihr politisches Engagement schwach blieb (Whitman/Wolff 95; Halbach 31). Ihre Tätigkeit zeichne sich aus durch „working around conflicts, not working on conflicts" (ICG Report 2006). Selbst die Kommissarin für auswärtige Angelegenheiten, Ferrero-Waldner, räumte ein, die ENP trage nicht direkt zur Konfliktprävention bei, sondern ziele auf die zugrundeliegenden Ursachen des Konflikts (Whitman/Wolff: 95). Kurzum taugten die Programme der Kommission dazu, langfristig die Bedingungen für Friedensbildung zu verbessern, als unmittelbar auf das Konfliktverhalten der Akteure Einfluss zu nehmen.

5.2 Die Sonderbeauftragten

Ein politisch unscharfes Profil wurde dem ersten Sondergesandten attestiert. Die Rolle Heikki Talvities, dessen Mandat lediglich vorsah, er solle bei der Konfliktbewältigung assistieren, beschränkte sich auf die Überbringung von Botschaften (International Crisis Group 1006: 23). Berichten zufolge koordinierten der Sonderbeauftragte und die Kommission ihre Aktivitäten nicht (ICG 2006: 23). Peter Semnebys Mandat wurde zwar erweitert und er strebte ein sichtbareres Profil an, blieb aber durch unzureichende politische Vorgaben eingeschränkt.

5.3 Der Rat

Die Sonderbeauftragten und die Kommission hätten nicht nach politischen Direktiven handeln können, weil auf der Ebene des Rates kein Konsens existierte, wie die Ursachen des Entitätenkonflikts einzuschätzen, das Verhalten der Konfliktteilnehmer zu beurteilen seien und welche Rolle die EU in diesem Konflikt spielen sollte. Ursache dieser Uneinigkeit waren nicht zuletzt die Positionsunterschiede in der Frage, wie die EU mit Russland umgehen sollte. Spätestens seit der Osterweiterung spalten sich die Mitgliedstaaten in Bezug auf Russland in mehrere Lager, das von einem Kalten-Kriegs-Lager mit den Polen und den Baltischen Staaten auf der einen Seite bis zu einem Camp der russischen Unterstützer unter Führung von Griechenland auf der anderen Seite reicht (Leonard/Popescu 2007). Während die einen in Russland eine Bedrohung sehen und auf Abgrenzung von Russland setzen, sehen die anderen in Russland einen Partner und in der Einbindung Moskaus die angemessene Strategie. Diese Spaltung beeinflusste die Politik der EU gegenüber Georgien und erklärt das „pattern of insufficient action" (Whitman/Wolff 2010: 96).

Eine Staatengruppe namens „New Friends of Georgia", bestehend aus Polen, Schweden, Tschechien, den Baltischen Staaten und Rumänien, plädierte für ein stärkeres europäisches Engagement zugunsten der Überwindung der eingefrorenen Konflikte und unterstützte die westliche Ausrichtung der georgischen Außenpolitik und deren Hauptmotiv: die Emanzipation von russischer Macht. (Halbach 2010: 31). Die andere Gruppe wollte Russland nicht provozieren oder zeigte sogar Verständnis für die russische Position in dem Entitätenkonflikt und sah eher in der Person und Politik Saakaschwilis das Problem. Diese beiden Positionen blockierten sich lange wechselseitig. Vertreter der ersten Position argumentierten, die Gestaltung des europäischen Zwischenraumes im Allgemeinen und Georgiens im Besonderen solle in Kooperation mit Russland organisiert werden. Auf die russische Position bezüglich der Konflikte in Georgien ließe sich am besten im Dialog Einfluss nehmen, der im Rahmen eines neuen Abkommens mit Russland zu organisieren sei. Folglich dürfe sich die EU bei den Konflikten in Georgien nicht in eine anti-russische Frontstellung manövrieren lassen. Die zweite Position argumentierte, bei der Gestaltung des Zwischenraums und Georgien solle sich die EU an den Selbstbehauptungsinteressen der jungen Demokratien orientieren und deren Emanzipation von russischem Vormachtstreben unterstützen. Diese Position stand der georgischen Forderung nach einer prominenteren Rolle Europas als Mediator und damit als Gegengewicht zu Russland aufgeschlossen gegenüber.

Diese unterschiedlichen Ausrichtungen erklären das Muster ungenügenden Handlungswillens. 2004 lehnte Russland eine Verlängerung der OSZE-Mission zur Überwachung der georgisch-russischen Grenze ab. Daraufhin forderte die georgische Regierung die EU auf, diese Mission fortzuführen. Eine solche EU-Grenzmission wäre rechtlich und technisch durchführbar gewesen. Sie erschien aber einigen EU-Staaten als zu provokant gegenüber Russland. Daher rang sich die EU lediglich zu dem Kompromiss durch, statt der ursprünglich angedachten Mission im Umfang von 150 Personen lediglich ein zunächst auf drei Personen beschränktes EUSR Border Support Team zu entsenden (Popescu 2009: 466). Auch wenn das dem Sonderbeauftragten beigeordnete Team später aufgestockt wurde, blieb sein Mandat darauf beschränkt, die georgische Grenzpolizei und andere Regierungsstellen bei der Entwicklung eines Regelwerkes zum Grenzmanagement zu unterstützen.[5]

Ähnliches wiederholte sich drei Jahre später. Zwischenzeitlich sahen die EU-Organe die Notwendigkeit einer sichtbareren Rolle der EU. Im Januar 2007 entsandten der Rat und die Kommission eine Fact-Finding Mission nach Georgien. Auf der Grundlage ihres Berichtes entwickelten beide Organe Pläne für eine Ausweitung der Rolle der EU. Unter anderem schlugen sie die Entsendung von EU-Experten in das georgische Ministerium für Konfliktresolution, die Abordnung von EU-Personal zur UNOMIG[6] sowie der OSZE-Mission und eine Aufwertung des Mandats des EUSR Border Support Teams vor. Diese Initiative wurde aber im Ministerrat von Griechenland mit einer Vetodrohung blockiert (Popescu 2009: 467f; ICG 2008: 17). Auch der Einsatz eines Incident Assessment Mechanism, eines Mechanismus, der es der EU erlaubt, sicherheitspolitische Zwischenfälle in anderen Regionen zu untersuchen und zu bewerten, und der nach der Explosion einer angeblich russischen Rakete im georgisch-kontrollierten Teil von Süd-Ossetien im August 2007 geschaffen worden war, wurde bei einem ähnlichen Vorfall, dem Abschuss einer georgischen Drohne über Abchasien, nicht aktiviert.[7]

Insgesamt blieb das politische Profil des europäischen Engagements der Konfliktprävention trotz des Einsatzes erheblicher Mittel schwach. Mit gutem Willen könnte man der EU dennoch eine strategische Intention zusprechen. Diese bestünde darin, die Statusfragen der Entitätenkonflikte auszuklammern und stattdessen zunächst die ökonomische und politische Attraktivität Georgiens mit der Erwartung zu erhöhen, dass so der Weg für eine friedliche Reintegration der Entitäten geebnet werde. Eine derartige, auf langfristige Transformation zielende Strategie hätte aber mit dem Problem umgehen müssen, dass die georgische Regierung eine kurzfristige Lösung anstrebte und politisch entschlossen war, die Entitäten schnell, und das heißt notfalls auch mit militärischen Mitteln, zu re-integrieren. Eine langfristige Transformationsstrategie hätte also vorausgesetzt, der georgischen Führung deutliche Grenzen zu setzen und entsprechende Sanktionen anzudrohen. Beispielsweise hätte die EU die massive georgische Aufrüstung – die georgischen Militärausgaben stiegen im Zeitraum 2003-2008 von 0,5% auf 8% des BIP[8] – (Halbach 2010: 23) deutlich kritisieren und sanktionieren müssen.

Hierzu aber war die EU nicht in der Lage. Eine wohlwollende Interpretation des europäischen Verhaltens wäre also kaum haltbar. Stattdessen sandte die EU unterschiedliche politische Signale an die georgische Führung. Während Regie-

---

5   Vgl. EUSR Border Support Team, abrufbar unter www.consilium.europa.eu/showPage.aspx?id=1319&lang=EN.

6   United Nations Observer Mission in Georgia.

7   Vgl. Jean Christophe Peuch, European Union: Democratization Key to Conflict Resolution in South Caucasus, veröffentlicht auf EurasiaNet.org (www.eurasianet.org) am 16 Juni 2008.

8   Bruttoinlandsprodukt.

rungschefs des anti-russischen und pro-georgischen Lagers bei Besuchen in Tiflis Saakaschwili in seinem entschlossenen Kurs bestärkten, forderten andere auch von der georgischen Regierung mehr Zurückhaltung (IGC 2008: 16f).

5.4 Die Europäische Politik nach dem August-Krieg

Nun ließe sich gegen die Diagnose der EU als bürokratischer Akteur einwenden, dass sie auf dem Höhepunkt der Krise sehr wohl sichtbar gewesen sei und reaktionsschnell in einer unsicheren Lage gehandelt habe. Sie habe sogar als einziger der internationalen Akteure Handlungsfähigkeit bewiesen und schnell und entschlossen zur Beendigung des Krieges beigetragen. Diese Einschätzung ist nicht falsch. Allerdings ist es ebenso richtig, dass diese Handlungsfähigkeit von einer zufälligen Konstellation abhing und eben nicht von der Europäischen Union und ihren Institutionen generiert wurde.

Zu Beginn des Krieges zeigte sich die EU zunächst tiefer gespalten als vorher. Der polnische Präsident, demzufolge Georgien im August 2008 ein Opfer geworden sei und „Russland wieder sein wahres Gesicht gezeigt habe" brach noch während der Kampfhandlungen, begleitet von seinen Kollegen aus den Baltischen Staaten und der Ukraine, zu einer Solidaritätstour nach Tiflis auf, wo er Präsident Saakaschwili den Rücken stärkte. Dagegen sahen Deutschland, Frankreich, Italien und Spanien Verantwortung für den Kriegsausbruch auf beiden Seiten und plädierten gegen eine Isolation Russlands.

In dieser Situation handelte Sarkozy zunächst in seiner Funktion als französischer Präsident, der zufälligerweise zur gleichen Zeit die Funktion der Ratspräsidentschaft der EU ausübte. Bereits am 12. August vermittelte er nach Besuchen in Tiflis und Moskau den 6-Punkte-Plan zur Beendigung des Krieges. Darin vereinbarten beide Seiten eine Einstellung der Kämpfe, den Rückzug der russischen und georgischen Truppen auf die Vorkriegslinien sowie Bestimmungen über die Rückkehr der Flüchtlinge und den Zugang internationaler Hilfsorganisationen. Einen Tag später gaben die EU-Außenminister ihre Zustimmung.[9] Am 8. September erreichte Sarkozy nach einer weiteren Shuttle-Diplomatie eine russisch-georgische Vereinbarung über die Umsetzung des Planes. Daraufhin beschlossen die EU-Außenminister Anfang September die Entsendung der europäischen Überwachungsmission (EUMM). Ihr am 15. September vom Europäischen Rat festgelegtes Mandat lautet, die uneingeschränkte Einhaltung der Sechs-Punkte-Vereinbarung und der dazugehörigen Umsetzungsmaßnahmen in ganz Georgien zu beobachten. Zusätzlich wurden Genfer Verhandlungen zur Rückkehr der Flücht-

---

9   Council of the European Union: Press Release, Extraordinary Meeting General Affairs and External Relations, 12453/08, Brüssel, 13.8.2008.

linge vereinbart. Hier übernahm die EU den Co-Vorsitz (zusammen mit den VN und der OSZE). Die Kommission moderiert (zusammen mit UNHCR[10]) die Gespräche über humanitäre Angelegenheiten.

Bei der Umsetzung dieser Vereinbarungen ergaben sich eine Reihe von Schwierigkeiten. Zum einen erkannte Russland am 26. August die Unabhängigkeit der Entitäten an. Auch wenn der Sechs-Punkte-Plan die territoriale Integrität Georgiens nicht explizit erwähnte, stieß dieses Vorgehen auf einen entschiedenen Protest der EU. Zum anderen weigerte sich Russland, alle Truppen bis auf die vorher stationierten „Friedenstruppen" aus den Entitäten abzuziehen. Darüber hinaus verweigerten Abchasien und Süd-Ossetien der EUMM den Zugang, so dass sich ihre Tätigkeit auf Kern-Georgien beschränkt. Umstritten ist schließlich der Status der Region Achalgori in Süd-Ossetien und des oberen Kodori-Tals in Abchasien, die vor dem August 2008 georgischer Kontrolle unterstanden.

Zusammenfassend hat die EU nach dem August 2008 ihr Profil als sicherheitspolitischer Akteur in Georgien deutlich geschärft. Sie hat den Waffenstillstand arrangiert, trägt Mitverantwortung für die Genfer Gespräche und überwacht den Waffenstillstand. Zusätzlich entsandte sie mit dem Franzosen Pierre Morel einen zweiten Sonderbeauftragten. Dieser unorthodoxen Doppelberufung lag offenbar das Interesse Frankreichs und anderer großer EU-Staaten zugrunde, die EU-Aktivitäten in dieser sensiblen Konfliktregion möglichst umfassend zu kontrollieren. Peter Semneby, der aus dem eher russlandkritischen Schweden stammt und sich sehr kritisch über die russische Intervention geäußert hatte, genoss offenbar das Vertrauen dieser EU-Staaten nicht mehr (Popescu 2009: 470).

Dennoch bleiben die besonderen Bedingungen hervorzuheben, die dieses Engagement ermöglicht haben. Zum einen ist die Rolle Sarkozys zu erwähnen, der zunächst als französischer Präsident die Initiative ergriffen hatte. Eine ähnliche politische Tat wäre weder vom Ratspräsidenten eines kleineren europäischen Landes noch von dem mit Lissabon geschaffenen Präsidenten des Europäischen Rates oder der Hohen Repräsentantin zu erwarten gewesen. Zum anderen akzeptierten auch die russlandkritischen EU-Mitglieder, dass das Vorgehen Sarkozys alternativlos war. Wir wissen heute, dass im Büro des damaligen amerikanischen Vizepräsidenten eine militärische Reaktion auf die russische Intervention etwa in Gestalt einer Bombardierung des Roki-Tunnels erwogen worden war (Asmus 2010:186f). Die USA verwarfen derartige Gedankenspiele aber schnell und fanden sich mit dem Ergebnis des Krieges ab. Und damit entfiel auch die Grundlage für eine energischere europäische Reaktion auf das russische Vorgehen, das sich der russlandkritische Flügel der EU-Staaten erwünscht hatte. Und schließlich beruhte auch die EU-Initiative auf einem Kompromiss. Die georgische Regie-

---

10   United Nations High Commissioner for Refugees.

rung hatte sich statt der unbewaffneten EUMM eine bewaffnete Friedenstruppe und damit eine stärkere Internationalisierung des Konflikts gewünscht und war damit bei einigen Mitgliedstaaten auf Verständnis gestoßen. Dies aber lehnte Solana mit dem Hinweis auf Absprachen mit Russland ab.

6 Zusammenfassung

Es wurde versucht zu zeigen, dass das Engagement der EU im südlichen Kaukasus mit derem Charakter als bürokratischer Akteur zu erklären ist. Die Kommission setzte sich bei der Ausarbeitung der Europäischen Nachbarschaftspolitik und der Östlichen Partnerschaft dafür ein, dass diese zentralen Instrumente regelorientiert angewandt werden können und bei der Umsetzung nicht ständiger politischer Entscheidungen bedürfen. Dies schlug sich vor allem im Prinzip der *joint ownership* und der Entschärfung der Konditionalität nieder, was die ENP als Instrument der politischen Einflussnahme entschärfte. Vor Ort beschränkte sich die Kommission darauf, Hilfsprogramme im Konsens der Beteiligten zu definieren und umzusetzen. Die Kommission versuchte durchaus, die Konfliktparteien durch gemeinsame Programme zusammenzubringen, war dabei aber auf deren Kooperationswillen angewiesen, der in dem Maße schwand, in dem die Konflikte eskalierten. Dagegen war es kaum denkbar, die Vergabe von EU-Programmen als Druckmittel einzusetzen. Der Rat zeigte sich bis zum Krieg 2008 über die Frage, wie die Entitätenkonflikte einzuschätzen und die Rolle Russlands sowie der lokalen Akteure zu bewerten sei, tief gespalten und zu einer politischen Positionierung, die über das Angebot von Vermittlungtätigkeiten hinausgegangen wäre, nicht in der Lage. Ob die Eruption von europäischen Aktivitäten und die zwischenzeitliche Aufwertung ihres politischen Profils im August 2008 einen dauerhaften Qualitätssprung ihres Engagements anzeigt, darf bezweifelt werden. Zum einen beruhten die erfolgreichen Vermittlungsbemühungen auf zufälligen Konstellationen. Zum anderen fehlen der EU nach wie vor die institutionellen Voraussetzungen, um als strategischer Akteur Kräfte zu bündeln und schnell und ad hoc zu entscheiden. In ihrem östlichen Vorfeld wird sie weiterhin im Sinne einer strukturellen Transformation wirken, aber kaum mit Russland in einen Wettbewerb um geopolitischen Einfluss eintreten.

Literaturverzeichnis

Asmus, Ron, 2010: A Little War that Shock the World: Georgia, Russia, and the Future of the West. New York.

Bendiek, Annegret, 2008: Wie effektiv ist die Europäische Nachbarschaftspolitik? Sechzehn Länder im Vergleich, SWP-Studie 24.

Bendiek, Annegret/Kramer, Heinz, 2009: Fazit, in: Dies. (Hrsg.), Globale Außenpolitik der Europäischen Union. Interregionale Beziehungen und „strategische Partnerschaften". Baden-Baden, 211-232.

Börzel, Tanja A./Risse, Thomas, 2009: Venus approaching Mars? The European Union as an Emerging Civilian World Power, Berliner Arbeitspapiere zur Europäischen Union No. 11.

Bretherton, Charlotte/Vogler, John, 2006: The European Union as a Global Actor. London.

Brzezinski, Z., 1997: The Grand Chessboard. American Primacy and Its Geopolitical Imperatives. New York.

Commission of the European Communities, 2001: Communication from the Commission on Conflict Prevention, COM(2001), 211 Final.

Commission of the European Communities, 2004: Communication from the Commission: European Neighbourhood Policy Strategy Paper, COM(2004), 373 Final.

Commission of the European Communities, 2006: Communication from the Commission to the Council and the European Parliament on strengthening the European Neighbourhood policy. Brüssel, COM(2006), 726.

Commission of the European Communities, 2007: EU/Georgia Action Plan. Brüssel.

Council of the European Union, 2001: EU Programs for the Prevention of Violent Conflict, Gotenburg European Council, June 2001.

Council of the European Union, 2008: Report on the Implementation of the European Security Strategy: providing security in a changing world. Brüssel.

Cooper, Robert, 2000: The Postmodern State and the World Order. London.

Coppieters, Bruno, 2007: The EU and Georgia: time perspectives in conflict resolution. Paris: EUISS Occasional Paper No. 70.

Dembinski, Matthias, 2009: Die Bürokratisierung der EU-Außenpolitik. Der Lissabon-Vertrag setzt auf Verlässlichkeit und Regelorientierung, Frankfurt: HSFK-Standpunkte.

Dembinski, Matthias, 2010: EU-Außenbeziehungen nach Lissabon, in: Aus Politik und Zeitgeschichte, 18/2010, 9-15.

Duchene, Francois, 1973: Die Rolle Europas im Weltsystem. Von der regionalen zur planetarischen Interdependenz, in: Kohnstamm, Max /Hager, Wolfgang (Hrsg.), Zivilmacht Europa – Supermacht oder Partner? Frankfurt, 11-35.

Europäische Kommission, 2006: Stärkung der Europäischen Nachbarschaftspolitik, KOM (2006), 726 endg., Brüssel.

Europäische Sicherheitsstrategie (2003). Ein sicheres Europa in einer besseren Welt. Brüssel.

Halbach, Uwe, 2010: Ungelöste Regionalkonflikte im Südkaukasus, SWP-Studie. Berlin.

International Crisis Group, 2006: Conflict Resolution in the South Caucasus: The EU's Role.

International Crisis Group, 2007: Georgia's South Ossetia Conflict: Make Haste Slowly.

International Crisis Group, 2008: Georgia and Russia: Clashing Over Abkhazia.

Jopp, Mathias/Schlotter, Peter (Hg.), 2008: Kollektive Außenpolitik – Die Europäische Union als internationaler Akteur. Baden-Baden.

Kelley, Judith, 2006: New Wine in Old Wineskins: Promoting Political Reform through the New European Neighbourhood Policy, in: JCMS, 44: 1, 29-55.

Kempe, Iris, 2006: „Nachbarschaftspolitik: Rußland, Ukraine, Belarus, die Republik Moldau", in: Werner Weidenfeld/Wolfgang Wessels (Hg.): Jahrbuch der Europäischen Integration 2006. Baden-Baden, S. 267-272.

Leonard, Mark/Popescu, Nicu, 2007: A Power Audit of EU-Russia Relations. London: European Council on Foreign Relations.

Lippert, Barbara, 2008: La Politique européenne de voisinage. Perspectives internes et externes, in: Politique Étrangère, 2008/1, 39-50.

Manners, Ian, 2002: Normative Power Europe: A Contradiction in Terms? In: Journal of Common Market Studies, 40.2, 235-258.

Manners, Ian, 2006: Normative power Europe reconsidered: beyond the crossroads, in: Journal of European Public Policy, 13.2, 182-199.

Nuttall, Simon, 2005: Coherence and Consistency, in: Hill, Christopher/Smith, Michael (Hrsg.), International Relations and the European Union. Oxford, 91-112.

Ochmann, Cornelius, 2009: Im Osten was Neues, in: Spotlight Europe No. 2009/06.

O'Donnell, Clara/Whitman, Richard G., 2007: Das Phantom-Zuckerbrot. Die Konstruktionsfehler der ENP, in: Osteuropa 57, 2-3, 95-104.

Peters, Ketie/Rood, Jan/Gromadzki, Grzegorz, 2009: The Eastern Partnership: Towards a New Era of Cooperation between the EU and its Eastern Neighbours? The Hague, Clingendael Working Paper.

Peters, Dirk/Wagner, Wolfgang, 2005: Die EU in den Internationalen Beziehungen, in: Holzinger, Katharina et.al.: Die Europäische Union. Theorien und Analysekonzepte. Paderborn, 215-272.

Pollack, Mark A., 2001: International Relations Theory and the European Integration, in: Journal of Common Market Studies 39.2, 221-44.

Popescu, Nicu, 2009: EU and the Eastern Neigourhood: Reluctant Involvement in Conflict Resolution, in: European Foreign Affairs Review, 14, 457-477.

Schubert, Klaus, 2000: Auf dem Weg zu neuen Formen der Staatlichkeit und zu einer neuen Qualität von Außenpolitik?, in: Ders./Müller-Brandeck-Bocquet, Gisela (Hrsg.), Die Europäische Union als Akteur der Weltpolitik. Opladen, 9-29.

Smith, Karen, 2000: The End of Civilian Power EU: A Welcome Demise or Cause for Concern? in: International Spectator 35.2, 11-28.

Smith, Karen, 2005: The Outsiders: The European neighbourhood policy, in: International Affairs, 81:4, 757-774.

Tulmets, Elsa, 2007: Alter Wein in neuen Programmen. Von der Osterweiterung zur ENP, in: Osteuropa 57, 2-3, 105-116.

Van Vooren, Bart, 2009: EU-EC External Competences after the Small Arms Judgment, in: European Foreign Affairs Review, 14:1, 7-24.

Whitman, Richard G./Wolff, Stefan, 2010: The EU as a conflict manager? The case of Georgia and its implications, in International Affairs 86:1, 87-107.

Young,Oran/Levy, Marc A., 1999: The Effectiveness of International Environmental Regimes, in: Oran Young (Hg.), The Effectiveness of International Environmental Regimes: The Causal Connections and Behavioral Mechanisms. Cambridge, 1-32.

Zimmermann, Hubert, 2007: Realist Power Europe: The EU in the Negotiations about China's and Russia's WTO Accession, in: Journal of Common Market Studies, 45.4, 813-832.

III Aktuelle Krisenherde der Welt – Probleme und Perspektiven einer friedensverträglichen Sicherheitspolitik

Der Irakkrieg und die Folgen

Heinz Gärtner

Wie von Präsident Barack Obama im Wahlkampf 2008 versprochen, zogen Ende August 2010 die letzten Kampftruppen ohne Siegesrhetorik aus dem Irak ab, weitere etwa 50.000 Soldaten bleiben freilich bis Ende 2011 zur Unterstützung der zivilen Behörden und zur Terrorbekämpfung im Land stationiert. Der Krieg war 2003 unter falschen Voraussetzungen (Massenvernichtungswaffen, Bekämpfung von Al Qaida, Demokratisierung des Mittleren Ostens) begonnen worden. Ein Diktator wurde gestürzt. War der Krieg aber die hohen zivilen und militärischen Opfer wert? Er hat vier bis fünf Tausend amerikanischen Soldaten und 100 bis 200 Irakern das Leben und die amerikanische Bevölkerung hunderte Mrd. Dollar gekostet. Seine globalen und regionalen politischen Auswirkungen werden lange spürbar bleiben. Global wurde der Ruf der USA als Ordnungsmacht angeschlagen, die regionale Machtbalance geriet durcheinander, und der Terrorismus erhielt neue Nahrung. Mit dem Abzugsplan will Obama einige dieser Fehler korrigieren. Dieser Artikel beschäftigt sich mit den Intentionen der beteiligten Akteure, mit den Kosten und mit den Folgen des Krieges.

1 Regimewechsel und Demokratisierung: Der Krieg im Irak

Der Krieg gegen den Irak prägte die Präsidentschaft George W. Bush seit dem Amtsantritt. Die Anschläge des 11. September 2001 lieferten wohl nur mehr den Anlass. „Bush wollte den Krieg vom ersten Tag an, in dem er im Amt war", sagte ein früherer CIA Offizier zum Buchautor Ron Suskind (2008: 151-194). Das Weiße Haus ignorierte Hinweise nicht nur der eigenen sondern auch britischer Nachrichtendienste,[1] die darauf hinwiesen, dass der Irak keine Massenvernichtungswaffen besaß. Die neokonservative Ideologie begründete den Einmarsch im Irak 2003 nicht nur mit der Existenz von Massenvernichtungswaffen sondern auch mit der Demokratisierung des Mittleren Osten. Allerdings ist um-

---

1 Nichtsdestoweniger soll die britische Regierung selbst die öffentliche Version der Berichte von 2002 manipuliert haben. Konjunktive wurden durch Feststellungen ersetzt, berichtete eine britische Zeitung. Der Irak „könnte" biologische Waffen haben, erschien beispielsweise in der öffentlichen Version mit den Worten „hat die Fähigkeit anzuwenden;" oft wurde „könnte haben" durch „hat" ersetzt. *The Independent*, September 4, 2008.

stritten, ob dieses Motiv tatsächlich zutreffend war. Vizepräsident Richard (Dick) B. Cheney lieferte 2002 eine ganz andere Begründung:

> „Ein mit Massenvernichtungswaffen bewaffneter Saddam Hussein hätte damals den gesamten Mittleren Osten dominieren, einen Großteil der Weltenergiereserven kontrollieren oder die Freunde Amerikas in der ganzen Welt oder irgendeine andere Nation nuklear erpressen können."[2]

Um die Notwendigkeit eines Krieges zu unterstreichen, behauptete der Vizepräsident auch fälschlicherweise in geschlossenen Treffen im Herbst 2002, dass der Irak die Fähigkeit hätte, „Massenvernichtungswaffen, insbesondere nukleare in tragbarem Kleinformat" herzustellen und sie so an Organisationen wie Al Qaida weiterzugeben. „Der Irak ist bedrohlicher, als wir der breiten Öffentlichkeit sagen wollen" (Gellman 2008: 217-222). Bushs Pressesekretär Scott McClellan (2008) schreibt in seinen Erinnerungen:

> „Der Präsident hat versprochen, das zu erfüllen, was sein Vater nicht konnte, nämlich eine zweite Periode im Amt zu bleiben. Das bedeutete aber, einen permanenten Wahlkampf zu führen: Keine Erklärungen, keine Entschuldigungen, kein Nachgeben. Unglücklicherweise hatte diese Strategie auch weniger gerechtfertigte Auswirkungen: Kein Reflektieren, kein Nachdenken, keine Kompromisse insbesondere was den Irak betraf."

Nach der Invasion hat der Präsident wenig unternommen, die Entscheidung zu überdenken oder einen anderen Kurs einzuschlagen und hat als Oberbefehlshaber der US-Streitkräfte die Entscheidungen über den Krieg seinem Sicherheitsberater und den Militärs überlassen, schreibt Bob Woodward (2008: 320-322):

> „Nach dem Einmarschbefehl verbrachte der Präsident drei Jahre in einem Zustand der Verleugnung und hat danach die Überprüfung der Strategie seinem Sicherheitsberater überlassen. Bush war intolerant gegenüber anderen Meinungen oder tieferen Analysen. Es gab keine Zeitpläne, keine Eile. Der Präsident verwickelte sich in einen rhetorischen Krieg aber hielt sich in eigenartiger Weise aus der Kriegsführung heraus."

Der Großteil der republikanischen Partei und viele Lobbyisten (Mearsheimer/ Walt 2007) unterstützten den Krieg gegen den Irak von Beginn an. Die meisten republikanischen Senatoren hatten bereits 1998 den *„Iraq Liberation Act"* unterstützt, der anstelle der Eindämmungspolitik der Administration Clinton die Entfernung von Saddam Hussein forderte. Randy Scheunemann, der in John Mc-

---

2   Dick Cheney, Vice Presidents, speaks a VEW103rd National Convention, August 26, 2002.

Cains Beraterteam war, gründete das *„Committee for the Liberation of Iraq"*. Das Komitee lieferte den Neokonservativen Argumente für einen Krieg gegen den Irak, u.a. verglich es Saddam Hussein immer wieder mit Adolf Hitler. Es sagte voraus, dass die Geschichte die Befreiung des Irak ebenso feiern würde, wie die Deutschlands und Japans nach dem Zweiten Weltkrieg.[3] Die Befürworter des Irakkrieges glaubten an einen Sieg der USA und setzten sich für einen weiteren Verbleib der amerikanischen Truppen im Irak – wenn nötig für eine lange Zeit – ein, ohne nach den Kosten und Konsequenzen zu fragen. Der Krieg durfte ihrer Ansicht nach nicht verloren werden wie der in Vietnam. Diese so genannte „Dominotheorie", die während des Südostasienkrieges der sechziger und siebziger Jahre erfunden wurde, verwendete eine ähnliche Begründung: Fiele ein Land an den Kommunismus würde das nächste folgen usw. Diese Argumente dienten auch dazu, die Anschläge des 11. September mit dem Aufstand im Irak in Verbindung zu bringen, ein Argument, dass keiner Prüfung standhält.

Es ist wahrscheinlich, dass dem Vizepräsidenten die ideologische Unterstützung der Neokonservativen, wie dem damaligen stellvertretenden Verteidigungsminister Paul Wolfowitz, dem Politikberater Richard Perl, den neokonservativen Vordenkern William Kristol, Norman Podhoretz, und Robert Kagan, willkommen war, aber eine klassisch realistische Machtpolitik verfolgte. Die Sicherheitsberaterin und spätere Außenministerin Condoleezza Rice[4] versuchte beide Positionen, die neokonservative und die realistische, miteinander zu vereinen, indem sie die Formulierung „Mächtegleichgewicht für Freiheit" („Balance of Power for Freedom") prägte. Das realistische Konzept des Mächtegleichgewichts sollte in Übereinstimmung gebracht werden mit der neokonservativen Durchsetzung globaler Freiheit. Paradoxerweise ist diese Strategie gerade im „Labor" des Mittleren Ostens gescheitert. Der Krieg, der dem Irak die Freiheit bringen sollte, hat das regionale Mächtegleichgewicht gestört, und die amerikanische Demokratisierungsforderung hat im Gaza die antiamerikanische Hamas an die Macht gebracht. Es gibt keine „Instant-Demokratie", wie es Neokonservative im Irak prophezeit hatten. Das Urteil des ehemaligen Sicherheitsberaters des Präsidenten George H. W. Bush Brent Scowcroft (Brzezinski/Scowcroft/Ignatius 2008: 101), der dem Realismus zugezählt wird, fiel bezüglich der Demokratisierungsvorstellungen des Irak kritisch aus: „Ich glaube, das, was wir im Irak gelernt haben, ist, dass man sich nicht einfach ein Land aussuchen, eine Demokratie errichten, sich umdrehen und gehen kann." Wie die USA den Krieg im Irak in ihr historisches Narrativ einbeziehen, wird entscheidend dafür sein, welchen Kurs die USA langfristig einschlagen werden (Bacevich 2008). Wollen sie sich

---

3   Bai, Matt: The McCain Doctrines, The New York Times Magazine, May 18, 2008.
4   Secretary Condoleezza Rice, Keynote Address at the Annual Meeting of the World Economic Forum, Davos, Switzerland, January 23, 2008.

als Empire darstellen, wie sie die Neokonservativen sehen wollten, oder als Abkehr vom „globalen Krieg" gegen den Terror ohne Ende?

2 Politische Kosten des Irakkrieges

Die Anschläge des 11. September boten Vizepräsident Dick Cheney, Verteidigungsminister Donald Rumsfeld und seinem Vize Paul Wolfowitz nicht nur Gelegenheit, die von ihnen seit den neunziger Jahre angestrebte Beseitigung Saddam Husseins wieder auf die Tagesordnung zu setzen. Gleichzeitig wollte die Administration auch die Schranken des Völkerrechts und die belastenden Wünsche der Europäer abwerfen, die sie hinderten, effektiv gegen die „Schurkenstaaten" Iran, Irak und Nordkorea sowie gegen Terroristen, die von diesen angeblich unterstützt wurden, vorzugehen. Das Gegenteil des beabsichtigten Ergebnisses trat allerdings ein: Die Politik der Einschüchterung konnte nicht verhindern, dass Nordkorea Langstreckenraketen baute und eine Nuklearbombe testete. Der Irakkrieg zerstörte das regionale Mächtegleichgewicht am Golf und machte den Iran nicht nur zu einer regionalen Großmacht, sondern brachte auch die Hardliner an die Macht. Die Einschätzung, dass der Frieden zwischen Israel und den Palästinensern durch die Absetzung Saddam Husseins möglich würde („Der Weg nach Jerusalem führt durch Bagdad!"), hat sich als unrichtig erwiesen. Falsche Demokratisierungsvorstellungen haben im Gaza nicht amerikafreundliche Kräfte sondern die Hamas an die Macht gebracht, die von den USA auf die Liste terroristischer Organisationen gesetzt worden war. Hisbollah wurde im Libanon nicht geschwächt, sondern fühlte sich ermutigt, Raketen auf israelisches Gebiet abzufeuern. Des Weiteren bot der Irak seit der Intervention ein ausgezeichnetes Trainings- und Rekrutierungsfeld für Al Qaida. Der „Krieg gegen den Terror" und den „Islamischen Faschismus" wurde von Al Qaida bereitwillig angenommen, sprach er Terroristen doch den Status von Kriegern in einem weltweiten Kulturkampf zu. Die transatlantischen Beziehungen sowie das Image der USA haben sich seit dem Irakkrieg dramatisch verschlechtert. Die Legitimität der globalen Führerschaft („leadership") der USA hat stark gelitten. Das notwendige Eintreten der USA für Demokratie und Menschenrechte wurde durch den Anspruch auf deren gewaltsame Verbreitung diskreditiert (Steinberg 2008).

3 Wirtschaftliche Kosten des Irakkrieges

Der Krieg im Irak wird, auch wenn er beendet wird, die amerikanische Gesellschaft, die Steuerzahler und die nächsten Administrationen belasten. Bis August 2010 waren die unmittelbaren Kriegskosten etwa höher als die des Vietnamkrieges. Sie betrugen eine Billion US-Dollar im Vergleich zu 700 Milliarden US-Dollar (zum Geldwert von 2008), die für den Vietnamkrieg ausgegeben worden waren, der nach dem Zweiten Weltkrieg der teuerste Krieg für die USA war. Die Kostenschätzungen des Krieges, die im März 2003 begonnen hatten, mussten kontinuierlich nach oben angepasst werden. Ende 2002 schätzte der Budgetdirektor des Weißen Hauses die wahrscheinlichen Ausgaben für einen Krieg gegen den Irak auf 50 bis 60 Milliarden US-Dollar. Ein Jahr später sagte der Sonderverwalter für die Besatzungsregierung des Irak, Paul Bremer, dass der Krieg 100 Milliarden US-Dollar kosten würde. Trotzdem machte der Anteil der Ausgaben für den Irakkrieg am Bruttosozialprodukt nur ein Prozent in den teuersten Jahren aus, während die des Vietnamkrieges bei 2,3 Prozent lagen (Daggett 2008). Der Krieg wird aber nicht nur diese Hunderte Milliarden sondern mehr als drei Billionen US-Dollar kosten (Stiglitz/Bilmes: 2008). Diese Schätzungen schließen nicht nur die unmittelbaren Kriegskosten ein, sondern auch die Versorgung und Behandlung von verletzten Veteranen sowie die Langzeitschäden und psychologische und physische Langzeitpflege mit ein.

4   Die militärischen Kosten des Irakkrieges

Das Vietnam-Trauma mit 60.000 gefallenen US-Soldaten ist noch nicht aus dem Gedächtnis der Amerikaner gelöscht, und in Erinnerung ist auch noch der tragische Vorfall in Somalia 1992, als einige von den 18 toten Amerikanern durch die Straßen von Mogadischu gezerrt wurden. Die „Weinberger-Powell Doktrin" sollte ein Rezept zur Vermeidung eines weiteren Vietnamkrieges werden. *„No more Vietnams"* bedeutete natürlich auch „keine verlorenen Kriege mehr". Caspar Weinberger stellte 1984 seine Version der Doktrin im nationalen Presseklub vor. Er sah den Einsatz der Streitkräfte nicht als Unterstützung von Diplomatie sondern als ihren Ersatz, wenn diese gescheitert war. In der Administration von George H. W. Bush fügte General Colin Powell, der Vorsitzender der gemeinsamen Stabschefs war und eine wichtige Rolle im Golfkrieg von 1990-91 spielte, vor allem das Element der Notwendigkeit einer übermächtigen Streitkraft bei gleichzeitiger Minimierung amerikanischer Gefallener hinzu (Record 2007: 117-130). Der Krieg im Irak widersprach allen Kriterien der Doktrin (Clarke 2008: 73-79). Es standen keine „vitalen Interessen" der USA oder ihrer Verbündeten auf dem Spiel. Die bedrohlichen Massenvernichtungswaffen und die Verbindungen Saddam Husseins zu den Terroristen des 11. September gab es nicht.

Der Einsatz der Streitkräfte erfolgte nicht als „letztes Mittel" sondern präemptiv. Die Präemption oder der Präventivkrieg war das am meisten diskutierte Element der amerikanischen Sicherheitsstrategie („U.S. National Security Strategy," NSS) vom September 2002. Das Prinzip der Abschreckung wurde in der

NSS durch das des Präventivkrieges ersetzt und 2003 gegen den Irak angewendet. Die Situation wurde nicht „vollständig und ehrlich" analysiert und immer wieder neu eingeschätzt, weil Verteidigungsminister Rumsfeld Warnungen der Nachrichtendienste über einen möglichen Aufstand und Stärkung des Terrorismus unberücksichtigt ließ. Die Einführung der Demokratie im Irak war kein politisches und militärisches „klares und erreichbares Ziel", wie im Krieg von 1991 die Vertreibung des Irak aus Kuwait eines war. Es gab keine Strategie für einen Abzug, um eine permanente Verwicklung zu vermeiden. Es wurden zu wenig Truppen eingesetzt, um „entscheidend zu gewinnen". Es gab keine „breite internationale Unterstützung" durch die internationale Staatengemeinschaft und die Vereinten Nationen. Es gab auch nicht ausreichend „begründbare Argumente", damit sich die amerikanische Bevölkerung vorbehaltlos hinter den Krieg stellen konnte; mit einem Drittel der Amerikaner lag 2008 die Anzahl der Befürworter unter denen des Vietnamkrieges. Mit immer größerer Verstrickung in einen Abnützungskrieg entfernte sich das Militär von Politik und damit vom Clausewitzschen Verständnis vom Krieg als Mittel und nicht als Ziel.

Die Vermeidung von amerikanischen Gefallenen war Grundlage des Luftkrieges der NATO gegen Jugoslawien im Kosovo 1999 und galt im Anschluss als „Clinton-Doktrin". Die Ablehnung des Irakkrieges durch die amerikanische Bevölkerung hatte aber nicht nur mit den amerikanischen Opfern zu tun, deren Anzahl bei 5.000 liegt. Die Motive für die Ablehnung lagen also nicht nur in der Anzahl von Soldatensärgen sondern darin, dass die Amerikaner nicht daran glaubten, dass die Gründe für den Einmarsch gerechtfertigt waren (Existenz von Massenvernichtungswaffen, Verbindung zu den Anschlägen des 11. September, Demokratisierung). Die Frage des Abzuges amerikanischer Truppen hängt mit den Gründen des Einmarsches zusammen.

Seit Ende 2006 gab es eine Reihe von Vorschlägen und politischen Manövern, den Krieg zu gewinnen, zu beenden oder zumindest der Kritik den Wind aus den Segeln zu nehmen. Alternativen wie *„go home, go big"* oder *„go long"* wurden diskutiert.

Die *„Iraq Study Group"* (2006), geleitet vom früheren Außenminister James Baker und Lee Hamilton, schlug eine schrittweise Reduktion der Truppen im Irak wie die Kontaktaufnahme mit Iran und Syrien vor. Die irakischen Streitkräfte sollten gleichzeitig mehr Kontrolle und Verantwortung übernehmen – derartiges wurde allerdings schon seit Beginn 2004 wenig erfolgreich versucht. George W. Bush schenkte diesem Plan aber kaum Aufmerksamkeit.

Wegen wachsender Kritik am Krieg wurde Verteidigungsminister Donald Rumsfeld gegen den Widerstand von Vizepräsident Cheney 2006 durch Robert Gates ersetzt. Rumsfeld war zunehmend innerhalb des Militärs mit der Kritik konfrontiert, zu wenig Truppen in den Irak geschickt zu haben. Der Präsident zeigte hier keine Entscheidungsfreudigkeit und *„leadership"*. „Ich habe nicht sehr viel

Zeit damit verbracht, darüber nachzudenken, ob 2003 mehr Truppen die Situation geändert hätten", wird er von Bob Woodward (2008) zitiert. Der Oberbefehlshaber der Streitkräfte überließ die Entscheidung, die Truppen im Irak um 30.000 Soldaten aufzustocken, seinem Sicherheitsberater und dem Generalstabschef.

Präsident Bush schlug im Gegensatz zur *„Iraq Study Group"* 2007 einen *„surge"* vor,[5] eine Erhöhung der Truppenanzahl um etwa 30.000 auf etwa 160.000 Mann, um das Scheitern in einen Erfolg zu verwandeln. Vermutlich wegen dieser Maßnahme und anderen politischen Faktoren (Waffenstillstand der Mahdi Armee, Abkommen der USA mit sunnitischen Stämmen, völlig neuartige Operationen von Spezialeinheiten u.a.) (Woodward 2008) gingen die Gewalttaten im Irak zurück, ohne jedoch aufzuhören. Ende 2008 gab es etwa 140.000 Soldaten im Irak, nachdem etwa nur 8.000 aus dem Irak abgezogen worden waren. Die ursprünglichen Ziele der Bush-Administration waren stillschweigend aufgegeben worden, nämlich mit der Intervention den Irak zu demokratisieren und den gesamten Mittleren Osten zu transformieren.

Der Oberkommandierende der US Streitkräfte im Irak, George W. Casey, der für einen kontinuierlichen Rückzug der US-Streitkräfte eingetreten war, wurde durch General David H. Petraeus ersetzt (Woodward 2008). Dieser schlug im Frühling 2008 eine Pause beim angekündigten Abzug weiterer Brigaden vor. In Umkehr des Clausewitzschen Prinzips vom Primat der Politik gegenüber dem Militär hat George W. Bush gemeinsam mit Senator McCain immer wieder betont, er würde sich danach richten, was General Petraeus empfiehlt.

Verteidigungsminister Rumsfelds Kriegsstrategie im Irak hatte zwei Dimensionen unberücksichtigt gelassen: Erstens, dass sich eine schnelle Eroberung oder Befreiung in eine Besetzung mit fortwährendem Widerstand verwandeln kann, zweitens, dass mit einer Befreiung und Besetzung der Wiederaufbau oder *„nation building"* notwendig wird. Man hatte angenommen, dass der Einmarsch von den Irakern als Befreiung angesehen und der Wiederaufbau von ihnen selbst übernommen würde. Daher wurde kaum für eine längere Besetzung geplant. Aber auch politisch/ideologische Gründe sind dafür verantwortlich. Bereits vor ihrem Amtsantritt im Jahr 2001 hatten der spätere Präsident und seine künftige Sicherheitsberaterin klar gemacht, dass das amerikanische Militär für den Kampf und nicht für Wiederaufbau zuständig sei.

Die politische Fehleinschätzung über den Verlauf des Krieges im Irak aber auch die Selbstüberschätzung seiner Planer und Architekten, dass mit erfolgreicher Invasion auch der Krieg zu Ende sei und der Wiederaufbau von den Irakern selbst übernommen würde, ließen auch die Schwächen des strategischen Konzepts von Verteidigungsminister Rumsfeld deutlich werden: Mangelnde Fähig-

---

5   Diese Erhöhung war von Frederick Kagan (2006) vorgeschlagen worden.

keiten im kaum von der Stelle kommenden asymmetrischen Abnützungskrieg und keine ausreichende Vorbereitung auf *„nation-building"*. James Dobbins (2003, 3) von der RAND Corporation[6] kritisierte vor dem *„Committee on Foreign Relations"* des Senats, dass es, verglichen zu den steigenden Investitionen und dramatischen Verbesserungen in der Kriegsführung im letzten Jahrzehnt, „keinen vergleichbaren Anstieg in der Fähigkeit der US-Streitkräfte oder zivilen Organisationen bei Nach-Konflikt Stabilisierung und Wiederaufbau-Operationen gegeben" hatte. Der 2004 pensionierte General Anthony Zinni hatte im Gegensatz dazu die Notwendigkeit von „nation-building" des Militärs im Unterschied zur Rumsfeldschen Kriegsführung betont:

> „Wenn das Pentagon über ‚Transformation' des Militärs spricht, impliziert es, dass Transformation meint, dass es schneller, leichter, präziser und effizienter wird. Aber in der heutigen Welt sollte sich die Transformation eher auf die Vorbereitung und die Ausbildung der US-Streitkräfte auf friedenserhaltende Einsätze und auf ‚nation building'-Aufgaben konzentrieren." (zit. Nach Schweiss 2004: 22)

Die Transformation des Militärs vergrößerte hingegen den Abstand zum *„nation-building"*. Sie orientiert sich am oberen Ende des Konfliktspektrums, der *„high-intensity"*, *„high-speed"* und *„high-technnology"* Kriegsführung. Das ist jedoch nur ein kleiner Ausschnitt des Konfliktspektrums. Die Phasen der Stabilisierung und des Wiederaufbaus gehören aber ebenso dazu. Sie erfordern aber im Vergleich zu einem traditionellen und transformierten Militär unterschiedlich ausgebildete Sicherheitskräfte und anderes Gerät. Aufgaben zur Sicherung von zivilen Einrichtungen sind ebenso erforderlich wie militärisches Personal mit zivilen Qualifikationen für die Übernahme von Polizeiaufgaben, mit Sprachkenntnissen, handwerkliche und diplomatische Fähigkeiten, juristische Kenntnisse usw. Soldaten sind die ersten, die in einer Nach-Konfliktphase verfügbar sind, noch bevor ausgebildete zivile Kräfte die notwendigen Aufgaben übernehmen können. Schwere Artillerie, eine große Anzahl von Kampfpanzern sind für Stabilisierungs- und friedenserhaltenden Maßnahmen genau so wenig geeignet wie Kampfflugzeuge mit kurzer Reichweite und Präzisionswaffen. Moderne Führungs-, Kommunikations- und Aufklärungssysteme sind für *„nation-building"*-Operationen allerdings ebenfalls notwendig. Stabilisierungs- und Wiederaufbauaufgaben sind viel personalintensiver als ein Krieg mit *„high-tech"*-Waffen. Gewissermaßen sind diese Maßnahmen eine Umdrehung der Rumsfeldschen Militärtransformation, die die Anzahl des militärischen Personals auf ein Minimum reduzieren wollte.

---

6   Die Research and Development (RAND) Corporation ist eine Denkfabrik in den USA, die nach dem Ende des zweiten Weltkrieges gegründet wurde, um die US-Streitkräfte zu beraten.

5 Abzug aus dem Irak – Konzentration auf Afghanistan

Barack Obama hatte sich im Wahlkampf festgelegt, die meisten amerikanischen Truppen aus dem Irak innerhalb eines Jahres abzuziehen. Im Gegensatz dazu befürwortete Obamas republikanischer Konkurrent John McCain eine vieljährige Präsenz. Dieser sah im Irak das größte Sicherheitsrisiko und befürchtete, dass ein Abzug zur Stärkung von Al-Qaida führen würde. Barack Obama sah im Krieg im Irak eine Schwächung des Kampfes gegen den Terrorismus und eine Fehllenkung der in Afghanistan so dringend benötigten Ressourcen. Obama betonte immer wieder, dass Al-Qaida sich erst durch den Krieg im Irak eingenistet hätte. Im Sommer 2008 wollten fast 70 Prozent der Amerikaner und über 90 Prozent der Demokraten, dass der Großteil der Truppen gleich oder innerhalb von zwei Jahren abgezogen werde.[7] Obama lehnte den Einmarsch der USA in den Irak von Anfang an ab. Er werde auch nicht richtiger, wenn sich nach Jahren Krieg, einer Billion US-Dollar und fast 5.000 getöteten Amerikanern, ein Rückgang der Gewalt im Irak andeute. „Wenn man einen Bus in den Graben fährt und ihn nach all diesen Verlusten halb herauszieht, heißt das nicht, dass es von vornherein richtig war, ihn in den Graben zu fahren."[8] Er plädierte für einen geplanten und organisierten Abzug, wollte aber ein Kontingent zum Schutz der US-Botschaft und zur Bekämpfung von Al-Qaida in der Region belassen. Der Rückzug solle jedenfalls „besser geplant werden als der Einmarsch". Ein langfristiges militärisches Engagement der USA könne die tiefer liegenden Probleme im Irak nicht lösen. Obama wies im Einklang mit den meisten Experten darauf hin, dass Al-Qaida vor der amerikanischen Militärintervention im Irak nicht verankert war. In einer Rede im August 2007[9] kritisierte er George W. Bush:

> „Der Präsident will uns im Glauben lassen, dass jede Bombe in Bagdad Teil des Krieges von Al-Qaida gegen uns sei und nicht der Bürgerkrieg im Irak. Der Präsident hat Al-Qaida im Irak – die es dort vor unserer Invasion nicht gegeben hat – selbst aus der Taufe gehoben und übersieht die Personen, die den Anschlag am 11. September wirklich verübt haben und die neue Terroristen in Pakistan rekrutieren und trainieren."

Im September 2007 legte Obama seinen Rückzugsplan aus dem Irak vor. Alle Kampftruppen sollten innerhalb von 16 Monaten abgezogen werden, was eine phasenweise Reduktion von ein bis zwei Brigaden pro Monat bedeutete. Truppen

---

7 The Chicago Council on Global Affairs, Survey, Global Views 2008, Troubled by Loss of Standing in the World: Americans Support Major Foreign Policy Changes, Chicago, Illinois, September 23, 2008.

8 Barack Obama, speech at Rio Grande High School, August 18, 2008. The New York Times, August 19, 2008.

9 Zitiert in New York Times, April 19, 2008.

zum Schutz amerikanischer und internationaler Einrichtungen sowie zum Kampf gegen Al-Qaida sollten länger im Land bleiben. Ebenso hatte Obama nicht ausgeschlossen, dass er nach Gesprächen mit Kommandanten vor Ort nach „gründlichen Überlegungen" seine Position „verfeinern" könnte.[10] Es stellte sich die Frage, wie weit diese Flexibilität gehen würde, und ob er seine Position den geänderten Bedingungen anpassen würde.[11] An seinem Abzugsvorhaben änderte das aber im Prinzip nichts. Obama stellte klar, dass er den Krieg zu beenden beabsichtige „verantwortlich, überlegt, aber entschieden (...) Lassen Sie sich nicht verwirren: Ich werde den Krieg beenden, wenn ich Präsident der Vereinigten Staaten bin."[12] Unerwartete Unterstützung bekam Obama von der irakischen Regierung im Juli 2008, die von der amerikanischen Regierung einen Zeitplan für den Abzug forderte, bevor sie einer Verlängerung der US-Truppen auf irakischem Territorium zustimmte. Das Mandat der Vereinten Nationen lief Ende 2009 aus. Der damalige Oberkommandierende der US-Streitkräfte im Irak, General Petraeus, zog im September 2008[13] nach und deutete an, dass die Kampftruppen innerhalb von zehn Monaten abgezogen werden könnten, obwohl er zuvor Obamas Zeitplan kritisierte hatte. Im Sommer 2008 überstieg die Anzahl der gefallenen amerikanischen Soldaten in Afghanistan die im Irak. Nun gab das Pentagon bekannt, dass es, wie Obama gefordert hatte, plane, eine langsame Truppenumschichtung vom Irak nach Afghanistan vorzunehmen.[14] Das waren 13 Monate, nachdem Obama dasselbe gefordert hatte. Allerdings gab es unterschiedliche Ansichten darüber, wann damit begonnen werden könnte. Letztlich wollten George W. Bush wie John McCain, dass die USA ihre Truppen aus dem Irak in jedem Fall mit einer martialischen Siegesrhetorik abzogen, worauf Präsident Obama im August 2010 beim Abzug der Kampftruppen verzichtete. Obama sprach sich gegen ständige Militärbasen im Irak aus. Er hielt auch nach seinem Besuch im Irak im Juli 2008 an seinem Abzugsplan fest. Allerdings wehrte er sich dagegen,[15] zwischen einem rigiden Zeitplan für den Abzug, der auf sich verändernde Bedingungen im Irak selbst keine Rücksicht nimmt, und der völligen Abhängigkeit von den Entscheidungen der Militärkommandeure vor Ort, wählen zu müssen. Obama ist sich der Verwundbarkeit irakischer Zivilisten in ethnisch gemischten Gegenden bewusst und hat angeboten, ihnen bei Umsiedlungen zu helfen, wenn sie Angst vor Verfolgung haben, und er will irakischen

---

10   The New York Times, July 4, 2008.
11   Die ehemalige Beraterin Obamas Samatha Power hatte im März 2008 in einem Interview mit BBC gesagt, dass sein Plan das bestmögliche Szenario darstelle und dass er sich als Präsident nicht an ihn gebunden fühlen würde. Sie musste nach diesem Interview zurücktreten.
12   Zitiert in The New York Times, July 9, 2008.
13   Financial Times, September 4, 2008.
14   The New York Times, September 5, 2008.
15   ABC News, July 21, 2008.

Flüchtlingen in den Nachbarländern zwei Milliarden US-Dollar Hilfsmittel zur Verfügung stellen. Er kündigte die Einsetzung von Kriegsverbrecherkommissionen an, die von Überlebenden Auskünfte sammeln sollen. Eine gerichtliche Verfolgung von Kriegsverbrechern hat er nicht ausgeschlossen. Treffen mit Regierungs- und Staatschefs der Nachbarländer sollen den Vorhaben breitere Legitimität geben und regionale Differenzen ausgleichen helfen. Vizepräsident Joseph R. Biden unterstützt Obamas Forderung, die Kampftruppen aus dem Irak innerhalb von 16 Monaten abzuziehen. Er war wie Obama ein Kritiker von Bushs Plan, zusätzliche Truppen in den Irak zu senden. Biden hatte vor Beginn des Krieges erfolglos versucht, den Krieg gegen den Irak zu begrenzen. Gemeinsam mit dem republikanischen Senator Richard Lugar arbeitete er 2002 eine Resolution aus, die die Beseitigung der Massenvernichtungswaffen aber nicht die von Saddam Hussein erlaubte. Diplomatische Mittel sollten ausgeschöpft, eine Autorisierung des Sicherheitsrates der Vereinten Nationen erreicht und den Inspektoren der Vereinten Nationen ausreichend Zeit gegeben werden, bevor militärische Mittel zur Beseitigung des Waffenprogramms eingesetzt würden. Letztlich stimmte er für die Autorisierung des Krieges. In seinen Memoiren begründete Biden (2007) sein Stimmverhalten mit dem Versuch, Außenminister Colin Powells Position zu stärken und den Inspektoren mehr Nachdruck zu verleihen. Die Resolution scheiterte am Weißen Haus und im Senat. Biden hatte niemals, wie George W. Bush, Saddam Hussein mit den Anschlägen des 11. September oder Al Qaida in Verbindung gebracht. Bald wurde Biden ein scharfer Kritiker des Krieges und übte Selbstkritik an seiner anfänglichen Zustimmung: „Ich habe einen Fehler gemacht, ich habe den Einfluss von Cheney, Rumsfeld und den anderen Neokonservativen unterschätzt". Biden legte dann einen nicht ganz realistischen Plan zur Teilung des Irak in einer lockeren Föderation vor, was ethnische Umsiedlungen mit sich gebracht hätte. Biden, der sich sehr für eine humanitäre Intervention am Balkan ausgesprochen hatte, versuchte seine Erfahrungen bei der Teilung Bosniens auf den Irak zu übertragen.

In dem Abkommen zwischen dem Irak und den USA von Ende August 2008 wurde ein Truppenrückzug für die irakischen Städte für Juni 2009 und aus dem Rest des Landes für Ende 2011 bei relativer Stabilität im Lande angestrebt. Der Rückzug aus den Städten sollte sogar schneller durchgeführt werden als von Obama vorgeschlagen, insgesamt sollen die US Truppen entsprechend des Abkommens über den von ihm vorgegebenen Abzugstermin Mitte 2010 hinaus bleiben. Obama sah nicht im Irak die zentrale Front im Kampf gegen den Terrorismus sondern in Afghanistan. „Der Irak ist nicht die zentrale Front gegen den Terror, sie war es niemals".[16] Obama sprach sich seit Beginn 2007 für Komman-

---

16   Obama, Barack: My Plan for Iraq, The New York Times, July 14, 2008.

dounternehmen in Pakistan aus, um Al-Qaida zu bekämpfen und Osama bin Laden gefangen zu nehmen, wenn die pakistanische Regierung nicht selbst handelte. Obama wurde im Wahlkampf 2008 von der Bush-Regierung vorerst dafür kritisiert, dass er das Land eines verlässlichen Verbündeten angreifen wollte.

6   Regionale Konsequenzen des Krieges

Der Krieg hat das regionale Mächtegleichgewicht in der Region zwischen dem aufstrebenden Iran und den sunnitischen arabischen Staaten durcheinander gebracht. Der Iran hat seinen Einfluss im Irak, in Afghanistan, über die Hamas in Gaza und die Hisbollah im Libanon ausgeweitet. Vor dem Krieg gab sich der Iran über diese Fragen noch verhandlungsbereit. Der Aufstieg des Iran hat keinen von der Bush-Regierung angenommen Schulterschluss der sunnitisch-arabischen Staaten gegen den schiitischen Iran gebracht. Diese haben vorsichtig, nuanciert, machtpolitisch und oft widersprüchlich auf die iranische Herausforderung reagiert. Es gibt auch keinen wirklichen regionalen Gegenspieler des Iran. Nichtarabische Staaten sind die eigentlichen regionalen Mächte geworden: die USA, der Iran, die Türkei und Israel. Die Unsicherheit über die Politik der USA in der Region hat dazu geführt, dass lokale Regierungen sich verstärkt an Russland und China wendeten. Das betrifft wirtschaftliche Zusammenarbeit, Energiefragen aber auch geopolitische Überlegungen.

Der Nahostfriede ist durch den Krieg wieder in weitere Ferne gerückt. Das neokonservative Dogma, dass der Weg nach Jerusalem über Bagdad führe, hat sich als dramatische Fehleinschätzung entpuppt. Die spätere Sicherheitsberaterin und Außenministerin, Condoleezza Rice, hatte aber schon frühzeitig, nämlich während des Wahlkampfes 2000, die Beseitigung Saddam Husseins und nicht nur die Eindämmung des Irak, wie es dem realistischen Konzept entsprochen hätte, gefordert:

> „Nichts wird sich ändern bis Saddam Hussein verschwunden ist, deshalb müssen die USA alle Ressourcen, die ihr zur Verfügung stehen, mobilisieren, um ihn zu beseitigen, was auch die Unterstützung der inneren Opposition einschließt"Rice (2000).

Der Krieg hat das schiitisch-sunnitische Schisma verschärft. Die innerreligiösen Kämpfe im Irak haben gewaltsame Formen angenommen, die es vorher nicht gab. Auseinandersetzungen haben auf Nachbarregionen übergegriffen und dort soziale Spannungen und Repressionen verstärkt. Iranischer Einfluss wurde so auch größer. Reformen in der arabischen Welt gerieten ins Stocken. Die autoritären Regime wurden gestärkt. Oft unter dem Vorwand der Terrorismusbekämpfung wurden Oppositionelle unterdrückt und festgenommen. Es trat das Gegenteil der von den Neokonservativen vorhergesagten Demokratisierung des Mittleren Ostens ein. Radikale separatistische kurdische Bewegungen in der Türkei (PKK), Syrien und im Iran (PJAK) bekamen Aufwind. Der Krieg hat vier Millionen Menschen zu Flüchtlingen gemacht. Zwei Millionen befinden sich im Ausland. Sie führen zu demographischen Veränderungen und auch zu sozioökonomischen Spannungen etwa in Syrien und Jordanien. Bushs „Krieg gegen den Terror" hat sich als kontraproduktiv erwiesen. Al-Qaida benutzte die Invasion im Irak, um ihre Anschläge als universelles Widerstandsrecht gegen Besatzung zu rechtfertigen. Schiitische Aufständische, wie die iranischen Quds, bekamen dadurch ebenso Rückenwind (vgl. RAND Project Air Force, 2010).

7 Die Bilanz der beteiligten Akteure

Bob Woodward (2008: 423) zitiert die Außenministerin unter Präsident George W. Bush:

> „Da gibt es einige Dinge, die ich rückblickend wirklich anders gemacht hätte. Aber das eine, was ich nicht anders machen würde, ist die Befreiung des Irak. Ich würde es tausend Mal wieder machen. Ja, ich würde es tausend Mal nochmals machen."

Condoleezza Rice hat ihre wohl illusionäre Vision über die Transformation des gesamten Mittleren Ostens beibehalten, obwohl sie zugab, dass die Intervention viel schwieriger war, als sie angenommen hatte. Sie glaubt, ein demokratischer Irak würde einen Regimewechsel im Iran, den Abzug syrischer Truppen aus dem Libanon und eine Lösung des israelisch-palästinensischen Konfliktes zur Folge haben.

„Ich habe von Anfang an daran geglaubt, dass der Irak das Gesicht des Mittleren Ostens ändern wird. (...) Es gibt nichts, worauf ich mehr stolz bin als auf die Befreiung des Irak", sagte sie im State Department im Mai 2008. Offenbar waren für Condoleezza Rice die Massenvernichtungswaffen nicht der primäre Grund für die Intervention im Irak, obwohl sie es doch war, die dramatisch vor der Gefahr eines „Atompilzes" gewarnt hatte. Diese Worte klingen allerdings wie übertriebene Rechtfertigung gegenüber dem investigativen Reporter Bob Woodward. Es ist durchaus möglich, dass Rice nach Ende ihrer Amtsperiode Zeit dafür aufwenden wird, das Thema Irakkrieg geistig aufzuarbeiten, um es vielleicht sogar anders zu beurteilen. Es gibt einen beispielhaften Präzedenzfall. Der Verteidigungsminister von 1961 bis 1967, Robert McNamara (1995, 2000), der einer der treibenden Kräfte für die Eskalation des Vietnamkrieges unter den

Präsidenten John F. Kennedy und Lyndon B. Johnson war, wurde später einer der schärfsten Kritiker des Krieges.

Der ehemalige Vizepräsident Dick Cheney[17] glaubt, dass er überhaupt alles richtig gemacht hätte:

> „Ich habe ein sehr gutes Gefühl über das, was wir getan haben. Wenn ich mich in denselben Umständen wieder finden würde, würde ich genau dasselbe noch einmal machen."[18]

Cheney versuchte nicht, die Handlungen der Administration damit zu entschuldigen, wie das Präsident Bush getan hat, dass der Informationsstand vor dem Irakkrieg geringer war als nach fünf Jahre danach: „Ich glaube, wir trafen gute Entscheidungen. Ich denke, wir wussten, was wir taten!"[19] Er bestätigte, dass er „harte Verhörmethoden", wie sie von der CIA bei des Terrorismus verdächtigten Personen angewendet wurden, billigte, und er hält *„waterboarding"* immer noch für eine wirksame Art, Informationen zu erpressen, sowie Abhörprogramme ohne richterliche Genehmigung für erforderlich. Das Lager auf Guantanamo sollte nach Ansicht Cheneys nicht geschlossen werden, hatte er doch immer wieder betont, dass die Gefangenen – auch ohne Gerichtsurteil – „böse Menschen" seien. Seit Ende 2008 rechtfertigte er die Invasion im Irak tatsächlich immer wieder mit Saddam Husseins Waffenprogrammen. Cheney repräsentiert wohl am besten die Selbsttäuschung, in der die Administration Busch acht Jahre verharrte. Vizepräsident Joe Biden hatte Cheney als den „gefährlichsten Vizepräsidenten in der amerikanischen Geschichte" bezeichnet. „Er war nicht gut für unsere Außenpolitik und nicht förderlich für unsere Sicherheitspolitik, und er verletzte unsere Verfassung." Auf solche Vorwürfe antwortete Cheney, dass Kriegspräsidenten das Recht hätten, schnell und unilateral zu handeln.

> Etwa „wird der Präsident der Vereinigten Staaten nunmehr seit 50 Jahren 24 Stunden am Tag von einem Militärassistenten begleitet, der eine Kugel mitträgt, die den nuklearen Code enthält, den er im Falle eines Nuklearangriffes auf die USA benutzen würde, und er ist autorisiert, ihn zu benutzen. Er könnte diese Art von verheerendem Angriff, den die Welt noch nie gesehen hat, starten. Er muss den Kongress nicht fragen. Er muss keine richterliche Genehmigung einholen. Er hat diese Autorität, weil die Welt so ist, wie sie ist."

Eine Nachkriegsplanung für den Irak gab es nicht, Erfolge wurden erfunden und übertrieben (Bowen Jr. 2008). Schon im Herbst 2003 kündigte Verteidigungsmi-

---

17   Vice President Dick Cheney, Interview on ABC News, December 19, 2008.
18   Vice President Dick Cheney, Interview in Washington Post, December 24, 2008.
19   Vice President Dick Cheney, Interview with Mark Knoller of CBS Radio, January, 2009.

nister Rumsfeld an, dass bis Ende des Jahres an die 100.000 irakische Sicherheitskräfte ausgebildet sein würden. Die feindliche Einstellung der Bush-
Administration gegenüber *„nation-building"* führte letztlich dazu, dass 100
Milliarden US Dollar wegen bürokratischer Fehler verschwendet wurden. Nicht
funktionierende Projekte wurden weiter finanziert, obwohl sie wegen steigender
Gewalt nicht mehr ausgeführt werden konnten. Als Jay Garner, der Vertreter
einer kurzlebigen zivilen Behörde, die Kosten von zivilen Wiederaufbauprojek-
ten mit mehreren Milliarden US Dollar bezifferte hatte, antwortete Rumsfeld:
„Mein Freund, wenn Du glaubst, dass wir eine Milliarde Dollar unseres Geldes
dort unten ausgeben, hast Du dich getäuscht!" Noch im selben Jahr stiegen die
Wiederaufbaukosten auf 20 Milliarden US Dollar. Als die irakische Übergangs-
regierung im Juni 2004 eingesetzt worden war, hatte keine der öffentlichen
Dienstleistungen (außer Mobiltelefonstationen) das Vorkriegsniveau erreicht.
2010 liegt die Elektrizitätsversorgung kaum über zehn Prozent von der unter
Saddam Hussein, die Ölproduktion erreicht immer noch nicht das Vorkriegsniveau. Die Wasserversorgung stieg zwar um 30 Prozent; aber die Verseuchung
des Trinkwassers ist weit verbreitet.

8   Wessen Krieg?

War der Krieg gegen den Irak der von George W. Bush oder der Cheneys und
Rumsfelds? Sanger zitiert ein bemerkenswertes Interview mit Präsident Bush
über dessen außenpolitische Vorstellungen kurz nach seiner Wahl. Irak war für
Bush kein Thema, außer dass die Sanktionen „löchrig wie ein Schweizer Käse"
seien. Es gab keinen Hinweis auf Massenvernichtungswaffen oder auf Demokratisierung. Zu dieser Zeit hatten Cheney und Rumsfeld im Rahmen des neokonservativen Projektes „The New American Century" bereits mehrmals einen Regimewechsel im Irak gefordert. War es also doch „Cheneys" Krieg? Am Tag
nach den Anschlägen des 11. September 2001 drängten Cheney und Rumsfeld
im Oval Office des Weißen Hauses bereits auf einen Krieg gegen den Irak, wie
der Journalist Bob Woodward (2004) gezeigt hat. Präsident Bush und Außenminister Powell setzten sich diesmal noch durch und argumentierten, dass ein Krieg
gegen den Irak weder vor der amerikanischen noch der internationalen Öffentlichkeit zu rechtfertigen wäre.

Kagan (2007) hingegen stellt in seinem Buch „Dangerous Nation" grund-
sätzlichere Überlegungen an, indem er behauptet, dass die USA in ihrer Geschichte – von Kuba 1898 über Somalia 1992 und Kosovo 1999 bis zum Irak –
immer wieder aus idealistisch-moralischen Gründen Kriege geführt hätten und
auch, dass sich das nicht ändern würde. Ein permanenter Krieg zwischen amerikanischer Demokratie und Diktatur ist nach Kagans Paradigmen vorgezeichnet.

Kagan scheint aber seine Rechnung ohne andere große Demokratien zu machen. Die Demokratien Frankreich und Deutschland waren es, die 2002 vehement gegen die Autorisierung des Irakkrieges im VN-Sicherheitsrat auftraten. Die erfolgreichen Demokratien in der dritten Welt, Brasilien, Indien und Südafrika, sind vehemente Gegner einer interventionistischen Politik. Während des militärischen Konflikts zwischen Russland und Georgien im August 2008 verglich Kagan (2008a) Russland mit Deutschlands Aufstieg nach dem Ersten Weltkrieg und konkret mit der Invasion Hitlers im Sudetenland 1938. Er bezeichnete Russlands Intervention als Wendepunkt in der Geschichte ähnlich der von 1989. Im Gegensatz verglich der frühere Sicherheitsberater der Regierung Carter, Zbigniew Brzezinski, Russland mit Deutschland und Japan nach dem Zweiten Weltkrieg, die ihre Vergangenheit bewältigen mussten, bevor sie ihre Identität fanden.

9   Ausblick

In der Außenpolitik hat sich Obama trotz all der Krisenherde und den beiden Kriegen recht gut gehalten. Er hat dass, was er im Wahlkampf versprochen hat, grundsätzlich eingehalten. Der Rückzug aus dem Irak läuft weitgehend nach Plan. Wie vom Präsidenten angekündigt, wurden die US-Kampftruppen Ende August 2010 aus dem Irak abgezogen. Die verbleibenden etwa 50.000 Soldaten sollen Ende Dezember 2011 das Land verlassen. Sie sollen weiterhin Al-Qaida bekämpfen, zivile Institutionen schützen und den Wiederaufbau unterstützen. Die neue Formel heißt „Rat und Beistand" (advise and assist). Etwa 7.000 Angehörige von privaten Sicherheitsfirmen sollen vor Angriffen warnen, Minen entschärfen und im Notfall Zivilisten schützen.

Mittel- und langfristig kann der Irak nur im Rahmen einer regionalen Lösung stabilisiert werden. Das betrifft die arabischen wie auch die nicht-arabischen Staaten der Region, wobei der Türkei eine Vermittlerrolle zwischen diesen beiden Gruppe zukommen könnte (RAND Project Airforce, 2010). Schon 2006 hatte die „Iraq Study Group", geleitet vom früheren Außenminister James Baker und Lee Hamilton, eine Kontaktaufnahme mit Iran und Syrien vorgeschlagen. Zu solchen regionalen Schritten gehören vertrauensbildende und sicherheitspolitische Maßnahmen, die vor allem Israel und den Iran einschließen. Die Gespräche über einen Nahostfrieden sind dafür unerlässlich. Aber auch Konferenzen zur Schaffung einer nuklearfreien Zone im Mittleren Osten, die sowohl Nuklearwaffen als auch Urananreicherung einbeziehen, können für die Region stabilisierend wirken.

Literaturverzeichnis

Bacevich, Andrew J., 2008: The Limits of Power: The End of American Exceptionalism, New York.

Biden, Joe, 2007: Promises to Keep: On Life and Politics, New York.

Brzezinski, Zbigniew/Scowcroft, Brent/Ignatius, David, 2008: America and the World: Conversations on the Future of American Foreign Policy, New York.

Clarke, Richard A., 2008: Your Government Failed You: Breaking the Cycle of National Security Disasters, New York.

Daggett, Stephen, 2008: Costs of Major U.S. Wars, Congressional Research Service (CRS) Report, July 24.

Dobbins, James, 2003: „Next Steps in Iraq and Beyond", Testimony presented before the Committee on Foreign Relations, United States Senate, RAND. September 23.

Gellman, Barton Angler, 2008: The Cheney Vice Presidency, New York.

Baker, James A., III/Hamilton, Lee H. (Co-Chairs), 2006: The Iraq Study Group Report, New York.

Kagan, Frederick, 2006: Choosing Victory: A Plan for Success in Iraq, Report by the American Enterprise Institute, Washington D.C.

Kagan, Robert, 2007: Dangerous Nation: America's Place in the World from its Earliest Days to the Dawn of the 20th Century, New York.

McClellan, Scott, 2008: What Happened: Inside the BushWhite House and Washington's Culture of Deception, PublicAffairs: New York.

Mearsheimer, John J./Walt, Stephen M., 2007: The Israel Lobby and U.S. Foreign Policy, New York.

RAND Project Air Force (Wehrey/Kaye/Watkins/Martini/Guffey), 2010: The Iraq Effect: The Middle East After the Iraq War (Prepared for the United Atates Air Force), Santa Monica.

Record, Jeffrey, 2007: Beating Goliath: Why Insurgencies Win, Washington D.C.

Rice, Condoleezza, 2000: Campagni 2000: Promotiong the National Interest, in: Foreign Affairs, January/February 2000.

Steinberg, James B., 2008: Real Leaders Do Soft Power: Learning the Lessons of Iraq, in: The Washington Quarterly, Spring, 155-164.

Stiglitz, Joseph E./Bilmes, Linda J., 2008: The Three Trillion Dollar War: The True cost of the Iraq Conflict, New York.

Suskind, Ron, 2008: The Way of the World, New York.

Woodward, Bob, 2004: Plan of Attack, New York.

Woodward, Bob, 2008: The War Within: A Secret White House History, 2006 – 2008, New York.

Das Atomprogramm des Iran – Herausforderungen an die Internationale Gemeinschaft

Michael Brzoska

1 Einleitung

Das Atomprogramm des Iran steht inzwischen seit fast acht Jahren mit an der Spitze der Probleme der internationalen Politik, gemessen sowohl an Schlagzeilen in der internationalen Presse wie an diplomatischen Bemühungen.

Im August 2002 wurde, auf Grund von Informationen einer oppositionellen iranischen Gruppe, öffentlich bekannt, dass der Iran den Bau einer Urananreicherungsanlage in der Nähe der Stadt Natanz begonnen hatte. Nachdem der Iran, Mitglied des Atomwaffensperrvertrages und damit vertraglich dazu verpflichtet, internationale Inspektionen zugelassen hatte, wurde deutlich, dass der Iran mit dem Bau dieser Anlage keinen Verstoß gegen seine Verpflichtungen begangen hatte. Allerdings stellten die Inspektoren der internationalen Atomenergiebehörde (IAEO) fest, dass der Iran mit einer Reihe von Aktivitäten seine Verpflichtungen gegenüber der Behörde verletzt hatte. So war der Import von Uran aus China und dessen Weiterverarbeitung sowie Experimente mit Urananreicherung und Plutoniumabtrennung nicht angezeigt worden (IAEA 2004). In späteren Berichten wurden Fragen bezüglich der Herkunft der Zentrifugen gestellt sowie wegen einiger Dokumente, die nahe legten, der Iran habe sich mit den Problemen der Herstellung von atomaren Sprengköpfen befasst. Inzwischen wird im Iran in der Anlage in Natanz seit Frühjahr 2007 Uran angereichert – bis zum Mai 2010 wurden insgesamt 2,4 Tonnen schwach angereichertes Uran hergestellt –, der Bau einer zweiten Anlage in der Nähe von Ghom ist bekannt geworden, und der Bau eines Schwerwasserreaktors wird vorangetrieben (eine Übersicht über die wichtigsten Anlagen findet sich in Tabelle 1).

Die Anreicherung von Uran, die bisher im Iran betrieben wurde, ist nicht ausreichend für die Herstellung von Atomwaffen, aber es ist technisch nicht sonderlich schwierig, auch höhere Anreicherungsgrade zu erreichen. Eine Reihe der Fragen der internationalen Inspektoren sind inzwischen geklärt, aber andere sind weiter ungelöst (Brzoska/Neuneck 2010). Insgesamt vertrat die Atomenergiebehörde im Mai 2010 folgende Einschätzung:

„Based on an overall analysis undertaken by the Agency of all the information available to it, the Agency remains concerned about the possible existence in Iran of past or current undisclosed nuclear related activities, involving military related organizations, including activities related to the development of a nuclear payload for a missile. There are indications that certain of these activities may have continued beyond 2004. With the passage of time and the possible deterioration in the availability of information, it is essential that Iran engage with the Agency on these issues, and that the Agency be permitted to visit all relevant sites, have access to all relevant equipment and documentation, and be allowed to interview all relevant persons, without further delay. Iran's substantive and proactive engagement is essential to enable the Agency to make progress in its verification of the correctness and completeness of Iran's declarations." (IAEA 2010: Ziff. 35+36).

Insbesondere die USA, aber auch andere westliche Staaten, wussten vermutlich schon vor 2002 von den iranischen Plänen für den Bau einer Urananreicherungsanlage. Sie sahen in der Geheimhaltung des Projekts zur Urananreicherung, seiner Größenordnung angesichts des Energiereichtums des Iran sowie dessen Verhalten in der Atomfrage insgesamt starke Indizien für ein militärisches Atomprogramm des Iran. Auf Druck dieser Staaten stellte der Gouverneursrat der IAEO, der für die Überprüfung verdächtiger Mitgliedstaaten des NVV zuständig ist, mit einer Mehrheit von 27 gegen 3 Stimmen (Venezuela, Syrien, Kuba) bei 5 Enthaltungen, Verstöße gegen die vertraglichen Verpflichtungen des Iran fest und übermittelte im Februar 2006 den Fall an den Sicherheitsrat der Vereinten Nationen (VN), der die Aufgabe der Wahrung des internationalen Friedens hat.

Tabelle 1: Die wichtigsten Nuklearanlagen in Iran

Ort	Funktion	Status	Anmerkungen
Gaschin	Mine und Erzanreicherung	Testbetrieb	ca. 21 t Uran pro Jahr (Ressourcen ca. 100 t)
Saghand in Yazd	Mine und Erzanreicherung	In Betrieb	ca. 50 t pro Jahr (Ressourcen ca. 900 t)
Esfahan Nuclear Technology Center (ENTC)	Forschungsreaktoren MNSR und HWZP+R	In Betrieb	IAEO-Safeguards
	Uran-Konversion (UCF)	In Betrieb	Produktion von UF6 zwischen März 2004-April 2009: 371 t
	Brennstofffertigung seit 2004	Im Bau und teilweise in Betrieb	

Ort	Funktion	Status	Anmerkungen
Tehran Nuclear Resarch Center (TNRC)	Forschungsreaktor TRR (Water Pool Light Water Reactor, 5 MW) & Produktionsanlage für Radioisotope, Laboratorien, Laserseparation	In Betrieb	wird mit 20%-LEU betrieben; unter IAEO-Safeguards
Bushehr (BNPP-1)	Leichtwasserreaktor zur Energieproduktion (1 GW)	Im Endausbau	wird mit russischem Brennstoff betrieben; IAEO-Safeguards
Darkhovin Reaktor	Druckwasserreaktor (360 MW)	Bau geplant	eigene Brennstoffversorgung geplant
Natanz	Pilot-Urananreicherung (Pilot Fuel Enrichment Plant, PFEP)	Testbetrieb der IR-2 Zentrifugen	Teilweise IAEO-Safeguards möglich, aber Anlagen-Betrieb umstritten, da VN-Resolutionen deren Einstellung fordern
	Urananreicherungsanlage (Fuel Enrichment Plant FEP)	Betrieb von 8.528 P1-Zentrifugen	
Fordow bei Ghom	Urananreicherung	ca. 3.000 Zentrifugen	wie Natanz
Lashkar Ab'ad	Pilot-Urananreicherung	Abgebaute Anlage	Vorgeschichte weitgehend geklärt
Arak	Schwerwasserreaktor (IR-40) zur medizinischen Isotopenproduktion (40 MW)	Design/ Konstruktion	Proliferationsrisiko; teilweise Inspektionen
	Schwerwasserfabrik	Teilbetrieb	Nicht Teil des Safeguard-Abkommens und der Vereinbarung mit der EU
Anarak/Karaj	Lager für radioaktiven Abfall	in Betrieb	

Quelle: Brzoska/Neuneck 2010

Verschiedene diplomatische Initiativen, unter anderem der EU-Staaten Frankreich, Großbritannien und Deutschland, Russlands sowie der fünf ständigen Mitgliedstaaten des VN-Sicherheitsrates (P5) plus Deutschland führten zu keiner Lösung des Problems. Parallel verschärften die USA und andere westliche Staaten ihre Handels- und Finanzbeschränkungen gegen den Iran. Sanktionen der

Vereinten Nationen wurden erstmals am 31. Juli 2006 (Resolution 1696) verhängt (siehe Tabelle 2). Sie betrafen vor allem die Zulieferung von Nukleartechnologie sowie Beschränkungen für Finanztransaktionen für bestimmte Personen
und Firmen, die mit dem Atomprogramm in Verbindung gebracht wurden. Seitdem sind die VN-Sanktionen in fünf weiteren Resolutionen Schritt um Schritt
verschärft worden, zuletzt am 9. Juni 2010 in Resolution 1929.[1]

Mit dem iranischen Atomprogramm sind vier Herausforderungen für die internationale Politik verbunden, die im Folgenden genauer betrachtet werden
sollen: Die Zukunft des nuklearen Nichtweiterverbreitungsregimes, Krieg und
Frieden in Westasien, der Umgang mit einem schwierigen Staat und das Verhältnis der großen Mächte untereinander.

Tabelle 2: Sanktionsbeschlüsse im VN-Sicherheitsrat gegen den Iran, 2006-2010

Resolution	Datum	Votum	Wesentliche zusätzliche Sanktionen
1929	9. Juni 2010	12 ,2 (Brasilien, Türkei), 1 (Libanon)	Erweiterung Finanzsanktionen und Reisebe- schränkungen gegen 41 namentlich benannte Personen und Firmen mit Verbindungen zu den Revolutionären Garden und der Rüstungs- industrie sowie gegen bestimmte Banker und die nationale iranische Schifffahrtslinie; Ver- bot des Transfers schwerer Waffen, ein- schließlich von Ersatzteilen und Komponen- ten, Verbot der Beteiligung an atomtechnischen Aktivitäten im Ausland
1803	3. März 2008	14, 0, 1 (Indone- sien)	Erweiterung Finanzsanktionen und Reisebe- schränkungen gegen namentlich benannte Per- sonen und Firmen; aufmerksame Kontrolle („vigilance") der Aktivitäten iranischer Banken, insbesondere der Bank Melli and der Bank Saderat sowie bei der öffentlichen Förderung des Handels mit dem Iran z. B. durch Exportga- rantien und -versicherungen; Aufforderung der Kontrolle der Ladungen der Flugzeuge der Iran Air Cargo und Schiffen der nationalen irani- schen Schifffahrtslinie (Islamic Republic of Iran Shipping Line) bei Vorliegen begründeten Ver- dachts des Transfers verbotener Güter

---

1   Siehe Webseite des Sanktionskomitees der Vereinten Nationen unter: http://www.un.org/sc/
    committees/1737/index.shtml.

Resolution	Datum	Votum	Wesentliche zusätzliche Sanktionen
1747	24. März 2007	15, 0, 0	Erweiterung der Finanzsanktionen und Reisebeschränkungen gegen namentlich benannte Personen und Firmen; Verbot des iranischen Waffenexports; Aufforderung an Staaten und internationale Organisationen, Iran keine neuen Kredite oder finanzielle Unterstützung zukommen zu lassen, außer für humanitäre Zwecke und als Entwicklungshilfe
1737	23. Dezember 2006	15, 0, 0	Verbot des Verkaufs und Transfers von Gütern und Technologie sowie technischer und finanzieller Unterstützung für nukleare Aktivitäten, mit Ausnahme für Leichtwasserreaktoren sowie für Raketenentwicklung; Finanzsanktionen und Reisebeschränkungen gegen namentlich benannte Personen und Firmen
1696	31. Juli 2006	14, 1 (Qatar), 0	Aufforderung ("calls upon") aufmerksamer Kontrolle ("vigilance") des Transfers von Gütern und Technologie, die für die Urananreicherung und das Raketenprogramm von Nutzen sein könnten

2   Zur Zukunft des nuklearen Nichtweiterverbreitungsregimes

Die erste Herausforderung betrifft Fragen der Zukunft der militärischen Nutzung der Atomenergie, der Atomwaffenaufrüstung und -abrüstung und insbesondere die der Weiterverbreitung von Atomwaffen auf weitere Staaten.

Im Zentrum der globalen Bemühungen steht der Nichtweiterverbreitungsvertrag (NVV) von 1968, der heute 189 Vertragsstaaten umfasst. Er unterscheidet zwischen den fünf klassischen Kernwaffenstaaten USA, Russland, Großbritannien, Frankreich und China und dem Rest der Welt. Mitglieder des NVV in diesen beiden Staatengruppen haben unterschiedliche Rechte und Pflichten. Außerhalb des NVV stehen nur noch wenige Staaten. Relevant sind darunter die Atomwaffenbesitzer Israel, Indien und Pakistan. Nordkorea hat 2003 seinen Rückzug erklärt. Israel, Indien und Pakistan sind nicht Mitglieder des NVV, verfügen aber über eigene Nukleararsenale und gelten als De-facto-Nuklearmächte. Es ist bisher nicht gelungen, diese Länder in das NVV-Regime einzubeziehen.

Das Nichtweiterverbreitungsregime war in der Vergangenheit sehr erfolgreich. Die Zahl von Atomwaffenstaaten ist weit niedriger geblieben, als Anfang der 1960er Jahre erwartet worden war. Eine Reihe von Staaten hat seine militärischen Atomwaffenprogramme aufgegeben: Anfang der 1990er Jahre unter anderem Südafrika und alle relevanten Nachfolgestaaten der Sowjetunion außer Russland sowie, allerdings nicht freiwillig, der Irak. Anfang dieses Jahrzehnts beendete Libyen sein militärisches Atomwaffenprogramm.

Trotzdem ist das Nichtweiterverbreitungsregime seit einiger Zeit in der Krise, auch schon vor der öffentlichen Diskussion über den Iran. Besonders kritisch waren die Jahre der George W. Bush-Administration in den USA. Mit der Präsidentschaft Barack Obamas hat sich die Haltung der USA in vielen wichtigen Fragen geändert. Der erfolgreiche Abschluss der Überprüfungskonferenz des NVV im Mai 2010 war ein Zeichen für das wieder gestiegene Interesse an einer Stärkung des Nichtweiterverbreitungsregimes. Aber die Krise ist nicht gelöst. Sie hat vier Facetten.

Das *erste* Problem betrifft die nukleare Abrüstung. Im Rahmen von Art. VI des NVV verpflichten sich die Nuklearwaffenstaaten zu nuklearer Abrüstung. Trotz einiger wichtiger Abrüstungsschritte, zuletzt das New START-Abkommen zwischen Russland und den USA, modernisieren und verfeinern die Nuklearwaffenstaaten ihre immer noch umfangreichen Nuklearwaffenarsenale weiter. Die USA investieren viel Geld in ihre Raketenabwehr, fertigen neue Nuklearsprengköpfe an und bauen ihre Weltraumkomponente aus. Russland entwickelt ebenso wie Frankreich eine neue Interkontinentalrakete. In Großbritannien soll ein Nachfolger das nuklear bestückte Trident-U-Boot ersetzen und China baut seine Trägersysteme aus.

Das *zweite* Problem ist die Frage des Verhältnisses von ziviler zu militärischer Atomenergie. Der NVV erlaubt den Staaten nicht nur, zivile Nuklearprogramme zu betreiben, er verpflichtet auch diejenigen, die dies können, zivile Nukleartechnologie in anderen Staaten zu fördern.

Da es sich bei der Kernenergie um eine Dual-Use-Technologie handelt, verpflichten sich die Nichtkernwaffenstaaten zu Sicherungs- und Überprüfungsmaßnahmen (Safeguards), die den Nuklearwaffenverzicht überprüfen. Dies ist die Aufgabe der Internationalen Atomenergie-Organisation. Dabei ist die IAEO zwei widersprüchlichen Zielen verpflichtet: Einerseits der Förderung der Kernenergie, andererseits der Überprüfung deklarierter Aktivitäten ihrer Mitgliedstaaten. Demgegenüber werden die militärischen Arsenale und Anlagen der Nuklearwaffenstaaten nur rudimentär überprüft. Die gegenwärtige „Renaissance der Kernenergie" verlangt eine weitere Propagierung der „Proliferationsresistenz" neuer Nuklearanlagen und Materialen. Das durch die VN-Inspektionen 1991 offen gelegte nukleare Programm des Irak sowie die nicht-deklarierten Aktivitäten Nordkoreas, des Iran und Libyens legten Schwächen des NVV-Überprüfungssystems offen. 1991 wurde deshalb ein Zusatzprotokoll (Model Additional Protocol) für weitergehende Inspektionsrechte und -pflichten der Atomenergiebehörde entwickelt.[2] Durch eine

---

2   Siehe unter http://www.iaea.org/Publications/Factsheets/English/sg_overview.html.

verbesserte Informationspflicht soll sichergestellt werden, dass in keinem Mitgliedsland undeklarierte Aktivitäten im zivilen Nuklearsektor stattfinden. Hierdurch sind umfassende Materialproben, Ad-hoc-Inspektionen und die Auswertung weiterer Quellen möglich. Die Umsetzung des Protokolls erfolgt langsam und nimmt noch viele relevante Staaten aus. Auf der NVV-Überprüfungskonferenz im Mai 2010 erhielt die Forderung, die Unterzeichnung des Zusatzprotokolls verpflichtend zu machen, keine ausreichende Unterstützung.[3]

Mit *Safeguards* kann detektiert werden, ob ein Staat seine Verpflichtungen zu ausschließlich ziviler Nutzung der Kernenergie einhält. Allerdings ist es auch bei Einhaltung dieser Verpflichtungen möglich, sehr nahe an Kernwaffen zu kommen, indem ein Staat Urananreicherung oder Plutoniumabtrennung in industriellem Maßstab betreibt. Neben den tatsächlichen Atomwaffenstaaten gibt es noch eine Reihe weiterer Staaten, die der frühere Generalsekretär der Internationalen Atomenergiebehörde Mohamed El-Baradei als „potenzielle Atomwaffenstaaten" bezeichnete. Darunter sind Staaten wie Deutschland und Japan, in denen Urananreicherung und Plutoniumabtrennung betrieben wird. In diesen Ländern wäre der Bau von Atomwaffen vermutlich in kurzer Zeit möglich, zumindest wäre relativ rasch die Verfügung über geeignetes spaltbares Material herstellbar. Auch der Betrieb von Nuklearreaktoren erleichtert es, bei entsprechenden politischen Entscheidungen, Atomwaffen herzustellen. Die Zahl der Staaten mit ziviler Kernenergie nimmt zu, vor allem auf Grund der steigenden Kosten für fossile Brennstoffe, aber auch als Technologie zur Vermeidung des Ausstoßes von Kohlendioxid.

Das *dritte* Problem ist der Umgang mit Staaten, die nicht Mitglied des Atomwaffensperrvertrages sind. Bis Mitte der 1990er Jahre war dieser Umgang sehr permissiv. 2005 wurden erstmals gegen Nordkorea, nach dessen erstem Nuklearwaffentest 2005, Sanktionen der Vereinten Nationen verhängt. Zwar hatten auch schon vorher eine Reihe westlicher Staaten Beschränkungen im Handel mit dem Land vorgenommen, insbesondere aber China unterhielt bis 2005 keine Handelsbeschränkungen. Gegen Indien und Pakistan sind in der Vergangenheit relativ schwache und wirkungslose Sanktionen verhängt worden, insbesondere nach deren Atomtests 1998. Dasselbe gilt für Israel, gegen das aber eine Reihe von arabischen und afrikanischen Staaten Handelsbeschränkungen eingeführt haben, die auch mit dem israelischen Nuklearprogramm begründet werden.

Nicht nur wurden keine Handelsbeschränkungen ergriffen, sondern seit einigen Jahren gibt es Signale, weitere Atomwaffenstaaten de facto anzuerkennen. Wesentlicher Schritt war der „US-India Nuclear Deal" d.h. die Lieferung von ziviler Nukleartechnik aus den USA an Indien, ohne darauf zu bestehen, dass Indien seine militärische Nuklearinfrastruktur aufgibt. Die US-Regierungen,

---

3   Siehe Abschlussdokument der Konferenz: Final Document of the 2010 NPT Review Conference (Parts I and II) (NPT/CONF.2010/50 (Vol. I)) unter http://www.un.org/en/conf/npt/2010/.

Bush wie Obama, begründen ihre Haltung zwar damit, dass Indien an das NVV-Regime herangeführt werden soll. De facto wird das zuvor wegen seiner Nuklearests 1998 geächtete Indien jedoch als Kernwaffenstaat anerkannt, ohne dass es sein militärisches Nukleararsenal „offen legen" oder sich zu Beschränkungen verpflichten muss (Meier/Neuneck 2006). Diesem Abkommen hat in der Nuclear Supplier Group (NSG), einer Gruppe von Staaten, die sich verpflichtet hat, keine relevanten Nuklearexporte gegen den Willen der anderen Mitglieder vorzunehmen, und zu der auch Deutschland gehört, keiner widersprochen. Vor einiger Zeit wurde bekannt, dass China ein ähnliches Geschäft mit Pakistan anstrebt. Es wird der Nuklear Suppliers Group (NSG), nach dem Präzedenzfall Indien, schwer fallen, hier zu intervenieren.

Das *vierte* Problem betrifft den Austritt aus dem NVV. Dieses Problem ist vertraglich in einer Weise geregelt, die den Vertrag aushöhlt. Ein Austritt aus dem NVV ist innerhalb von drei Monaten nach einer entsprechenden Erklärung gegenüber den Mitgliedstaaten möglich. Der Vertrag regelt aber nicht, was mit den Nuklearanlagen geschieht, die während der Laufzeit des Vertrages geliefert worden sind. Im Extremfall könnte sich ein Staat also unter dem Dach des NVV eine nukleare Infrastruktur zulegen, um diese dann nach einer Kündigung völlig vertragskonform für militärische Zwecke zu nutzen. Während der NVV-Überprüfungs-konferenz im Mai 2010 wurde diskutiert, wie mit diesem „*compliance*"-Problem umzugehen sei. Der Vorschlag einer Verpflichtung, vor einem Austritt aus dem NVV alle zivilen Nuklearanlagen aus dem Ausland zurückzugeben, fand keine ausreichende Unterstützung.

Diese Krise des Weiterverbreitungsregimes war schon vor dem Bekanntwerden des Atomprogramms des Iran brisant, danach verschärfte sie sich. Im Januar 2004 warnte Mohammed al-Baradei[4] vor der steigenden Gefahr eines Nuklearwaffeneinsatzes: „Noch nie war die Gefahr so groß wie heute. Ein Nuklearkrieg rückt näher, wenn wir uns nicht auf ein neues internationales Kontrollsystem besinnen".[5]

Das Nuklearprogramm des Iran hat alle vier Probleme des Weiterverbreitungsregimes verschärft, an erster Stelle das der zivilen Nutzung der Atomenergie einschließlich der Urananreicherung, an zweiter Stelle den Umgang mit Staaten, die ihre vertraglichen Verpflichtungen verletzt haben. Auf der rhetorischen Ebene ist auch das der nuklearen Abrüstung betroffen und schließlich hat der Fall Iran auch das Problem der compliance dringlicher gemacht.

Der NVV verbietet keinem Staat den Betrieb einer Urananreicherungsanlage oder eines Schwerwasserreaktors. Allerdings: Kein Staat, dem das nicht unter

---

4   Ehemaliger Generaldirektor der Internationalen Atom Energie Organisation (IAEO).
5   Der Spiegel Nr. 5/26.1.04: „Ein Atomkrieg rückt näher", Interview mit Mohammed al-Baradei, S. 104.

dem NVV gestattet ist, darf atomare Anlagen für den militärischen Zweck der Herstellung von Atomwaffen betreiben. Urananreicherungsanlagen und auch Schwerwasserreaktoren machen sowohl für zivile als auch militärische Nuklearprogramme Sinn. Technische Kriterien, wie etwa das Design der Anlage oder der Grad der Urananreicherung, sind für die Beurteilung, ob eine Anlage zivilen oder militärischen Zwecken dienen soll, nur von begrenzter Aussagekraft. Wichtiger sind die Absichten. Auf diese lässt sich aber, solange ein Staat nicht offen die militärische Nutzung anstrebt, von außen nur spekulieren bzw. auf der Grundlage von Indizien urteilen.

Es ist nicht unplausibel, die Verstöße des Iran gegen seine vertraglichen Verpflichtungen als nicht sonderlich gewichtig anzusehen. Auch andere Staaten, wie etwa Südkorea, haben gegen Verpflichtungen verstoßen, ohne dass dieses weitreichende Konsequenzen gehabt hätte. Die massiven Folgen, die der Iran zu gewärtigen gehabt hat, resultieren aus der Einschätzung, dass seine Aktivitäten einen militärischen Zweck verfolgen.

Die Grundlagen für diese Einschätzung sind durchaus umstritten. Letztlich wurden sie auf einer politischen Bühne getroffen, dem VN-Sicherheitsrat. Das kann auch andere Staaten mit ziviler Atomenergie treffen. Qualifiziert durch die Art der Anlagen ist damit die Unterscheidung zivil/militärisch im Bereich der Atomenergie eine politische geworden. Angesichts der Machtverhältnisse im Sicherheitsrat bedeutet dies, dass die Mitgliedstaaten des NVV nicht mehr gleich sind, sondern in die zu unterscheiden sind, die im Ernstfall durch Mitgliedstaaten des Sicherheitsrates vor Maßnahmen geschützt werden, und solche, bei denen das, wie im Falle des Iran ab 2007, nicht der Fall ist.

Die iranische Führung hat durchgängig betont, dass man nur eine zivile und keine militärische Nutzung anstrebe. Aus der Sicht des Iran hat man viel für Vertrauensbildung in dieser Richtung getan – zuletzt durch das Abkommen mit der Türkei und Brasilien zur Übergabe niedrig angereicherten Urans an die Türkei im späteren Tausch gegen in Russland und Frankreich hergestellten Brennstoffs für einen medizinischen Reaktor im Iran.

Der Iran hat, als weitere Vertrauensbildungsmaßnahme, zeitweilig erweiterte Inspektionen entsprechend dem *additional protocol* zugelassen. Dieser Beschluss wurde ausgesetzt, als der Sicherheitsrat sich mit dem Atomprogramm des Iran zu befassen begann. Die iranische Führung hat zugesagt, dem *additional protocol* beizutreten, wenn die internationalen Sanktionen gegen das Land aufgehoben würden. Das Hauptargument aus den USA und anderen westlichen Staaten gegen eine Zulassung der Urananreicherung im Iran auch bei scharfen internationalen Inspektionen ist die Möglichkeit des Austritts des Iran aus dem NVV. Der Fall Iran hat sehr deutlich gemacht, dass es keine Regelungen dafür gibt, wie verhindert werden kann, dass unter dem „Schutz" des NVV gebaute Anlagen später für militärische Zwecke genutzt werden.

Parallel zu seinen Aktivitäten zur Vertrauensbildung hat der Iran aber auch darauf hingewiesen, dass die Atomwaffenstaaten und insbesondere die USA in eklatanter Weise gegen ihre Verpflichtungen aus dem NVV verstießen, in dem sie nicht atomar abrüsteten. Dieses Argument hat sich, insbesondere in der Zeit der Bush-Administration, für viele Akteure in der internationalen Politik als einleuchtend erwiesen: Warum dem Iran ein unter internationaler Kontrolle stehendes Urananreicherungsprojekt untersagen, wenn gleichzeitig die Atomwaffenstaaten ihre Arsenale modernisieren. Nicht verfangen konnte das Argument allerdings bei genau diesen Staaten, die gleichzeitig auch die fünf Mitgliedstaaten im Sicherheitsrat mit Vetomacht sind.

3   Krieg und Frieden in Westasien

Wie erwähnt, ist die Frage, ob die Führung des Iran eine militärische Nutzung der Atomenergie anstrebt oder nicht, mit technischen Bewertungsmaßstäben nicht zu entscheiden. In der Vergangenheit galt das Prinzip der Unschuldsvermutung: Staaten wurde die zivile Nutzung unterstellt, bis das Gegenteil erwiesen war, etwa durch Inspektionen wie in den Fällen Irak und Nordkorea, oder durch einen Test, wie im Falle Indiens. Diese Haltung wurde durch die Aufdeckung des Atomprogramms des Irak 1991 massiv in Frage gestellt. Im Falle des Iran ist sie de facto zu einer politischen Frage geworden, die im Sicherheitsrat entschieden wurde.

Ein wichtiger Grund dafür ist, dass es im Rahmen gängiger Theorien der internationalen Beziehungen hoch plausibel ist, dass der Iran nach militärischer Nutzung der Atomenergie strebt. Insbesondere drei Aspekte sind dabei von Bedeutung.

Der erste betrifft das Verhältnis zwischen dem Iran und den USA. Dies ist seit den Tagen des Falls des Schah extrem getrübt. Aus der Sicht des Iran haben die USA sich mehrfach aggressiv gegenüber dem Land verhalten, während des Irak-Iran-Krieges, als die USA den Irak militärisch unterstützten, nach dem Krieg der Koalition mit den USA an der Spitze gegen den Irak 1991 durch die Stationierung von mehr als 100.000 Soldaten im Iran sowie durch die materielle Unterstützung iranischer Oppositioneller. Die Bush-Regierung hatte wiederholt deutlich gemacht, dass man den Sturz der iranischen Führung, die man als Teil der „Achse des Bösen" ansah, herbeizuführen gedenke.

Aus der Sicht von Machttheorien der internationalen Beziehungen, etwa dem klassischen Realismus oder auch von Spielarten des Neorealismus, ist es nur logisch, wenn der Iran zur Ausbalancierung der USA sich die einzige Waffe beschafft, mit der dies erreichbar scheint, die Atombombe. Der Angriff der USA und weiterer Verbündeter 2003 gegen den Irak hätte, nach dieser Logik, den Iran in dieser Ansicht bestärkt, war doch der Irak ohne Atomwaffen nicht in der Lage diesen Angriff abzuschrecken.

Die Tatsache, dass die iranischen Führungen durchgängig bestritten haben, die militärische Nutzung der Atomenergie anzustreben, stärkt aus machttheoretischer Sicht die Überzeugung, dass der Iran nach Atomwaffen strebt. Denn in dem Moment, wo die militärische Nutzung zugegeben würde, müsste der Iran mit massiven militärischen Maßnahmen der USA und Verbündeter rechnen. Um dies zu verhindern, muss der Iran möglichst bis zu dem Zeitpunkt, wo man über eine Zweitschlagfähigkeit verfügt, die eigenen Absichten möglichst verschleiern.

Der zweite Aspekt betrifft die Führungsrolle in Westasien, von Palästina bis Afghanistan. Irak, Iran, Syrien und Saudi Arabien haben mit verschiedenen Instrumenten und zu unterschiedlichen Zeitpunkten und Koalitionen diese Rolle einnehmen wollen. Mehrfach ist es darüber zum Krieg gekommen, so 1980-88 zwischen Irak und Iran, aber auch, lokale Konflikte überlagernd, im Jemen, im Libanon und in Palästina.

Der Iran ist bei der Wahrnehmung einer regionalen Führungsrolle einerseits in einer besonders starken Position, andererseits tendenziell von Isolierung bedroht.

Die starke Position resultiert zum Einen aus der Schwäche anderer Staaten, vor allem des Iraks aber auch Syriens. Zum Anderen hat der Iran mit Hamas und Hizbollah lokale Verbündete im vorrangigen Krisenherd, den Rändern Israels, die in den letzten Jahren viel Zulauf und auch einige politische Erfolge hatten. Der Iran hat, auch durch militante Rhetorik, seinen politischen Führungsanspruch bei der islamischen Bevölkerung in der Region ausbauen können.

Tendenziell bedroht ist die regionale Stellung des Iran vor allem durch die Koalition arabischer Staaten mit dem Westen. Die Führungen in Saudi-Arabien, Jordanien und den Golfstaaten können sich auf massive westliche Unterstützung verlassen. Zudem wird der Einfluss des Iran dadurch begrenzt, dass es das einzige nicht-arabische Land, zudem mit sunnitischer Mehrheit, ist.

Nach klassischer Machtlogik könnte die Verfügung über Atomwaffen die regionale Machtstellung des Iran absichern helfen, zumindest solange der Iran – neben Israel – einziger Staat in der Region mit Atomwaffen bliebe. Es ist allerdings sehr offen, ob dies so bliebe, und nicht etwa Saudi Arabien in der Folge ebenfalls Atomwaffen anstreben würde.

Der dritte Aspekt betrifft das Verhältnis Israel-Iran. Aus der Sicht der iranischen Führung ist, wie am traditionellen Jerusalem-Tag im Iran seit den Zeiten von Ayatollah Khomeni deutlich gemacht wird, Israel ein illegitimer Staat. Die israelische Verfügung über Atomwaffen wird als eklatanter Verstoß gegen die internationale Norm der Nichtweiterverbreitung gesehen, die aber vom Westen nicht nur nicht verurteilt, sondern durch technische und militärische Zusammenarbeit objektiv unterstützt wird. Zudem wird die israelische Politik gegenüber den Palästinensern heftig kritisiert. Ziel iranischer Außenpolitik ist die Eliminierung des Staates Israel und das *Empowerment* der Palästinenser in einem gemeinsamen islamischen Staat. Dieses Ziel ist nicht identisch mit der Vertreibung der Juden aus dem Territorium, aber eine existenzielle Bedrohung für Israel als Staat und die israelische Gesellschaft. Während die direkte Bedrohung aus dem Iran zurzeit weitgehend Rhetorik ist, wird sie durch die iranische Unterstützung von Hamas und Hizbollah in Israel und an den Grenzen manifest.

In Israel ist durchaus kontrovers darüber diskutiert worden, ob die Verfügung des Iran über eine Atombombe Hamas, Hizbollah und oder den Iran stärken würden. Wesentliche Unterschiede in den Argumenten betrafen dabei die Einsetzbarkeit von Atomwaffen und die politische Disziplinierung von Atomwaffen. Nichtsdestotrotz ist von offizieller israelischer Seite immer verlautbart worden, dass eine iranische Atombombe für Israel nicht hinnehmbar sei. Daraus ist in der Vergangenheit vielfach in den Medien aber auch wissenschaftlichen Arbeiten abgeleitet worden, dass Israel mit militärischen Mitteln versuchen werde, die relevanten iranischen Atomanlagen zu zerstören. Nüchterne Analysen bezweifeln allerdings, dass dies, ohne massive Unterstützung durch die US-Streitkräfte, Aussicht auf Erfolg hätte.

Der springende Punkt aller drei Aspekte ist, dass, will man sich nicht auf das Wort der jetzigen iranischen Führung und der Dauerhaftigkeit der von ihnen bekundeten Position zur Atomwaffenfrage verlassen, politische Entspannung in Westasien notwendig ist. Die iranische Führung sollte sich nicht von außen militärisch bedroht fühlen und regionale Probleme sollten nicht durch die Konkurrenz großer regionaler Staaten untereinander ausgetragen werden. Und schließlich muss auch Israel zur Entspannung der Lage beitragen – im Verhältnis zu den Palästinensern wie im Bereich der Nuklearrüstung.

4   Umgang mit einem schwierigen Staat

Alles dies aber würde für die Beteiligten nicht zu akzeptablen Ergebnissen führen, wenn die iranische Führung nicht zu Kompromissen bereit ist, die für den Westen, insbesondere die US-amerikanische Regierung und das Parlament, akzeptabel sind.

Dabei steht die Atomfrage im Mittelpunkt. Zwar wird die iranische Führung vom Westen auch wegen Wahlfälschung, dem Umgang mit Oppositionellen und massiven Menschenrechtsverletzungen kritisiert, aber wie die Beispiele anderer Länder mit ähnlichen Problemen zeigen, können westliche Regierungen das verschmerzen, wenn grundlegende Interessen nicht berührt sind. Zu letzteren gehört die Weiterverbreitung von Atomwaffen in der Region Westasien.

Was also kann man tun, um die Führung im Iran zu Kompromissen zu bewegen? Aus Sicht der Friedensforschung erscheinen besonders drei Aspekte als relevant: ein gesellschaftlicher Dialog, diplomatische Bemühungen und Sanktionen.

Das Thema gesellschaftlicher Dialog mag verwundern, gibt es ihn doch kaum. Das ist bedauerlich, könnte doch so größeres Verständnis für die Befürchtungen, Erwartungen und Hoffnungen im Iran wie im Westen geschaffen werden.

Immer wieder überraschend ist für westliche Beobachter die Breite der gesellschaftlichen Unterstützung des iranischen Nuklearprogramms – des offiziellen, zivilen wohlgemerkt. Selbst liberale Kräfte im Iran, wie die Friedensnobelpreisträgerin Shirin Ebadi, unterstützen das zivile Nuklearprogramm. Die Regierung Ahmadinedschad ist in der Vergangenheit von Vertretern der Opposition dafür kritisiert worden, dass sie dem Westen gegenüber zu kompromissbereit sei.

Nun ist gesellschaftlicher Dialog unter den Bedingungen eines Regimes wie dem im Iran schwer zu erreichen. Dennoch ist es einen Versuch wert. In der Vergangenheit sind hier Chancen ungenutzt geblieben, als die Regierung Khamenei hierzu bereit war, aber westliche Regierungen dies ablehnten.

Ähnliche Probleme gab es in der Vergangenheit auch bei den diplomatischen Bemühungen. Die drei EU-Staaten, die zwischen 2003 und 2006 die Verhandlungen führten, hatten auf einen Wechsel von Präsident Khamenei zu einem liberalen Präsidenten gehofft, tatsächlich gewann Mahmud Ahmadinedschad die Wahlen. Damit waren Kompromisse, die vorher vielleicht erreichbar gewesen wären, nicht mehr zu erlangen.

Ein Grundproblem aller westlichen diplomatischen Bemühungen seit 2003 war das Beharren darauf, dass im Iran keine Anreicherung von Uran erfolgen dürfe. Diese Position, die immer noch gilt, ist einerseits durch die zunehmenden technischen Fertigkeiten im Iran für die iranische Regierung immer weniger akzeptabel geworden. Zum anderen hätte zu Zeiten, als man im Iran technisch noch nicht so weit war, möglicherweise eine flexiblere Haltung des Westens zu Kompromissen führen können. Dafür hat es auch aus dem Iran durchaus Signale gegeben, etwa für Urananreicherung in gemeinsam von ausländischen und iranischen Technikern betriebenen Anlagen im Iran. Auf westlicher Seite sind dazu komplementär technische Vorschläge entwickelt worden, wie man mit dem Problem eines iranischen Ausstiegs aus einem solchen Arrangement hätte umgehen können.

Möglicherweise wäre eine diplomatische Lösung des Problems erreichbar gewesen, wenn Vorschläge, wie sie beispielsweise im Institut für Friedensforschung und Sicherheitspolitik an der Universität Hamburg (IFSH) im Jahre 2006 entwickelt wurden, von der westlichen Seite übernommen worden wären. Auf jeden Fall hat die westliche Maximalhaltung zur Urananreicherung zum Scheitern diplomatischer Bemühungen beigetragen.

Handelsbeschränkungen begleiten die Islamische Republik Iran seit ihrer Entstehung in der Revolution von 1979. Westliche Staaten, wie die USA, verhängten ein breites Band von Sanktionen oder beschränkten den Export von sensitiven Technologien, ohne dies als Sanktionen zu bezeichnen, wie etwa Deutschland. Die Auswirkungen auf den Iran blieben begrenzt. Zum einen schlossen sich viele Handelspartner außerhalb der westlichen Welt diesen Beschränkungen nicht an. Zum anderen fanden iranische Importeure Wege, insbesondere über arabische Staaten, um westliche Technologie ins Land zu bringen. Dafür waren die erheblichen Unterschiede zwischen den Handelsbeschränkungen unterschiedlicher westlicher Staaten hilfreich (IMF 2010).

Trotz dieser Grenzen der Handelsbeschränkungen lassen sich einige Wirkungen im Iran feststellen. In einigen Bereichen, etwa bei der militärischen Ausrüstung, wurde westliche Technologie durch Technologie aus anderen Ländern ersetzt. Zudem wurde die lokale Produktion ausgebaut. Trotzdem blieben Lücken insbesondere bei der Versorgung mit Ersatzteilen, etwa für die in den USA hergestellten Passagierflugzeuge. Diese insgesamt für die Gesamtwirtschaft wie für das Militär und die politische Führung marginalen Wirkungen führten nicht zu einer Veränderung iranischer Politik.

Die zusätzlichen bilateralen Handelsbeschränkungen, die nach dem Bekanntwerden des iranischen Atomprogramms 2003 verhängt wurden, folgten zunächst diesem Muster: Sie waren auf westliche Staaten beschränkt und hatten begrenzte Auswirkungen. Dies änderte sich auch nach der Verhängung von VN-Sanktionen nur in begrenztem Maße. Zum Einen waren die multilateralen Sanktionen auf wenige Aktivitätsfelder beschränkt – Lieferung von Technologie für Urananreicherung, Finanztransaktionen und Reisen bestimmter Personen, die als eng verbunden mit dem Regime und dem Atomprogramm galten. Zum Anderen trafen sie iranische Akteure, die bereits sehr im Umgang mit Sanktionen geübt waren. Spätere VN-Sanktionen haben weitere Aktivitäten mit Beschränkungen belegt. Die Sanktionen vom Juni 2010 fokussieren insbesondere auf die wirtschaftlichen Aktivitäten der Revolutionären Garden, die eng mit dem Atomprogramm verbunden sind, die Islamische Shipping Line sowie den Import von schweren Waffen. Auch die materiellen Wirkungen dieser Sanktionen sind begrenzt und werden vermutlich, obwohl sie gezielt auf die Behinderung des Atomprogramms ausgerichtet sind, nicht zu einem Politikwandel führen.

Sind die Sanktionen daher nutzlos? Nein, denn Sanktionen haben nicht nur das Ziel, durch ihre materiellen Kosten Politikwandel zu befördern. Sie sind auch symbolische Aktionen, mit denen Missfallen mit der Politik des sanktionierten Akteurs zum Ausdruck gebracht wird. Drittens sind Sanktionen ein Element von Verhandlungen. Das betrifft das Verhängen von Sanktionen, deren Verschärfung, aber auch deren Abschwächung und Aufhebung. Multilaterale Sanktionen haben darüber hinaus die Funktion, Staaten in gemeinsame Strategien gegen einen Akteur einzubinden. Grundlage dieser Überlegungen ist jeweils, dass Sanktionen mehr sind als Worte, aber weniger als Kriege. Letzteres ist bei umfassenden Handelsbeschränkungen der VN, wie gegen den Iran 1991-2003 fraglich, deshalb sind sie seitdem nicht mehr im Sicherheitsrat der VN mehrheitsfähig.

Auch wenn Sanktionen vermutlich kaum materielle Wirkungen haben, können sie also politisch sinnvoll sein. Im Fall des Iran könnten sie als Teil eines Verhandlungsprozesses eingesetzt werden und parallel zu den Verhandlungen stattfinden. Zweitens wäre wichtig, dass die mit den Sanktionen verbundenen Forderungen an den Iran nicht als in Stein gemeißelt angesehen werden, sondern verhandelbar sind. Ersteres ist momentan nur beschränkt gegeben – die Verhandlungsprozesse sind erratisch und oft unterbrochen. Das zweite ist momentan problematisch. Insbesondere die US-amerikanische und französische Regierung haben sich auf die Position festgelegt, dass Urananreicherung im Iran nicht akzeptiert werden könne. Diese Position ist für den Iran in Verhandlungen aus den bekannten Gründen innenpolitisch nicht akzeptabel und mittelfristig nicht mit dem NVV vereinbar.

5   Das Verhältnis der großen Mächte untereinander

Das Atomprogramm des Iran hat nicht nur zu einer intensiven politischen Auseinandersetzung mit und über den Iran geführt, sondern auch das Verhältnis der großen Mächte untereinander in erheblichem Umfang berührt. Die Folgen des iranischen Atomprogramms und die internationalen Antworten darauf weisen über dieses Programm hinaus. Eine interessante Ebene ist das Verhältnis der großen Mächte untereinander.

Dazu sollen drei wesentliche Aspekte einer komplexen Problematik betrachtet werden. Der erste Punkt betrifft die Europäische Union. Die EU, genauer die drei größten EU-Mitgliedstaaten und der damalige Hohe Repräsentant für die Gemeinsame Außen- und Sicherheitspolitik, Javier Solana, versuchten in der Frühphase nach dem Bekanntwerden des iranischen Atomprogramms, einen Kompromiss auszuhandeln. Dieser scheiterte vor allem am zu geringen Gewicht der EU. Die EU konnte der iranischen Führung zwar wirtschaftliche Vorteile im Austausch gegen Urananreicherung anbieten, aber keine Angebote für die oben beschriebenen politischen Probleme machen. Das hätte die US-Regierung tun können, mit der die EU-3 ihre Verhandlungsposition eng abstimmten. Diese ließ sich jedoch von den EU-3 nicht zu einem Entgegenkommen gegenüber dem Iran bewegen. Nach 2006 sind die EU-3 in der Gruppe der P-5 plus aufgegangen, in der die USA, Russland und China die zentralen Akteure sind. Der Iran-Konflikt zeigte den diplomatischen Bemühungen der EU klare Grenzen auf.

Der zweite Punkt: Der Iran-Konflikt hat auch der einzigen Supermacht USA Grenzen aufgezeigt. Die iranischen Führungen sind durchgängig den zentralen Forderungen nicht nachgekommen. Zwar sind immer wieder Befürchtungen aufgekommen, dass die USA den Iran militärisch angreifen könnten, aber gleichzeitig wurde deutlich, welche menschlichen, aber auch militärischen und politischen Kosten ein solches Vorgehen bei ungewissem Ausgang haben würde.

Der dritte Punkt betrifft das Verhältnis zwischen den USA, Russland und China. Wie erwähnt wurden sowohl Verhandlungspositionen gegenüber dem Iran, als auch die VN-Sanktionen seit 2007 vorrangig zwischen diesen Staaten ausgehandelt. Die USA waren dadurch gezwungen, Kompromisse mit diesen beiden Staaten zu suchen und einzugehen. Das zeigt die Bedeutung dieser beiden Staaten. Signifikanter zu sein scheint aber, dass Russland und China die US-amerikanische Position übernommen haben, dem Iran Urananreicherung nicht zu erlauben. Sie haben damit, wie oben gezeigt, eine enge Auslegung des NVV eingenommen. Sie hätten dies nicht tun müssen. Sie haben sich dafür vermutlich auch mit US-amerikanischen Zugeständnissen in anderen Fragen bezahlen lassen, etwa im Bereich der Raketenabwehr. Trotzdem bleibt die Tatsache, dass sie auf diese Linie eingeschwenkt sind. Auch diese beiden Staaten haben das Interesse an der Erhaltung einer Weltordnung, in der der Atomwaffenbesitz auf wenige Staaten begrenzt ist, und sind nicht bereit, problematische Atomprogramme wie im Iran zu unterstützen.

6   Zusammenfassung

Wie wird es, wie kann es mit dem Atomprogramm im Iran weitergehen?

Zwei mögliche Szenarien stechen heraus. Das erste ist das pessimistische. Der Iran wird sein Atomprogramm vorantreiben, Urananreicherung ausbauen, wahrscheinlich auch einen Schwerwasserreaktor bauen und möglicherweise Kapazitäten zur Plutoniumabtrennung errichten. Dies sind alles Anzeichen für die Absicht, Atomenergie militärisch nutzen zu wollen. Aber: Der Iran wird die Schwelle zum Atomwaffenstaat nicht überschreiten. Die Führung wird betonen, dass lediglich die zivile Nutzung angestrebt sei. Um dies zu untermauern, wird sie internationale Inspektionen zulassen, auch nach den Richtlinien des Zusatzprotokolls.

Der Westen wird auf immer stärkere Sanktionen drücken, Russland und China werden dies aber nur in kleinen Schritten mitmachen. Solange der Iran die Schwelle zum Atomwaffenstaat nicht überschreitet, wird es keine weitergehenden Aktionen, insbesondere keinen größeren militärischen Angriff gegen den Iran geben. Die Kosten wären zu hoch, die Aussichten auf Erfolg zu gering.

Die Krise des NVV wird verstärkt. Da keine der iranischen Aktivitäten an sich gegen den Atomwaffensperrvertrag verstößt, andererseits aber wichtige Staaten, einschließlich der ständigen Mitglieder des VN-Sicherheitsrates darauf bestehen, dass der Iran Atomwaffen anstrebt, wird das Nichtweiterverbreitungsregime in seiner Substanz unterminiert.

Andere Staaten in Westasien werden versuchen, dem iranischen Vorbild zu folgen und eine zivile nukleare Infrastruktur einschließlich Urananreicherung auszubauen. Die USA, aber auch Russland und China sowie Israel, werden dies zu verhindern suchen. Das begrenzt zwar die Zahl der Staaten, in denen derartige Programme in der überschaubaren Zukunft möglich sind, auf zwei, Saudi Arabien und Syrien, schwächt aber das Nichtweiterbreitungsregime weiter.

Soweit zum pessimistischen Szenario. Das zweite, das hier kurz vorgestellt werden soll, ist ein optimistisches Szenario.

Kernelement ist die Begrenzung der Urananreicherung im Iran auf ein Niveau von maximal 5 % und der Verzicht auf Plutoniumabtrennung. Die Mitglieder des VN-Sicherheitsrates akzeptieren, dass der Iran das Recht auf Urananreicherung hat. Die früheren Verstöße des Iran gegen den NVV ebenso wie die offenen Fragen werden als erledigt erklärt. Der Iran stimmt internationaler Verifikation auf hohem Niveau zu.

Um den Iran dazu zu bewegen, das Programm auf diesem Niveau zu beenden, sind sowohl US-amerikanische Sicherheitsgarantien für den Iran als auch Verbesserungen in den Beziehungen zwischen den Staaten in Westasien sowie in Palästina notwendig.

Wie wahrscheinlich ist dieses optimistische Szenario? Es gibt einige hoffnungsvolle Anzeichen. So ist die Obama-Regierung in den USA im Prinzip gesprächsbereiter als es die Bush-Administration war. Die Unterstützung von oppositionellen Gruppen im Iran ist heruntergefahren worden, trotz der Wahlfälschung im Iran in 2009. Während der NVV-Überprüfungskonferenz im Mai 2010 erreichten es Ägypten und andere Staaten, dass im Abschlussdokument, mit Zustimmung der USA und des Iran, die Abhaltung einer internationalen Konferenz zu Nuklearfragen in der Region in 2012 festgeschrieben wird.

Der Weg zu einer Lösung, die diesem Szenario entspricht, ist allerdings weit. Die iranische Regierung hat, auch nachdem die Versorgung mit höher angereichertem Uran im Rahmen des brasilianisch-türkisch-iranischen Abkommens vom Mai 2010 angeboten wurde, nicht auf die Anreicherung von Uran auf mehr als 5 % verzichtet. Der Iran hat auch versucht, einen erfolgreichen Abschluss der Überprüfungskonferenz des NVV zu verhindern. Auf der anderen Seite ist es nicht zu Veränderungen der offiziellen US-amerikanischen Position zum Atomprogramm des Iran gekommen. Beide Seiten sprechen von Dialog, aber führen ihn nicht. Dieser aber müsste wieder auf der Grundlage realistischer Perspektiven in Gang kommen, damit das Problem Atomprogramm nicht weiter eskaliert.

Dafür ist Vertrauensbildung in kleinen Schritten der beste Weg. Er sollte nicht nur das Atomprogramm umfassen – etwa die Akzeptanz der iranischen Urananreicherung durch die internationale Staatengemeinschaft im Gegenzug gegen den verifizierbaren Verzicht des Iran auf Urananreicherung über 5 % – sondern auch politische Elemente, insbesondere zur Verbesserung der regionalen Sicherheit (Brzoska/Neuneck 2010).

Das iranische Atomprogramm ist aber darüber hinaus auch mit globalen Fragen verbunden. Eine Eskalation des Konfliktes zwischen den Hauptkontrahenten USA und Iran würde auch das Verhältnis der großen Mächte untereinander belasten. Eine Atommacht Iran wäre eine schwere Belastung der nuklearen Nichtweiterverbreitung, genauso wie ein militärisches Vorgehen ohne Beschluss des Sicherheitsrates der Vereinten Nationen.

Literaturverzeichnis

Brzoska, Michael/Götz Neuneck, 2010: Iran – auf dem Weg zur Bombe? Welche Möglichkeiten zur Lösung des Problems hat die internationale Staatengemeinschaft? Vereinte Nationen, 28. Jg., No. 4.

IAEA (International Atomic Energy Agency), 2004: Report by the Director General, Implementation of the NPT Safeguards Agreement in the Islamic Republic of Iran, Gov/2004/83, 15 November, 2004, unter: http://www.iaea.org/Publications/ Documents/Board/2004/gov2004-83.pdf.

IAEA (International Atomic Energy Agency), 2010: International Atomic Energy Agency, Report by the Director General, Implementation of the NPT Safeguards Agreement and relevant provisions of Security Council resolutions 1737 (2006), 1747 (2007), 1803 (2008) and 1835 (2008) in the Islamic Republic of Iran, GOV2010/28, 30 May 2010, unter: http://www.isis-online.org/uploads/isisreports/documents/IAEA_Report _Iran_31May 2010.pdf.

IMF (International Monetary Fund, Islamic Republic of Iran), 2010: 2009 Article IV Consultation – Staff Report; Staff Supplement; Public Information Notice on the Executive Board Discussion; and Statement by the Executive Director for Iran, IMF Country Report No. 10/74.

Meier, Oliver/Götz Neuneck, 2006: Der Atomdeal zwischen Indien und den Vereinigten Staaten: Nukleare Nichtverbreitung am Scheideweg, Hamburger Informationen zur Friedensforschung und Sicherheitspolitik 41/2006. Hamburg.

Krisenherd Pakistan – Nukleare Risiken, regionale Konflikte und die Taliban

Jakob Rösel

1 Einleitung

Der folgende Aufsatz richtet sich auf einen Kunststaat, Militärstaat und Krisenstaat besonderer Prägung.

Viele Dritte Welt-Staaten sind Kunstgebilde. Die Besonderheit Pakistans liegt allerdings darin beschlossen, dass sein erster Außenminister die Gründung eines solchen Staates nur wenige Jahre zuvor als eine „Studentenidee" abgetan hatte, dass dieser Staat 1947 der erste große Sezessionsstaat der Dekolonialisierung war und dass dieses Kunstgebilde in drei wesentlichen Dimensionen bis heute undefiniert und unvollendet geblieben ist: Es bleibt nach wie vor von Seiten der Herrschaftseliten ungeklärt, ob Pakistan ein Zentralstaat oder ein Föderalstaat, ein säkularer Staat mit muslimischer Mehrheit oder ein Staat sein soll, der dem Islam und der Sharia eine – wie auch immer beschaffene – Vorrangstellung einräumen soll. Schließlich bleibt unklar, ob Pakistans Eliten eine Demokratie oder immer wieder neue Varianten einer legalistisch dekorierten Militärdiktatur bevorzugen (Conrad 1973: 139).

Pakistan ist nicht nur Kunststaat, Pakistan ist vor allem und fast von Anfang an ein Militärstaat. In der Rückschau zeigt sich, wie rasch Pakistan sich zum Militärstaat entwickelt hat (Cohen 2004). Nach einer Phase zögerlicher und manipulativer Demokratisierung erfolgte 1958 eine erste Phase der Militärherrschaft. Sie endet de facto 1971 mit der Sezession des östlichen Landesteiles und damit der Bevölkerungsmehrheit: Ostpakistan wird jetzt Bangladesch (Sisson/Rose 1999).

Erst 1973wird eine genuin demokratische Verfassung verabschiedet, – die bis heute fortdauert – und Zulfikar Ali Bhutto kann das diskreditierte Militär bis 1977 unter ziviler Kontrolle halten. 1978 setzt aber ein zweiter Putsch, eine zweite Phase der Militärherrschaft ein. Sie endet 1988 mit dem Flugzeugattentat auf den neuen islamisierenden Militärdiktator Mohammed Zia ul-Haq. Der Verlust des Militärführers zwingt das ratlose Militär nunmehr in eine zweite Phase der intensiv gesteuerten Demokratisierung (Waseem 1994).

Die Steuerung erfolgt mit Hilfe eines von Zia durch Verfassungsmanipulation aufgewerteten Präsidentenamtes. Diese vordergründig demokratisierende Phase hält von 1988 bis 1999 an. Nachdem der letzte demokratische Premier aber den entsprechenden Verfassungsparagraphen 1997 außer Kraft setzt und dem Militär damit sein Steuerungsinstrument aus der Hand schlägt, wird der nächste Putsch wahrscheinlich. Er findet Ende 1999 statt; seit dem beherrscht Armeechef Pervez Musharraf, als „Chief Executive" und „Chief of Army Staff" und bald wiederum als Präsident den Vielvölkerstaat. Anfang 2008 muss er unter massivem außen- und innenpolitischen Druck zurücktreten. Der Witwer der zuvor ermordeten Bhutto-Tochter Benazir herrscht seitdem als Präsident, sein Pakistan Peoples Party-Vasall Yousuf Raza Gilani als Premier. Nach wie vor kontrolliert aber das Militär mit Hilfe eines nationalen Sicherheitsrates, zahlloser Mitspracherechte und selbstverständlicher Privilegien die Politik. Pakistan ist aber auch aus weiteren Gründen ein Militärstaat. Zunächst gilt, was zu Preußen gesagt wurde: Dies ist kein Staat, der eine Armee hat, vielmehr eine Armee, die einen Staat hat. Die Armee ist unverhältnismäßig groß, in einem Staat von rund 180 Millionen Einwohnern hält sie mehr als 600.000 Soldaten unter Waffen. Sie verschlingt gut 5 % des Bruttosozialprodukts und traditionell mehr als 50 % des Regierungsbudgets. Die kombinierten Ausgaben für Bildung und Gesundheit erreichen nie die Höhe der Militärausgaben – gemessen am Bruttosozialprodukt: 1981 Gesundheit 0,6; Erziehung 1,4; Militär 5,7; 2004 0,6/2,1/3,2 % (Siddiqa 2007: 163).

Das Militär ist nicht nur Staat im Staate, es bildet eine hegemoniale, alle Sektoren überformende Parallelgesellschaft. Rund 50 % der innerstädtischen Flächen aller pakistanischen Großstädte sind dem extensiven Gebrauch durch die Militärs gewidmet und das bereits seit britischen Zeiten: Schießplätze, Paradeplätze, eigene Hospitäler, Schulen, Akademien, Shopping Malls, Villensiedlungen und Golfplätze sind hier zu finden. Die Armee hat eigene Banken, Bäckereiketten, Hotelanlagen, Versicherungs- und Bankkonzerne, Fluglinien und Baufirmen. Sie kann die zivile, private Konkurrenz in allen Wirtschaftssektoren niederringen. Die Armee ist zugleich der größte Landerschließer, Nutznießer von Bewässerungsvorhaben und einer der größten Landbesitzer.

Schließlich ist Pakistan Militärstaat aufgrund seiner Bündnispolitik. Es war das pakistanische Militär, vor allem der erste Diktator Ayub Khan, der seit 1951, zum Zeitpunkt der SEATO[1], CENTO[2] und NATO-Gründungen, die Militärallianz mit den USA aushandelte – nach der Absage Jawaharlal Nehrus an eine prowestliche Bündnisorientierung Indiens. Das US-Bündnis sichert seitdem das Überleben, die mehrfach wiederholte finanzielle, militärische und entwicklungspolitische Sanierung des Kunststaats. Dank der Pakistan-Allianz können die USA während, ebenso wie nach dem Kalten Krieg das so genannte „Offshore balancing" praktizieren. Mit einem relativ geringen Kraftaufwand können sie die

---

1   Südostasienpakt (South East Asian Treaty Organization).
2   Central Treaty Organization (1959 gegründet), ehemaliges Verteidigungsbündnis zwischen Irak, Türkei, Großbritannien, Iran und Pakistan.

Großmachtambitionen des lange Zeit neutralen oder renitenten Indiens von Anfang an abstoppen. In seinem eigenen unmittelbaren Umfeld ist Indien deshalb
von Beginn an mit einem hochgerüsteten Gegner konfrontiert. Pakistan war
immer zu schwach, um Indien zu bezwingen, aber bislang stark genug, um Indien zunächst konventionell, seit 20 Jahren auch nuklear zu widerstehen und zu
bedrohen. Neben dieser für Pakistan überlebensnotwendigen Zweckallianz mit
den USA tritt seit Ende der 1950er Jahre diejenige mit China. Auch dieses
Bündnis kommt vorrangig dem Militär und der Konfrontation gegenüber Indien
zugute (Yuan 2001).

Zugleich verschafft das Pakistan-China-Bündnis dem Land und den Militärs
einen gewissen Freiraum und ein Erpressungspotenzial gegenüber den USA. Seit
den 1970er Jahren kommt als unausgesprochene finanzielle und ökonomische
Zusatzoption die Allianz mit Saudi-Arabien und der Golfregion hinzu – zu einem
religionspolitischen Preis. Das finanziell marode Pakistan muss die Wahabiten[3]
in Riad und Mekka stets durch besondere Anstrengungen, sei es bei islamisti-
schen Reformen oder beim Jihad überzeugen. Der Kunststaat und Militärstaat
war von Anfang an ein Krisenstaat (Rösel 2009).

Seit Gründung und Teilung war Pakistan mit lebensbedrohenden Krisen
konfrontiert; es hat sich allerdings bislang erfolgreich über zahllose Krisen und
Auflösungserwartungen hinweg „durchgewurstelt". Mit Bangladesch hat es mehr
als die Hälfte seiner Bevölkerung und seines Steuerreichtums verloren; es hat
gegen Indien vier de facto von ihm selbst angezettelte Kriege verloren – über
Kaschmir 1948; entlang der indisch-pakistanischen Punjabgrenze 1965; über
Bangladesch 1971 und in Kargil, Kaschmir, 1999. Dennoch, der Staat und das
Militär haben bislang zumindest alle diese Katastrophen und Niederlagen über-
standen (Talbot 1999).

An dieser Stelle soll über drei entscheidende Krisenentwicklungen gesprochen werden. Es sind dies die nuklearen Risiken, die regionalen Konflikte und die
Taliban. Alle diese Krisenfaktoren sind seit längerem entstanden, aber ihre wachsende Konvergenz und Vernetzung wecken zu Recht neue Fragen und Ängste.

2 Nukleare Risiken

1974 zündete Indien erste nukleare Sprengsätze in der Rajasthan-Wüste (Perkovich 1999).

Premier Zulfikar Ali Bhutto versammelt daraufhin die wenigen pakistanischen Nuklearphysiker und berät über die Gründung eines eigenen geheimen

---

3   Anhänger einer konservativen und dogmatischen Richtung des sunnitischen Islams hanbaliti-
     scher Richtung.

nuklearen Aufrüstungsprogramms. In der ihm eigenen demagogischen apokalyp-
tischen Manier erklärt er, Pakistan werde sich die Bombe sichern, auch „wenn
wir tausend Jahre Gras fressen müssen". Während die eigenen Forschungsan-
strengungen kaum voran kommen, meldet sich aus Holland per Privatbrief ein
bislang gescheiterter Mohajir, also ein ursprünglich aus Nordindien nach Pakistan geflüchteter Pakistanenthusiast und bislang gescheiterter Physiker. Abdul
Qadir Khan hat eine Holländerin geehelicht und weil er sowohl das Niederländi-
sche wie das Deutsche spricht, hat er als Übersetzer Zugang zu einem geheimen,
von den Niederlanden, Großbritannien und Westdeutschland getragenen Atom-
forschungsprogramm Zugang gefunden. In den 1970er Jahren vermutet kein
Europäer und Amerikaner, dass das unterentwickelte Pakistan zu einem Atom-
rüstungsprogramm fähig ist. Während der gesamten 1970er Jahre baut Khan
zunächst in Holland und in London, später von Islamabad aus, ein nur ihm ver-
pflichtetes Netzwerk auf. Erst von Bhutto, nach dessen Hinrichtung von Zia
unterstützt, kauft Khan mit Hilfe persönlicher Freunde und von ihnen vermittel-
ter Techniker atomare Produktionstechniken, Blaupausen, entscheidende Komponenten, Know How und Rohstoffe in Europa auf. Er verfügt inzwischen über
fast unbegrenzte Geldmittel und unterhält zahllose Import- und Exportfirmen.
Die Produkte werden über das unverdächtige Dubai oder über pakistanische
Industrieunternehmen und Entwicklungsministerien importiert. Bis zum Ende
der 1970er Jahre erregen zahlreiche Zollfunde und Zwischenfälle nie das Miss-
trauen der europäischen und amerikanischen Behörden. Es gilt als ausgeschlossen, dass Pakistan mit Hilfe eines systematischen Einkaufs ein Nuklearprogramm voranbringen kann. Vor allem Dank Zias Putsch hat sich aber in Pakistan
die Situation für Khan inzwischen dramatisch verbessert. Um die Stellung des
nunmehr expandierenden Programms zu verstehen, ist es notwendig, den auf
Islamabad/Rawalpindi konzentrierten kolonialen und nunmehr aktuellen militä-
risch-industriellen Komplex darzustellen. Anfänglich hatte Muhammad Ali Jinnah, „the Sole Spokesman for Pakistan", seine Geburtsstadt Karachi, die größte
Hafenstadt und Industriemetropole des Industals, zur Hauptstadt des neuen
Kunststaates bestimmt (Jalal 1999: 241-293).

Nachdem Ayub Khan 1958 seinen Militärputsch durchführt, ist er, wie der
gesamte Generalstab, der Meinung, dass Pakistan eine neue und zwar im Einflussbereich des Militärs gelegene Hauptstadt benötige. Dies wird eine neue „Stadt des
Islams", Islamabad. Diese Stadtgründung wird einfach um das traditionelle Zentrum des Militärs im westlichen Punjab herum geplant. Auf halber Strecke, zwischen der uralten Hauptstadt des Punjabs im Osten, Lahore, und des entscheidenden Indusüberganges und Zugangspunktes zum Khaiberpass bei Attock, hatten die
Engländer bei der Kleinstadt Rawalpindi die größte Garnisonsstadt, das größte
Cantonment Britisch Indiens begründet. Von hier aus beabsichtigte die Kolonialmacht, das „große Spiel" der Eindämmung des russischen Einflusses über Zentral-

asien hinaus steuern zu können. Rawalpindi war nicht nur eine ausgedehnte Garni-sonsstadt, im unmittelbar südlich gelegenen Potowar-Plateau rekrutierte die Kolo-nialmacht die Masse ihrer muslimischen Punjabi-Soldaten. Rawalpindi war dar-über hinaus ein ausgedehntes Arsenal und ein Eisenbahnknotenpunkt. Von hier aus erstreckten sich nach Westen die strategischen Eisenbahnlinien, mit denen die Engländer die Nordwestgrenze zu verteidigen gedachten. Ayub Khan kehrt also mit der Hauptstadtgründung ins alte Zentrum der pakistanischen Militärmacht zurück. Die neue Stadt wird wie ein römisches Feldlager, also schachbrettartig geplant. Die großzügigen Siedlungsquadrate legen sich wie ein ausgedehnter Ring um das alte Cantonment und die Basarzentren von Rawalpindi. In unmittelbarer Nähe, in Wah, wird ein militärisches Arsenal und Logistikzentrum angelegt. Isla-mabad/Rawalpindi liegt damit nicht nur im Zentrum jenes Rekrutierungsgebiets, das fast 75 % der Soldaten der pakistanischen Armee stellt, im Umkreis der neuen Hauptstadt liegen auch die ausgedehnten Landbesitzungen des Ayub Khan-Clans und weiterer Generäle. Da sich das pakistanische Militär zudem auf die führenden Land besitzenden Schichten des Punjab stützt, so macht die Neugründung auch den ständigen Kontakt mit dem und die ständige Kontrolle über den Punjab möglich. In unmittelbarer Nähe der neuen Hauptstadt liegt allerdings auch die alte Grenze zu Kaschmir und die seit dem Kaschmirkrieg 1948 neu geschaffene Waffenstill-standslinie, die „Line of Control". Von dem alten und neuen Militärzentrum lässt sich zugleich die von den Engländern geschaffene Sommerfrische und Hill Station von Murree leicht erreichen, und über Rawalpindi und Murree wird frühzeitig die strategisch wichtige Karakorum Highway entlang des Indus nach Norden gebaut. Die Karakorum Highway sichert eine erste, direkte Straßenverbindung zwischen Pakistan und Westchina. In diesem militärischen, politischen, strategischen und zugleich gegenüber Indien exponierten Zentrum wird seit Ende der 1970er Jahre das neue und geheime Nuklearforschungszentrum von Kahuta errichtet. Es liegt wenige Kilometer westlich von Islamabad auf dem Weg zum internationalen Flug-hafen. Mit Kahuta entsteht dank der generösen Förderung des Militärs nunmehr eine eigene, von drei Ringen von Elitetruppen abgeschirmte Forschungsstadt. Die 20.000 Bewohner umfassende Forschungsstätte umfasst eigene Teiche und Was-serversorgungsanlagen, Villen für Gäste, einen Golfplatz, zahllose Fabriken und Labors. Die führenden Köpfe des Forschungsprogramms, allen voran Abdul Qadir Khan, verfügen über ihre eigenen Residenzen und Wohncompounds. Es wimmelt von Sicherheitskräften und Prätorianergarden (Levy/Scott-Clark 2007: 51-71).

Diese Bauinvestitionen lassen nur einen Schluss zu: Spätestens seit Beginn der 1980er Jahre lässt sich diese Nuklearstadt inmitten des grundlegenden militä-risch-industriellen Großkomplexes von Islamabad/Rawalpindi nicht mehr geheim halten. Kahuta kann mit Hilfe von Satellitenbildern mühelos erfasst werden. Die

„Non-Proliferation Units" der CIA, der NSA[4] und des State Departments verfügen jetzt auch über exakte Kenntnisse bezüglich der Breite und des Fortschritts des Programms. Kahuta liegt in einer Felsenlandschaft. Der CIA ist es gelungen, hier einen mit zahllosen Instrumenten gefüllten Hohl- und Pappmascheemonolithen in unmittelbarer Nähe der Forschungsstätte zu platzieren. Über Ausmaß und Tempo des Nuklearprogramms herrschen also in den Kreisen der Reagan-Regierung keinerlei Missverständnisse. Zia ul-Haq muss aber mit keinen negativen Reaktionen rechnen. Weihnachten 1979 ist die Sowjetunion in Afghanistan eingefallen, seit Beginn des Jahres 1981 hat die neue Reagan-Administration offiziell einen antisowjetischen Jihad eingeleitet. Mit Hilfe der Mujaheddin-Fraktionen soll der Sowjetunion ein Vietnam bereitet werden. Dafür braucht Reagan die Zia-Diktatur. Die Probleme, die aus dem Nuklearprogramm resultieren, erscheinen deshalb den Reagan-Strategen als zweitrangig (Yousaf/Adkin 1992).

Nicht nur auf höchster, auch auf mittlerer Ebene erzwingt die Reagan-Regierung deshalb Gefügsamkeit für diese Politik der Duldung der Verletzung der Non-Proliferation. Diese Gefügsamkeit wird von ehrgeizigen und zu diesem Zeitpunkt noch jungen und aufstrebenden Beamten durchgesetzt: Paul Wolfowitz, Richard Bruce Cheney und Donald Rumsfeld (Levy/Scott-Clark 2007: 72-98).

20 Jahre später werden diese Mitarbeiter auf höchster Ebene die Regierung von Bush junior entscheidend mitgestalten. Diese Reagan-Kontrolleure beaufsichtigen, bekämpfen und behindern nun die eigentlichen Proliferationsbeauftragten. Unter dem Vorwand, die betreffenden Spezialisten würden das Repräsentantenhaus und den Senat unter Umgehung der Reagan-Regierung informieren, leiten die Reagan-Handlanger Beschwerden gegen die besten Kontrollspezialisten des Pentagon und des CIA ein. Sie scheuen nicht davor zurück, Karrieren und Persönlichkeiten zu zerstören und talentierte Mitarbeiter in die Frühpensionierung oder die Arbeitslosigkeit zu zwingen. In einer bemerkenswerten Vorwegnahme ihrer späteren Operationsmethoden diskreditieren sie die psychische Stabilität dieser Mitarbeiter, sie lassen sie bespitzeln, sie eliminieren deren Berichte oder schreiben deren Protokolle um. Nachdem die Kritik des Kongress an der nuklearen Aufrüstung Pakistans nicht mehr aufzuhalten ist, wird eine Scheinkontrolle verfügt. Der Parteigänger Reagans im Kongress, der Republikaner Larry Lee Pressler, wird initiativ. Ein sogenanntes „Pressler Amendment" verlangt von nun an vom amerikanischen Präsidenten eine jährliche Zertifizierung der Zusage, dass Pakistan keine Nuklearrüstung betreibt und über keine „Weapons Capability" verfügt. Die Definition für nukleare Waffenkompetenz ist allerdings so vage gewählt – „one mile wide, two miles deep" – dass Ronald Reagan und später Präsident George Bush senior Pakistan stets mühelos die nukleare Unbedenklichkeitsbescheinigung ausstellen können (Levy/Scott-Clark 2007: 116).

---

4   National Security Agency.

In Pakistan, in Kahuta, haben sich aber inzwischen das Tempo und die Breite der Nuklearforschung immens gesteigert. Zia weiß, dass er Reagan stets mehr abtrotzen kann als dieser ihm – unter der Notwendigkeit des Dschihads – verweigern kann. Hinzu tritt ein Weiteres: Im Schatten der Organisation des antisowjetischen Jihad wächst dem zentralen pakistanischen Geheimdienst, Inter Service Intelligence (ISI), ständig neue Macht zu. Mit Hilfe der ISI werden nicht nur die Mujaheddin-Fraktionen ausgerüstet und gegängelt, mit Hilfe der ISI durchleuchtet Zia den Generalstab und den Militärapparat, die Parteien und die Verwaltung, um seine Herrschaft zu konsolidieren. Bei der Organisation des Jihad arbeitet ISI darüber hinaus mit der ältesten fundamentalistischen Partei des Islams und Pakistans zusammen, der Jamiat i-Islami Maududi's (JI). Dadurch werden die Fundamentalisten Zug um Zug in den Militär-, Staats- und Verwaltungsapparat hineingezogen. Umgekehrt verwendet Zia die JI und ihre Studenten- und Gewerkschaftsorganisationen, um kritische Politiker, unbequeme Parteien und aufsässige Studentengruppen zu bespitzeln, zu spalten und zu bedrohen. Zia hatte erste Militärhilfen des scheidenden Präsidenten Carter als „Peanuts" abgelehnt. Von Anfang an hatte er auf den Wahlsieg Reagans gesetzt und bereits vor Wahlsieg und Amtsantritt hatte Reagan Zia Zusagen auf Hilfen in Milliarden Dollar Höhe gemacht. Von Anfang an macht sich Zia eine für den Militärapparat bequeme Lesart zu Eigen: Pakistan sei als Frontstaat des Jihad so gefährdet, dass die amerikanische Waffen- und Finanzhilfe, ebenso wie die Zahlungen Saudi-Arabiens geheim bleiben müssten. ISI und das Militär verteilen deshalb in Kooperation mit der JI die Gelder und die Waffen in Islamabad. Wesentliche Teile der insgesamt 8 Milliarden US-Dollar Finanzhilfe können deshalb außerhalb der Aufmerksamkeit und Kontrolle der Reagan-Regierung auch für die Finanzierung des Atomprogramms abgezweigt werden. Das ist entscheidend, denn das Programm muss immer noch mit Hilfe einer inzwischen global verästelten Einkaufsstrategie vorangetrieben werden. Es lässt sich aber nunmehr nicht vermeiden, dass aufmerksame Zollbehörden auch in den USA über massenhafte illegale Einkäufe und Paketverschickungen seitens pakistanischer Agenten stolpern. In wachsendem Maße entstehen fast Slapstick-artige Szenen, bei denen die Reagan-Administration alle Hände voll zu tun hat, um mit Hilfe des Justizministeriums die von lokalen Zollbehörden gefangen gesetzten Pakistanis wieder freizubekommen. Während mit Hilfe des „Pressler Amendments" die Reagan-Regierung die Nuklearrüstung kleinredet, hat aber die Zia-Diktatur Mitte der 1980er Jahre schließlich die „Weapons Capability" tatsächlich erreicht. Sie hat aber keine eigene Bombe entworfen, zusammengebaut und gezündet. Sie hat vielmehr nach chinesischen Vorgaben einen Zünd- und Bombenmechanismus nachgebaut. Ein ähnlicher Prototyp, zeitgleich in Sinkiang hergestellt, wurde daraufhin von China mit Erfolg getestet. Zia verfügt damit nicht nur über nukleare Waffenfähigkeit, der Diktator ist nunmehr auch bereit, seinen politischen

Handlungsspielraum auszuweiten und seine Unersetzbarkeit gegenüber der Reagan-Regierung öffentlich in Szene zu setzen. Er erlaubt jetzt plötzlich dem bislang eher versteckten Abdul Qadir Khan, einem angesehenen indischen Journalisten ein Interview zu geben. Der Journalist wird nach Kahuta geflogen. In dem Interview darf sich der nun fast offiziell geehrte „Vater der pakistanischen Bombe" offen mit der nuklearen Waffenfähigkeit Pakistans brüsten. Das Interview schockiert Indien und Europa. Die Reagan-Regierung steckt in Begründungsschwierigkeiten – sie fordert aber von Zia lediglich, dass dieser künftig weitere Verlautbarungen Khans besser kontrolliert. Zia hat damit sein Ziel erreicht: Er hat die atomare Waffenfähigkeit Pakistans öffentlich gemacht, Pakistan gegenüber Indien militärisch aufgewertet und das nukleare Rüstungsprogramm stabilisiert, weil irreversibel gemacht. Künftig, so kalkuliert er, wird kein Gegner versuchen, Pakistans Nuklearfähigkeit zu testen und zu attackieren. Deshalb lässt von nun an das militärische Establishment, im Gegensatz zu Indien, nie einen Zweifel aufkommen, dass Pakistan bereit ist, im Ernstfall die Bombe einzusetzen (Rizvi 2001/Hoyt 2001).

Pakistan hat jetzt die nukleare Waffenfähigkeit erreicht; es muss aber ein Minimum an nuklearen Sprengsätzen herstellen und es fehlt an Flugzeugen und Raketen, die die Sprengköpfe ans Ziel bringen können. Beides macht weitere Entwicklungs- und Rüstungsrunden notwendig. 1988 setzt der seit 1987 ausgehandelte Rückzug der Sowjettruppen ein; der Jihad und damit die amerikanischen Finanzhilfen werden beendet – schlagartig. Auch außen- und entwicklungspolitisch wenden sich die USA von einem quengelnden Vasallen ab und jetzt wieder Europa, Gorbatschow und der Beendigung des Kalten Krieges zu. Das pakistanische Militär und Abdul Qadir Khan wissen, dass sie künftig nicht mehr mit der gleichen Duldung rechnen können. Die neue Bush-Regierung stellt Pakistan keine nukleare Unbedenklichkeitserklärung mehr aus und stoppt jetzt alle Waffengeschäfte. Selbst ein von Pakistan bereits bezahltes Kontingent von „State of the Art" F16-„Fighters" wird nicht mehr ausgeliefert. Pakistan muss jetzt selbst das Geld für seine weitere nukleare Rüstung generieren. Darauf haben sich Khan und die Militärelite seit langem vorbereitet. Über mehr als ein Jahrzehnt haben sie nicht nur Uranzentrifugen, „Maraging Steel" und weitere Komponenten und Techniken angekauft, sie haben gelernt, diese Produktionstechniken den Bedingungen eines armen Landes anzupassen. Pakistan wollte stets eine „islamische Bombe", eine Waffe für die ganze „Ummah". Jetzt kommt es einfach darauf an, diese Herstellungstechniken zu verkaufen – an interessierte islamische oder andere nukleare „have nots". Im Gegenzug erwartet das Militär Geld oder Rüstungstechnologien, etwa Pläne, Komponenten oder Baustoffe für Kurz- und Mittelstreckenraketen. Dies ist die Stunde des „Great Nuclear Weapons Bazar": Auf einer Militärmesse bei Karachi richtet Abdul Qadir Khan in aller Offenheit einen Verkaufs- und Verhandlungskiosk für Uranzentrifugen und weitere spezialisierte Technologien ein. Vor allem aber reorientiert und anonymisiert der „Vater der Bombe" jetzt sein Shopping-Imperium. Dubai wird zur verdeckten Hauptzentrale, über Mittelsmänner unterhält Khan Einkaufsbüros in der islamischen Dritten Welt, etwa in Kuala Lumpur, Malaysia. In Mali kauft er unter dem Namen seiner holländischen Frau ein Hotel. Er wird zum Shuttle-Diplomaten und -Einkäufer. Seine Einkaufsreisen bringen ihn nach Libyen, Niger, Spanien etc. Vor allem nach Nordkorea pendelt er über Monate hinweg im 14-Tage-Rhythmus. Nordkorea braucht, was Pakistan hat: Uranzentrifugen und andere Techniken; Nordkorea hat, was Khan dringend braucht: Die Technologie für den Bau von Kurzstreckenraketen. Unter den Nasen einer (sicherheitspolitisch) abgelenkten, ungläubigen oder reaktionsschwachen Bush- und Clinton-Regierung kauft und tauscht das Militär jene Technologien zusammen, die ihm nach der „Weapons Capability" auch die „Weapons Delivery" ermöglichen. All das geschieht hinter dem Rücken der beiden Premiers – Benazir Bhutto (PPP) und Navaz Shariff (ML) –, deren Regierungen das Militär und seine Präsidenten während der ganzen 1990er Jahre nach Belieben entlassen und nach Interimsregierungen wieder einwechseln. 1998 zwingt aber die erste Hindu-nationale Regierung in Delhi Pakistan endgültig aus der Deckung. In einer gegen China gerichteten machtpolitischen Demonstration zündet am 11. und 13. Mai die erst seit wenigen Wochen gewählte Bharatiya Janata Party (BJP)-Regierung mehrere nukleare Sprengsätze und erklärt sich damit – endlich, seit 1974 – offiziell zur Nuklearmacht. Das pakistanische Militär und Premier Navaz Shariff sehen sich durch diese Provokation gezwungen, ebenfalls „zu testen". Sie sind allerdings zum Verzicht bereit, wenn die USA ihnen einen hohen Preis dafür zahlen – Auslieferung der F-16, weitere „State of the Art"-Waffenlieferungen, Finanzhilfen und nukleare Beistandsgarantien. Pakistan hat aber in den Augen der Clinton-Regierung enorm an Bedeutung und Glaubwürdigkeit verloren. Beide Seiten verhandeln schlecht und unaufrichtig. Am 28. und am 30. Mai, also 17 Tage später, zündet Pakistan in einem Tunnel im Chagai-Gebirge seine Serie von Nuklearbomben. Mit dieser doppelten Offenlegung stehen sich nun in Südasien zwei Nuklearmächte offiziell gegenüber. Von Anfang an zeigt sich aber ein gravierender Unterschied. Indien sieht sich als demokratische Macht. Die Armee untersteht strikter ziviler Kontrolle. Im Verteidigungsministerium sind Generäle unerwünscht. Vertreter der Armee operieren erst auf der Ebene unterhalb des Staatssekretärs. Kein pensionierter General kann bislang Premier oder Minister werden. Entsprechend rigide ist auch die Kontrolle über „the Weapon of Last Resort". Indien verfügt über eine präzise ausgearbeitete Nukleardoktrin; exakte Kompetenz-, Entscheidungs- und Befehlsstränge regeln den Umgang mit Atomwaffen. Sie sollen und dürfen nicht offensiv eingesetzt werden.

Ganz anders ist die Situation im Militärstaat Pakistan. Nicht nur die Nuklearwaffen, sondern auch das dafür notwendige Regelwerk werden unter strikter

Geheimhaltung gehalten (Hoyt 2001). Eine Nuklearpolitik und -doktrin, Zuständigkeiten, Kontrollmechanismen und Entscheidungsprozeduren sind entweder ganz geheim oder – was angesichts der Rivalität der Waffengattungen wahrscheinlicher ist – sie existieren nicht. Gleichwohl hat die militärische Führung bereits mehrfach mit dem Einsatz von Nuklearwaffen gedroht (Rizvi 2001).

Neben den Nuklearwaffen bestehen aber noch weitere Gefahrenpotenziale. Sie bedrohen Pakistan selbst und mit ihnen droht Pakistan unausgesprochen seinen Nachbarn. Es sind dies seine regionalen Konflikte und der fundamentalistische Terror – insbesondere der Taliban. Zusehends stützt sich der Krisenstaat bewusst und unbewusst auf Chaosmacht.

3   Regionale Konflikte

Pakistan, also die Forderung eines eigenen Staates für die Muslime von Britisch Indien, ist eine Vision, die von einer schmalen Muslimintelligenzia ersonnen wurde. Erst spät übernimmt die jahrzehntelang schwache und wenig repräsentative Muslimliga diese Forderung (Hodson 1997).

Die Muslimintelligenzia und die Muslimliga, eine Honoratioren- und Beamtenpartei, stützen sich im Wesentlichen auf muslimische Minderheiten in Hindustan und in Nordindien. „Pakistan" ist damit eine Minderheitenforderung, die von Muslimen dort, wo sie massive Mehrheiten bilden, in Ostbengalen, im Westpunjab und im Industal, als unnötig, weltfremd und zerstörerisch empfunden wird. Der Staat wird deshalb Bevölkerungen – im Industal und im Westpunjab – aufgezwungen, die dem Pakistanprojekt indifferent oder feindlich gegenüberstehen (Gilmartin 1988).

Bereits der Kunstname für den neuen Staat, „Pakistan", diskreditiert und delegitimiert die Konstruktion und Sezession. Gemäß dem muslimischen Studenten, der diesen Namen und diese Vision Anfang der 1930er Jahre in London entworfen hatte, stehen die einzelnen Buchstaben für das Folgende: „P" für den Punjab, „A" für Afghanistan, „K" für Kaschmir und „STAN" für die Endsilbe Balutschistans (Sayeed 1968: 105).

Vom südlichen Industal, vom Sindh, ist nicht wirklich die Rede. Die Ostbengalen tauchen an keiner Stelle auf. Afghanistan dagegen wird und kann nicht Teil des Staates werden. Vom Punjab wiederum erhält Pakistan lediglich die westliche, die von Muslimen bewohnte Hälfte. Kaschmir kann trotz dreier von Pakistan provozierter Kriege bis heute nicht erobert werden und Balutschistan muss gegen den erklärten Willen seiner Stammesfürsten, im Rahmen eines Militärüberfalls annektiert werden – die Balutschentumandare träumen bis heute von einem „Greater Balutchistan", das vom iranischen Zahedan bis zum Indusstrom reichen soll. Damit steht Pakistan seit 1947 vor dem Problem, wie aus unwilligen oder skeptischen Balutschen (in Balutschistan), Sindhis (im Sindh), Paschtunen (in der North West Frontier Province) und Punjabis (im ehemaligen Westpunjab) loyale Pakistanis gemacht werden können. Im Kern ist diese Transformation von „Peasants into Pakistanis" bis heute nicht gelungen. Die regionale und ethnische, oft genug die lokale und die tribale Identität stehen fast überall vor und gegen eine nationale Zuordnung. Schlimmer noch aber ist, dass Pakistan von Anfang an von regionalen Minderheiten- und Mehrheitskonflikten geprägt bleibt. Nach der Teilung, vor allem der Teilung des Punjabs und den daraus resultierenden millionenfachen Vertreibungen und erschreckenden Massakern, droht der Staat im Westen im Chaos zu versinken. Er wird gerettet von denjenigen, die als nordindische Minderheiten seit Beginn der 1940er Jahre Pakistan gefordert und durchgesetzt haben. Der neue Staat wird damit von denjenigen gerettet, die zwar nicht in Pakistan leben, aber nach der Teilung aus Nordindien, vor allem aus Delhi und Hindustan dorthin flüchten. Diese relativ qualifizierten, urdusprachigen Mittelschichten und langjährigen Wähler der Muslimliga nennen sich Mohajir, Flüchtlinge, in Anlehnung an die Hijra, den Auszug Mohammeds von Mekka nach Medina. Es sind damit westlich geprägte, städtische und bürokratisch qualifizierte Flüchtlinge, die 1947 in die Hafenstadt Karachi in der Provinz Sindh flüchten. Sie fliehen nach Karachi, weil Jinnah diese einzige Hafenstadt Westpakistans, seine Heimatstadt, kurzerhand zur Hauptstadt des neuen Staates erhoben hat. Hier, von Karachi aus, okkupieren, administrieren und retten die Mohajir den von Anarchie und Chaos bedrohten neuen Staat. Auf Karachi bis heute beschränkt und selbst gegenüber der Provinz Sindh isoliert, stellen die Mohajir gerade 8 % der Bevölkerung Westpakistans. Seit Beginn der 1950er Jahre verlieren sie ihre Macht an die einheimischen Regionen und Bevölkerungen. Unter diesen ragen die Punjabis heraus. Die Punjabis stellen 56 % der Bevölkerung Westpakistans und noch wesentlich mehr des agrarischen Reichtums. Der Punjab ist die Stätte einer grünen Revolution und einer begrenzten Industrialisierung und Modernisierung. Entscheidend aber ist vor allem: Das pakistanische Militär ist seit britischen Zeiten eine Punjabi-Armee. 75 % der Soldaten entstammen dem Punjab, vor allem aus dem im Süden Rawalpindis gelegenen Potowar Plateau. Der Rest der Truppen und insbesondere der Generäle sind Paschtunen, entstammen also jenem Bevölkerungsteil, der in der westlich des Indus gelegenen North West Frontier Province siedelt. Das Pakistan, das sich schließlich in den 1950er Jahren als Militärstaat stabilisiert, ist deshalb ein „Punjabistan". Drei Phasen der Militärdiktatur und die Sezession Ostpakistans haben dieses Grundmerkmal, dieses erdrückende politische, wirtschaftliche und militärische Übergewicht des Punjab weiter verstärkt (Siddiqa 2007: 59).

„Der Schwanz wackelt mit dem Dackel." Punjabis stellen die Mehrheit, sie finanzieren den Staat, sie ernähren die inzwischen vervierfachte Bevölkerung und sie stellen und dominieren die Armee. Damit diese erdrückende Übermacht nicht provoziert, versteckt der Punjab sich, ebenso wie sein Militär, hinter dem Ideal eines urdusprachigen und muslimisch geeinten Pakistan. Die Punjabis und das Militär sehen sich inzwischen als die wahren Väter und unersetzlichen Beschützer Pakistans. Diese demografische Vorrangstellung (56 %) lässt aber die übrigen Bevölkerungen, die Sindhis (14 %), die Paschtunen (16 %), die Mohajir (8 %) und die Balutschen (und Brahui) (4 %) in jeweils unterschiedlichen Oppositionsstellungen und Marginalisierungen zurück (Harrison/Selig 1992).

Die Sindhis sind seit 1947 Gegner der Mohajir. Diesen werfen sie vor, sich ihrer Metropole Karachi bemächtigt zu haben. Zugleich fühlen die Sindhis sich von den Punjabis majorisiert und sie werfen der Punjabi-Übermacht vor, ihnen keinen angemessenen Zugang zum Militär und vor allem zum Verwaltungsapparat zu öffnen. Das Sindhi ist eine alte Literatur- und Kanzleisprache. Staatssprache aber ist Urdu, die nordindische Hochsprache der Muslimliga und Jinnahs. Das enthusiastische Eintreten der Punjabi-Mehrheit für diese Staatssprache wird von den Sindhi-Eliten als Versuch gedeutet, ihre Regionalsprache zu schwächen und zu marginalisieren (Ahmed 1992).

Balutschistan macht zwar 40 % der Staatsfläche Pakistans aus, aber die Bevölkerung der Provinz trägt nur 5 % zur Einwohnerzahl des Staates bei. Hinzu kommt, dass seit Jahrzehnten im Nordosten Paschtunen, vom Osten aus Punjabis und Sindhis Zugang zu dieser menschenleeren Einöde finden. Das schürt Verdrängungsängste auf Seiten der Ursprungsbevölkerung. Die Balutschenstämme und Clans sahen sich niemals als Teil des indischen Subkontinents. Nach Sprache und Herkunft gelten Sie als Khurden. Ihr Land galt ihnen als Transitzone zwischen dem Mittleren Osten und Südasien. Organisationsschwäche und Stammesrivalitäten verhindern bislang, dass sich die Balutschenstämme auf Dauer und mehrheitlich zu einer einheitlichen Aufstands- und Sezessionsbewegung zusammenschließen (Axmann 2008).

Bislang kann eine im Militärapparat weitgehend integrierte paschtunische und Punjabi-Offiziers- und Generalselite noch darauf hoffen, die beiden Südprovinzen dominieren zu können. Solange die Balutschenstämme sich wechselseitig im Wege stehen und die Mohajir und die Sindhi sich wechselseitig in Schach halten, muss das militärische Zentrum einen Flächenaufstand des Südens nicht fürchten.

Dennoch gibt es Warnzeichen: Einzelne, rebellische Balutschenstämme haben sich während der Bhutto-Ära zusammengetan. Ihre Aufstandsbewegung machte weite Teile der Berg- und Wüsteneinöde sofort unerreichbar. Das diskreditierte Militär konnte den Aufstand nur im Rahmen einer konzertierten Aktion mit den Jagdflugzeugen und Helikoptern des Schah-Regimes niederschlagen. Zum fortwährenden Glück der pakistanischen Militärs fürchtet auch der Iran einen Aufstand seiner Balutschenregion. Iran müsste mit dem Kontrollverlust über Ölexporthäfen und die Straße von Hormus rechnen, Pakistan mit dem Kontrollverlust über eine strategische Durchgangszone zwischen Afghanistan und der Makran-Küste. Der amerikanische Sicherheitsberater Brzeziński bezeichnete während des antisowjetischen Jihad Zentralasien als den „soft underbelley" der Sowjetunion; Balutschistan aber ist derjenige Pakistans und Afghanistans. Balutschistan lässt sich ohne massive Überfremdung durch Punjabis und das Militär nur langsam entwickeln (Weaver 2002).

Eine regionale, tribale Anarchie wiederum kann sich sehr leicht ins Industal, zum Bolanpass und nach Südafghanistan übertragen. Bislang spielt der pakistanische Staat, sein Militär, auf Zeit. Die Militärs haben zugelassen, dass die Balutschen-Clans an einem millionenschweren afghanischen Drogengeschäft beteiligt sind. Schwer bewaffnete, motorisierte und gepanzerte Konvois bringen das Heroin an die Küste und in die unentwirrbaren Höhlen und Verstecke an der Makran-Küste. Von hier aus erfolgt der Weitertransport. Balutschistan steht aber unvermeidlich „In Afghanistan's Shadow" – ein Buchtitel Selig Harrisons. Die bislang nach innen gerichtete, auf Korruption und Drogenökonomie gestützte Anarchie kann sich deshalb jederzeit auch nach außen richten – in der Form von Überfällen (auf Erdgasleitungen bei Sui), Entführungen (von Experten), Angriffen (auf Armeeposten) und Sezessionsbewegungen.

Eine Aufstandsbewegung zeigt sich auch seit Anfang der 1990er Jahre in Karachi bei den Mohajir (Frotscher 2005).

Die Mohajir-Flüchtlings- und Bildungselite empfand sich seit Jahrzehnten von dem Staat, den diese Flüchtlinge doch erkämpft und gerettet hatten, nicht gewürdigt und am Ende sogar marginalisiert. Die älteren Mohajir hatten ihrer Frustration zunächst durch ein Votum für die Fundamentalisten, für die Jamiat i-Islami, Ausdruck verliehen. Wie diese wollten sie den starken, den zentralistischen, den korruptionsfreien und den hyperorthodoxen Staat. Die Jugend, gut ausgebildete Schüler und Studenten, geben aber seit Ende der 1970er Jahre einer eigenen „ethnischen" Jugend und Studentenbewegung den Vorzug. Diese wird sogar von dem zynischen Zia ul-Haq kalkuliert gefördert. Er hofft, die Mohajir dadurch parteipolitisch gegen die Sindhis und deren wichtigste „Volkspartei", die Partei Bhuttos, mobilisieren zu können. Die Bhuttos, Vater Zulfikar wie Tochter Benazir, entstammen einer der größten Latifundienbesitzer-, Waderofamilien, des Sindh (Ansari 1992).

Zulfikar Ali Bhuttos Parteineugründung, „Pakistan Peoples Party" (PPP), sollte deshalb von Anfang an zwei Aufgaben erfüllen: Sie sollte als Alternative zu der von den Militärs manipulierten und diskreditierten Muslimliga auftreten. Sie sollte also eine linke, „sozialdemokratische" gesamtpakistanische Volkspartei werden und deshalb bei der Mehrheit im Punjab Fuß fassen. Sie sollte zugleich als Sindhi-Partei die Ansprüche und Frustrationen eines Sindhi-(Kultur- und Sprach-) Nationalismus gegenüber Islamabad und dem Punjab artikulieren (Wolpert 1993).

Zias Manipulationen führen rasch zur Gründung einer eigenen Mohajir-Partei, zur „Mohajir-Volksbewegung" – Mohajir Quaumi Movement (MQM). Der PPP ist damit in ihrer Heimatprovinz, in ihrem Hinterhof, ein gefährlicher Gegner erwachsen. Auch nach dem Tode Zias weiß das Militär die MQM zu schätzen. Mit ihrer Hilfe kann sie Benazir Bhuttos PPP auf nationaler und regionaler Ebene erpressen und klein halten. Die MQM erreicht bei nationalen Wahlen rund 8 % der Stimmen, im Sindh 1/3 der Stimmen. In Islamabad entscheiden die Mohajir-Jugendlichen, die MQM, jetzt über Koalitionsbildungen und die Regierungsfähigkeit, sei es der Muslimliga oder der PPP. Im Sindh selbst kann gegen die MQM von der dominanten PPP keine Regierung gebildet werden (Samad 2002).

Karachi selbst und die ebenfalls von den Mohajir majorisierte zweitgrößte Stadt des Sindh, Haidarabad, bilden Zitadellen, Beuteobjekte und Patronagefelder der neuen Jugendpartei (Rösel 2006).

Sehr rasch verlieren aber das pakistanische Militär und sein „Steuermann", der vom Militär eingesetzte Staatspräsident Ghulam Ishak, die Kontrolle über Karachi und die neue Partei. In den von den Mohajir majorisierten Wohngebieten, vor allem in den Slumvierteln, errichtet die MQM einen informellen Einparteienstaat. MQM-Bandenführer treiben Schutzgeld, Bhatta, ein; sie unterhalten eigene Gefängnisse und Folterzellen; sie befehlen Karachi weite Laden- und Hafenschließungen und Massenprozessionen. Vor allem verschärfen sie die ethnischen Banden- und Kleinkriege gegen die von militanten Paschtunen dominierten Slumviertel. Der Großraum Karachi umfasst vermutlich fast 18 Millionen Menschen – ein Zehntel der Gesamtbevölkerung. Weit mehr als zwei Drittel von ihnen leben in „Kaccha Abadis", aus lediglich sonnengetrockneten (Kaccha)Ziegeln errichteten Squattersiedlungen (Abadis). Diese oft eine Million Menschen umfassenden Slum-„Metropolen" – wie Orangi und Korangi – werden von tausenden von illegalen, aber politisch vernetzten Landerschließern, Immobilienunternehmern, Bauherren, „Bürgermeistern" und „Bürgerwehren" beherrscht. Landerschließung, Bau-, Pacht- und (Unter-)Mietgeschäfte generieren riesige Spekulationsgewinne. Die MQM dominiert jetzt diese Siedlungen, dieses Geschäft und den Löwenanteil dieser Bodenverkaufs-, Pacht-, Miet- und Schutzgeldeinnahmen. Karachi aber ist Pakistans einziger See- und Welthafen – sein Tor zur Welt. 70 % seiner Industrie konzentriert sich auf den Großraum. Massenstreiks, Firmenschließungen, Entführungen und schließlich ein städtischer, ethnischer Bürgerkrieg zwischen MQM-Fraktionen und schwer bewaffneten paschtunischen Flüchtlingen und Mujaheddin bedrohen die Funktionsfähigkeit des ganzen Staates. Sie delegitimieren auch die mit der MQM koalierenden Regierungen, am Ende auch den Staatspräsidenten und das Militär. Mit Sicherheitstruppen – „Operation Clean-up" – und mit Hilfe einer von der MQM abgespaltenen Fraktion – MQM Haqiqi – macht das Militär schließlich Jagd auf die militanten Parteikader. Auf 8.000 wird am Ende die Zahl der „verschwundenen" MQM-Krieger geschätzt. Das Militär will aber keineswegs auf die MQM-Partei und die damit möglichen Manipulationschancen verzichten. Nachdem der Großraum „normalisiert" ist und die Parteiführung, um ihren Kopf zu retten, die Partei patriotisch umbenennt – in Muttahid Qaumi Movement, „Einheitsvolksbewegung" – darf sie weiterhin national als Königsmacher und regional als Bhutto- und PPP-Widersacher operieren. Auf dem Höhepunkt ihres Aufstandes hatte die MQM eine eigene Haidarabad und Karachi umfassende Provinz oder gar die Unabhängigkeit gefordert. Hinzu kamen erweiterte Bildungsquoten und Zutrittsbedingungen zum Staatsapparat. Ausgerechnet einer ethnisch enorm heterogenen, städtischen Flüchtlingsgruppe ist es damit gelungen, zu einem „Volk" zu werden. Die fortdauernde Existenz der MQM stärkt nicht nur diese vorgebliche Volksidentität, sie verschärft in gleichem Atemzug das Ressentiment und den Regionalismus der Sindhis gegen die Mohajir, gegen den Gesamtstaat und gegen das manipulative Punjabi-Militär (Khan 2002).

Pakistans Funktionsfähigkeit wird aber bislang nicht vom Regionalismus der Sindhis, von der manipulierten Ethnizität der Mohajir und einer bislang fehlenden politischen Ethnizität und Einheit der Balutschen bedroht. Bedroht wird die Funktionsfähigkeit durch ein politisches, ideologisches und ethnisches Gemengelage im Norden und Nordwesten. Das Schlagwort der „Taliban" steht stellvertretend für dieses Konglomerat und Netzwerk historischer, strategischer und religiöser Problemlagen.

4   Die Taliban

Rund 200 Kilometer liegen zwischen Pakistans Westgrenze, dem Khaiberpass, und seiner Ostgrenze in Kaschmir, der *Line of Control*; rund 400 Kilometer beträgt die Distanz bis zur indischen Grenze im Punjab. Der pakistanische Militärstaat hat sich mithin mit seinem Kasernen- und Nuklearzentrum Islamabad/Rawalpindi in einem leicht angreifbaren, nach zwei Seiten offenen Korridor eingerichtet (Spain 1979).

Hier gibt es keine „strategische Tiefe". Wird dieses Zentrum unregierbar, dann blieben ein exponierter und kopfloser Rumpfpunjab und ein sich selbst überlassener Süden zurück. Der Norden und Nordwesten bildete seit jeher, lange vor der Imagination eines Pakistans, eine Schlüsselregion – nicht nur für Südasien sondern auch für Zentralasien, Afghanistan und den Iran: Wer Afghanistan beherrscht und diesen Besitz vor Angriffen aus dem Industal und Südasien schützen will, der muss den Khaiberpass und die Passage zum und über den Indus beherrschen. Wer im Industal und in (Nord)Indien ungefährdet herrschen will, muss das Gleiche tun. Auch die East India Company versuchte, in die Fußstapfen ihrer Mogulvorgänger zu treten. Sofort nach ihrer Herrschaftskonsolidierung in Nordindien will sie ihren Zugang zum Khaiberpass und nach Afghanistan absichern. Der erste, dilettantische Versuch endet mit der Kabul-Katastrophe 1842. In der zweiten Hälfte des 19. Jahrhunderts haben das Empire und Britisch Indien schließlich die Macht und die Expertise, das „Große Spiel" – gegen die zaristische Expansion nach Afghanistan – in dieser Region erfolgreich zu spielen. Die strategische Debatte, ob das Empire eine „nahe" oder „vorgeschobene Grenze" braucht, wird bald zugunsten der „forward" gegen die „close border" entschieden. Die Grenze verläuft also auf dem Khaiberpass und den Berghängen nach Kabul und Südostafghanistan und nicht am weiter östlich gelegenen Indusufer. Es steht jetzt auch fest, dass Großbritannien im Einvernehmen mit dem Zarenreich das unvorhergesehene und schwache Kandahar- und Kabulemirat als neutralen (Puffer)Staat, als „Afghanistan", anerkennen und schützen wird. Das Zarenreich und Großbritannien legen damit dem Kabul-Königreich seine Grenzen fest. Sie verschaffen seinem erratischen und despotischen „State Building" ein Exoskelett (Rittenberg 1979).

Vor allem Britisch-Indien garantiert diesem neuen Staat seinen Bestand, eine gewisse Legitimität, Waffenhilfe und Entwicklungsressourcen. Die „forward border" wird ganz nach den britischen strategischen Interessen festgelegt und ausgestaltet. Dies bringt weitreichende Vorentscheidungen und Nachwirkungen mit sich. Das noch Anfang des 18. Jahrhunderts völlig unvorhersehbare Durrani-Emirat und Königreich stützte sich seit Anbeginn auf die im Süden des Hindukusch siedelnden Paschtunenstämme. Also auf Nomaden-, Bauern- und Bergvölker, die bei Kandahar, bei Kabul und in der Bergregion zwischen Kabul/Kandahar und dem Industal seit zwei Jahrtausenden siedelten. Diese Paschtunen sind die eigentlichen „Afghanen". Selbst gegenüber der Mehrheit dieser Paschtunen-Stämme konnte sich die Durrani-Dynastie lange Zeit nicht durchsetzen. Ihre Kontrolle und ihre Legitimität endete stets an den Berghängen. Die zwischen Kabul/Kandahar und dem Indus siedelnden Bergstämme konnte sie deshalb nie erreichen, beeindrucken oder gar besteuern. Kein Achämeniden-Herrscher, kein hellenistischer, graeco-baktrischer Stadtkönig und kein Großmogul haben diese Stämme jemals beherrscht. Sie waren die selbsternannten Herren des Bolan- und Khaiberpasses. Sie kontrollierten damit den gesamten Handelsverkehr zu Lande zwischen Südasien und dem Westen. Man konnte sie nur bestechen, kooptieren, kurzfristig kaufen. Da die vier Dutzend Stämme sich seit jeher bekämpfen, leben sie in „regulierter Anarchie": Diese Anarchie und Egalität der Stämme hat sich zwei Jahrtausende erhalten: Droht einer unter ihnen übermächtig zu werden oder droht eine Übermacht von außen, so vereinigen sich die Stämme vorübergehend und vernichten diese Bedrohung ihrer (Handlungs-)Freiheit – „segmentäre Opposition". Das Kabul-Königtum hatte deshalb niemals ernsthaft versucht, diese Stämme und diese Zone zu „pazifizieren". Die strategische Entscheidung Großbritanniens nahm dem Königtum deshalb auch eine unlösbare Herrschaftsaufgabe ab – mit unkalkulierbaren Konsequenzen für das Grenzregime Britisch- Indiens und künftig für jeden Nachfolgestaat. In dem neuen von den Grenzziehungen Russlands und Britisch-Indiens markierten und definierten Staat Afghanistan bildeten Paschtunen rund 40 % der Bevölkerung. Diese inzwischen mehrheitlich kontrollierten und loyalen Stämme – sofern sie in den Talebenen siedelten – stellten und stellen bis heute die politisch dominante Schicht gegenüber den auf den Hindukusch, den Norden und auf die Städte konzentrierten Minderheiten – Hazara, Usbeken, Turkmenen und Tadschiken – dar. Das Vorschieben der Grenze durch die britischen Strategen bedeutete allerdings, dass mit einem Federstrich rund die Hälfte aller Paschtunen jetzt auf der britischen Seite der Grenze lebte. Dabei bildeten jene bäuerlichen und friedlichen Paschtunen, die auf beiden Seiten des Indus siedelten, kein Problem; sehr wohl aber die im unerreichbaren Suleiman-Gebirge lebenden militanten und anarchischen Berg-Paschtunen. Großbritannien hatte sich dank seiner Vorwärtsverteidigung und seines Grenzdiktats einen strategischen Vorteil und ein schwerwiegendes innenpolitisches Law and Order-Problem eingeheimst (Embree 1979).

Bis zum Ende ihrer Herrschaft, bis zur Entstehung Pakistans, versucht Britisch Indien mit Hilfe verschiedener Maßnahmen dieser Bergvölker Herr zu werden: Zunächst wird eine zwischen Indus und neuer Grenze gelegene Provinz geschaffen, die North West Frontier Province (NWFP). Im Gegensatz zum friedlichen Punjab, der Korn- und Rekrutierungskammer Britisch Indiens, gelten hier andere Gesetze, ein anderes, ein militaristisches „Ethos". Es ist aber völlig aussichtslos, die neue Grenze erreichen und die auf ihr lebenden Bergstämme kontrollieren zu wollen. Die Kolonialmacht entschied sich deshalb zu einem Kompromiss. Fast die gesamte Grenze und Bergzone wird zum autonomen, de facto zum extraterritorialen Stammesgebiet erklärt. Lediglich der Khaiber- und der Bolanpass stehen unter britischer Kontrolle. In der autonomen Zone, später „Federal Administrated Tribal Area", FATA genannt, leben die einzelnen Stämme unbehelligt gemäß ihrer tribalen Anarchie und ihrem traditionellen Ehrenkodex, dem Paschtunwali. Die Autonomie, die Selbstbestimmung und Selbstverwaltung, hat aber ihren Preis. Verzichten die Stämme auf das Ausplündern der Dörfer, Weideplätze und Marktzentren im Industal, dann garantiert ihnen die Kolonialmacht diese Autonomie. Nicht nur das: Die Kolonialmacht finanziert den Stammesältesten und Führern Milizen und sie versorgt sie mit Waffen. Die Milizen sollen die internationale Grenze, die Stammesgrenzen, Passwege und Basar-Zentren im Bergland patrouillieren. Werden allerdings die Regeln gebrochen, dann sperrt die Kolonialmacht alle Zugangswege, Märkte und Verdienstchancen im Industal für den betreffenden Stamm. Sie organisiert darüber hinaus Strafexpeditionen in die Berggebiete und zerstört dabei die Wohncompounds, Bergfesten und Felder der Aufständigen. Um die neue internationale Grenze, die *Durand Line*, im Notfall zu erreichen und um diese Strafexpeditionen zu ermöglichen,

baut die Kolonialmacht das Eisenbahnnetz in der NWFP systematisch aus: Strategische Schmalspureisenbahnen werden in viele Seitentäler des Suleimanmassivs
und entlang des Bolan- und Khaiberpasses gebaut. Neben dieses neue Grenzregime und neben diese Verhandlungspolitik des „Tit for Tat" setzen die Briten aber
ein weiteres Disziplinierungs- und Integrationsinstrument. Systematisch rekrutie-
ren sie die Söhne und Gefolgschaften der Stammesführer, der Sardars, in die Kolonialarmee. Mit Paschtunen werden angesehene, spezialisierte Regimenter gebildet; verdiente Paschtunen rücken in den Offiziersrang und später in den
Generalsrang auf. Die Aufnahme in die und der Aufstieg in der Armee werden
zum wichtigsten Integrationsinstrument bei der Befriedung der Grenze. Die
Stammeseliten finden auf höchster Ebene Anerkennung, Einfluss und Bezahlung
in der Kolonialarmee. Der neue pakistanische Militärstaat übernimmt das britische Grenzregime und er baut diese Rekrutierungspraxis systematisch aus. Das
Überleben des Militärstaates und die Einheit der Punjabi/Paschtunen-Militärelite
setzen die Anerkennung und die Fortführung dieser kolonialen Rekrutierungspraxis voraus. Im Norden, am Kopfende, ist der Militärstaat – wie ein siamesischer
Zwilling – mit einer loyalen Punjabi-Übermacht und einer grundsätzlich eigen-
ständigen Minderheit von Paschtunen-Kriegern zusammengewachsen. Die Funktionsfähigkeit und Einheit von Militärapparat und Militärelite setzen die Loyalität
der Paschtunen-Soldaten und Offiziere voraus. Deren Ehrgefühl, Identitätsentwurf
und Interessenhorizont ist aber notwendigerweise grenzübergreifend: Er schließt
die Bergstämme auf beiden Seiten der Grenze, im Kern alle, dem Paschtunwali
folgenden Paschtunen ein. Sofern sich an der politischen Normalität des Militärstaates und des benachbarten Afghanistans nichts ändert, bleiben dieses Arrangement, das Militär und damit der Gesamtstaat stabil.

In Afghanistan ändert sich aber sehr viel, zu viel seit Beginn der 1970er
Jahre. Erst fällt die Monarchie, schließlich, mit dem Einmarsch der Sowjetunion,
fällt die Neutralität und damit die Raison d'être dieses Zufallsgebildes und Puf-
ferstaates. Drei Millionen starke, fast ausschließlich aus Paschtunen bestehende
Flüchtlingsmassen, ziehen jetzt in die NWFP – in die Stammesgebiete und ins
Industal – und in die Bolan-Region Balutschistans. Mit einem Schlage und von
jetzt auf Dauer leben in Pakistan weit mehr Paschtunen als in Afghanistan, statt
der Hälfte nunmehr zwei Drittel. Dieses Übergewicht bleibt. Demografisch wird
Pakistan und sein Norden zum neuen Heimatland der Paschtunen, zum wahren
Paschtunistan. Zur quantitativen Verschiebung tritt eine qualitative Veränderung.
Zia ul-Haq, ISI, die Jamiat i-Islami, der CIA und die Wahabiten-Herrscher Sau-
di-Arabiens teilen eine Überzeugung: Der Jihad muss als fundamentalistischer
Sunni-Aufstand, nicht als regionalisierter, tribaler Widerstand organisiert werden
– gegen die Sowjetunion und gegen das Khomeini-Regime (Nasr 1994/2002).

Dass der Jihad ein überwiegender Paschtunen-Jihad wurde, dafür sorgte bereits die ethnische Zusammensetzung der Flüchtlinge. Die Sunni-Fundamentalisierung des Paschtunen-JDschihad hat aber Konsequenzen. JI, Wahabiten und das Zia-Regime organisieren in den neuen riesigen Flüchtlingsstädten entlang der Grenze auch die Erziehung der Flüchtlingskinder und -waisen – im Rahmen fundamentalistischer Koranschulen. Über acht Jahre des Jihad (1980-88) und über acht Jahre des „postsowjetischen", innerafghanischen Bürgerkriegs (1988-96) kann eine ganze Generation von Flüchtlingskindern orthodox, fundamentalistisch und militant erzogen werden; nicht nur Flüchtlingskinder: Die Weltbank hat Zia davon überzeugt, dass die Primarschulen und die Bildungsgrundversorgung verbessert werden müssen – bei knappen Kassen mit Hilfe von Privatschulen. Das ist das grüne Licht für den pakistanweiten Ausbau von Saudi-finanzierten und Jamiatindoktrinierten Koranschulen. Da sie vordergründig wie Internate, in Wirklichkeit wie Kinderarmenhäuser des 18. Jahrhunderts organisiert sind, schicken arme Familien gern ihre überzähligen Söhne dorthin – auf Nimmerwiedersehen. 1996 ist schließlich die erste paschtunische Flüchtlingskinder- und Koran-Schülergeneration mental formiert. Zugleich haben das Militär, das Benazir Bhutto-Kabinett und die Clinton-Regierung beschlossen, das zwischen Warlords aufgeteilte und in Bürgerkriegen zersplitterte Afghanistan wieder zu einen – durch einen Sunni-religiösen Eroberungszug von „Koranschülern", „Taliban".

Auf das Schreckensregiment der Taliban kann an dieser Stelle nicht eingegangen werden, lediglich auf die aus seinem Fall im November 2001 resultierenden Konsequenzen. Die jetzt von amerikanischen Truppen und dem CIA vorangetriebene Vertreibung der Taliban führt endgültig in der NWFP, vor allem aber in den autonomen Stammesgebieten zu einer Internationalisierung, Radikalisierung und Militarisierung.

Bis zur sowjetischen Invasion hatte das pakistanische Militär das britische Modell der Grenzkontrolle und der Befriedung der Bergstämme mit Erfolg weiterführen können. Nach dem Einmarsch der Sowjetunion flüchten jetzt hunderttausende von Paschtunen auch in die autonomen Stammesgebiete. Die Organisation und die „Fundamentalisierung" des antisowjetischen Jihad machen vor den Stammesgebieten nicht halt. Diese bilden jetzt Ausgangspunkte und Rückzugsgebiete für die Mujaheddin. Der CIA und die Militärs erwarten, dass auch die Afghanen selbst zu ihrer Befreiung finanziell beitragen. In den Stammesgebieten blüht jetzt die Drogen-, die Heroinproduktion. Wenn später gesagt wird, der antisowjetische Jihad habe Pakistan ein Jugend-, ein Waffen-, ein Drogen- und ein Fundamentalismusproblem hinterlassen, so gilt dies in erster Linie für die Paschtunen und die NWFP (Looney 2004).

Nirgendwo kristallisiert sich das Problem aber stärker heraus als in den formal souveränen Stammesgebieten. Hier operieren international tätige oder gesuchte paschtunische Parlamentsabgeordnete, Unternehmer, Waffenimporteure, Mujaheddin und Drogenhändler. Der Jihad wurde von Anfang an von einer „Internationalen" der Sunni-Fundamentalisten unterstützt, von Mujaheddin aus dem Sudan, Ägypten, Saudi-Arabien, Bosnien und bald aus Tschetschenien und dem Kaukasus. Der Sowjetrückzug macht sie arbeitslos. Sie verschwinden aber nicht. Sie bleiben in Afghanistan und in den Stammesgebieten. Viele von ihnen werden jetzt von ISI und der Jamiat in den anti-indischen Jihad im Kaschmir geschickt; allerdings, ihre Basen in der FATA geben sie nicht auf. Zu diesem bunten Gemisch kommen seit 1991 die verfolgten Fundamentalisten aus den neuen Staaten Zentralasiens (Ahrari 2000).

Die Stammesgebiete und die NWFP füllen sich mit immer mehr „Déracinés", Glaubenskriegern, Waffennarren und Drogenoperateuren. Im November 2001 bringt der amerikanische Sieg über die Taliban dieses Gebräu zum Überlaufen. Die USA und der CIA erobern und kaufen Afghanistan von den Taliban zurück. Die Taliban und Al-Qaida-Kämpfer ziehen sich konsequenter Weise jetzt in die geschützte Bergregion zurück.

Bereits in den Koranschulen haben Flüchtlingskinder mit pakistanischen Paschtunen-Kindern gemeinsam die Schulbank gedrückt. Pakistanische Paschtunen, vor allem aus FATA und NWFP, haben die Taliban von Anfang an unterstützt. Sie haben mit ihnen sympathisiert und gekämpft. Ihre Haltungen, Überzeugungen und Fundamentalismen teilen selbstverständlich auch viele, vor allem paschtunische Soldaten und Offiziere im Geheimdienst und im Militärapparat. Aber bereits einen Tag nach dem 11. September 2001 haben Präsident Bush, Cheney und Rumsfeld den hilflosen neuen (Mohajir)Diktator Pervez Musharraf auf die amerikanische Seite und in den neuen „Krieg gegen den Terror" gezwungen: „You are either 100 % with us or 100 % against us, there is no grey area ... we will incinerate you" (Bei Bennett-Jones 2002: 2).

Seitdem steht der Armeechef und „Chief Executive" vor allem aber der gesamte pakistanische Militär- und Geheimdienstapparat in einem Loyalitäts- und Interessenkonflikt, der ihn zu zerreißen droht – und mit ihm den ohnehin geschwächten Staat. Seit November 2001 haben sich Taliban, Al-Qaida-Kämpfer und weitere „Fremd"-Mujaheddin in den Stammesgebieten verschanzt. Viele der Taliban sind mit der Bergbevölkerung verwandt; alle Flüchtlinge genießen das im Ehrenkodex, im Paschtunwali, selbstverständliche Gastrecht. Die internationalen Verbindungen der Gäste nützen allen, ihr Kampfethos und Antiamerikanismus werden weithin geteilt. Für die Bush-Regierung, das Pentagon und den CIA ist die Autonomiezone deshalb selbstverständliches Interventions- und Kampfgebiet. Die Bush-Regierung hat kein Verständnis dafür, dass das pakistanische, vor allem das paschtunische Militär, die vertraglich zugesicherte Autonomie der Bergstämme unbedingt respektieren will. Amerikanische Truppen dringen von allen Seiten ein. In wachsendem Maße werden von Computerzentralen in Nevada und Washington DC Drohnenangriffe gesteuert. Die Jagd auf Al-

Qaida wird zum Killerspiel. Das Pentagon und der CIA organisieren einen High-Tech-Krieg gegen die FATA. Diese gilt ihnen als ein „Rogue State" oder „Failed State". Im gleichen Atemzug erhöht sich der Druck auf das pakistanische Militär, in die FATA einzudringen. Damit verletzt die Bush-Regierung systematisch jene Rechtsgarantien, die die Grenzprovinz, die Paschtunen und vor allem die paschtunischen Soldaten bislang ruhig und loyal halten. Die Bush-Regierung hat noch weniger Verständnis für die ideologischen und religiösen Meinungsschattierungen innerhalb des Militärapparats und innerhalb des vor allem religiösen Parteienspektrums. Wer nicht für den „Krieg gegen den Terror" ist, ist gegen die USA. Mehr und mehr fordern die USA von Pervez Musharraf nicht nur Interventionen im Bergland, sondern die Bekämpfung von Terrorismus und Fundamentalismus im ganzen Pakistan. Damit verschärft die Bush-Regierung die Interessen- und Loyalitätskonflikte auf allen Ebenen des Machtapparates. Nicht nur Zia, auch Pentagon und CIA hatten während des Jihad maßgeblich dazu beigetragen, den Geheimdienst ISI – ursprünglich eine strikt beaufsichtigte militärische (Informations-) Koordinationsinstanz – in ein „Monster" zu verwandeln (New York Times 15.1.08).

Zia hatte mit ihm das Militär, die Staatsverwaltung und die Parteien belauscht. ISI hat heute Dossiers über fast jeden prominenten pakistanischen Politiker, Beamten und Staatsbürger. Es macht oder bricht Karrieren. Der CIA hatte die Organisation durch seine Finanz- und Waffentransfers reich gemacht; Jamiat den Geheimdienst ideologisiert und fundamentalisiert. Bis zur Musharraf-Diktatur hat ISI eine erdrückende Machtfülle erreicht. Es ist inzwischen unklar, ob das Militär den Geheimdienst noch beherrscht und ob der Geheimdienst noch eine einheitliche Organisation ist – also von dem von der Armeeführung ernannten Direktor kontrolliert werden kann (New York Times 15.1.08).

Seit über einem Jahrzehnt hat ISI in Kooperation mit JI zahlreiche Terrororganisationen für den Kaschmir-Jihad ausgebildet. Alle diese Organisationen bekämpfen auch (Glaubens-) Gegner in Pakistan – Säkularisten (in den Medien), Parteigegner (etwa bei der PPP), Häretiker (die 20 % Schiiten), Apostaten (Ismaeliten und Lahoris) und Repräsentanten des Westens (französische U-Boot-Ingenieure, einheimische Angestellte amerikanischer Konsulate). Alle diese Machterweiterungen und Kooperationen haben im ISI ihre Spuren, ihre Fraktionen hinterlassen. Es gibt paschtunische, fundamentalistische, antiamerikanische und antiindische Cliquen und Flügelkämpfe. Der amerikanische Druck schwächt die Einheit des ISI. Er treibt die Fraktionen weiter in die Nähe der Jamiat, der Terrororganisationen und der Paschtunennationalisten. Die Jamiat fordert eine von ihren Kadern dominierte Theokratie; die paschtunischen Nationalisten ein Greater Paschtunistan oder Afghanistan, das bis zum Indus reicht; die Terrororganisationen einen Jihad, der am Ende Indien ebenso zerschlägt wie vormals die Sowjetunion (Poullada 1979).

Nach dem Zerfall sollen neue islamische Staaten entstehen – wie in Zentralasien (Schofield 2000: 126). Im Erfolgsfalle würden alle diese drei Visionen Pakistan zerstören.

Welches Gefahrenpotenzial ein inzwischen weit über die Stammeselite, die Koranschulen, die Paschtunen und die Jamiat hinausreichender Fundamentalismus hat, zeigt sich in den letzten vier Jahren. Islamistische Terrororganisationen tragen jetzt den Jihad systematisch von Afghanistan und von Kaschmir/Indien zurück nach Pakistan. Die Anschläge auf Schiiten und schiitische Moscheen, Imambaras, nehmen zu, ebenso die Angriffe auf die Apostatensekte der Ahmadiyas/Lahoris. Inmitten der Hauptstadt übernehmen Fundamentalisten eine „rote Moschee" und nehmen dazu hunderte von Pilgern als menschliches Schutzschild. Noch besorgniserregender aber ist, dass jetzt Angriffe auf das Militärhauptquartier mitten in Rawalpindi gelingen und dass wiederholt Geheimdienststellen des ISI angegriffen werden. Der „Kampf gegen den Terror" und diese Angriffe erschüttern die Stellung Pervez Musharrafs. Der Loyalität der Armee nicht mehr sicher, will er wiederholten „zivilgesellschaftlichen" Massenprotesten nicht mit Gewalt entgegen treten. Ende 2007 zwingen das Militär, ISI und die USA Musharraf zum Rücktritt vom Posten des Oberkommandierenden – und damit zur Redemokratisierung. Pervez Musharraf weint zu Recht. Denn er weiß, dass er als Staatspräsident ohne militärische Macht bald fallen muss. Anfang 2008 wird Pakistan vordergründig redemokratisiert (Pfeffer 2008 A und B).

Nachdem es Fundamentalisten mit oder ohne Geheimdienstunterstützung im zweiten Anlauf gelungen ist, Benazir Bhutto zu ermorden, wird die PPP jetzt von ihrem Witwer, Asif Ali Zardari, geführt. Nach einem knappen PPP-Wahlsieg kann schließlich Asif Ali Zardari das Amt des Staatspräsidenten übernehmen, sein Vasall Yousuf Raza Gilani wird Premier eines PPP-Kabinetts.

Wichtiger aber als die erneute Demokratisierung ist die fortschreitende „Talibanisierung" Pakistans. Terrororganisationen sprengen eines der größten Hotels in Islamabad zum Zeitpunkt eines geplanten Festessens der gesamten neuen PPP-Regierung. Diese entgeht nur durch Zufall dem Tod. Talibankämpfer weiten ihre Kontrolle weit über die Stammesgebiete in den Norden der NWFP aus. Nach einem Vertrag mit der Regierung übernehmen sie das idyllische Swat Tal und führen hier offiziell die Sharia ein (Weiss 1987).

Nach einem wochenlangen Terrorregiment muss die Armee den Distrikt regelrecht zurückerobern. Das macht hunderttausende von Talbewohnern zu Flüchtlingen. Damit hat 2010 der Kunst-, Militär- und Krisenstaat – im Rahmen der größten Überschwemmungen seit 80 Jahren – einen weiteren, besorgniserregenden Schwellenpunkt erreicht. Schneller als jemals zuvor haben sich Pakistans einzige Herrschaftsalternativen, eine legalistisch verschleierte Militärherrschaft und eine korrupte Zweiparteiendemokratie schon wieder diskreditiert. Einem unkontrollierbaren Binnenterrorismus haben Militär, Justiz und Parteien nichts entgegen zu setzen – da sie ihn partiell selbst patronisieren, dulden und relativieren. Der Nordwesten wird zunehmend unregierbarer und die für die Handlungsfähigkeit des Militärstaats unverzichtbare Einbindung und Kontrolle der Paschtunen erscheint gefährdet. Im benachbarten Afghanistan betreibt ISI seine eigene Außenpolitik – Angriffe auf die Karzai-Regierung, Kooperation mit denTaliban, Rückkehr eines reinen Paschtunen-Regimes.

Dieser Militärstaat, den Parteien nicht regieren können, zu dem aber fundamentalistische und terroristische Organisationen – via Jamiat und ISI – ungehindert Zugang haben, ist ein Nuklearstaat. Damit wächst die Gefahr, dass Fundamentalisten und Terrororganisationen Zugriff auf Nuklearwaffen erhalten. Der Militär- und Krisenstaat hat beständig an Chaosmacht, aber nicht an demokratischer Stabilität gewonnen.

Literaturverzeichnis

Ahmed, Feroz, 1992: The language question in Sind, in: Zaidi, S. Akbar (Hg.): Regional Imbalances and the National Question in Pakistan. Lahore/Karachi/Islamabad/ Peshawar , 139-155.

Ahrari, M. Ehsan, 2000: China, Pakistan, and the "Taliban Syndrome", in: Asian Survey, 40:4, 658-671.

Ansari, Sarah F. D., 1992: Sufi saints and state power. The pirs of Sind, 1843-1947. Lahore/Islamabad/Karachi.

Axmann, Martin, 2008: Back to the Future. The Khanate of Kalat and the Genesis of Baloch Nationalism 1915-1955, Oxford/New York.

Cohen, Stephen P., 2004: The Idea of Pakistan, Washington, D. C.

Conrad, Dieter, 1973: Von der Teilung Indiens zur Teilung Pakistans. Staatsrechtliche Aspekte, in: Kantowsky, Detlef/Waldburg-Zeil, Alois Graf von (Hg.): Internationales Asienforum, München.

Embree, Ainslie T., 1979: Pakistan's Imperial Legacy, in: Embree, Ainslie T. (Hg.): Pakistan's Western Borderlands. Karachi, 24-40.

Frotscher, Ann, 2005: Banden- und Bürgerkrieg in Karachi. Baden-Baden.

Gilmartin, David, 1988: Empire and Islam. Punjab and the Making of Pakistan, London.

Hamid, Naved/Hussain, Akmal, 1992: Regional inequalities and capitalist development: Pakistan's experience. In: Zaidi, S. Akbar (Hg.): Regional Imbalances and the National Question in Pakistan. Lahore/Karachi/Islamabad/Pesharwar, 1-42.

Harrison, Selig. S., 1992: Ethnicity and political stalemate in Pakistan, in: Zaidi, S. Akbar (Hg.): Regional Imbalances and the National Question in Pakistan. Lahore/Karachi/ Islamabad/Pesharwar, 226-260.

Hodson, H. V., 1997: The Great Divide. Britain-India-Pakistan. Karachi.

Hoyt, Timothy D., 2001: Pakistani Nuclear Doctrine and the Dangers of Strategic Myopia, in: Asian Survey, 41:6, 956-977.

Jalal, Ayesha, 1999: The Sole Spokesman. Jinnah, the Muslim League and the Demand for Pakistan. Lahore.

Jones, Owen Bennett, 2002: Pakistan. Eye of the Storm. New Haven/London.

Khan, Adeel, 2007: Pakistan in 2006: Safe Center, Dangerous Peripheries, in: Asian Survey, Vol. XLVII, No. 1.

Khan, Adeel, 2002: Pakistan's Sindhi Ethnic Nationalism, in: Asian Survey, 42:2, 213-229.

Levy, Adrian/Scott-Clark, Catherine, 2007: Deception. Pakistan, the United States and the Global Nuclear Weapons Conspiracy. London.

Looney, Robert, 2004: Failed Economic Take-Offs and Terrorism in Pakistan. In: Asian Survey, 44:6, 771-793.

Nasr, S. V. R., 2002: Islam, the State and the Rise of Sectarian Militancy in Pakistan, in: Jaffrelot, Christopher (Hg.): Pakistan. Nationalism without a Nation? New Delhi, 85-114.

Nasr, Seyyed Vali Reza, 1994: The Vanguard of the Islamic Revolution. The Jama'at-i Islami of Pakistan. London/New York.

Perkovich, George, 1999: India's Nuclear Bomb. The Impact on Global Proliferation. Berkeley/Los Angeles/London.

Pfeffer, Georg, 2008 a: Was heißt Demokratie in Pakistan, unter: www.suedasien.info, 07.03.2008.

Pfeffer, Georg, 2008 b: Der Problemfall Pakistan. Verdrängung als Politik, unter: www.suedasien.info, 08.09.2008.

Poullada, Leon B., 1979: Pushtunistan: Afghan Domestic Politics and Relations with Pakistan, in: Embree, Ainslie T. (Hg.): Pakistan's Western Borderlands. Karachi, 126-152.

Rittenberg, Stephen, 1979: Continuities in Borderland Politics, in: Embree, Ainslie T. (Hg.): Pakistan's Western Borderlands, Karachi, 67-84.

Rösel, Jakob, 2009: Pakistan: Kunststaat, Militärstaat und Krisenstaat, in: Rösel, Jakob (Hg.): Internationales Asienforum, Freiburg: Arnold-Bergstraesser-Institut, Vol. 40, No. 3-4, 255-311.

Rösel, Jakob, 2006: Die Mohajir in Karachi, Pakistan, in: Inhetveen, Katharina (Hg.): Flucht als Politik. Berichte von fünf Kontinenten. Köln, 125-162.

Rizvi, Hasan-Askari, 2001: Pakistan's Nuclear Testing, in: Asian Survey, 41:6, 943-955.

Samad, Yunas, 2002: In and Out of Power but not Down and Out: Mohajir Identity Politics, in: Jaffrelot, Christopher (Hg.): Pakistan. Nationalism without a Nation? New Delhi, 63-83.

Sayeed, Khalid Bin, 1968: Pakistan. The Formative Phase, 1857-1948. Karachi.

Schofield, Victoria, 2000: Kashmir in Conflict. India, Pakistan and the Unfinished War. London/New York.

Siddiqa, Ayesha, 2007: Military Inc. Inside Pakistan's Military Economy, London.

Sisson, Richard/Rose, Leo E., 1990: War and Secession. Pakistan, India, and the Creation of Bangladesh. Karachi.

Spain, James W., 1979: Political Problems of a Borderland, in: Embree, Ainslie T. (Hg.): Pakistan's Western Borderlands, Karachi, 1-23.

Talbot, Ian, 1999: Pakistan. A Modern History. Lahore/Karachi/Islamabad.

Waseem, Mohammad, 1994: The 1993 Elections in Pakistan. Lahore/Karachi/Islamabad.

Weaver, Mary Anne, 2002: Pakistan in the Shadow of Jihad and Afghanistan. New York.

Weiss, Anita M. (Hg.), 1987: Islamic Reassertion in Pakistan. The Application of Islamic Laws in a Modern State. Lahore/Karachi/Islamabad.

Wolpert, Stanley, 1993: Zulfi Bhutto of Pakistan. His Life and Times. New York/Oxford.

Yousaf, Mohammad/Adkin, Mark, 1992: The Bear Trap. Afghanistan's Untold Story. Lahore.

Yuan, Jing-dong, 2001: India's Rise after Pokhran II, in: Asian Survey, 41:6, 978-1001.

Klimawandel und Gewaltkonflikte –
Ein unabwendbares Szenario für die Zukunft?

Helmut Breitmeier

1 Einleitung

Kann Umweltzerstörung zur Entstehung oder Verschärfung von gewaltsamen Konflikten beitragen? In Europa und Nordamerika entwickelte sich vor zwei Jahrzehnten ein breites Forschungsprogramm zu „ökologischer Sicherheit", das den kausalen Beitrag von Umweltfaktoren zum gewaltsamen Konfliktaustrag untersucht (Homer-Dixon 1994, 1999; Kahl 2006; Bächler et al. 1993, 1996; Barnett et al 2007, Breitmeier 2009). Seitdem wurde die Frage des möglichen Beitrags von Umweltzerstörung zu Gewaltkonflikten in der Friedens- und Konfliktforschung stets kontrovers diskutiert (Brock 2001). Die empirische Arbeit an den mit dem Konzept der „ökologischen Sicherheit" verbundenen Forschungsfragen ging zwar weiter, aber die Friedens- und Konfliktforschung hat dem Zusammenhang zwischen Umweltzerstörung und gewaltsamen Konflikten bis vor wenigen Jahren nur eine relativ geringe Bedeutung zuerkannt. Grenzüberschreitende Umweltprobleme wurden dementsprechend lange überwiegend unter einem *governance*-analytischen Blickwinkel untersucht. Damit richtete sich das Erkenntnisinteresse bisher vor allem auf die Beantwortung der Frage, welche Faktoren zu einer effektiven kollektiven Problembearbeitung und –lösung im Kontext internationaler oder transnationaler Institutionen beitragen (Breitmeier 2008; Breitmeier et al. 2006, Breitmeier et al 2009). Dies trifft auch für die Normen und Regeln des globalen Klimaregimes zu, die in der Klimarahmenkonvention von 1992 und im Kyoto-Protokoll von 1997 enthalten sind und die bei den Verhandlungen für ein neues Post-Kyoto-Protokoll für den Zeitraum nach dem Jahr 2012 weiterentwickelt werden müssen (Biermann et al. 2010). Wie plausibel ist demgegenüber die Betrachtung des Klimaproblems aus einem sicherheitspolitischen Blickwinkel? Ist mit einer solchen sicherheitspolitischen Perspektive möglicherweise ein neues Verständnis der Umweltproblematik verbunden? Besitzen Umweltprobleme zukünftig die gleiche sicherheitspolitische Relevanz wie solche traditionellen Sicherheitsprobleme wie das Wettrüsten, die Existenz und Proliferation von Massenvernichtungswaffen, oder wie Konflikte über nationale Grenzen und Territorien?

Durch die in den Berichten des „*Intergovernmental Panel on Climate Change*" (IPCC) prognostizierten dramatischen Wirkungen des Klimawandels hat die Frage nach dem Beitrag von Umweltzerstörungen zum gewaltsamen Konfliktaustrag in den vergangenen Jahren neue zusätzliche Bedeutung erlangt (IPCC 2007). In den vergangenen Jahrzehnten ist die in der globalen Atmosphäre messbare Konzentration von klimarelevanten Spurengasen wie Kohlendioxid, Stickoxiden, Methan oder von Fluorchlorkohlenwasserstoffen und Halonen sehr stark angestiegen. Dieser Anstieg stellt das Ergebnis des ungebremsten und „schmutzigen" Wachstumspfads der westlichen Industrieländer dar, der bereits im 19. Jahrhundert begann und sich seitdem ungezügelt fortgesetzt hat. In den letzten drei Jahrzehnten stieg die Konzentration der Emissionen von Kohlendioxid von 335 ppm[1] (1978) auf 385 ppm (2006) – und ähnliche Entwicklungen gibt es auch für die Treibhausgase Stickoxid und Methan. Nur die Konzentration von Fluorchlorkohlenwasserstoffen und Halonen ist nach einem dramatischen Anstieg bis zum Jahr 1990 in den letzten beiden Jahrzehnten nicht weiter angestiegen und befindet sich, nachdem im Regime zum Schutz der Ozonschicht drastische Maßnahmen zur Emissionsverminderung dieser Stoffe beschlossen wurden, im Rückgang.

Der Anstieg der atmosphärischen Konzentration von Treibhausgasen wird durch das starke Wirtschaftswachstum in den Entwicklungs- und Schwellenländern in der Zukunft noch zunehmend verstärkt – insbesondere wenn diese Länder den traditionellen „fossilen" Entwicklungspfad der Industrieländer nachahmen und ihnen der Zugang zu modernen Technologien versperrt bleiben sollte, die einen effizienten und somit umweltschonenden Einsatz von fossilen Energien und den Einsatz erneuerbarer Energiequellen erlauben. Die Verlangsamung dieses Anstiegs und eine mittelfristige Stabilisierung dieser Emissionen ist notwendig, um den aus diesen Schadstoffen resultierenden Treibhauseffekt und die damit verbundenen Wirkungen so zu begrenzen (*mitigation*), dass die Lebensbedingungen in allen geographischen Regionen der Welt erträglich bleiben. Dies stellt eine der zentralen Zukunftsaufgaben globaler Politik für die kommenden Jahrzehnte dar. Mit den bisher innerhalb des Klimaregimes entwickelten Maßnahmen – insbesondere mit den unzureichenden Regelungen des im Jahr 2012 auslaufenden Kyoto-Protokolls zur Emissionskontrolle – würde sich der globale Anstieg der atmosphärischen Konzentration klimarelevanter Spurengase weiter beschleunigen.

Neben dieser *governance*-analytischen Sicht wird die Klimaproblematik aber auch unter einem anderen sicherheitspolitischen „*Framing*" diskutiert, dessen Relevanz in der Forschung umstritten ist und dessen Plausibilität auch in der Friedens- und Konfliktforschung auf viele Zweifel stößt. Im folgenden wird argumentiert, dass die Klimaproblematik auch weiterhin vor allem unter einer *governance*-analytischen Perspektive betrachtet werden sollte. Ein sicherheitspolitisches „*Framing*" des Klimaproblems ist nur eingeschränkt sinnvoll, denn die negativen Wirkungen des Klimawandels müssen nicht zwangsläufig zum ge-

---

1   Parts per million.

waltsamen Konfliktaustrag führen. Allerdings ist die Entwicklung von Szenarien angebracht, welche die möglicherweise tiefgreifenden negativen Wirkungen des Klimawandels auf die ökologischen, ökonomischen und sozialen Bedingungen abschätzen, die für ein friedliches Zusammenleben innerhalb und zwischen Staaten erforderlich sind. In einem ersten Schritt wird zunächst auf die Debatte über die Plausibilität des Konzepts der ökologischen Sicherheit eingegangen. In diesem Zusammenhang wird kritisch diskutiert, welche Potenziale und Gefahren mit einem sicherheitspolitischen „*Framing*" des Klimawandels verknüpft sind. In einem zweiten Schritt wird dann aufgezeigt, welchen Beitrag eine *governance*-analytische Perspektive leisten kann, um die durch den Klimawandel erzeugte Knappheit an Ressourcen und die Zerstörung grundlegender Lebensbedingungen einzudämmen.

2 Umweltprobleme und Sicherheitspolitik – eine plausible Verknüpfung?

Seit dem Ende des Ost-West-Konflikts ist die Zahl gewaltsamer Konflikte insgesamt gesehen zurückgegangen. Dies gilt nicht nur für die zwischenstaatlichen Kriege, sondern auch für innerstaatliche gewaltsame Konflikte. Mit dem Ende der Rivalität zwischen den USA und der Sowjetunion als den beiden klassischen Supermächten der Nachkriegszeit verschwand zum Beispiel der Typus des Stellvertreterkriegs, über welchen die militärischen Supermächte während des Kalten Kriegs in der Dritten Welt ihren ideologischen Einfluss zu bewahren und auszudehnen versuchten. Die Welt ist aber auch zu Beginn des neuen Jahrhunderts keineswegs von umfassendem Frieden geprägt und seit dem Fall des „Eisernen Vorhangs" richtete sich der Blick auf neue Sicherheitsgefährdungen, die als neue wichtige Konfliktursachen inzwischen einen wichtigen Platz auf der sicherheitspolitischen Agenda einnehmen. In den vergangenen Jahrzehnten sind Umweltgefahren vermehrt auch als wachsende Bedrohung für die Sicherheit von Staaten, Gesellschaften und Individuen betrachtet worden. Insgesamt hat sich in den Vereinten Nationen seit den 1990er Jahren ein komplexeres Verständnis von Sicherheit entwickelt, das über das traditionelle Verständnis von militärischer Sicherheit hinausgeht. Dieses neue Konzept der „menschlichen Sicherheit" umfasst „eine sicherheitspolitisch-humanitäre, eine menschenrechtliche und eine entwicklungspolitische Dimension" (Werthes 2008: 191f). Die Armut, Infektionskrankheiten und die Umweltzerstörung wurden in einem von den Vereinten Nationen im Jahr 2004 verabschiedeten Bericht genauso als Gefahr für die internationale Sicherheit benannt wie die klassischen Sicherheitsgefahren des zwischen- oder innerstaatlichen Krieges, der Massenvernichtungswaffen oder des Terrorismus (United Nations 2004).

Umweltgefährdungen werden somit nicht nur als eine Bedrohung für die menschliche Sicherheit angesehen, sondern auch als ein möglicher Faktor für die Entstehung von gewaltsamen Konflikten betrachtet. Damit hat die globale Politik wichtige kausale Annahmen des in der Friedens- und Konfliktforschung eigentlich umstrittenen Konzepts der „ökologischen Sicherheit" übernommen. Die von Thomas Homer-Dixon (1994, 1999) mit diesem Konzept vertretene Grundargumentation lautet, dass Umweltveränderungen bzw. ungleiche Ressourcenverteilung als Katalysator oder Verstärker bereits bestehender Konfliktursachen wirken können. Gravierende Umweltzerstörungen können demnach im Zusammenwirken mit dem Bevölkerungswachstum dazu führen, dass machtvolle Gruppen von den knapper werdenden Ressourcen Besitz ergreifen. Die dadurch entstandene Knappheit verschärft die zwischen Konfliktparteien bestehende Konfliktsituation und kann somit auch zur Entstehung eines gewaltsamen Konflikts beitragen. Ein zweites von Homer-Dixon identifiziertes Muster besteht darin, dass ungleiche Ressourcenverteilung und das Bevölkerungswachstum zu einer weiteren Verknappung der Ressourcen für marginalisierte soziale Gruppen führen, was ebenfalls als ein konfliktverschärfender Faktor angesehen wird.

Die in Zusammenhang mit diesem Forschungsprogramm gewonnenen empirischen Befunde sind allerdings nicht immer eindeutig und erlauben derzeit kaum die generalisierende Schlussfolgerung, dass in der Regel ein starker direkter kausaler Zusammenhang zwischen Umweltzerstörungen und Gewaltkonflikten besteht. Auch die Ergebnisse der empirischen Studien der Schweizer ENCOP[2]-Gruppe legen nahe, dass der direkte Zusammenhang zwischen Umweltzerstörung und Gewaltkonflikten oftmals nicht eindeutig ist und dass Umweltzerstörung eher innerhalb eines breiten Bündels von anderen Faktoren bei der Entstehung von Gewaltkonflikten mitwirkt. Dieses Projekt analysierte den Zusammenhang zwischen Umweltveränderungen und Gewaltkonflikten auch in Bezug darauf, inwiefern fehlende bzw. ineffiziente Governance-Strukturen sowie sozio-ökonomische und soziologische Bedingungen für den gewaltsamen Konfliktaustrag mitverantwortlich sind (Bächler et al. 1996). Das Projekt identifizierte zwar einige Fälle, in denen durchaus ein enger Zusammenhang zwischen Umweltzerstörung und Gewaltkonflikten beobachtet werden konnte. Aber in anderen Fällen zeigte es sich auch, dass vorgelagerte Konfliktursachen (z.B. ethnische Konflikte, massive soziale Ungleichheit) besonders bedeutsam waren und Umweltschäden als Instrumente zur Kanalisierung sozialer und ethnischer Identifikationsmuster dienten. Dies legt auch die empirische Studie von Colin H. Kahl (2006) nahe, der den Einfluss von demographischen und ökologischen Faktoren auf gesellschaftliche Unruhen auf den Philippinen und in Kenia untersuchte. Diese demographischen und ökologischen Faktoren entfalten innerhalb eines komplexeren kausalen Modells ihre Wir-

---

2   Environment and Conflicts Project.

kung. Gesellschaftliche Unruhen werden demnach dann durch einen hohen demographischen und ökologischen Druck (mit)verursacht, wenn innerhalb einer Gesellschaft eine starke Kluft zwischen unterschiedlichen sozialen Gruppen besteht und wenn das politische System darüber hinaus nur geringe politische Partizipationsmöglichkeiten bietet.

Ein genauer Blick auf die bisherigen Ergebnisse des Forschungsprogramms zur ökologischen Sicherheit gibt somit Anlass zu einer gewissen Skepsis und legt nahe, den behaupteten Zusammenhang zwischen Umweltzerstörung und Gewaltkonflikten kritisch zu hinterfragen. Offensichtlich existiert in der langen Kausalkette zwischen den Umweltzerstörungen einerseits und gewaltsamen Konflikten andererseits eine breite Anzahl von weiteren Variablen, die innerhalb des Kausalmechanismus relevant werden. Diese weiteren Variablen, wie z.B. die Legitimität des Regierens, die Fähigkeit von Staat und Gesellschaft zur friedlichen Konfliktbearbeitung, das Vorhandensein von wirtschaftlichen und finanziellen Kapazitäten zur Konfliktbearbeitung und -prävention können entscheidende Faktoren darstellen, durch welche die von Umweltzerstörung und Ressourcenknappheit mitverursachten Konflikte abgeschwächt und einer friedlichen Bearbeitung zugeführt werden können. Das Fehlen solcher Variablen könnte andererseits aber auch dazu beitragen, dass Umweltzerstörung die Intensität bereits existierender Konflikte verstärkt. Umweltzerstörung muss folglich aber nicht automatisch in einen gewaltsamen Konfliktaustrag münden, sondern die Kapazitäten von Staat, Wirtschaft und Gesellschaft können den Ausschlag dafür geben, ob die durch Umweltzerstörung erzeugten Konflikte über den Zugang zu lebenswichtigen Ressourcen friedlich oder gewaltsam ausgetragen werden.

Neben den Zweifeln über den möglichen Beitrag von Umweltzerstörung zu gewaltsamen Konflikten (Gleditsch 1998, 2007) wurden in der Diskussion auch andere kritische Argumente gegen das Konzept der „ökologischen Sicherheit" vorgebracht. Das „Framing" von Umweltproblemen, die traditionell dem Bereich von „low-politics" zuzuordnen sind, als sicherheitsrelevante „high-politics"-Themen könnte auch den Versuch darstellen, der oftmals zu wenig Bedeutung geschenkten Thematik bei politischen Entscheidungsträgern und in der transnationalen Öffentlichkeit größere Aufmerksamkeit zu verschaffen (Levy 1994). Damit ist auch die Gefahr verbunden, dass zur Lösung dieser Probleme auch jene politischen und militärischen Mittel (politischer Druck, Gewalt) angewandt werden, die eigentlich nur bei der Bekämpfung gewaltsamer Konflikte bzw. von grundlegenden Sicherheitsgefährdungen in Betracht gezogen werden sollten.

Eine interessante Frage ist allerdings auch, warum Umweltprobleme wie der Klimawandel ausgerechnet in den vergangenen Jahren vermehrt als Sicherheitsproblem aufgefasst wurden. Das „Framing" von politischen Problemen stellt einen permanenten Prozess dar, in welchem die diskursmächtigen Akteure wie z.B. Regierungen, internationale Organisationen, nicht-staatliche Akteure, Wissenschaftler und technische Experten, oder transnationale Unternehmen ihre spezifische Sichtweise über ein grenzüberschreitendes Problem auf der globalen Agenda veröffentlichen (McAdam et al. 1996). Das Ziel eines solchen öffentlichen Diskurses besteht letztlich darin, ein gemeinsam geteiltes Verständnis darüber zu etablieren, wie das Problem zu definieren ist (z.B. ob die Klimaproblematik überwiegend als Sicherheits- oder als Governance-Problem behandelt werden soll) und welche Maßnahmen im Zentrum der politischen Bearbeitung stehen sollen (z.b. Maßnahmen zur Prävention von Gewaltkonflikten oder zur Emissionskontrolle). Die Bemühungen zur Durchsetzung eines besonderen Problemverständnisses resultieren aus der spezifischen Weltsicht und aus den Interessen der an diesem Prozess beteiligten Akteure. Wenn es einem Akteur gelingt, seine spezifische Sichtweise eines grenzüberschreitenden Problems auf der globalen Agenda durchzusetzen, dann gewinnt er auch an Einfluss auf die Definition von politischen Maßnahmen, die zur Bearbeitung dieses Problems ergriffen werden müssen.

Von „Think Tanks" bzw. Politikberatern sind mehrere Studien vorgelegt worden, in welchen die Folgen des Klimawandels und deren Auswirkungen auf das soziale Zusammenleben auf innerstaatlicher, transnationaler und internationaler Ebene abgeschätzt werden (Campbell et. al. 2007; The CNA Corporation 2007). Diese Studien prognostizierten, dass ein signifikanter Anstieg der globalen Durchschnittstemperatur um mehr als zwei Grad Celsius weit reichende soziale Effekte bewirken wird, die zum Beispiel zu einem starken Anstieg der Migration und zu verstärkten Konflikten über den Zugang zu natürlichen Ressourcen führen werden. Im April 2007 hat sich auch der Sicherheitsrat der Vereinten Nationen mit den sicherheitsrelevanten Wirkungen des Klimawandels befasst. Der Wissenschaftliche Beirat der Bundesregierung Globale Umweltveränderungen (WBGU) hat sein Jahresgutachten im Jahr 2007 unter das Motto „Sicherheitsrisiko Klimawandel" gestellt. Der WBGU erwartet durch den Klimawandel das Eintreten verschiedener konfliktverschärfender Entwicklungen, wie z.B. die mögliche Zunahme der Zahl schwacher und fragiler Staaten als Folge des Klimawandels, zunehmende Risiken für die weltwirtschaftliche Entwicklung und Risiken wachsender Verteilungskonflikte zwischen Hauptverursachern und Hauptbetroffenen oder die Verstärkung von Migration. Auch internationale Institutionen haben den Klimawandel vermehrt als ein Sicherheitsproblem ins Zentrum ihrer politischen Beratungen gerückt. In einem Bericht des VN-Generalsekretärs an die Generalversammlung wurde im September 2009 auf eine Reihe von Sicherheitsbedrohungen hingewiesen, die durch den Klimawandel mit ausgelöst werden könnten: Der Verlust/Untergang von Territorien, die Staatenlosigkeit von heimatlos gewordenen Menschen, der Druck auf gemeinsam geteilte Wasserressourcen oder Streitigkeiten über den Zugang zur ökonomischen Ausbeutung der Arktis-Region – um nur einige dieser Effekte zu nennen (United

Nations 2009). Besonders negativ betroffen werden Entwicklungsländer in Afrika, Asien und Lateinamerika bzw. Küsten- und Inselstaaten sein, in denen die sozio-ökonomische Basis bereits jetzt unterentwickelt ist und die durch den Klimawandel noch weiter geschwächt werden könnte.

Diese prognostizierten Wirkungen müssen sehr Ernst genommen werden. Sie legen aber nicht zwangsläufig die Schlussfolgerung nahe, dass die Zahl der „Klimakriege" (Welzer 2008) stark ansteigt. Die Wirkungen des Klimawandels erschweren aber die sozio-ökonomischen Lebensbedingungen der betroffenen Menschen und zerstören deren ökologische Lebensgrundlagen. Daher müssen diese drohenden Wirkungen durch effektive Politiken zur Minderung der Treibhausgasemissionen so begrenzt werden, dass diese Umweltveränderungen keinen signifikanten Beitrag zur Entstehung oder Verschärfung gewaltsamer Konflikte leisten können. Eine „Versicherheitlichung" von Umweltproblemen ist wohl nur eingeschränkt sinnvoll und aus wissenschaftlicher Perspektive nur dann angebracht, wenn die Wirkungen von Umweltzerstörung auf potenzielle Konflikturasachen analysiert werden (Brzoska 2009). Dafür gibt es in den Entwicklungs- und Schwellenländern durchaus einen großen Bedarf, weil der Klimawandel dort zu gravierenden negativen Wirkungen führt und die Lebensbedingungen der armen Bevölkerung weiter verschlechtert werden. Die prognostizierten Folgen des Klimawandels wie z.B. veränderte Niederschlagsmuster, Wassermangel, Desertifikation, die Zunahme von Infektionskrankheiten oder der Anstieg des Meeresspiegels machen es erforderlich, schon frühzeitig Maßnahmen zur Anpassung (*adaptation*) an diese Umweltveränderungen zu entwickeln. Bevor solche Anpassungsmaßnahmen implementiert werden können, müssen zunächst Szenarien für jene Länder, Regionen und lokalen Einheiten entworfen werden, die vom Klimawandel in besonderem Maße negativ betroffen sind. Zudem müssen die nationalen und internationalen Kapazitäten zur Katastrophenhilfe erheblich ausgebaut werden, damit in Entwicklungsländern rasch humanitäre Hilfe bei den zunehmend eintretenden Naturkatastrophen geleistet werden kann. Darüber hinaus müssen jene politischen, sozialen und ökonomischen Einflussfaktoren verstärkt werden, durch welche ein Beitrag der Wirkungen des Klimawandels zum Gewaltkonflikt vermindert werden können. Bei den vom Klimawandel besonders betroffenen Staaten handelt es sich oftmals um fragile Staaten. Eine am Ziel der Konfliktprävention orientierte Forschung muss das Problem des Staatszerfalls in Entwicklungsländern vermehrt in den Blick nehmen und untersuchen, inwiefern der Klimawandel das Problem des Zerfalls oder der Destabilisierung von Staaten weiter verschärft (Podesta/Ogden 2008).

3   Klimawandel und Global Governance

Innerhalb eines breit gefassten Sicherheitsbegriffs werden Umweltprobleme zwar auch als eine Konfliktursache betrachtet. Die Verminderung dieses Konfliktpotenzials gelingt aber nur dann, wenn der Klimawandel begrenzt bleibt und zusätzlich Politiken zur Anpassung an den Klimawandel entwickelt werden. Der Gefahr einer potenziellen „Versicherheitlichung" der Umweltpolitik kann vor allem dann entgegengesteuert werden, wenn sich der Blick der Forschung und der politischen Problembearbeitung überwiegend auf solche Maßnahmen und Politiken richtet, durch welche ein möglicher Beitrag von Umweltproblemen zur Entstehung von gewaltsamen Konflikten in Zukunft vermieden werden kann. Die globale Bearbeitung der Klimaproblematik innerhalb des Klimaregimes muss dabei sowohl Politiken zur Minderung der Emissionen von Treibhausgasen als auch Maßnahmen zur Anpassung an den Klimawandel umfassen. Die Implementation effektiver globaler Politiken zur Emissionskontrolle klimarelevanter Spurengase kann einen wichtigen Beitrag zur Konfliktprävention leisten. Die zukünftige Form des globalen Energiesystems, ein veränderter Energiemix, eine deutliche Verminderung des Energieverbrauchs und die erhebliche Steigerung der Energieeffizienz stellen wesentliche Einflussfaktoren für den Umfang des zukünftigen Klimawandels dar. Dieser einschneidende Umbau des Energiesystems ist erforderlich, um den globalen Klimawandel auf eine durchschnittliche Erwärmung auf ca. zwei Grad Celsius zu begrenzen, damit die Folgen überwiegend beherrschbar bleiben und die Lebensbedingungen in den vom Klimawandel besonders betroffenen Regionen noch erträglich sein werden.

Vor diesem Hintergrund stellt sich die Frage, welchen Beitrag internationale und transnationale Institutionen dazu leisten können, grenzüberschreitende Umweltprobleme so zu bearbeiten, dass sich mittel- und langfristig eine bedeutende Verbesserung der Umweltsituation einstellt. Das Forschungsprogramm zur ökologischen Sicherheit richtete den Blick bisher zu einseitig darauf, den potenziellen Beitrag von Umweltzerstörung zum gewaltsamen Konfliktaustrag nachzuweisen. Dabei geriet den Vertretern dieses Konzepts aber die Tatsache aus dem Blick, dass viele Umweltkonflikte in der Vergangenheit innerhalb von internationalen Institutionen friedlich bearbeitet werden konnten. Das Montrealer Ozonprotokoll von 1987 und die in den Folgejahren ergriffenen weiteren Maßnahmen zeigen, dass das globale Regieren durchaus effektive Maßnahmen ergreifen kann, mit welchen einschneidende Maßnahmen zum Schutz globaler Güter möglich sind. Die über Jahrzehnte erfolgte Anreicherung der Atmosphäre mit ozonschädlichen Substanzen, die eine Lebensdauer von mehreren Jahrzehnten aufweisen, hat allerdings dazu geführt, dass sich die positiven Wirkungen des überwiegenden Ausstiegs aus der Produktion und dem Verbrauch dieser Stoffe erst mit einer großen Zeitverzögerung einstellen (Andersen et al 2002). Noch Mitte der 1980er Jahre bestanden erst geringe Aussichten für eine umfassende Reduzierung der Produktion Ozon zerstörender Substanzen. Doch innerhalb weniger Jahre ist es dann gelungen, eine Wende in der politischen Problembearbeitung einzuleiten und die Chemieindustrie von der Notwendigkeit und Machbarkeit des Ausstiegs aus der Produktion zu überzeugen.

Beispiele für eine friedliche Konfliktbearbeitung und für eine ansatzweise effektive Problemlösung lassen sich auch in anderen Bereichen der Umwelt- und Ressourcenpolitik finden. Für einen Großteil der 263 internationalen Wasserscheiden gibt es inzwischen mehr als 400 bi- oder multilaterale Regelungen, durch welche ein mehr oder weniger effektives Wassermanagement entwickelt und die Wasserverschmutzung oftmals verringert werden konnte. Mit der Errichtung dieser internationalen Governance-Systeme gelang es somit überwiegend, Konflikte über die Nutzung grenzüberschreitender Gewässer friedlich zu bearbeiten (Wolf et al. 2005). Verschiedene Beispiele (z.B. die Indus-Kommission, die zwei Kriege zwischen Indien und Pakistan überlebte) illustrieren auch, dass eine friedliche Konfliktbearbeitung von Wasserkonflikten im Rahmen von internationalen Governance-Systemen auch selbst dann möglich ist, wenn es sich bei den Konfliktparteien um miteinander verfeindete Staaten handelt. Durch den gewachsenen Problemdruck entwickeln sich auch neue Ansätze und Anstrengungen zu einem verbesserten grenzüberschreitenden Wassermanagement. Dies zeigt das Beispiel des im Jahr 2002 gegründeten Rats der afrikanischen Wasserminister, der sich für die nachhaltige Nutzung grenzüberschreitender Wasserressourcen in Afrika einsetzt und ein Instrument zur Koordinierung der Wasserpolitiken afrikanischer Staaten darstellt (BMZ 2007). Trotz der institutionellen Bearbeitung von grenzüberschreitenden Wasserkonflikten bestehen innerhalb dieser Wasserregime im Einzelfall aber auch weiterhin Probleme, die durch den Klimawandel möglicherweise sogar weiter verschärft werden könnten. Daher ergibt sich aus den Wirkungen des Klimawandels für viele existierende Umwelt- und Ressourcenregime ein neuer Bedarf zur Problembearbeitung, weil die Erwärmung, die veränderten Niederschlagsmuster, Dürre oder der Anstieg des Meeresspiegels gravierende Veränderungen für die bestehenden Ökosysteme mit sich bringt und die in Regimen getroffenen Regelungen möglicherweise dadurch nicht mehr greifen. Dirk Messner stellt fest, dass der Klimawandel nur einer von mehreren Faktoren ist, die das künftige Wassermanagement unter Druck setzen. Er plädiert vor dem Hintergrund zusätzlicher Planungsunsicherheit über die zukünftige Verfügbarkeit von Wasser dafür, „die bestehenden Unzulänglichkeiten des Wassermanagements zu überwinden, und andererseits, das Wassermanagement explizit auf die künftigen Herausforderungen auszurichten" (Messner 2009: 172).

In ähnlicher Weise dürften viele Fischereiregime einen verstärkten Anpassungsdruck erfahren, wenn die Erwärmung der Fischereigewässer zu einem Rückgang der Fischbestände führt. Der Ausbau der kontrollierten Aufzucht von Fischen durch Aquakultur wird den Rückgang der Fischbestände, der durch den Klimawandel eintreten wird, im Einzelfall nicht ausgleichen können. Daher werden sich die Mitgliedstaaten einzelner Fischereiregime auch über die Verminderung der Fangquoten verständigen müssen.

Die Sicherstellung der Versorgung der Entwicklungsländer mit Nahrungsmitteln stellt ein Problem dar, das durch den Klimawandel noch verschärft werden könnte. Die Nahrungsmittelkrise von 2007/2008 äußerte sich zum Beispiel in einem Anstieg der Weizenpreise um 180 Prozent binnen zwei Jahren. Dies führte in vielen Entwicklungsländern zu gravierenden Versorgungsmängeln und löste in einzelnen Ländern auch Hungerrevolten aus. Der Klimawandel könnte den Bedarf zur Entwicklung eines effektiven Regimes für die globale Versorgung mit Nahrungsmitteln verstärken, mit dem auch einigermaßen stabile Preise auf den globalen Nahrungsmittelmärkten garantiert werden und das der Spekulation mit Nahrungsmittelpreisen Einhalt gebietet.

Im Rahmen der Problembearbeitung durch Governance-Systeme muss oftmals eine relativ breite Palette verschiedener Einflussfaktoren vorhanden sein, damit diese zu effektiven Ergebnissen führen kann. Je komplexer die Problemstruktur eines grenzüberschreitenden Umweltproblems ist, als desto vielfältiger erweist sich oftmals auch die Anzahl der für die Problembearbeitung erforderlichen Faktoren, und desto tiefgreifender muss die Problembearbeitung oftmals an den verschiedenen Ursachen ansetzen. Bei relativ schmal geschnittenen Umweltproblemen wie dem zwischen wenigen Anrainerstaaten bestehenden Konflikt über die Nutzung eines geteilten Binnenmeeres oder eines gemeinsamen Flusslaufs ist die Problembearbeitung daher in der Regel einfacher als bei komplexen Problemlagen wie der Biodiversität oder dem Klimawandel. Im Vergleich zum Klimaproblem war der Schutz der Ozonschicht ebenfalls ein von geringerer Komplexität geprägtes Problem. Die Aussichten für eine erfolgreiche Kontrolle der Treibhausgase müssen noch skeptisch eingeschätzt werden, weil zentrale Konflikte über den Inhalt eines Post-Kyoto-Protokolls derzeit nicht gelöst sind. Daher muss zum jetzigen Zeitpunkt auch abgeschätzt werden, welche möglichen Folgen der Klimawandel für die Menschheit haben könnte, wenn die globalen Anstrengungen für eine Emissionskontrolle hinter dem eigentlich erforderlichen Maß zurückbleiben sollten.

Sicherlich handelt es sich beim Klimawandel um das bisher komplexeste Umweltproblem, das eine kollektive Problemlösung innerhalb von ‚Global Governance' erfordert. Diese Komplexität betrifft unter anderem die große Anzahl der Staaten, die jeweils einen nationalen Beitrag für eine globale Politik der

Emissionskontrolle leisten müssen. Darüber hinaus sind nahezu alle wichtigen Sektoren in Wirtschaft und Gesellschaft (z.B. die Energieversorgung, die industrielle Produktion, Verkehr, Haushalte und Gebäude) von potenziellen Maßnahmen zur Emissionskontrolle direkt betroffen. Dies unterstützt die Befürchtungen vieler Staaten, dass drastische Maßnahmen zur Verminderung der Treibhausgasemissionen möglicherweise zu hohen Kosten für die eigene Volkswirtschaft führen und die Wettbewerbsfähigkeit somit bedroht sein könnte. Bereits zwischen den Industrieländern bestehen überdies Unterschiede in Bezug auf die Verfügbarkeit von finanziellen und technologischen Kapazitäten, welche für eine weitgehende Dekarbonisierung des Energiesystems erforderlich sind. Den Entwicklungs- und Schwellenländern fehlen diese Kapazitäten nahezu vollständig und ihre Bereitschaft zur aktiven Mitwirkung bei Maßnahmen zur globalen Emissionskontrolle hängt entscheidend davon ab, welche Angebote die Industrieländer beim Finanz- und Technologietransfer machen, damit die sozioökonomische Entwicklung dieser Länder durch globale Politiken zur Emissionskontrolle nicht gebremst wird. Da die Industrieländer für den überwiegenden Teil der in der Vergangenheit emittierten Treibhausgase verantwortlich sind, wächst ihnen eine besondere Verantwortung bei der Emissionskontrolle zu.

Wie das Scheitern des Kopenhagener Klimagipfels vom Dezember 2009 zeigt, sind die Interessen der Staatengemeinschaft bei den Bemühungen zur Weiterentwicklung des Klimaregimes äußerst heterogen. Die Interessenkonflikte zwischen Industrie-, Schwellen- und Entwicklungsländern sind derzeit noch immer so tiefgreifend, dass die Erzielung eines Minimalkonsenses zumindest kurzfristig schwer möglich scheint – und insbesondere die beiden großen Mächte China und die USA erwiesen sich in Kopenhagen letztlich nicht unerwartet als Blockierer, an denen die Einigung auf die zentralen Eckpunkte für ein neues globales Schadstoffprotokoll scheiterte (Grubb 2010). Auch innerhalb der Gruppe der Industrieländer bestehen noch große Positionsdifferenzen darüber, wie weitreichend die Ziele zur Emissionskontrolle sein sollen. Die Verweigerungshaltung der US-Regierung gegenüber einem globalen Schadstoffprotokoll zur Kontrolle treibhausrelevanter Spurengase hat sich mit dem Amtsantritt von Präsident Barack Obama zwar abgeschwächt. Trotzdem bestehen nach wie vor erhebliche Zweifel, ob der US-Senat die Regelungen eines globalen Schadstoffprotokolls letzten Endes ratifizieren und somit zur nationalen Implementation freigeben würde. Möglicherweise stellt der Eklat von Kopenhagen, der durch die Verabschiedung des „Kopenhagen-Akkord" kaum kaschiert werden konnte, auch ein Signal für die an den Verhandlungen beteiligten Staaten dar, die noch bestehenden Konflikte im Verhandlungsprozess abzuarbeiten.

Mit den Rückschlägen bei den Verhandlungen für ein Post-Kyoto-Protokoll ist bei einigen Staaten auch die Skepsis gewachsen, dass das Klimaproblem über

ein globales Schadstoffprotokoll und über einen multilateral vereinbarten „top-
down"-Ansatz bearbeitet werden soll. Einzelne Länder wie die USA bevorzugen
einen flexibleren Ansatz, der mehr Freiheit bei der nationalen Emissionskontrolle
lässt und diesbezüglich keine völkerrechtlich verbindliche Verpflichtung beinhal-
tet. Es ist allerdings fraglich, ob das Klimaproblem auf der Grundlage relativ un-
verbindlicher Erklärungen langfristig zu lösen ist. Die beschriebenen Interessengegensätze können nur überwunden werden, wenn durch ein globales Protokoll auch
Erwartungssicherheit in Bezug darauf geschaffen wird, dass die eigenen Anstrengungen zur Emissionskontrolle und der Finanz- und Technologietransfer von anderen Staaten in gleicher Weise umgesetzt werden.

Die in der globalen Öffentlichkeit gewachsene Frustration über die anhal-
tende Blockade bei den Klimaverhandlungen ist verständlich. Die Erfahrungen
mit der Entwicklung vieler anderer Umwelt- und Ressourcenregime zeigen aber
auch, dass solche langjährigen Blockaden in Verhandlungsrunden häufig „nor-
mal" sind. Die Bearbeitung von Interessengegensätzen innerhalb der Verhandlungen benötigt genauso Zeit wie die notwendige Veränderung der nationalen
Präferenzen auf der innerstaatlichen Ebene. Eine generelle Abkehr von der globalen Bearbeitung des Klimaproblems innerhalb des Klimaregimes erscheint
wenig sinnvoll. Zwar zeichnete sich auch bis Mitte 2010 kein Durchbruch bei
den Verhandlungen zur globalen Emissionskontrolle ab, aber das Regime erfüllt
Funktionen, die für den globalen Politikprozess wichtig sind. Es hat dazu beigetragen, die Wissensbasis über die Ursachen und Wirkungen des Klimawandels
zu verbessern, weil das IPCC (der sogenannte „Weltklimarat") die globale Erforschung des Problems koordiniert und wichtige Impulse für die weitere Erforschung des Problems gegeben hat. Die Institutionen des Klimaregimes haben
auch dazu beigetragen, Informationen über nationale Politiken und Emissions-
pfade zu generieren und zu vereinheitlichen. Durch das Klimaregime wurde (in
Zusammenarbeit mit anderen internationalen Institutionen) der Finanz- und
Technologietransfer stetig erweitert, wodurch den Entwicklungsländern die
Möglichkeit zur Mitwirkung an Maßnahmen zur Emissionskontrolle und zur
Durchführung von Anpassungsstrategien eingeräumt wurde. Darüber hinaus
stellt das Klimaregime eine wichtige „politische Arena" dar, die für die Mit-
gliedstaaten die erforderlichen institutionellen Rahmenbedingungen für die
Durchführung von Verhandlungen und für die Überprüfung und Fortentwicklung
bestehender Politiken und Programme bildet. Diese Zentralisierung politischer
Entscheidungsfindung und die damit verbundene Schaffung eines politischen
Ortes erleichtert es der globalen Zivilgesellschaft, ihren Druck auf politische
Entscheidungsträger aufrechtzuerhalten. Darüber hinaus ist die globale Problembearbeitung aber auch auf viele dezentrale Entwicklungen angewiesen. Die Ent-
wicklung neuer energieeffizienter Technologien und die technologische Moder-

nisierung haben in der Wirtschaft mittlerweile Fortschritte gemacht. Je stärker der Preis für den Einsatz von Energie eine relevante Größe im Markt darstellt, desto mehr wachsen in der Wirtschaft und beim Verbraucher die Bereitschaft zur Entwicklung und zum Kauf ökologisch nachhaltiger Produkte. Das globale Regieren ist bei der Bearbeitung der Klimaproblematik in Zukunft daher einerseits auf den multilateralen Rahmen des Klimaregimes angewiesen. Darüber hinaus können die Ziele zur Emissionskontrolle und zur Anpassung an den Klimawandel aber nur erreicht werden, wenn sich außerhalb des Klimaregimes zusätzliche politische Initiativen und technologische Innovationen für den Schutz des Klimas entwickeln.

Literaturverzeichnis

Andersen, Stephen O./Sarma, Madhava K., 2002: Protecting the Ozone Layer. The United Nations History, London.

Bächler, Günther/Böge, Volker/Klötzli, Stefan/Libiszewski, Stephan, 1993: Umweltzerstörung: Krieg oder Kooperation? Ökologische Konflikte im internationalen System und Möglichkeiten der friedlichen Bearbeitung. Münster.

Bächler, Günther/Böge, Volker/Klötzli, Stefan/Libiszewski, Stephan/Spillmann, Stefan, 1996: Kriegsursache Umweltzerstörung. Ökologische Konflikte in der Dritten Welt und Wege ihrer friedlichen Bearbeitung (Band I). Zürich.

Barnett, Jon/Adger, Neil W., 2007: Security and Climate Change, in: Global Environmental Change 13:1, 7-17.

Biermann, Frank/Pattberg, Philipp/Zelli, Fariborz (Hrsg.), 2010: Global Climate Governance Beyond 2012. Architecture, Agency and Adaptation. Cambridge.

Breitmeier, Helmut, 2008: The Legitimacy of International Regimes. Aldershot.

Breitmeier, Helmut, 2009: Klimawandel und Gewaltkonflikte. Forschung DSF No. 17. Deutsche Stiftung Friedensforschung. Osnabrück.

Breitmeier, Helmut/Young, Oran R./Zürn, Michael, 2006: Analyzing International Environmental Regimes. From Case Study to Database. Cambridge, MA.

Breitmeier, Helmut/Roth, Michèle/Senghaas, Dieter (Hrsg.), 2009: Sektorale Weltordnungspolitik. Effektiv, gerecht und demokratisch? Baden-Baden.

Brock, Lothar, 2001: Von der ökologischen Sicherheit zum nachhaltigen Frieden? in: Aus Politik und Zeitgeschichte, B 12/2001, 3-5.

Brzoska, Michael, 2009: The Securitization of Climate Change and the Power of Conceptions of Security, in: Sicherheit und Frieden 27:3, 137-145.

Bundesministerium für wirtschaftliche Zusammenarbeit und Entwicklung (BMZ) 2007: Partner für ein starkes Afrika. Zusammenarbeit im Bereich Wasser, Bonn.

Campbell, Kurt M./Gulledge, Jay/McNeill, J.R./Podesta, John/Ogden, Peter/Fuerth, Leon/ Woolsey, R. James/Lennon, Alexander T.J./Smith, Julianne/Weitz, Richard/Mix, Derek, 2007: The Age of Consequences. The Foreign Policy and National Security Implications of Global Climate Change. Center for Strategic and International Studies (CSIS). Washington D.C.

Gleditsch, Nils P., 1998: Armed Conflict and the Environment. A Critique of the Literature, in: Journal of Peace Research, 35: 3, 381-400.

Gleditsch, Nils P., 2007: Environmental Change, Security and Conflict, in: *Crocker, Chester/Hampson, Fen O./Aall, Pamela* (Hrsg.), Leashing the Dogs of War. Conflict Management in a Divided World. Washington D.C., 175-193.

Grubb, Michael, 2010: Copenhagen: Back to the Future?, in: Climate Policy 10, 127-130.

Homer-Dixon, Thomas F., 1994: Environmental Scarcities and Violent Conflict. Evidence from Cases, in: International Security, 19: 1, 5-40.

Homer-Dixon, Thomas F., 1999: Environment, Scarcity and Violence. Princeton.

Intergovernmental Panel on Climate Change (IPCC), 2007: Climate Change 2007: Synthesis Report. Summary for Policymakers, in: http://www.ipcc.ch/pdf/assessment-report/ar4/syr/ar4_syr_spm.pdf, 15.09.2010.

Kahl, Colin H., 2006: States, Scarcity, and Civil Strife in the Developing World. Princeton.

Levy, Marc A., 1994: Is the Environment a National Security Issue?, in: International Security, 20: 2, 35-62.

McAdam, Doug/McCarthy, John D./Zald, Mayer N., 1996: Introduction: Opportunities, Mobilizing Structures, and Framing Processes. Toward a Synthetic, Comparative Perspective on Social Movements, in: McAdam, Doug/McCarthy, John D./Zald, Mayer N. (Hrsg.), Comparative Perspectives on Social Movements. Political Opportunities, Mobilizing Structures, and Cultural Framings. Cambridge, 1-20.

Messner, Dirk, 2009: Klimawandel und Wasserkrisen der Zukunft, in: Sicherheit und Frieden, 27: 3, 167-173.

Podesta, John/Ogden, Peter, 2008: The Security Implications of Climate Change, in: The Washington Quarterly, 31: 1, 115-138.

The CNA Corporation, 2007: National Security and the Threat of Climate Change. Alexandria.

United Nations, 2004: A More Secure World: Our Shared Responsibility. Report of the High-level Panel on Threats, Challenges and Change. New York.

United Nations, 2009: Climate Change and its Possible Security Implications. Report of the Secretary General (A/64/350). New York.

Welzer, Harald, 2008: Klimakriege. Wofür im 21. Jahrhundert getötet wird. Frankfurt a.M.

Werthes, Sascha, 2008: Menschliche Sicherheit – ein zukunftsfähiges Konzept?, in: *Ulbert, Cornelia/Werthes, Sascha* (Hrsg.), Menschliche Sicherheit. Globale Herausforderungen und regionale Perspektiven. Baden-Baden, 191-203.

Wolf, Aaron T./Kramer, Annika/Carius, Alexander/Dabelko, Geoffrey D., 2005: Managing Water Conflict and Cooperation, in: *The World Watch Institute* (Hrsg.), State of the World. Redefining Global Security. Washington D.C., 80-95.

IV Öffentliche Podiumsdiskussion

Podiumsdiskussion zum Thema: „Wie weiter in Afghanistan?"

mit Renke Brahms, Edward Keynes, Winfried Nachtwei, Reinhold Robbe und Hannes Wendroth, Moderation: Ines-Jacqueline Werkner

1   Einleitung

Militärische Interventionen gelten als umstritten. Dies gilt auch für den Einsatz in Afghanistan. So sprechen sich in der jüngsten Bevölkerungsumfrage des Sozialwissenschaftlichen Instituts der Bundeswehr die Hälfte der Befragten in Deutschland dafür aus, den militärischen Einsatz in Afghanistan umgehend zu beenden und alle Bundeswehr-Soldaten sofort aus dem Land zurückzuziehen, während die andere Hälfte der Befragten dafür plädiert, den Afghanistan-Einsatz fortzusetzen. Dabei werden vor allem Wiederaufbauarbeiten unterstützt, Kampfeinsätze gegen die Taliban werden dagegen mehrheitlich abgelehnt. – So das aktuelle Meinungsbild der Bevölkerung zu Afghanistan.

Auch in der Politik gilt der Afghanistan-Einsatz als umstritten. So trat vor wenigen Wochen Bundespräsident Horst Köhler aufgrund seiner Äußerungen zum Afghanistan-Einsatz von seinem Amt zurück. In anderen Ländern sieht die Situation ähnlich aus. Mittlerweile finden in fast allen Ländern kontroverse Diskussionen statt. In den Niederlanden ist Anfang dieses Jahres sogar die gesamte Regierung über den Streit um Afghanistan gestürzt worden.

Diese aktuelle Debatte zum Anlass genommen, fand im Rahmen der öffentlichen Ringvorlesung „20 Jahre nach dem Ende des Kalten Krieges – Zur Ambivalenz gegenwärtiger Friedenspolitik" an der Christian-Albrechts-Universität zu Kiel im Sommersemester 2010 eine Podiumsdiskussion zum Thema „Wie weiter in Afghanistan?" statt. Über den Afghanistan-Einsatz, seine Zielsetzungen und Strategien diskutierten Renke Brahms (Friedensbeauftragter der Evangelischen Kirche in Deutschland), Prof. Dr. Edward Keynes (Pennsylvania State University/Universität Kiel), Winfried Nachtwei (Bündnis 90/Die Grünen), Reinhold Robbe (SPD) und Oberst i. G. Hannes Wendroth (Führungsakademie der Bundeswehr in Hamburg).

2   Rechtfertigung des militärischen Einsatzes

Moderatorin: Zunächst möchte ich gerne den Beginn des Afghanistan-Einsatzes in den Blick nehmen. Nachdem der VN-Sicherheitsrat in der Resolution 1368 die terroristischen Handlungen als Bedrohung des Weltfriedens und der internationalen Sicherheit einstufte und damit den USA das Recht auf individuelle und kollektive Selbstverteidigung zugestand, begann unter amerikanischer Führung im Oktober 2001 die Operation Enduring Freedom. Zwei Monate später beschloss der VN-Sicherheitsrat in der Resolution 1368 die Entsendung einer internationalen Sicherheitsunterstützungstruppe. Dabei handelt es sich um die ISAF-Mission (International Security Assistance Force). – Hat der Sicherheitsrat der Vereinten Nationen mit seiner ersten Resolution den USA einen Blankoscheck in die Hand gegeben? War die Anerkennung des Rechts auf Selbstverteidigung angesichts der Anschläge vom 11. September 2001 überzogen? Und stellen die beiden bis heute parallel laufenden Einsätze – Enduring Freedom und ISAF – nicht vielleicht auch eines der gegenwärtigen Grundprobleme bzgl. der Wahrnehmung der internationalen Gemeinschaft in Afghanistan dar?

Keynes: Resolution 1368 is, from my perspective, to say the very least, vague. It authorizes everything and nothing at the same time. It merely provides an open-ended framework for authorizing further action. And it follows a series of resolutions that were first passed in the 1990s, for example, resolution 1267 of 1999, which froze the economic assets of Al-Qaida and the Taliban regime, obliges states to prevent the entrance or passage of Al-Qaida and Taliban through their territories and sea, prevents states from selling or transferring arms directly or indirectly to Al- Qaida and the Taliban. Hence, Resolution 1368 can only be understood within the context of a long series of resolutions, many of them earlier, permitting lesser actions, which were relatively ineffective. Of greater significance from the US perspective is Public Law 107-40 of 18th September 2001, which authorized the American President to use all necessary and appropriate force against those nations, organizations or persons he determines planned, authorized, committed or aided attacks that occurred on September 11, 2001, or harbored such organizations or persons, in order to prevent any future acts of international terrorism against the United States by such nations, organizations or persons. It provides him with specific lawful authority under the United States Constitution and the War Powers Act of 1973, but it restricts his action to the requirements of the War Powers Act, including the reporting requirements, and the requirements giving Congress the authority to demand that he remove troops between 60 and 90 days after the initiation of hostilities. The Resolution 107-40 does not supersede any requirements of the War Powers Act, which should be very clear. Secondly, the Congressional joint resolution passed on this date is no less specific, I might add, than the declaration of war, approved 8th December 1941. The difference is that today we all engage in the United Nations mythology, the song and the dance of the United Nations that all military actions are defensive in nature, and they are therefore permitted as acts of collective security. The Congressional Resolution, the United Nations Charter, Art. 51 are cited by George W. Bush as authority to wage military hostility in Afghanistan, among other places, to combat terrorism. On this basis, the President put together his so-called *Coalition of the Willing*. This is quite different, as you pointed out, from operations under ISAF; it is a separate arrangement. It was first charged with securing the interim regime of Hamid Karzai in and around Kabul, and in December 2003, as I am sure everyone is aware, that was then broadened to the other regions of Afghanistan. At the present time, the US has 94.000 troops in Afghanistan, approximately 45.000 of them are under ISAF, the remaining 48.000 or so are a part of Enduring Freedom; that number now exceeds the number of US forces in Iraq by a little more than 2.000, and moreover, as of the 7th of June of this year, the United States has engaged in the longest war in its history, 104 months, now exceeding the 103 months of the war in South-East Asia. I want to be clear about two things; these resolutions, particularly the resolution passed by United States Congress, authorize hostilities below the threshold of a publicly declared war. But from my perspective, the proverbial rose is a rose, is a rose by any other name; a war is a war, is a war by any other name and, as the Bundesregierung has finally conceded, we are fighting a war in Afghanistan – let there be no mistake about that! The United Nations and the US resolutions "do not free the combatants (in this case the United States or any of the combatants in Afghanistan) from the customs, usage, and practices of international law". Finally, is there an excessive response to a sudden attack on the United States? My answer is, from the perspective of 2001, „probably not". But from the current perspective of 2010, countries, such as Germany, that rely on soft power, because in relative terms they are weak militarily, the answer is – „probably yes".

Moderatorin: In der Regierungserklärung vom 22. April dieses Jahres bezog sich die Bundeskanzlerin explizit auf den bekannten Satz des ehemaligen SPD-Verteidigungsministers Peter Struck: „Die Sicherheit Deutschlands wird auch am Hindukusch verteidigt". Was sind konkret die deutschen Sicherheitsinteressen in Afghanistan?

Robbe: Wenn Sie den Satz von Peter Struck gerade angeführt haben – der häufig benutzt wird, insbesondere auch in den Medien, weil dieser so schön griffig ist und so wunderbar missinterpretiert werden kann, auch für viele Debatten herhalten kann – dann muss ich einfach darauf hinweisen, dass Peter Struck in der damaligen

Situation zum Ausdruck bringen wollte, dass wir es hier in Mitteleuropa, insbesondere in Deutschland, nicht mehr mit der klassischen Landesverteidigung, so wie wir sie noch in den 1950er und 1960er Jahren bei der Entstehung unserer Bundeswehr definiert haben, zu tun haben. Damals war die Welt relativ übersichtlich gestaltet: Es gab Ost und West, den „Eisernen Vorhang", der mitten durch Deutschland verlief, die Mauer. Das sind alles Dinge, die heute insbesondere von der jungen Generation gar nicht mehr so wahrgenommen werden bzw. nur noch aus Geschichtsbüchern. Damals konnte man mit Landesverteidigung noch etwas anfangen; es ging um die Verteidigung der eigenen Landesgrenzen. Das ist heute eine völlig andere Situation. Seit 1990 haben wir es nicht mehr nur mit unserem Lande, sondern mit der Welt zu tun. Da gibt es ganz neue Sicherheitsphänomene. Wir haben es nicht mehr mit „natürlichen" Feinden zu tun. Alle ehemaligen Feinde sind unsere Freunde, sogar unsere Verbündeten, geworden. Sie streben nach Europa und in die Bündnisse wie NATO und EU. In besonderen Zirkeln, in Think Tanks, wird sogar darüber gesprochen, dass irgendwann einmal Russland in die NATO etc. aufgenommen werden könnte. – Alles Dinge, über die man vor 30 Jahren nicht einmal andeutungsweise nachgedacht hätte. Vor diesem Hintergrund hat damals Peter Struck versucht, die neue Situation auf diesen kurzen Nenner zu bringen. Dies geschah natürlich auch vor dem Hintergrund von 9/11, als die Twin Towers von Terroristen zum Einsturz gebracht wurden. Er wollte darauf hinweisen, dass das Phänomen des internationalen Terrorismus heute durchaus in die Kategorie der Landesverteidigung hineingehört. Landesverteidigung – so interpretiere ich Peter Struck – muss heute anders buchstabiert werden. Landesverteidigung heißt heute, dass wir nicht nur unser Land im Blick haben müssen. Wir hatten unglaublich viel Glück, mehr Glück als die Spanier und andere, dass wir bisher von terroristischen Anschlägen verschont geblieben sind. Aber das bedeutet nicht, dass in der Zukunft nicht auch bei uns im Lande etwas passieren kann, wenn nicht alle Anstrengungen unternommen werden, um diese terroristischen Gefahren abzuwenden. Mit Blick auf Afghanistan standen wir aber auch in der Bündnisverpflichtung. Nach Artikel 5, der Beistandsklausel der NATO, haben wir, wie es der damalige Bundeskanzler Gerhard Schröder ausdrückte, unsere uneingeschränkte Solidarität gegenüber unseren amerikanischen Freunden und Verbündeten zum Ausdruck gebracht. Auch in diesem Zusammenhang steht das Wort von Peter Struck, dass Deutschlands Sicherheit auch am Hindukusch verteidigt wird. Was ich mit der Rekapitulation der Geschichte zum Ausdruck bringen möchte, ist, dass dieser Satz aus der damaligen Sicht durchaus Sinn gemacht hat. Heute sehen wir das Thema natürlich unter ganz anderen Vorzeichen. Heute sehen wir es vor dem Hintergrund der sehr kritischen Debatte in unserem Lande und mit Blick auf die zweigeteilte Stimmung in der Bevölkerung: die einen 50 % sind dafür, die anderen 50 % sind dagegen. Diese Stimmung in der Bevölkerung steht jedoch diametral im

Widerspruch zu den Entscheidungen des deutschen Parlaments. Dort haben wir es – sowohl bei den bisherigen Abstimmungen als auch im Hinblick auf die Fortsetzung der ISAF-Mission – mit Ausnahme der Linken mit einer breiten Zustimmung im Deutschen Bundestag zu tun. Dieses Missverhältnis zwischen der öffentlichen Meinung und Stimmung auf der einen und der Umsetzung durch die Politik und wie sich die Politik dazu verhält auf der anderen Seite, ist ein Zustand, der für die Zukunft nicht haltbar ist, insbesondere vor dem Hintergrund, dass wir es heute in Afghanistan mit einer eskalierenden Situation zu tun haben. Seit mehr als einem Jahr befinden sich die Soldatinnen und Soldaten permanent in schweren Gefechten, ähnlich wie unsere Verbündeten – die Amerikaner, Briten, Kanadier usw. – im Süden Afghanistans, die schon sehr viel länger mit dieser schwierigen Situation zu tun haben. Diese Situation haben wir in der Region Kundus auch für unsere deutschen Soldatinnen und Soldaten. Bei meinen Besuchen in Afghanistan habe ich immer wieder in den Gesprächen mit unseren Bundeswehrsoldatinnen und -soldaten erfahren müssen, dass die Soldaten regelrecht darunter leiden, dass sie von ihren Mitbürgerinnen und Mitbürgern so wenig an Zustimmung und Interesse erfahren. Ich bitte Sie, dies nicht misszuverstehen. Es geht nicht um die politische Bewertung des Afghanistan-Einsatzes, da habe ich auch nach wie vor mehr offene Fragen als Antworten. Hier geht es um die menschliche Zuwendung für die Soldatinnen und Soldaten. Dabei handelt es sich um ein Phänomen in der bundesdeutschen Gesellschaft, welches sich im Laufe von Jahrzehnten entwickelt hat und sich darin artikuliert, dass unsere Soldaten und Bundeswehrangehörigen das Gefühl haben, überhaupt keine Zuwendung und Solidarität ihrer eigenen Gesellschaft zu erhalten. Das ist eine Besonderheit, die es in den Vereinigten Staaten, aber auch in Frankreich und Großbritannien oder in den kleineren Ländern wie den Benelux-Staaten nicht gibt. Das ist eine Besonderheit in Deutschland. Die Ursachen liegen natürlich in unserer Geschichte.

Moderatorin: Wie bewerten Sie den militärischen Einsatz in Afghanistan? Was sind die Ziele dieses militärischen Einsatzes der internationalen Gemeinschaft? Was wurde erreicht? Was wurde nicht erreicht?

Nachtwei: Zuvor möchte ich meinem Vorredner kurz widersprechen. Der geflügelte Spruch von Peter Struck, der dann in der Regel – auch von ihm selbst – noch einmal kürzer gebracht wird „Deutschland wird am Hindukusch verteidigt", halte ich für verkürzt und irreführend. Am Hindukusch geht es für die Bundesrepublik Deutschland nicht um die Existenz des Landes. Bei Verteidigung geht es um die Existenz des eigenen Landes. In Afghanistan hingegen geht es um eminente internationale Sicherheitsinteressen. Das ist ein enormer Unterschied, auch völkerrechtlich. Wenn wir beanspruchen, uns überall auf der Welt verteidigen zu wollen, dann läuft es de facto immer auf das Recht des Stärkeren hinaus. Nur im Falle von kollektiven internationalen Sicherheitsinteressen ist ein militärischer Einsatz überhaupt legitimierbar. Dies war mir zur Klarstellung noch wichtig. Zu den Zielen des militärischen Einsatzes: Es ist vorher bereits richtig gefragt worden – welches militärischen Einsatzes? *Enduring Freedom* war von amerikanischer Seite als *war on terror* angelegt. Der damalige Bundeskanzler Gerhard Schröder sprach von „uneingeschränkter Solidarität". Das war die Wortversion. Die de facto-Version war eine erheblich andere und zwar möglichst wenig selbst dazu beizutragen. Bei *Enduring Freedom* waren es ganze einhundert Spezialsoldaten in Afghanistan. Das ist kein „richtig mitmachen" beim *war on terror*. Zudem haben wir flankierend im Bundestag im November 2001 einen Beschluss innerhalb der rot-grünen Koalition verabschiedet, bei dem wir uns inhaltlich vom *war on terror* abgesetzt haben und gesagt haben: „Terrorismus lässt sich nicht mit Krieg besiegen, sondern man muss die gesamte Palette an Politik anwenden, allerdings in einem entsprechenden Umfeld ggf. auch militärisch vorgehen. Wer aber meint, er könnte es durch einen militärischen Sieg schaffen, der irrt sich". Dies ist ein Aspekt des *war on terror*. Die meisten Aufgaben von *Enduring Freedom* laufen übrigens heutzutage unter dem Hut von ISAF, auch die *Special Forces*. Allerdings gibt es noch einen Rest von separaten CIA-Operationen, über welche man gar nicht redet. Auch im ISAF-Hauptquartier in Kabul kann man was dazu sagen; diese Operationen laufen völlig unterhalb jedes Radars. Noch einmal: Bei *Enduring Freedom* war der Ansatz die militärische Bekämpfung von Terrorismus. Bei ISAF ist der Ansatz deutlich anders. Hier geht es um Stabilisierungsunterstützung. D. h. allein die mutmaßlichen Terroristen zu bekämpfen, die festzunehmen usw. reicht nicht aus. Man hat damals Afghanistan als eine Art „schwarzes Loch" bezeichnet, in dem es Hunderte von Ausbildungslagern gab, wo Tausende von internationalen Kämpfern ausgebildet wurden. Da war die Auffassung, dass man eine gewisse Staatlichkeit fördern müsse: Petersberg-Prozess, die ISAF als eine kleine Truppe zur Unterstützung, Stabilisierungsunterstützung. Das Problem lag jedoch darin, dass sich die US-Amerikaner bei ISAF in den ersten Jahren nicht beteiligten, sie sind erst 2005 dazugekommen. Der Bündnisfall der NATO war nur erklärt, umgesetzt wurde er nicht. Die NATO hat das ISAF-Kommando erst im August 2003 übernommen. Der erste große strategische Fehler lag darin, dass man davon ausgegangen ist, man könnte durch einen kleinen Unterstützungseinsatz (*light footprin*") in Kabul die Stadt so zum Blühen bringen, dass die Afghanen überall im Land glänzende Augen bekommen und das auch wollen. Das war blauäugig sondergleichen und eine durchgängige Unterschätzung dieser ganzen Herausforderung. Anschließend wurde sukzessive aufgestockt. Seit der Süd- und Osterweiterung von ISAF 2006 ist ISAF auch immer mehr zu einem Kampfeinsatz geworden. Als die Briten nach Helmand und die Kanadier nach Kandahar im Süden gingen, jeweils mit der Vorstellung eines robusteren Peacekeeping-Einsatzes, da hat es die schärfsten Kämpfe seit dem Korea-Krieg gegeben. Die haben seitdem in diesen Provinzen nicht aufgehört. Die Kriegssituation vor Ort ist absolut verheerend. Dabei ist der strategische Auftrag der ISAF-Truppen kein Kriegsauftrag. De facto sind sie aber in die Guerilla-Bekämpfung verwickelt. Das hat sich seit 2007 immer weiter verstärkt, auch in Kundus. Dabei war die ISAF bis 2007 im Norden eher erfolgreich und hat als Puffermacht gegenüber den verschiedenen Gewaltakteuren gewirkt. Seit 2007 geht es in Kundus bergab: Die Aufständischen gewannen dort immer mehr an Einfluss. Allerdings ist es auch schwierig, die Ergebnisse des Einsatzes zu bewerten. Die Situation ist von Provinz zu Provinz, erst recht von Region zu Region extrem unterschiedlich: Der regelrechte Kriegssumpf Helmand ist eine völlig andere Welt als die insgesamt prosperierenden Regionalzentren Herat im Westen oder Masar-e-Sharif im Norden oder Badakhshan im Nordosten, wo es vor einigen Jahren viel kritischer aussah. Insgesamt aber gilt: Die Ausweitung von Aufstand und Unsicherheit überschattet, ja sabotiert immer mehr die Teilerfolge beim Aufbau, die in den letzten Jahren im Norden unübersehbar waren.

Keynes: I would add there was a second objective, not only covering terrorism, but toppling the Taliban regime. That was another important objective.

Moderatorin: Das Friedenswort der EKD zu Afghanistan vom Januar dieses Jahres stellt fest: „Die Prüfung weist auf deutliche Defizite hin. Ein bloßes „Weiter so" würde dem militärischen Einsatz in Afghanistan die friedensethische Legitimation entziehen". Was heißt dies konkret?

Brahms: Als Vertreter der Evangelischen Kirche habe ich eine friedensethische Sicht auf die Thematik. Diese orientiert sich an dem, was wir 2007 in der Friedensdenkschrift gesagt haben, auf die sich auch das Wort vom 25. Januar 2010 bezieht, das von der ehemaligen Ratsvorsitzenden Margot Käßmann, dem stellvertretenden Ratsvorsitzenden Nikolaus Schneider, dem Militärbischof Martin Dutzmann und mir unterschrieben ist. In Bezug auf Afghanistan reden wir immer ganz schnell über den militärischen Einsatz und fokussieren uns sehr eng darauf. Die Friedensdenkschrift der EKD von 2007 sagt unter dem Stichwort „Gerechter Friede" ganz klar: „Es gibt keinen gerechten Krieg". Die Weltversammlung der Kirchen betonte 1949: „Nach Gottes Willen soll kein Krieg mehr sein". Das ist die Grundorientierung. Es gibt einen friedensethischen Vorrang für Zivil, d. h. wegzukommen von der ständigen militärischen Logik, und dem Zivilen einen Vorrang zu geben. Es geht um Prävention vor Intervention. Es geht auch um einen Sonderfall – und da spricht die Denkschrift von „rechtserhaltender Gewalt" – bei dem in Ausnahmesituationen auch das militärische Eingreifen unter sehr engen Kriterien möglich ist. Dazu gehören beispielsweise die Fragen: Gibt es einen ersichtlichen Grund? Gibt es eine Autorisierung durch Mandate der UNO? Gibt es eine Verhältnismäßigkeit der Folgen? Gibt es die Verhältnismäßigkeit der Mittel? Gibt es das Unterscheidungsprinzip von zivil und militärisch? Findet eine Evaluierung statt, bei dem der Einsatz in konkreten Schritten nachvollzogen werden kann? Wenn man diese Kriterien anlegt, dann sind wir am 25. Januar 2010 zu dem Ergebnis gekommen: Was dort als Begründung angegeben wird, erscheint uns ausgesprochen fragwürdig. Wenn man – und da komme ich gern auf die beiden Mandate zurück – das ISAF-Mandat heute nachliest, gibt es in jedem Paragraphen einen Verweis auf *Enduring Freedom* und umgekehrt. D. h. beide Mandate sind so eng miteinander verknüpft, dass man eigentlich nicht mehr weiß, wo ist es ISAF und wo *Enduring Freedom*. Es gibt unterschiedliche Grundhaltungen, und die haben sich auch im Einsatz in Afghanistan ständig widersprochen. Wenn wir die oben genannten Kriterien durchgehen, dann müssen wir feststellen: Wir haben große Zweifel an einer friedensethischen Begründung dieses Einsatzes. So war auch im Vorfeld die Afghanistan-Konferenz mit der Hoffnung verbunden, dass in London ein Strategiewechsel beschlossen wird, der den Namen auch verdient. Es gab die Erwartung, dass dann auch die entsprechenden Schritte gegangen werden, z. B. eine Außenpolitik betrieben wird, die die ganzen Überlegungen umsetzt. – Aber wo war Herr Westerwelle nach der Londoner Konferenz? Wo sind die politischen Schritte in Afghanistan gewesen – mit Pakistan, mit den USA? Wo sind die Reisen gewesen, um politisch Einfluss zu nehmen und eine Gesamtstrategie für diesen ganzen Raum zu entwickeln? Das war für mich nicht mehr vorhanden. Diesbezüglich haben wir gesagt: Wir müssen einen sehr genauen Blick darauf haben, dass man bei dem, was dort läuft, was passiert ist und auch mit einem Strategiewechsel bezeichnet worden ist, sagen kann, es geht in die richtige Richtung, denn sonst hat der Einsatz keine friedensethische Grundlage mehr.

Noch eine Anmerkung zu dem Satz „Deutschland wird auch am Hindukusch verteidigt". Das ist nicht nur ein alter Satz. Auf dem Bremer Kirchentag 2009 hat Gernot Erler auf einer Podiumsdiskussion zum Thema „Kaukasus und Hindukusch" diesen Satz noch einmal als Begründung für den Afghanistan-Einsatz angeführt. Wenn ich bedenke, dass zwischen 2001 und 2009 an dieser Stelle keine neue Begründung geliefert wurde, und dieser Satz wieder zitiert wird, dann frage ich mich, was eigentlich in den Jahren passiert ist. Was ist – auch von dem politischen Denken her – entwickelt worden und was ist gelernt worden? Dann stellt sich für mich die Frage: Sind wir – und jetzt zitiere ich Frank-Walter Steinmeier, der angesichts einer Mandatsverlängerung gesagt hatte „Wir sind nicht nach Afghanistan hineingestolpert, also stolpern wir auch nicht heraus" – nicht doch hineingestolpert und haben viele Dinge nicht mitbedacht, die möglicherweise auch nicht alle mitbedacht werden konnten? Deswegen ist eine Frage, die wir uns auch heute Abend stellen müssen: Was lernen wir daraus? Was sind die Konsequenzen? Was müssen wir lernen, damit sich andere Strategien entwickeln können? Noch einen Satz zu dem EKD-Wort vom 25. Januar 2010: Wenn wir als Evangelische Kirche an dieser Stelle ein solches Wort verfassen, heißt es auch, dass wir dennoch in der Seelensorge der Bundeswehr bei den Soldaten sind. D. h. es geht auch um seelische Nöte und Gewissenskonflikte. Es ist nicht so, dass wir – das ist häufig der Vorwurf – den Soldatinnen und Soldaten in den Rücken fallen. Ich habe selber Soldatinnen und Soldaten besucht, die in Afghanistan waren, und habe ihnen einen ganzen Abschnitt aus der Predigt von Margot Käßmann aus dem Januar vorgelesen. Sie haben genickt und gesagt: „Jawohl, stimmt!". Wir haben diese öffentliche Debatte nicht geführt. Wir haben uns einlullen lassen von den strategischen Überlegungen, die keine Gesamtstrategie enthielten. Wir brauchen mehr Mut und Fantasie zum Frieden. In der Tat, wir brauchen Alternativen dazu.

Moderatorin: Herr Wendroth, wie bewerten Sie aus militärischer Sicht diesen Einsatz?

Wendroth: Ich bin natürlich sehr geprägt von meiner Zeit als deutscher Verbindungsoffizier zum afghanischen Verteidigungsministerium in Kabul und der Erfahrung in diesem halben Jahr in Afghanistan (2008). In dieser Zeit habe ich ein Stück Herz in Afghanistan verloren und bin gegenüber diesem Land und seinen Bewohnern nicht mehr objektiv, weil sie mich in tiefster Weise bewegt und fasziniert haben. Vieles von dem, was jetzt in die Diskussion gekommen ist, letztlich auch durch die Bischöfin Margot Käßmann, trifft den Kern und hat endlich zu einer Diskussion geführt, die ich lange erwartet habe. Herr Brahms, ich gebe Ihnen Recht, wenn Sie sagen: Ja, wir sind jetzt endlich bei der Diskussion angekommen. Aber ich frage Sie auch: Wo war die Evangelische Kirche ab 2001? Wir haben lange nichts von ihr gehört, und sie hätte die Möglichkeit gehabt, nicht nur in friedensbewegten Zirkeln, sondern auch in ganz normalen Kirchenkreisen und Arbeitsgemeinschaften, sich eine Stimme zu verschaffen. Sie und ich, wir alle zusammen, haben den Fehler begangen, dass wir uns zu Anfang nicht ausreichend informiert haben. Wir sind im besten Fall als Gutmenschen zu der Überlegung gekommen: Ja, wir müssen den Afghanen helfen. ISAF – Wir gehören dazu. Der ehemalige Verteidigungsminister Peter Struck hat neulich in einem Spiegel-Interview gesagt: „Natürlich hat keiner damit gerechnet, dass wir 2010 da immer noch stehen und nicht wissen, wie wir herauskommen". Wenn wir nicht wissen, wie wir herauskommen, dann bewegt mich das sehr, weil wir jetzt schon anfangen zu überlegen, wann wir mit dem Rückzug beginnen können. Es ist ja daran gedacht, dass wir Ende 2010 die ersten Regionen im

Norden an die afghanischen Sicherheitskräfte übergeben, was sicherlich auch problemlos möglich ist. Aber es gibt auch Regionen, die nicht befriedet sind. Wenn wir heute überstürzt herausgehen, dann bin ich felsenfest davon überzeugt, dass viele von denen, die im Moment mit uns zusammenarbeiten – die Sprachmittler, die so genannten *Locals*: die Küchenkräfte, die Fahrer, die Wächter – binnen weniger Tage umgebracht werden. Das dürfen wir nicht zulassen. Wir müssen das, was wir in Afghanistan angefangen haben, geordnet zu Ende bringen. Wenn wir das jetzt nicht mit aller Kraft tun, dann befürchte ich, dass es uns misslingt. Jetzt im Atem nachzulassen, das ist wie bei einem 5.000 Meter-Lauf, wenn Sie meinen, ich breche in der 10. Runde ab. Nein, da muss man noch einmal Gas geben, mit aller Kraft, mit einer guten Zeit und bis zum Schluss. Dazu sind jetzt die internationale Gemeinschaft und auch wir aufgefordert.

3   Vorrang ziviler Konfliktbearbeitung

Moderatorin: Aus der ersten Fragerunde leiten sich für mich zwei Fragen ab: Zum einen setzt die internationale Gemeinschaft mit ihren militärischen Interventionen verstärkt auf militärische Mittel: zum Schutz der Menschenrechte, zur Etablierung rechtsstaatlicher Strukturen, zum Wiederaufbau des Landes. Sind Streitkräfte dabei immer das geeignete Instrument, diese Ziele zu erreichen? Hinzu kommt noch ein weiterer Aspekt: Während militärische Strukturen stets reformiert und den aktuellen sicherheitspolitischen Situationen angepasst werden – auch unter Inkaufnahme hoher finanzieller Aufwendungen – wird im Bereich der zivilen Konfliktbearbeitung eher wenig unternommen. Das zeigt sich auch an aktuellen Zahlen: So hat Deutschland etwa 4.500 Bundeswehrsoldaten nach Afghanistan entsandt. Demgegenüber stehen nur 280 zivile Aufbauhelfer[1]. Warum setzt man nicht verstärkt auf Mechanismen und den Ausbau ziviler Konfliktbearbeitung? Warum besteht noch ein derartiges Ungleichgewicht zwischen militärischen und zivilen Mitteln?

Nachtwei: Der Anspruch ist ein anderer: Unter dem Primat der Politik soll das Militär eine unterstützende Rolle wahrnehmen, während der Haupthebel bei der Förderung von Staatlichkeit, Governance, Aufbau und Entwicklung liegen soll. In der Tat, angesichts der höchst anderen Kräfte- und Fähigkeitsausstattung der internationalen Gemeinschaft und der einzelnen Nationen läuft es in der Realität

---

1   Ca. 230 Angehörige staatlicher Organisationen wie z.B. des Deutschen Entwicklungsdienstes (DED) oder der Deutschen Gesellschaft für Technische Zusammenarbeit (GTZ) und etwa 50 Mitglieder von Nichtregierungsorganisationen wie z.B. Ärzte ohne Grenzen etc. Quelle: Bundesministerium für wirtschaftliche Zusammenarbeit und Entwicklung (BMZ), Stand Juni 2010.

anders. Da haben wir es mit einer faktischen Militärlastigkeit zu tun. Dies ist aber nicht den Militärs vorzuwerfen, weil sie zu denen vor Ort gehören, die am stärksten darauf drängen: „Ihr verschiedenen zivilen Bereiche, tut doch endlich mehr eure Hausaufgaben!" In den letzen Jahren ist auch schon einiges entstanden wie beispielsweise das Zentrum Internationale Friedenseinsätze, die inzwischen 1.000 Leute im Expertenpool haben, die für solche Aufgaben angesprochen werden können. Allerdings sind sie eher antrainiert als richtig ausgebildet. Ansonsten aber hatte die internationale Staatengemeinschaft – auch die Bundesrepublik – bisher keine konkreten Zielvorstellungen, was in drei oder fünf Jahren erreicht werden kann und soll. Das kann dann immer noch an einzelnen Akteuren und Unwägbarkeiten scheitern. – Aber trotzdem: Was wollen wir erreichen? Was ist unsere *roadmap*? Bisher haben wir nur so genannte Sektorprogramme: So spezialisiert sich die Bundesrepublik auf Energie, Wasserversorgung und den Bildungsbereich. Das Personal dafür wird angeworben. Angesichts der Sicherheitslage ist dies in den letzten Jahren immer schwieriger geworden. Bei den Zivilkräften muss ich übrigens eine wichtige Zahl ergänzen: ca. 200 sind es von den staatlichen Durchführungsorganisationen, dann noch einmal etwa 180 von den deutschen Nichtregierungs- und Hilfsorganisationen. Zu den staatlichen Durchführungsorganisationen gehören die Gesellschaft für Technische Zusammenarbeit, der Deutsche Entwicklungsdienst usw. Für diese Organisationen arbeiten noch weitere ca. 2.000 Einheimische, bei den Nichtregierungsorganisationen sind es noch einmal so viele. Insofern kommen wir auf andere Dimensionen, aber insgesamt betrachtet ist die Aufmerksamkeit für die zivilen Fähigkeiten und deren Förderung höchst unterentwickelt. Sie haben zu Recht darauf hingewiesen, dass in den ganzen letzten Jahren die Rede von der Transformation der Streitkräfte war, nicht jedoch von der Transformation der zivilen Fähigkeiten. Wir haben unter Rot-Grün mit einer Infrastruktur ziviler Konfliktbearbeitung angefangen: Zusammenfassend steht dafür der Aktionsplan zivile Krisenprävention von 2004. Die Implementierung und Umsetzung sind aber enorm zurückgeblieben. Um dies an einem Beispiel deutlich zu machen: Vom Personal her sieht es bei der Entwicklungsarbeit noch einigermaßen ordentlich aus. Aber wie sieht es bei der Diplomatie aus? Die Diplomatie, die den Primat der Politik vor Ort von deutscher Seite wahrnehmen soll: Wie viele sind es in Kundus? – Zwei oder drei? Wie viele sind in Masar-e-Sharif zuständig, auf der Ebene des Regionalkommandos, für 9 Provinzen, 10 Millionen Einwohner und neun Gouverneure? – Ein Diplomat des höheren Dienstes. Ich kenne die Leute selbst. Sie sind von der Person her sehr engagiert und fähig, aber was kann denn eine Person ausrichten, die alle paar Monate auch ein bisschen Heimaturlaub machen muss? Und da gibt es auch keinen Vertreter. Wie soll denn da ein Primat der Politik überhaupt umgesetzt werden? Wie soll denn über solche schwächlichen diplomatischen Fähigkeiten überhaupt *Governance* unterstützt werden?

Moderatorin: Wo sehen Sie die Ursachen für dieses Ungleichgewicht zwischen zivilen und militärischen Mitteln? Sollte das Militär nicht tatsächlich die *ultima ratio* sein?

Robbe: Ja, natürlich. Das war und ist bis zum heutigen Tage auch kein strittiger Punkt, dass die militärischen Möglichkeiten so eingesetzt und begriffen werden, wie Winfried Nachtwei es gerade interpretiert hat. Ein Aspekt muss in dieser Debatte aber noch verstärkt thematisiert werden und zwar die Frage, ob wir – und wenn ich „wir" sage, dann meine ich durchaus die internationale Staatengemeinschaft – in der Vergangenheit realistisch mit den Fakten in Afghanistan umgegangen sind. Es hat bis zum heutigen Tage nie eine so umfassende Evaluierung stattgefunden, dass wir behaupten könnten, wir wären im Bilde darüber, was in allen Teilen Afghanistans für ein Status quo existiert – mit Blick auf Sicherheitsaspekte, aber auch gerade mit Blick auf den zivilen Wiederaufbau, den Winfried Nachtwei auch angesprochen hat. Hier hat man sich – ich sage das einmal in aller Deutlichkeit – auch viel gegenseitig in die Tasche gelogen. Ich möchte das einmal an einem Beispiel deutlich machen: Wenn ich unter einem ganz anderen Vorzeichen unsere Soldaten in Afghanistan besucht habe, habe ich mir natürlich auch über die Situation in den einzelnen Schwerpunkten – in Kundus, in Masar-e-Sharif, in Kabul, usw. – berichten lassen. Im Zusammenhang mit der so genannten „vernetzten Sicherheit" sollte es so sein, dass der Vertreter des Bundesministeriums für Verteidigung, also der jeweilige Kommandeur vor Ort, der Vertreter des Auswärtigen Amtes und der Vertreter des Bundesministeriums für wirtschaftliche Zusammenarbeit einen Überblick über die aktuelle Situation geben sollten. Bei diesen vergleichenden Darstellungen ist mir schon vor Jahren bewusst geworden, was vor Ort einigermaßen funktioniert: Es war das, was mir der Kommandeur über den Zustand seiner Truppe berichtete, über das, was die Bundeswehr gemacht hat. Ob sie gut oder weniger gut war und ob es ausreichte, das will ich einmal dahingestellt sein lassen. Aber es klang eben auch heraus, was Winfried Nachtwei gerade angeführt hat, zu wenige humane Ressourcen, zu wenig Geld, ein zu wenig an Möglichkeiten, um all die Dinge zu tun, die eigentlich notwendig wären. Noch schwieriger sah es beim Thema ziviler Aufbau und Entwicklungshilfe aus. Und eigentlich sollten diese drei Komponenten eng zusammenwirken. Das heißt, es hat in der Vergangenheit nie richtig funktioniert. Deswegen hat man bei uns in der Heimat auch versucht, das Ganze immer wieder als Erfolg darzustellen, während wir in den Medien sehen konnten, was alles nicht funktionierte. Deswegen kam es auch zu diesem Missverhältnis, dass die Menschen nicht mehr bereit waren zu akzeptieren, was von der Politik erzählt wurde, weil man einfach sah, dass dieses Konzept in der Vergangenheit offensichtlich nicht aufging. Auch zwischen den Verbündeten war die Zusammenarbeit alles andere als gut bis zu dem Zeitpunkt, als es in Washington eine andere Administration gab. Von da an gab es eine andere Philosophie und Strategie. Meine persönliche große Hoffnung besteht darin, dass wir mit dieser neuen Strategie auch eine Perspektive erhalten, wann Verantwortung zurückgegeben werden kann, und wann es möglich sein wird, den afghanischen Autoritäten die Verantwortung ganz in die Hand zu geben. Man sollte jetzt aber nicht bei jeder Gelegenheit darüber sprechen, wann sich die Verbündeten zurückziehen und wann die sonstige Hilfe zurückgefahren wird. Wir sollten ganz anders debattieren, nämlich dass alle Energie darin gelegt wird zu sorgen, dass die afghanischen Sicherheitskräfte gut ausgerüstet und in der Lage sind, staatliche Ordnung zu gewährleisten. Auch mit der zivilen Hilfe kann noch lange nicht nachgelassen werden. Ganz im Gegenteil: Sie muss massiv ausgebaut werden.

Moderatorin: Herr Wendroth, wie haben Sie die Arbeit der militärischen Einsatzkräfte und der zivilen Helfer vor Ort in Afghanistan erlebt? Gibt es konstruktive Formen der Kooperation und Zusammenarbeit? Oder behindern sie sich eher?

Wendroth: Bevor ich darauf eingehe, noch zwei Punkte vorweg: Die Zusammenarbeit des zivilen und des militärischen Bereichs hat schon bei uns im Heimatland nicht geklappt. Als ich im BMZ war und mich auf meinen Einsatz vorbereitet habe, da wurde mir klar, dass aus dem BMZ kaum jemand in Afghanistan gewesen war und sich mit Afghanistan beschäftigte. Der dortige verantwortliche Staatssekretär hatte eine tiefe Abneigung gegen das Militär. Das nehme ich niemandem übel, aber das wäre genauso, als wenn ich mich als Soldat weigern würde, die Uniform anzuziehen. Im Rahmen meiner Vorbereitung auf den Einsatz Ende 2007 habe ich festgestellt, wie schwierig es ist, die zuständigen Ministerien in ihren Bemühungen in Afghanistan zu koordinieren. Wenn das aber schon bei uns so viel Kraft kostet, wie soll es dann in der internationalen Gemeinschaft klappen? Da gibt es erst recht unterschiedliche Interessen. Zweitens haben wir uns in Afghanistan in den Irrglauben hineinbegeben, wir könnten da wieder etwas aufbauen, etwas zum Leben erwecken und staatliche Strukturen zum Laufen bringen. Diese staatlichen Strukturen hat es in Afghanistan aber noch nie gegeben. Afghanistan ist ganz anders angelegt als unser Staat. Da dachten wir, wir gehen nach Kabul und dann wird alles gut. Kabul ist ein Bereich, dann gibt es aber auch die Provinzen, die regionalen Machthaber, die Klanchefs, die Großfamilien. Die Afghanen denken anders, und wir haben versucht, ihnen unsere westlichen Werte und unsere Ordnung drüberzustülpen, was nicht klappen kann.

Keynes: Well, the only thing I wanted to add to this is that you'll find the same problems in the United States. There is a lack of coordination between civilian agencies and military, that there has been a conflict at least since October and

November of last year between the military command, the American military command in Afghanistan, and the civilian representatives of the United States in Afghanistan, particularly Mr. Holbrooke and the American ambassador. That is the background to General McChrystal's departure. This conflict emerged first on the civilian scene. So I am, too, not very optimistic about our ability to depart from Afghanistan on an 18-month-schedule. I think the military is much more accurate in arguing that the departure from Afghanistan must be geared to certain benchmarks that you arrive at and then make an intelligent judgment and evaluation on whether or not we've produced the conditions for stability in Afghanistan. I am not optimistic; I would go even further to say that Afghanistan is not a state in a Western sense; it is an artificial creation that the British, among other colonial powers, put together in the Persian Gulf, the Near East and Africa. What we have look at in this conflict is what I call „the map beneath the map". The ethnic, tribal, and clan map in a country like Afghanistan.

Moderatorin: Herr Brahms, die Friedensdenkschrift haben Sie schon angesprochen. Was bedeutet nun aber der Vorrang ziviler Konfliktbearbeitung angewendet auf Afghanistan?

Brahms: Ich würde zunächst gerne eine begriffliche Unterscheidung einführen, sonst geht die Begrifflichkeit durcheinander: „Vorrang für Zivil" schließt die gesamten zivilen Aufbaumittel und -strategien ein, während „zivile Konfliktbearbeitung" ein Fachbegriff ist und für Konfliktbearbeitung steht. Das darf nicht durcheinander laufen. Ich möchte ein Beispiel für den Vorrang von Zivil bringen, das nicht klappte, und dann erläutern, was möglicherweise notwendig wäre. Ich habe in Bremen mit einem Polizisten gesprochen, der sich bereit erklärt hat, nach Afghanistan zu gehen, um dort Polizisten auszubilden. Dem haben sie in Bremen gesagt: „Das geht nicht, Du kannst nicht gehen, Deine Planstelle wird nicht wieder besetzt und Du fehlst uns hier". – Vorrang für Zivil beginnt hier und nicht erst in Afghanistan, indem man die Mittel zur Verfügung stellt und die Strukturen dafür schafft. Dass ausgerechnet Deutschland mit seinem föderalen System mit dem Polizeiaufbau betraut worden ist, ist wahrscheinlich auch eines der Grundprobleme. Jedenfalls war es ganz problematisch, überhaupt so viele Leute zusammenzubekommen, dass sie die Ausbildung in Afghanistan durchführen können. Vorrang für Zivil heißt natürlich auch zu schauen, wie die Verhältnismäßigkeiten bei der Finanzierung sind. Wie viel geben wir eigentlich für die militärischen Maßnahmen aus und wie viel für den zivilen Aufbaubereich? Da gab es eine Erhöhung um 100 % auf 430 Millionen Euro. Das ist immer noch nur ein Bruchteil von dem, was für das Militär ausgegeben wird. Man kann nicht einfach die Zahlen vergleichen, man muss auch schauen, ob das Geld überhaupt ankommt. Wie sind diesbezüglich die Strukturen vor Ort? Daran hängt eine Menge von Fragen. Zur zivilen Konfliktbearbeitung: Da schlägt mein Herz sehr dafür. Wir brauchen eine friedensethische und friedenspolitische Wende. Wir haben es beispielsweise bei der Energie auch hinbekommen. Dort haben wir einen Perspektivenwechsel ins Bewusstsein gebracht hin zu erneuerbaren Energien. Was heißt es eigentlich, dass wir weg müssen von der militärischen Logik, hin zu einer anderen Art und Weise der Konfliktbearbeitung? Es gibt viele Beispiele dafür. Ich möchte nur eines nennen: Es gibt ein kleines Projekt vor Ort in Afghanistan, von Friedensdiensten getragen, mit drei Afghanen, die eine Mediathek in Kundus betreiben. Sie gehen mit konflikt- und gewaltsensiblen Themen auf die Dörfer, bilden die Leute aus, machen sie sensibel für bestimmte Konflikte, die in den Dörfern entstehen, und versuchen, Versöhnungsprozesse in Gang zu bringen. Das sind drei Afghanen, die in Deutschland ihre Ausbildung in ziviler Konfliktbearbeitung, Moderation und Mediation gemacht haben und jetzt vor Ort tätig sind. Wir brauchen viel mehr Mittel und Investitionen in diesem Bereich, auch zur Erforschung und Entwicklung solcher Strategien, dass es eine echte Alternative zur militärischen Logik wird. Da geschieht noch viel zu wenig. Der Aktionsplan, der vorhin genannt worden ist, ist mehr oder weniger in den Schubladen verschwunden. Er wird jetzt gerade mal wieder von einem Unterausschuss des Auswärtigen Amtes hervorgeholt in der Hoffnung, dass dem noch ein bisschen Fahrt gegeben wird. Was wir hinbekommen müssen, ist eine friedenspolitische Wende, damit ein ganz anderes Bewusstsein entsteht. Zur zivilmilitärischen Zusammenarbeit: Das ist ein sehr sensibles Thema. Wir merken immer wieder, dass es viele Organisationen gibt, die sagen: „Wir wollen gar nicht oder möglichst wenig mit dem Militär zusammenarbeiten." bis hin zu Organisationen, die sagen: „Wir können nur arbeiten, wenn wir unter dem Schutz des Militärs stehen". Da gibt es sehr unterschiedliche Situationen. Deshalb lässt sich keine pauschale Antwort auf diese Frage finden.

4   Reflexion der verfolgten Konzepte und Strategien

Moderatorin: Lassen Sie uns zu einem weiteren Themenkomplex kommen, der unmittelbar an das Diskutierte anschließt. Afghanistan erscheint eher als ein vormodernes Land. Staatlichkeit und damit zusammenhängende Strukturen sind nur rudimentär ausgeprägt. Sie stellen kaum Bezugsgrößen für das Denken und Handeln der Menschen dar. Können hier Strategien, die eine grundlegende Veränderung der Gesellschaft zum Ziel haben, überhaupt greifen? Lassen sich beispielsweise in wenigen Monaten afghanische Polizisten ausbilden, für die nicht nur das Prinzip von Rechtsstaatlichkeit fremd ist, sondern die auch erst einmal lesen und schreiben lernen müssen? Gleichfalls fordert die westliche Welt von dem afghanischen Präsidenten durchgreifende Änderungen und einen verstärkten Kampf gegen Korruption. Sind aber Karsai und seine Familie nicht selbst eine Hauptquelle dieser Korruption? Wo kann hier ein Friedensprozess ansetzen?

Wendroth: Zunächst einmal zur Polizei und den Sicherheitskräften: Ohne deren Stärkung geht es nicht. Diese Männer müssen nicht nur gut ausgerüstet sein, sondern auch ausreichend bezahlt werden. Der Familienvater, der zu Hause nicht nur ein oder zwei Kinder wie bei uns hat, sondern eine ganze Handvoll und mehr, muss wissen, wie er sie über die nächste Woche bringt. Wir müssen dahin kommen, dass die Polizisten nicht der Gefahr oder der Versuchung erliegen, für einen besser bezahlten Dienst zu arbeiten. Da sind wir noch nicht angekommen. Im Übrigen kann man es sich auch nicht so vorstellen, dass jeder Bewerber für die Polizei über eine solide Schulbildung verfügt. Häufig kann er gar nicht lesen und schreiben. Und ihm wollen wir erklären, wie er sich ordnungsgemäß als Polizist verhalten soll? Sie haben es schon angesprochen, die Polizisten, die wir in Afghanistan haben, sind bloß einen Tropfen auf den heißen Stein. Es gibt nur kleine Gruppen von Entwicklungshelfern oder NGO's bei 30 Millionen Menschen Das Land ist doppelt so groß wie die Bundesrepublik. Sie wissen, welche Probleme womöglich hier in Kiel bestehen, um eine ordentliche Sozialarbeit zu leisten. Da muss man mit beiden Beinen auf der Erde bleiben.

Moderatorin: Herr Robbe, wo müsste aus Ihrer Sicht nachgesteuert werden? Wie sollte weiter in Afghanistan vorgegangen werden?

Robbe: Wir sind ja voll dabei nachzusteuern, auf allen möglichen Gebieten, insbesondere auf dem Feld, das gerade von Herrn Wendroth angesprochen wurde. Dass die Ausbildung der afghanischen Sicherheitskräfte bisher mehr als dürftig war, gibt man jetzt offen zu. Daraus ist die Einsicht erwachsen, dass man jetzt so genannte Partnering-Strategien einführen und umsetzen will, d. h. eine verstärkte Ausbildung der afghanischen Sicherheitskräfte in den einzelnen Regionen vor Ort, mit verstärkten Mitteln und Möglichkeiten. Doch auch die Kosten für diese Ausbildung fallen unter die Überschrift „Militär" und „Militärischer Einsatz". Insofern rate ich auch hier zu differenzieren und nicht alles von vornherein negativ zu betrachten, was unter Militärausgaben fällt. Die Polizeiausbildung kann durchaus eine doppelte Funktion haben, sowohl der militärischen Sicherheit dienen als auch der künftigen Sicherheit des afghanischen Volkes. Es kommt aber noch ein weiterer Punkt hinzu: Die internationale Staatengemeinschaft hat in der Vergangenheit viel zu sehr auf die Zentralregierung geschaut und gemeint, dass von dort die großen Lösungen kommen werden. Inzwischen wissen wir, dass eine Lösung des Gesamtproblems im Grunde nur über die Provinzen zu erzielen ist. Man muss versuchen, nach und nach die Provinzen, in denen im Moment noch Krieg herrscht und wo jeden Tag Menschen sterben, zu befrieden sowie mit den gemäßigten Aufständischen ins Gespräch und in Verhandlungen zu kommen, um dann irgendwann dieses Land in die Selbständigkeit zu entlassen.

Nachtwei: Als erstes würde ich mir die Vorstellung abschminken, eine gesellschaftliche Transformation von außen bewerkstelligen zu können und zu wollen. Das ist eine Riesenillusion. Was man sinnvoll machen kann, ist zu verstehen, was in dem Land läuft und wie dort Gesellschaften lokal in den Distrikten und Provinzen miteinander agieren. Da gibt es auch immer verschiedene Interessen. Vielfach sind dort die alten Herrscher, die Warlords, die Kabul in Schutt und Asche gelegt haben, durch die internationale Gemeinschaft unterstützt worden. Aber es gibt auch ein Potenzial an Menschen, was es in Afghanistan auch gibt, nämlich an Leuten, die in ihrem Land friedlich leben wollen, wo die Kinder in die Schule gehen können, die eine Perspektive haben wollen, auch eine Gesundheitsversorgung, Strom usw. Diese oft sehr mutigen Menschen müssen unterstützt werden. Das kann man aber nur, wenn man ganz andere, auch personelle Kompetenzen von Leuten vor Ort hat, die sich in Afghanistan auskennen. An Deutschen, die sich wirklich und umfassend in Afghanistan auskennen, gibt es abgesehen von einzelnen Projekten, die schon über Jahrzehnte dort laufen, bundesweit recht wenige. So kann man aber keine vernünftige Unterstützung leisten. Umso mehr käme es deshalb darauf an, die Kompetenz von Exil-Afghanen anzusprechen, zu nutzen. Notwendig ist, sich ganz anders kundig zu machen darüber, was vor Ort passiert, und sich bei dem ganzen Afghanistan-Engagement ehrlich zu machen.

Keynes: The first thing we have got to do, and I quite agree, is to take off the rose-colored glasses that we've had on for a long time. First, if you look at the data from Transparency International, this is the second-most corrupt country in the world. Second, you have defections among the Afghan military and the police force. Third, only about 17 percent of the police force is literate. So what we have to do, and I quite agree with you, is to face the facts, that they are there on the ground, in order to have a plan for the future. We haven't got that right now.

Brahms: Ich kann mich da ganz vielem anschließen. Ich würde gerne zwei Punkte nennen: Erstens die Forderung nach einer zivilen Mandatierung. Man kann zwar nicht per Bundestagsmandat die Organisationen und NGOs[2] mit einem Mandat ausstatten und damit beauftragen, ich hielte es aber für notwendig, auch um der öffentlichen Diskussion willen. Man sollte in aller Ehrlichkeit sagen, wie

---

2   Non-Governmental-Organisation.

das, was in Afghanistan militärisch und zivil geschieht, politisch im Bundestag diskutiert und gesehen wird. Wir haben in Berlin vor 14 Tagen eine Diskussion mit dem Verteidigungsminister gehabt. Er sagte, er habe nach kanadischem Vorbild die Idee einer Quartalsberichterstattung ins Kabinett eingebracht, also einer Evaluation, die quartalsmäßig berichtet und ganz klar gesagt: Es gibt Benchmarks, für alle öffentlich einzusehen im Internet und auf dem Papier: Was ist das Ziel? Was sind die Schritte dahin? Was haben wir erreicht? Was soll bis wann erreicht sein? Was müssen wir jetzt entscheiden, damit der nächste Schritt erreicht wird? Diese Transparenz braucht es, damit es überhaupt diskutiert wird und sich tatsächlich auch Erfolge einstellen.

5   Öffentliche Diskussion[3]

Publikum: Herr Nachtwei, Sie haben sich gewundert, dass die Stimmung in der Bevölkerung so im Gegensatz zu den Entscheidungen der Politik steht, und gesagt, dass dies nicht länger haltbar sei. Wie wollen Sie das ändern? Es gibt eine einfache Sache, wenn Sie die Soldaten wieder abziehen. Die wahren Gründe für den Afghanistan-Einsatz sind gar nicht benannt worden. Sie haben bisher auf dem Podium drei Gründe angeführt, warum der Einsatz überhaupt stattfindet: Erstens haben Sie gesagt, die internationale Sicherheit ist bedroht. Als zweiter Grund ist gesagt worden, die deutsche Sicherheit ist bedroht. Als dritter Punkt wurde gesagt, wir wollen den Afghanen helfen. Das sind Randaspekte. Tatsächlich geht es dabei um Macht und Wirtschaftsinteressen.

(…)

Publikum: Herr Robbe, Sie sagten, dass es keine internationalen Zahlen zu Afghanistan gäbe. Ich habe hier wichtige soziale Daten, die von den Vereinten Nationen herausgegeben worden sind. Hier wird die Situation von 2004 der Situation von 2008 gegenübergestellt. Lassen Sie mich das kurz darstellen: Unter der Armutsgrenze lebten 2004 33 %, angestiegen auf 42 %. Die Unterernährung ist angestiegen von 30 auf 39 %. Der Zugang zu sanitären Einrichtungen ist von 12 auf 5 % gesunken. Die Anzahl der Bewohner in Slums ist von 2,4 auf 4,5 Millionen und die Arbeitslosigkeit von 26 auf 47 % angestiegen, ebenso der Opium-

---

3   Die öffentliche Diskussion, die im Anschluss an die Podiumsdiskussion erfolgte, war von einer starken emotionalen Stimmung seitens des Publikums geprägt. Von Seiten der Zuhörer gab es schon im Vorfeld etliche Zwischenrufe, mit denen gegen das Handeln der Regierung und des Militärs in Afghanistan protestiert wurde. Diese Emotionalität blieb bis zum Ende der Veranstaltung bestehen. Die Zwischenrufe – zu einem Großteil auch beleidigender Art – sind aus Gründen der Lesbarkeit hier nicht abgedruckt.

Anbau von 131.000 auf 193.000 Hektar. Das ist die Situation in Afghanistan. Man muss sich auch vorstellen, was dazukommt: die Entwurzelung der Bevölkerung, die Traumatisierung der Bevölkerung, die sich auf die Nation auswirkt, und eines der schlimmsten Kriegsverbrechen überhaupt (…)
(…)

Publikum: Herr Keynes, Sie hatten von Benchmarks gesprochen, die erreicht werden sollen, Herr Wendroth hat einen genannt, nämlich, dass die Küchenhelfer nicht nach dem Abzug umgebracht werden. Gibt es noch weitere Benchmarks, die erreicht werden sollen, und die Sie hier benennen können?

Publikum: Ich habe zwei Fragen: Ist es verboten zu sagen, dass wir unsere Interessen in Afghanistan verfolgen, oder nicht? Herr Köhler hat gesagt: „Wir haben auch wirtschaftliche Interessen in Afghanistan, und das ist auch ein Grund, dass wir da sind.". Ist es ein Grund zurückzutreten oder ist es nicht total offensichtlich? (…) Eine zweite Frage an Herrn Wendroth: Ich bin ein Bürger, und für mich als Bürger gibt es in Afghanistan zwei Arten von Menschen: es gibt Menschen und es gibt die Taliban. Das ist das Bild, das ich von den Medien, aus den Nachrichten etc. vermittelt bekomme. Jetzt dringt langsam die Erkenntnis durch, dass man gegen die Taliban anscheinend nicht mehr das Land regieren kann. (…) Wie verfährt man nun weiter mit den Taliban?

Nachtwei: Ich fange gleich mit der letzten Frage an. Die Taliban sind ein sehr heterogener Zusammenhang. Es gibt eine gewisse hierarchische Struktur, aber neben verschiedenen Zielen auch sehr unterschiedliche Grade an Einbindung und Selbständigkeit der vielen Gruppen. Die Bundesregierung geht von 20 bis 30 Tausend Kämpfern aus, hinzu kommen mehrere Hunderttausend aus dem Umfeld, die direkt unterstützen. Es heißt, dass sich die Taliban, auch die Taliban-Führung, von der Al-Qaida entfernt und gesagt haben: „Wir haben unsere nationale Agenda, aber wir haben keine internationale. Wir wollen euch nicht in Deutschland bedrohen". Vor diesem Hintergrund besteht ein wachsender Meinungstrend – ich halte ihn für richtig –, dass man versuchen muss, in vielfältigen Gesprächen zumindest mit Teilen der Taliban zu Arrangements zu kommen. Andererseits gibt es die Strategie, die darauf abzielt, Führungspersonen der Aufständischen zu töten. Wie das zusammen passen soll, weiß ich auch nicht. Das ist gerade das Grundproblem. Dann die Frage nach Wirtschaftsinteressen. Für die deutsche Seite spielen im Fall Afghanistan wirtschaftliche oder geostrategische Interessen keine erkennbare Rolle. Bündnispolitische und sicherheitspolitische Interessen sind hier für die Bundesrepublik ausschlaggebend. Zu Horst Köhlers Aussage: Natürlich hat die Bundesrepublik wirtschaftliche Interessen, auch legitime Wirtschaftsinteressen. Nur ist es eine völlig andere Frage, mit welchen Mitteln man diesen Interessen nachgeht. Ich finde es eindeutig, dass wirtschaftliche Interessen keine Legitimation für den Einsatz von Streitkräften sind. Dieses kann nur über die Vereinten Nationen, nur über die internationale Sicherheit gehen, aber eben nicht über partikulare Wirtschaftsinteressen. Zu dem ersten Beitrag aus dem Publikum und der Frage nach dem Widerspruch zwischen der Bevölkerungsmeinung und dem Bundestag: Wenn wir im Bundestag eine völlig freie Abstimmung ohne Koalitionsdisziplin hätten, ob es dann noch eine Mehrheit der Abgeordneten dafür gäbe? Ich habe da inzwischen erhebliche Zweifel. Was in der Bundesrepublik aber sträflich ignoriert wird, ist doch, was die Afghanen zu alledem sagen. Und bei den Afghanen ist es so: Zunächst einmal ist es verdammt schwierig, in einem solch fragmentierten Land methodisch seriöse Umfragen durchzuführen. Trotzdem gibt es relativ seriöse Umfragen, beispielsweise die jährliche Umfrage von ABC, ARD und BBC. Die jüngste stammt vom Dezember letzten Jahres. Dann gibt es auch Untersuchungen von dem Forschungsteam der FU Berlin im Rahmen des Sonderforschungsbereichs „Governance – Regieren in Räumen begrenzter Staatlichkeit", die von der Methode her sehr seriös angelegt sind. Da fällt auf, dass sich das Meinungsbild der afghanischen Bevölkerung ganz anders darstellt. Das Spektakuläre bei der Dezemberumfrage war, dass die Zukunft wieder deutlich besser gesehen wurde, ein Sprung von früher 40 auf 70 % nach den letzten Wahlen. Das befindet sich im diametralen Widerspruch zu dem, wie es in der Bundesrepublik, in Frankreich oder in England gesehen wird. Wenn man fordert – und in Berlin habe ich das so mitbekommen, auch bei der Bundeswehr – möglichst bald aus Afghanistan herauszugehen, muss man sich zumindest als Politiker damit auseinandersetzen, was die Folgen dieses sehr verständlichen Willens sind. Uns haben Leute aus der afghanischen Zivilgesellschaft gesagt: „Wenn ihr sofort geht, gibt es bei uns im Norden Bürgerkrieg". Dann ist eben auch die Frage: Was ist mit Pakistan? Das muss man mit einkalkulieren.

Robbe: Nur ganz kurz, ich muss ja nicht wiederholen, was Winfried Nachtwei schon gesagt hat. Ich rate bei der Debatte, die unser ehemaliger Bundespräsident mit den „deutsche Interessen" losgetreten hat, ganz nüchtern, dazu ins Grundgesetz zu schauen. Das Grundgesetz schließt bestimmte Dinge aus, u. a. auch den Einsatz unserer Streitkräfte zur Verfolgung wirtschaftlicher Interessen. Wir benötigen hier eine einwandfreie, glasklare, völkerrechtlich eindeutige Grundlage, um die Bundeswehr einzusetzen. Auch dann ist es nie einfach, solch ein Mandat umzusetzen, denn – das vergessen wir im Allgemeinen wieder ganz schnell – was es für Diskussionen bei uns im Lande gegeben hat, im Vorfeld des Balkan-Konfliktes, aber auch im Vorfeld von dem, was sich dann in Afghanistan aufgebaut hat. Ich wünschte mir viel mehr derartige Veranstaltungen wie diese hier, es gibt viel zu wenige davon. Wir setzen uns innerhalb unserer Gesellschaft zu wenig mit Themen wie Afghanistan auseinander. Die Auseinandersetzung darüber ist aber notwendig. Ich habe mit unseren Soldatinnen und Soldaten gesprochen, die ihre Gesundheit und ihr Leben einsetzen, und sich darüber beklagen, dass in unserer Gesellschaft dieser Diskurs überhaupt nicht stattfindet. Das ist hier in Kiel eine Ausnahmeerscheinung, in der Regel interessiert es kaum jemanden, was sich dort ereignet. Und es wird beklagt, dass so wenig an menschlicher Zuwendung aus der Gesellschaft für die Soldatinnen und Soldaten da ist. Das hat überhaupt nichts mit der politischen Bewertung des Einsatzes zu tun, sondern hier geht es um Nächstenliebe.

Wendroth: Die Frage der Taliban ist ein Punkt, der mich viel beschäftigt hat. Ich bin im Kabuler Stadtgebiet 7.800 km unterwegs gewesen. (…) Zudem sind wir Soldaten Beauftragte, Ihre Beauftragten. Ich werde von den Abgeordneten beauftragt und dorthin geschickt. Auf Ihre beiden Ausführungen (– bezogen auf Zwischenrufe –) kann ich keine Antworten geben, das ist für mich so unfassbar und zeigt so viel Unkenntnis zu Afghanistan. Ich möchte Ihnen eine Gesamtantwort geben: Wenn Sie sagen „Soldaten raus, Soldaten abziehen", dann ist das unverantwortlich. Überlegen Sie doch, was mit der ganzen Region – mit Pakistan, Usbekistan, Kirgigistan – passiert. Wollen Sie das alles auf sich nehmen?

Publikum: Ich würde gerne zumindest eine Problemanzeige zum Thema „wirtschaftliches Interesse" machen. Dass dies nicht mit dem Grundgesetz gedeckt ist und auch nicht vorrangig ist, vor allem nicht für die Bundeswehr, das glaube ich. Trotzdem: Wenn man jetzt liest, dass Lithium-Vorkommen und Erze in Afghanistan gefunden werden, und die erste Nachricht heißt, die Amerikaner wollen die Regierung in Afghanistan beraten, ihre Konzessionen zu verkaufen, dann entstehen bei mir bestimmte Verdachtsmomente, die ich nicht ausschalten kann. Dass es da im Gemenge geopolitischer und außenwirtschaftlicher Interessen eine Verbindung gibt, das lässt sich doch nicht ganz abstreiten. Insofern ist es für mich eine Problemanzeige. Was geschieht eigentlich mit diesen möglichen Chancen für Afghanistan? Wie dienen sie der afghanischen Bevölkerung und dem afghanischen Staat? Das halte ich für eine der wichtigsten Fragen für die weitere wirtschaftliche Entwicklung in Afghanistan.

Keynes: Just one point here. These precious metals were found in 2010, not in 2001. Let's not make post-hoc arguments. Second point: If you had said that economic interests were at stake in Iraq, I would fully agree with you. But since

2001 the American government has spent far more money and gotten very little for it in Afghanistan.

Zwischenruf: What about the oil pipelines through Afghanistan?

Keynes: The oil pipelines exist in the region, that's quite correct. Some of them were built around Afghanistan. The United States wanted one through Afghanistan; it didn't get its way there. Okay? So I think, what we need to do, is argue in a very factual way, and not in a hysterical and emotional way that I've seen here this evening. My own view of a university is that it's a place to trade views, and not to scream at one another.

(…)

Publikum: Ich würde gerne von Ihnen wissen, wer zu dieser totalen Fehleinschätzung gekommen ist, dass man es dort schnell macht, dass man – wenn man das hinbekommt – schnell wieder rauskommt? (…)

Publikum: Das Ziel dieser Vorlesungsreihe ist zu schauen, was sich seit Ende der 1980er Jahren in unserem Denken verändert hat. Was ich feststellen muss, viel zu wenig. Wir haben nicht reagiert, wir denken in alten Kategorien. Sie haben sich beklagt, dass die Institutionen, die wir haben – das Auswärtige Amt usw. – nicht in der Lage sind, dort im Umfeld eine zivile Unterstützung zustande zu bringen. Dann frage ich mich, welche Institutionen bzw. Organisationen könnten es denn machen?

Publikum: Ich möchte nicht falsch verstanden werden, aber wir sind jetzt 10 Jahre im Krieg und alles, was wir heute gehört haben, ist, dass ziemlich viel schief gelaufen ist.

Publikum: Herr Robbe, Sie haben einen interessanten Satz bezogen auf die Sowjetunion gesagt: „Alle unsere ehemaligen Feinde sind heute unsere Freunde". Ich möchte es auch umgekehrt formulieren: „Alle unsere heutigen Feinde waren früher unsere Freunde", zumindest was die Taliban anbelangt. Wie kann man das Vertrauen wiedergewinnen? Herr Nachtwei hat eine wunderschöne Ausführung gemacht, dass man dort verstehen muss, dass man dort eine ganz andere Ebene ansprechen muss, um eine Basis zu schaffen, die wirklich trägt. Da frage ich mich: Was ist jetzt eigentlich mit der Strategie, was ist mit dem, was momentan läuft? Ist das, was läuft, und das militärische Engagement nicht genau das Gegenteil von dem, was eigentlich möglich wäre?

Publikum: Sie haben sehr viel von Erfolgen und Misserfolgen, Zielen und gescheiterten Vorhaben gesprochen. Besteht nicht das Hauptproblem darin, dass man keinen richtigen strategischen Kanon hat, in dem wirklich definiert worden wäre, was ein übergeordnetes strategisches Ziel ist? Denn nur daran kann Erfolg oder Misserfolg gemessen werden. Nur daran kann gemessen werden, was und wie viel investiert werden kann. Bräuchten wir nicht eine übergreifende Strategie, die nicht nur die zivilen Konfliktbearbeitungsmethoden enthält, sondern die auch die komplette Region mit einschließt, beispielsweise auch Pakistan?

(…)

Nachtwei: Ein Vertreter des Publikums sprach so leicht von 10 Jahren deutscher Kriegsbeteiligung in Afghanistan. Was ist das für ein unterschiedsloser und total entgrenzter Begriff von Krieg? Hier wird jeder Militäreinsatz mit einem Kriegseinsatz gleichgesetzt. Der ISAF-Einsatz in den ersten Jahren war ausdrücklich kein Einsatz mit kriegerischer Gewalt! Das hat erst 2006 im Süden und Osten angefangen und für die Bundeswehr so richtig mit den Gefechten im April letzten Jahres. Ich bitte Sie, das auseinander zu halten. Der erste Einheimische, der von deutschen Soldaten erschossen wurde, war im August 2008 und der erste Deutsche, der durch gegnerische Einwirkung im Kampf umgekommen ist, im April letzten Jahres. Die erste Bombe im deutschen Auftrag ist im Juni 2009 geworfen worden. Das sind alles schlimme Ereignisse, bei denen Menschen umgebracht, zerfetzt und verbrannt wurden. Dennoch ist nicht alles an Militäransatz unterschiedslos Krieg! Militäreinsätze im Auftrag der UNO sollen gerade militärische Gewalt eindämmen und verhüten. Wie kann das in einem Land gesagt werden, das selbst in der Geschichte die maßlosesten Kriege mitverantwortet hat?! Jetzt komme ich zu der Frage, warum es zu dieser „totalen Fehleinschätzung" gekommen ist. Das ist auch eine Brücke zu dem, was Peter Struck jetzt im Spiegel gesagt hat. Man hätte damals gemeint, innerhalb von einem Jahr wäre man raus. – Ja, da haben sie in Berlin die Geschichte der UNO-Einsätze offensichtlich nicht realisiert. Das ist aber erklärbar mit der Nischenexistenz der Bundesrepublik, die bis zum Anfang der 1990er Jahre bestand, und bei der die Realität der UNO-Friedenssicherung lange ausgeblendet wurde. Was die Frage nach der Konzeption anbelangt, ist richtig, dass die Bevölkerung im Mittelpunkt stehen muss. Das war es bei ISAF auch von Beginn an. Bei der Bundeswehr und auch in den anderen europäischen Ländern stand schon die ganze Zeit die Bevölkerung – zumindest die Rücksicht auf sie – im Mittelpunkt und nicht die Gegnerbekämpfung. Andererseits – und das ist ein ungeklärter Dissens, den ich vorher schon erwähnt hatte – gehört zum Afghanistan-Einsatz auch die ganz harte Variante: Führungspersonen identifizieren, die dann durch Drohnen usw. ausgeschaltet, getötet werden, auf Verdacht, unabhängig von der Tat. Abgesehen von der rechtlichen und ethischen Problematik ist es wieder schlimm, dass das nicht öffentlich ausgetragen wird. Es wird von der Bundesregierung so getan, als ob die Amerikaner jetzt klug geworden sind und jetzt das machen, was die Bundesregierung auch vertritt. Das ist Kokolores. Insgesamt kann sich die Bundesrepublik zugute halten, einige Großfehler der USA nicht gemacht zu haben. Das ist aber kein Grund, in Selbstzufriedenheit zu verfallen. Dann möchte ich mich zu dem letzten Punkt äußern, was sich ändern muss, und wo die Kräfte sind: Seit vielen Jahren arbeite ich auch auf dem Feld der zivilen Konfliktbearbeitung und Friedensförderung. Da haben wir immer wieder festgestellt, dass hieran nur immer relativ kleine Gruppen arbeiten. Ernüchternd aber ist vor allem, dass diese Versuche, Friedenspolitik und Friedensförderung auch praktisch zu machen, auf viel weniger Interesse in der Gesellschaft – sogar unter befreundeten Parteien – stoßen als bei den Soldaten. Man glaubt gar nicht, wie gering das gesellschaftliche und politische Interesse an den Leuten ist, die friedenspolitisch wirksame Pionierarbeit leisten. Entwicklungshelfer oder auch Polizisten – nach ihnen kräht kein Hahn. Am ehesten wird noch gefragt: Wie geht es den Soldaten in Kundus? Hat aber schon einmal jemand danach gefragt, wie es den Entwicklungshelfern vor Ort geht? Insgesamt betrachtet haben wir ein enormes Ausmaß an friedens- und sicherheitspolitischem Desinteresse – aller gleichzeitiger Friedensrhetorik zum Trotz.

Robbe: Vieles ist bereits gesagt worden. Es kam noch die Frage, wer eigentlich verantwortlich dafür gewesen ist in der Vergangenheit. Das kann man nicht an einer Person, auch nicht an einzelnen politischen Persönlichkeiten festmachen. Es waren viele von den Geberländern, viele von den Alliierten, die heute noch in der Verantwortung stehen. Aber das ist vergossene Milch. Für mich ist viel wesentlicher zu fragen: Wie kommen wir mit der jetzigen Situation klar? Wie schaffen wir es, den Menschen in Afghanistan eine Perspektive zu geben? Wenn ich „wir" sage, dann meine ich auch wirklich „wir alle", nicht nur die politisch Verantwortlichen, sondern jeder Einzelne nach seinen Möglichkeiten, auch die Kirchen, auch alle anderen gesellschaftlichen Institutionen. Alle müssen mit ins Boot, wenn es eine Lösung geben soll. Wenn ich auf das Desinteresse und die abnehmende Akzeptanz hingewiesen habe, die schon einige Male in dieser Debatte beschrieben worden ist, dann sage ich: Schon wegen der Stimmung werden die politisch Verantwortlichen – nicht nur bei uns, sondern in allen Geberländern – gezwungen werden, Lösungen zu finden, die noch nicht auf dem Tisch liegen und noch nicht ersichtlich sind, aber gefunden werden müssen. Dieser Einsatz kann nicht über Jahrzehnte so weiter geführt werden. Insofern wird auch der Druck aus den einzelnen Gesellschaften dazu führen, dass hier ernst gemacht wird mit einem Strategiewechsel und versucht wird, Benchmarks einzuführen, die hier vielleicht sogar schon thematisiert wurden.

Wendroth: Heute Abend ist ein grundsätzliches Problem deutlich geworden: Wir – und damit meine ich uns alle hier – leben in Deutschland im tiefsten Frieden. Draußen irgendwo, mehr als 5.000 km entfernt, sind Männer und Frauen, Väter und Söhne im Krieg. Das registrieren wir aber gar nicht jeden Abend. Wenn wir wollen, holen wir es uns in die Tagesschau oder in die Tageszeitung. Es ist aber so weit weg, dass uns der tägliche Dienst der Entwicklungshelfer und der Soldaten gar nicht wirklich interessiert. Wir Soldaten brechen im Grunde genommen diesen Friedenswillen, diesen Willen nach Gewaltlosigkeit, der sich in unserer Bevölkerung ja auch zu Recht breit macht. Wir brechen ihn damit, was wir da draußen tun. Insofern ist es wahnsinnig schwer, diese beiden Felder zusammenzuführen. Ein zweiter Punkt: Rufen sie sich doch einmal im Internet das Weißbuch von 2006 auf! Da habe ich zum ersten Mal die sicherheitspolitischen Interessen der Bundesrepublik Deutschland schriftlich fixiert gefunden. So lange sind wir nämlich um dieses Thema herumgekommen. Das Weißbuch hat kaum jemand zur Kenntnis genommen, weil an dem Tag der Vorstellung die Schädelfotos von Kabul auf den Markt kamen. Das kann man beklagen oder nicht, aber dort steht schwarz auf weiß, welches unsere Interessen sind. Bundespräsident Horst Köhler hat fast wortwörtlich aus dem Weißbuch zitiert. Das hat man ihm dann zum Vorwurf gemacht.

Brahms: Zwei Themen möchte ich ansprechen. Das ist ja heute eine Veranstaltung im Rahmen einer größeren Veranstaltungsreihe „20 Jahre nach dem Ende des Kalten Krieges – Zur Ambivalenz gegenwärtiger Friedenspolitik". Wenn ich diesen Bogen herstelle, möchte ich einen Punkt noch einmal verstärken, der zu dieser Hilflosigkeit, Ratlosigkeit und dem Unvorbereitetsein geführt hat. Wir haben nicht vor 20 Jahren angefangen, eine sicherheits- und friedenspolitische Politik und öffentliche Debatte – und dazu gehört auch die Rolle der Bundeswehr – zu betreiben. Das hat nicht stattgefunden. Deshalb ist auch die Vorbereitung, in einen solchen Einsatz zu gehen, überhaupt nicht als Gesamtkonzept mit einer Gesamtstrategie entwickelt worden. Das macht noch einmal deutlich, dass wir in der Tat in etwas hineingestolpert sind, was nicht vorbereitet war, weil diese Diskussion nicht stattgefunden hat. Zweitens möchte ich noch einmal eine Anmerkung von vorhin, wo die evangelische Kirche vor Margot Käßmann gewesen sei, aufnehmen. Zunächst muss ich anmerken, dass der Militärbischof und ich schon vorher Ähnliches wie Frau Käßmann gesagt haben, das wurde nur nicht so wahrgenommen. Es kann sein – und da möchte ich auch sehr kritisch auf unsere eigene Auseinandersetzung schauen – dass wir in der Tat die öffentliche

Weiterdiskussion der großen friedens- und sicherheitspolitischen Zusammenhänge ein bisschen aus den Augen verloren haben. Ich möchte aber auch die andere Seite aufzeigen. Wir haben mit dem Konziliaren Prozess – Gerechtigkeit, Frieden und Bewahrung der Schöpfung – Themen gesetzt, wo wir genau geschaut haben, wie wir die Frage von Gewalt und Frieden auf unsere heutige Ebene herunter brechen können und wo gewaltfreie Konfliktbearbeitung anfängt. Da ist eine Menge passiert in den Kirchen, aber wir haben mit Sicherheit auch einen Anteil daran, dass die öffentliche Diskussion so nicht stattgefunden hat. Da müssen wir uns wie die Politiker in der Selbstkritik sehen.

Autorenverzeichnis

Timm Beichelt, geb. 1968, Prof. Dr. phil., Professor für Europastudien an der Europa-Universität Viadrina in Frankfurt (Oder)

Renke Brahms, geb. 1956, Schriftführer der Bremischen Evangelischen Kirche und seit 2008 Friedensbeauftragter der Evangelischen Kirche in Deutschland (EKD)

Helmut Breitmeier, geb. 1961, Prof. Dr. rer. soc. habil., Professor für Internationale Politik am Institut für Politikwissenschaft an der Fernuniversität in Hagen

Michael Brzoska, geb. 1953, Prof. Dr. phil. habil., Wissenschaftlicher Direktor des Instituts für Friedensforschung und Sicherheitspolitik an der Universität Hamburg (IFSH)

Christopher Daase, geb. 1962, Prof. Dr. rer. pol., Professor für Internationale Organisationen an der Goethe-Universität Frankfurt und Leiter des Programmbereichs „Internationale Organisationen und Völkerrecht" an der Hessischen Stiftung für Friedens- und Konfliktforschung (HSFK)

Matthias Dembinski, geb. 1958, Dr. phil., Wissenschaftlicher Mitarbeiter und Mitglied des Vorstandes der Hessischen Stiftung für Friedens- und Konfliktforschung (HSFK) in Frankfurt a.M.

Heinz Gärtner, geb. 1951, Prof. Dr. phil. habil., Wissenschaftlicher Mitarbeiter und Universitätsprofessor am Österreichischen Institut für Internationale Politik (ÖIIP) in Wien

Hans-Joachim Heintze, geb. 1949, Dr. iur. habil., Wissenschaftlicher Mitarbeiter am Institut für Friedenssicherungsrecht und Humanitäres Völkerrecht an der Ruhr-Universität Bochum

Regina Heller, geb. 1971, Dr. phil., Wissenschaftliche Referentin am Institut für Friedensforschung und Sicherheitspolitik an der Universität Hamburg (IFSH)

Thomas Hoppe, geb. 1956, Prof. Dr. theol. habil., Professor für Katholische Theologie unter besonderer Berücksichtigung der Sozialwissenschaften und der Sozialethik an der Helmut Schmidt-Universität der Bundeswehr in Hamburg

Edward Keynes, geb. 1940, Prof. Ph.D., Professor Emeritus der Politischen Wissenschaft an der Penn State University und Honorarprofessor an der Christian-Albrechts-Universität zu Kiel

Ulrike Kronfeld-Goharani, geb. 1956, Dr. rer. nat., Wissenschaftliche Mitarbeiterin im Arbeitsbereich Friedens- und Konfliktforschung am Institut für Sozialwissenschaften an der Christian-Albrechts-Universität zu Kiel

Winfried Nachtwei, geb. 1946, Bündnis 90/Die Grünen, 1994 – 2009 Mitglied des Deutschen Bundestages, Mitglied im Verteidigungsausschuss und Unterausschuss Abrüstung sowie seit 2002 Sprecher für Sicherheits- und Abrüstungspolitik

Reinhold Robbe, geb. 1954, SPD, 1994 – 2005 Mitglied des Deutschen Bundestages, seit 2002 Vorsitzender des Verteidigungsausschusses, 2005 – 2010 Wehrbeauftragter des Deutschen Bundestages

Jakob Rösel, geb. 1948, Prof. Dr. phil. habil., Lehrstuhl für Internationale Politik und Entwicklungszusammenarbeit an der Universität Rostock

Dieter Senghaas, geb. 1940, Prof. Dr. Dr. h. c., Professor am Institut für Interkulturelle Studien an der Universität Bremen

Hannes Wendroth, geb. 1957, Oberst i.G., Dipl.Päd., Fachbereichsleiter für Militärische Führung und Organisation an der Führungsakademie der Bundeswehr in Hamburg

Ines-Jacqueline Werkner, geb. 1965, PD Dr. rer. pol. habil., Vertretungsprofessorin für Internationale Politik und Gesellschaft am Institut für Sozialwissenschaften an der Christian-Albrechts-Universität zu Kiel

Neu im Programm Politikwissenschaft

Elemente der Politik

Hrsg. von Bernhard Frevel / Klaus Schubert / Suzanne S. Schüttemeyer / Hans-Georg Ehrhart

Aden, Umweltpolitik
2011. ca. 120 S. Br. ca. EUR 12,95
ISBN 978-3-531-14765-9

Blum / Schubert, Politikfeldanalyse
2., akt. Aufl. 2011. 195 S. Br. ca. EUR 16,95
ISBN 978-3-531-17276-7

Dehling / Schubert,
Ökonomische Theorien der Politik
2011. ca. 120 S. Br. ca. EUR 12,95
ISBN 978-3-531-17113-5

Dittberner, Liberalismus
2011. ca. 120 S. Br. ca. EUR 14,95
ISBN 978-3-531-14771-0

Dobner, Neue Soziale Frage und Sozialpolitik
2007. 158 S. Br. EUR 12,90
ISBN 978-3-531-15241-7

Frantz / Martens, Nichtregierungsorganisationen (NGOs)
2006. 159 S. Br. EUR 14,90
ISBN 978-3-531-15191-5

Frevel, Demokratie
Entwicklung - Gestaltung - Problematisierung
2., überarb. Aufl. 2009. 177 S. Br. EUR 12,90
ISBN 978-3-531-16402-1

Fuchs, Kulturpolitik
2007. 133 S. Br. EUR 14,90
ISBN 978-3-531-15448-0

Gareis, Internationaler Menschenrechtsschutz
2011. ca. 150 S. Br. ca. EUR 13,95
ISBN 978-3-531-15474-9

Gawrich, Das politische System der BRD
2011. ca. 120 S. Br. ca. EUR 12,95
ISBN 978-3-531-16407-6

Holtmann / Reiser, Kommunalpolitik
2011. ca. 120 S. Br. ca. EUR 12,95
ISBN 978-3-531-14799-4

Jahn, Vergleichende Politikwissenschaft
2011. ca. 120 S. Br. ca. EUR 12,95
ISBN 978-3-531-15209-7

Jahn, Frieden und Konflikt
2011. ca. 120 S. Br. ca. EUR 14,95
ISBN 978-3-531-16490-8

Jaschke, Politischer Extremismus
2006. 147 S. Br. EUR 14,95
ISBN 978-3-531-14747-5

Johannsen, Der Nahost-Konflikt
2., akt. Aufl. 2009. 167 S. Br. EUR 16,95
ISBN 978-3-531-16690-2

Kevenhörster / v.d. Boom, Entwicklungspolitik
2009. 112 S. Br. EUR 12,90
ISBN 978-3-531-15239-4

Kost, Direkte Demokratie
2008. 116 S. Br. EUR 12,90
ISBN 978-3-531-15190-8

Meyer, Sozialismus
2008. 153 S. Br. EUR 12,90
ISBN 978-3-531-15445-9

Piazolo, Die Europäische Union
2011. ca. 120 S. Br. ca. EUR 12,95
ISBN 978-3-531-15446-6

Schmitz, Konservativismus
2009. 170 S. Br. EUR 16,90
ISBN 978-3-531-15303-2

Schröter, Verwaltung
2011. ca. 120 S. Br. ca. EUR 14,95
ISBN 978-3-531-16474-8

Erhältlich im Buchhandel oder beim Verlag.
Änderungen vorbehalten. Stand: Juli 2010.

www.vs-verlag.de

VS VERLAG

Abraham-Lincoln-Straße 46
65189 Wiesbaden
Tel. 0611.7878-722
Fax 0611.7878-400

FSC
www.fsc.org

MIX
Papier aus verantwortungsvollen Quellen
Paper from responsible sources
FSC® C105338

If you have any concerns about our products,
you can contact us on
ProductSafety@springernature.com

In case Publisher is established outside the EU,
the EU authorized representative is:
Springer Nature Customer Service Center GmbH
Europaplatz 3, 69115 Heidelberg, Germany

Printed by Libri Plureos GmbH
in Hamburg, Germany